高等院校精品课程系列教材

普通高等教育"十一五"国家级规划教材

网络金融

第4版

Internet Finance

张劲松 编著

机械工业出版社
China Machine Press

图书在版编目（CIP）数据

网络金融/张劲松编著．—4 版．—北京：机械工业出版社，2018.9（2022.8 重印）
（高等院校精品课程系列教材）

ISBN 978-7-111-60720-5

I. 网… II. 张… III. 金融网络 – 高等学校 – 教材 IV. F830.49

中国版本图书馆 CIP 数据核字（2018）第 189504 号

网络金融课程在教学方面以金融电子化业务解决方案为抓手，结合不同的金融企业的业务特点选择不同的解决方案或产品白皮书进行分析；利用网络资源引导学生对不同的金融电子产品进行比较分析；通过分析客户对网站的满意度进而分析客户需求，使学生了解金融业务软硬件在信息化时代的应用状况及其作用，了解网络金融产品的特征与不足，了解利用网络营销的方法，培养学生网上提供服务与营销的能力。本次再版在原来的基础上增加了知识管理的最新内容，新增金融智能在金融业务的应用案例与研究成果，新增产品设计和推广理论与实务，同时更新了原有的数据与案例。

本书适合本专科、高职高专金融、电子商务、会计电算化等专业的学生学习使用。

出版发行：机械工业出版社（北京市西城区百万庄大街 22 号 邮政编码：100037）
责任编辑：袁 银 责任校对：殷 虹
印　　刷：北京建宏印刷有限公司 版　次：2022 年 8 月第 4 版第 6 次印刷
开　　本：170mm×242mm 1/16 印　张：21.5
书　　号：ISBN 978-7-111-60720-5 定　价：45.00 元

凡购本书，如有缺页、倒页、脱页，由本社发行部调换
客服热线：（010）88379210 88361066 投稿热线：（010）88379007
购书热线：（010）68326294 83379649 68995259 读者信箱：hzjg@hzbook.com

版权所有·侵权必究
封底无防伪标均为盗版

张劲松，工商管理博士，北京大学研究员，浙江工商大学教授，浙江省中小企业创业指导师。其主要研究方向为金融电子化应用与管理，发表论文40篇，出版专著《中国金融电子化建设问题研究》《中国第三方电子支付盈利模式创新问题研究》《竞合论》和《互联网金融经营管理之道》四部，创建网络金融、网上电子支付与结算、互联网脱媒金融、金融产品营销和金融企业知识管理五门课程。

前言
PREFACE

"网络金融"课程是浙江省高校精品课程之一。本次推出的《网络金融》第4版是在原"网络金融"课程及《网络金融》教材(教育部普通高校"十一五"规划教材)的基础上拓展和更新的教材。经过十几年的研究与探索,我们在计算机信息技术和网络金融理论与实务融合方面逐渐成熟,提出了许多成熟且系统的新观点、模式、模型和实践路径。本书从第1版持续更新再版到了今天的第4版。本次再版在实际案例方面新增了"知识扩展",列出了业务部门的网站地址,方便读者更深层次地了解相关案例。

《网络金融》第4版既可继续作为高职高专相关专业的教材,也可作为科技金融或互联网金融本科专业的核心基础课教材。近几年来,科技金融或互联网金融本科专业在中国高校受到广泛关注,预计已开设和准备开设该专业的高校有几十所,作者希望与大家共同完善该课程,引领实践,完善理论。学习网址可参见http://i.hexun.com/22144026/default.html。

本书共分八章,部分章节内容是作者在多年研究成果的基础上梳理整合而形成的,其结构与传统的金融管理教材有较大的区别,与信息化管理教材也有所不同,是网络金融独有的结构。第一章网络金融平台主要介绍网络金融平台的产生、功能与结构,并就网络金融平台系统设计进行案例分析。第二章电子货币管理主要介绍电子货币的特征、发行与货币政策的运行管理措施以及风险防范措施等。第三章网络金融经营管理策略主要介绍网络金融的发展模式和竞合模式,并结合案例进行分析。竞合策略是作者多年研究的成果之一,是在传统的中外竞争理论的基础上集合信息化时代的特征创新的理论。第四章网络金融服务主要介绍网上银行、证券和保险业务以及互联网脱媒金融业务平台的系统特点与功能,结合案例介绍其业务流程与特点。第五章电子支付管理主要介绍电子支付系统和工具，网络与密码系统的结构、特征、功能与流程等。其中，第三方电子支付盈利模式创新是作者多年研究的成果之一。第六章网络金融产品营销管理主要介绍网络金融的组织架构、营销策略、产品营销、知识管理和市场调研案例分析等。第七章网络金融风险管理与监督主要介绍风险管理、监督管理和法律法规等，并结合IT项目风险评估案例进行分析。第八章网络安全管理（*）主要介绍网络信息安全管理的原则、内容、模型和案例分析，同时也对防火墙技术、数字加密技术、身份认证技术分析、金融认证中心设计等进行基础知识介绍。第八章的内容对文科类学生而言有一定的难度，星号（*）代表可选修的内容，教师与学生可以根据需要进行选择。

"网络金融"课程是一门结合网络金融发展需要而开发的新型课程，该书在内容方面既有理论探讨，又有业务和案例的分析；既介绍外国的先进经验，也分析中国的现状，并对今后的发展方向与模式进行探讨，是作者多年来在网络金融方面研究的成果和结晶，欢迎大家参与讨论并批评指正，谢谢！

本书参考了大量的书籍、报刊和相关网站的资讯与资料，未能一一注明出处，在此一并致谢。

张劲松

2018年3月

1. 课程定位与作用

"网络金融"课程的定位是：以信息和计算机网络技术在金融业务管理中的应用为核心，以能力培养为重点的金融专业的专业课。它既是信息化时代在金融专业领域的原创型专业课，也是信息和计算机网络技术与金融理论和实务融合创新的产物，同时还是一门有待进一步完善的课程。该课程的作用如下。

（1）"网络金融"课程建设有利于培养适应现代金融业务的业务员和管理者。

当前，金融服务的种类、投资衍生品种越来越多，随着现代财务制度的建立与完善，金融和财会业务趋于复杂化，网络金融、财会电算化的发展和应用日新月异，网上交易、电子结算、对账、支付等金融产品不断涌现。在金融领域每天、每个月都有新的业务产生和新的技术应用。为适应如此动态和迅速变化的市场需求，有必要制订新的有利于培养复合型人才的金融学科与课程建设方案。

（2）"网络金融"课程建设有利于培养金融从业人员新的经营理念、方式、策略和手段。

网络金融将以其拥有的广泛的信息资源、独特的运作方式，为金融业带来革命性变革。网上购物、网上交易、网上支付、网上消费、网上理财、网上储蓄、网上信贷、网上结算、网上证券、网上保险、P2P借贷和众筹等将成为未来金融市场竞争的热点，金融业的经营理念、经营方式、经营策略、经营手段将发生巨大变革。

（3）"网络金融"课程建设有利于完善新的理论以及新课程、新学科或新专业。

网络经济、网上银行和互联网脱媒金融的出现，给传统的经济金融理论与实务带来了巨大的冲击。新的理论将催生出一批新课程、新学科或新专业。

2. 课程内容

（1）课程设计理念。"网络金融"课程在教学方面以网络金融业务解决方案为抓手，结合不同的金融企业的业务特点，选择不同的解决方案或产品白皮书进行分析；利用网络资源引导学生对不同的金融电子产品进行比较分析；通过分析客户对网站的满意度进而分析客户的需求，使学生了解金融业务软硬件在信息化时代的应用状况及其作用，了解网络金融产品的特征与不足，了解利用网络营销的策略与方法，培养学生网上提供金融服务与营销的能力。

所以，"网络金融"课程以通过技术应用提高营运业务能力为主线设计课程体系；以网络金融平台特征、功能和结构为引导，以电子货币发行与运行管理、网络金融服务经营模型与策略、网络金融服务内容、电子支付服务与清算管理、网络金融产品营销管理、网络风险与安全管理等为主要内容。"网络金融"课程以基础理论够用为度，对专业技术与业务应用突出其针对性和实用性。

（2）课程内容结构。"网络金融"课程整合的内容包括信息技术、网络技术、计算机技术、网络经济理论、金融理论与业务等不同学科的理论和实务，并形成网络金融平台、电子货币管理、网络金融经营管理策略、网络金融服务、电子支付管理、网络金融产品营销管理、网络金融风险与安全管理八大知识模块。

该课程由八大知识模块和三大能力训练项目组成，老师在教学过程中既要教知识，又要培养能力，例如，进行网络金融知识应用能力训练，利用网络进行实践能力训练，以及根据需要整合资源，拓展市场能力训练。

3. 课程性质与特点

"网络金融"课程的特点是将实做"虚"，将虚做"实"，也就是在虚拟世界再现传统的现实业务，同时在虚拟世界实现传统的价值创造与社会财富的增长。

"网络金融"课程是以信息和网络技术在金融领域的应用为核心，以能力培养为重点的金融专业的专业课，是信息化时代金融专业创新课程，也是一门有待进一步完善的课程。其特点如下所述。

第一，该课程具有极强的实践性。课程主要研究信息技术、计算机网络技术在金融领域的应用，因此没有网络、不亲自动手操作，很难将其理解、掌握，更谈不上对其灵活使用。对于大量的信息整合与软件选择，学生唯有通过上机操作，才能真正理解其功能与作用。这是一门离不开实践的课程。

第二，该课程具有较高的综合性。学生学习该课程需要具备必要的信息技术、计算机网络技术和金融知识。从应用的角度讲，其涉及的范围更宽、更广，主要有网站建设、网上营销、网上经营管理、网上监控以及信息安全控制等。

第三，该课程具有很强的创新性。课程内容涉及的每一项业务与营销模式或渠道都需要通过创新思维应用到业务拓展与推广中去；面对网上个性化的需求，需要不断创新去满足客户的需要，以此维护金融企业的形象与品牌。

4. 课程目标

本课程的总体目标是让学生能够使用信息技术、计算机网络技术管理金融业务，并具备利用网络资源进行市场调研与分析的基本能力，使学生了解信息化技术与产品在金融领域应用的发展动态和趋势。

第一，专业能力。

学生要能够根据网络金融业务的性能、特点及监控功能正确选用现有的软硬件，懂得相关的网络金融软硬件组成及基本工作原理，熟悉网络金融软硬件操作流程与相关规定，能够使用网络金融软硬件处理不同类型的电子化金融服务，能够使用网络金融软硬件有效地开展网上营销业务，能够使用网络金融软硬件处理各类客户管理业务，能够正确使用网络金融软硬件实现网络金融的调控与监督，能够正确使用信息安全技术与策略保证网络金融业务的安全可信。

第二，学习与沟通能力。

通过理论实践一体化课堂学习，学生要获得较强的网上实践能力，具备必要的计算机网络基础知识，具有利用网络资源进行学习、调研、分析和解决问题的能力，能够通过网络快捷有效地与同事、客户交流。

第三，拓展与可持续发展能力。

学生要具有较强的求知欲，乐于、善于使用所学探索与创新；具有在网络金融领域整合资源、从事跨岗位工作的能力；具有克服困难的信心和决心，以及战胜困难、实现目标的能力；具有处理网上突发事件的能力；具有与他人合作的团队精神；具有服务意识和责任感。

教学内容与参考课时

教学内容	参考课时
第一章　网络金融平台	4～6
第二章　电子货币管理	4～6
第三章　网络金融经营管理策略	4～8
第四章　网络金融服务	4～6
第五章　电子支付管理	6～9
第六章　网络金融产品营销管理	4～6
第七章　网络金融风险管理与监督	4～6
*第八章　网络安全管理	6～7
合计	36～54

目 录 CONTENTS

作者简介
前言
教学建议

第一章　网络金融平台 …………… 1

教学要求 ………………………………… 1
案例引导 ………………………………… 1
第一节　网络金融平台的形成 ……… 2
第二节　网络金融平台的功能 …… 16
第三节　网络金融平台模式 ……… 25
本章关键词 …………………………… 34
本章小结 ……………………………… 34
案例分析 ……………………………… 34
本章思考题 …………………………… 38

第二章　电子货币管理 …………… 39

教学要求 ……………………………… 39
案例引导 ……………………………… 39
第一节　电子货币的特征 ………… 40
第二节　电子货币发行管理 ……… 49
第三节　电子货币与货币政策 …… 52
第四节　P2P 电子货币的崛起 …… 63

本章关键词 …………………………… 66
本章小结 ……………………………… 67
本章思考题 …………………………… 67

第三章　网络金融经营管理策略 …………………………… 68

教学要求 ……………………………… 68
案例引导 ……………………………… 68
第一节　网络金融之间接金融 …… 69
第二节　网络金融之直接金融 …… 79
第三节　网络金融竞合模式 ……… 82
本章关键词 …………………………… 86
本章小结 ……………………………… 86
案例分析 ……………………………… 86
本章思考题 …………………………… 89

第四章　网络金融服务 …………… 90

教学要求 ……………………………… 90
案例引导 ……………………………… 90
第一节　网上银行服务 …………… 91
第二节　网上证券服务 …………… 107
第三节　网上保险服务 …………… 119

第四节　P2P 借贷与众筹服务 …… 128

　　本章关键词 ……………………… 144

　　本章小结 ………………………… 144

　　案例分析 ………………………… 144

　　本章思考题 ……………………… 145

第五章　电子支付管理 ……… 146

　　教学要求 ………………………… 146

　　案例引导 ………………………… 146

　　第一节　电子支付系统概述 …… 147

　　第二节　电子支付工具管理 …… 162

　　第三节　电子支付网络与密码

　　　　　　系统 …………………… 184

　　第四节　电子支付系统的发展 … 194

　　本章关键词 ……………………… 206

　　本章小结 ………………………… 206

　　本章思考题 ……………………… 206

第六章　网络金融产品营销
　　　　　管理 …………………… 207

　　教学要求 ………………………… 207

　　第一节　网络金融组织架构 …… 207

　　第二节　网络金融产品营销

　　　　　　策略 …………………… 215

　　第三节　网络金融产品营销 …… 223

　　第四节　金融企业知识管理 …… 240

　　本章关键词 ……………………… 244

　　本章小结 ………………………… 244

　　本章思考题 ……………………… 244

第七章　网络金融风险管理与
　　　　　监督 …………………… 245

　　教学要求 ………………………… 245

　　案例引导：风险管理系统 ……… 245

　　第一节　网络金融的风险管理 … 246

　　第二节　网络金融的监督管理 … 256

　　第三节　网络金融的法律法规 … 269

　　第四节　互联网脱媒金融给监管

　　　　　　带来巨大挑战 ………… 282

　　本章关键词 ……………………… 284

　　本章小结 ………………………… 284

　　本章思考题 ……………………… 284

第八章　网络安全管理 ……… 285

　　教学要求 ………………………… 285

　　第一节　信息安全概述 ………… 285

　　第二节　防火墙的配置 ………… 291

　　第三节　数字加密技术 ………… 296

　　第四节　身份认证技术 ………… 304

　　第五节　金融认证中心 ………… 310

　　第六节　网络安全管理 ………… 320

　　本章关键词 ……………………… 330

　　本章小结 ………………………… 330

　　本章思考题 ……………………… 331

参考文献 ………………………… 332

第一章
CHAPTER 1

网络金融平台

教学要求

1. 了解信息化时代下企业的基本特征与网络金融的现状。
2. 理解网络金融的定义、分类、标准和功能。
3. 理解网络金融的模式与发展趋势。

案例引导 2011～2018年中国网络经济营收规模

2011～2018年中国网络经济营收规模如图1-1所示。

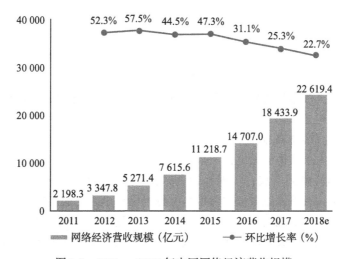

图1-1 2011～2018年中国网络经济营收规模

注：网络经济营收规模数据基于经营互联网（含PC与移动）相关业务产生的企业收入规模之和，以电商、广告、金融和游戏为主，其他业务如网络招聘、网络婚恋未计入，两者在网络经济中占比不足1%，此外在线教育、在线医疗也未统计入内。

资料来源：根据企业公开财报、行业访谈及艾瑞统计预测模型估算。

2017年5月27日，艾瑞咨询发布的《2017年中国网络经济年度监测报告》显示，2016年中国网络经济营收规模达到14 707亿元，同比增长28.5%。其中，PC网络经济营收规模为6 799.5亿元，移动网络经济营收规模为7 907.4亿元。在网络经济营收规模中，电商营收规模8 946.2亿元，占比超过60%。

启示与思考：2017年中国网络经济营收规模已达到较高水平，中国网络金融发展如何适应高速扩大的网络经济营收规模？效益如何？

资料来源：艾瑞咨询《2017年中国网络经济年度监测报告》。

第一节 网络金融平台的形成

技术革命所带来的信息流动和处理方式的根本变化，在信息的传递和处理方面既降低了成本又提高了效率，使得人类逐渐摆脱信息传递与处理能力等资源稀缺的限制，同时也使这些资源的稀缺性集中地体现在人类自身的有限性上。网络金融平台是综合利用网络载体处理金融业务的设备与软件。

由于互联网的出现，电子邮件、网络论坛、博客、微信、社交网络、即时通信、协同软件、网络视频会议、在线拍卖等不断涌现的各种网络应用，为人们带来了全新的沟通、交流、分享和协作的方式，在互联网覆盖区域中人类的行为模式正在悄然变化，经济运行的某些规律也出现了新的变革与蜕变。

在布雷顿森林体系崩溃后，国际金融进入浮动汇率制度下的虚拟货币时期。在网络时代，网络金融促使金融衍生品迅速地发展，无纸化的电子货币变成纯粹的价值符号，从而加剧了世界经济的虚拟化。依托互联网，国际金融市场成为一个全天候的统一市场，全球的资金调拨可以在瞬间完成，在极大地节约交易费用的同时，也为泡沫的迅速扩散与危机的全球蔓延提供了条件[⊖]。

体现网络经济数据替代效应最典型的行业之一是金融。依托网络与信息技术的电子结算网络，使电子货币成为现实。至此，货币不仅从币值上因脱离黄金而虚拟化，而且从形式上摆脱实物成为纯粹的价值符号，在金融领域彻底实现数据资源对物质资源的全面代替。由于货币的无纸化和数据化，金融交易完全摆脱时空的限制，可以依托网络跨越地域在瞬间完成，实现金融全球化。网络信息技术极大地降低了交易成本，使得金融机构有可能以较低的费用将大量规模很小的贷款打包成一个组合并转手支付给第三方，从而实现资产证券化。反过来，正是由于在网络和信息技术的支持下网络金融和全球化的巨大发展，使得虚拟资产的流动与实体经济日益分离，从而造就了当今虚拟经济全球化的现实。

网络金融是新兴网络产业的重要组成部分，是电子商务发展的关键与核心，其产生于20世纪90年代中期。1995年10月18日，在美国亚特兰大开业的美国安全第

⊖ 刘晓欣. 虚拟经济与价值化积累 [M]. 天津：南开大学出版社，2005.

一网络银行（Security First Network Bank，SFNB）是世界上第一家网络金融机构，当时其存款金额达 1 400 万美元，遍布全美的客户已达 4 000 多家。1995 年以来，发达国家和地区的银行、证券公司与保险公司等金融服务企业纷纷在互联网上建立网站，提供 ATM、POS、无人银行、电话银行、家庭银行、企业银行等全方位的网络金融服务。在中国，1996 年招商银行率先推出"一卡通"网上支付金融服务业务，1998 年中国银行办理了第一笔电子交易业务。《2014 年度中国银行业服务改进情况报告》显示：截至 2014 年年末，中国银行业金融机构网上银行交易 608.46 亿笔，同比增加 21.59%，交易金额同比增加 17.05%。其中，个人客户数达到 9.09 亿户，新增 1.5 亿户，同比增加 19.71%；交易笔数达 608.46 亿笔，同比增加 21.59%；交易总额达 1 248.93 万亿元，同比增加 17.05%。企业客户达到 1 811.4 万户，同比增加 16.75%。据中国电子商务研究中心监测数据显示，2015 年网上银行交易额为 1 600.85 万亿元，同比增长 28.18%，2015 年中国网上银行个人用户超过 9 亿人。由此可见，网络金融诞生后，以其巨大的优势，迅速地在世界范围内扩展，并占据着越来越重要的地位，起着越来越重要的作用，从而极大地影响、冲击着传统的银行业甚至整个金融业。

【知识扩展】登录网址：http://www.pbc.gov.cn。

一、网络经济的特点与功能

从 20 世纪 90 年代末开始，随着信息技术的飞速发展，以国际互联网[一]为代表的现代信息网络渗透到国民经济和社会生活的方方面面，正日益改变着人类传播知识、交流信息、共享资源和休闲娱乐的方式，创造新的生产、流通、运营和交易的模式，对整个世界的政治、经济和文化产生巨大而深远的影响。

互联网所形成的全球化网络，使得人类可以打破地域的空间界限进行互动协作，进一步加剧了贸易与金融的全球化。电子商务的蓬勃兴起，使得以客户为中心、定制化和 CTC 模式真正成为现实。电子治理的不断发展，改变着政府与社会的关系，也在不知不觉中改变着各阶层话语权的版图。与此同时，人的行为模式也悄然发生着不同程度的变化。

电子商务催生出一个新的经济形式。这种新经济具有三个基本特征，即以知识为核心，以创新为动力，以网络为媒介，我们称其为网络经济。互联网和电子商务正在迅速改变着传统商务活动的各个领域。

网络经济作为一种崭新的经济现象，表现为经济生活中生产、交换、分配、消费等经济活动，都与信息网络密切相关，人们不仅要从网络上获取大量的信息，依靠网

[一] 国际互联网是全世界的计算机、计算机网络互相连接而成的信息传送网络。在没有特定条件时国际互联网通常可以叫网络或互联网。但在数据传递方式不同时网络又可分为中心化的数据交换网络与去中心化的数据交换网络或互联网。

络进行预测和决策，而且许多交易、生产、管理等行为都直接在网络虚拟环境下进行。

(一) 网络经济的特点

（1）网络经济是以知识为核心的经济。网络经济于20世纪80年代兴起的高科技革命中初露端倪，在20世纪90年代"冷战"结束后迅速崛起。网络经济具有连续增长、报酬递增的特征，从而改变了传统的资本增加、边际效率递减的经济规律。网络经济是建立在知识和信息的生产、分配与使用基础上的经济；是以高科技产业为第一支柱，以信息和知识资源共享为依托的新型经济。美国经济增长的重要源泉是5 000家软件公司，它们对世界经济的贡献绝不亚于名列前茅的500家世界大公司。

（2）网络经济是全天候运作的经济。由于信息网络每天24小时都在运转中，故而基于网络的经济活动很少受时间因素的制约，可以全天候地连续进行。

（3）网络经济是全球化经济。信息网络技术的飞速发展，已成为推动当今世界经济全球化的重要动力，连接世界各国的信息网络使整个世界变成"地球村"，基于网络的经济活动时空，使整个经济的全球化进程大大加快，世界各国经济的相互依存性大大加强。

（4）网络经济是中间层次作用弱化的"直接"经济。由于网络的发展，经济组织结构趋向扁平化，处于网络端点的生产者与消费者可直接联系，"产销见面"成为主流，同时也产生了一批不同专业的经纪人和信息服务中介。

（5）网络经济是竞争与合作并存的经济。信息网络使企业之间的竞争与合作的范围扩大，竞争与合作转化的速度加快，世界已进入到一个新的竞合时代，在竞争中有合作，合作是竞争的目的，竞争是合作的基础。竞合既能增强企业的活力，又能提高企业的应变能力，形成企业的可持续竞争优势。天赋的自然资源或可供利用的资金已不再是核心资源，而信息与知识已成为企业的核心资源。

（6）网络经济是速度型经济。现代信息网络可以光速传输信息。网络经济以接近于实时的速度收集、处理和应用大量的信息，经济节奏大大加快，一步落后将会步步落后。产品老化在加快，创新周期在缩短。

（7）网络经济是创新型经济。网络技术的发展日新月异，以此为基础的网络经济需要加强研究和创新，创新是企业持续发展的动力与保障。因此观念创新、技术创新、管理创新、制度创新已经成为市场主体生存和发展的关键，成为经济增长的新的强大推动力。

作为最重要的经济主体，企业是网络经济中创造财富的基本单位，是复杂的网络体系中最重要的模块。在网络中企业既是网络传输的提供者，也是网络传输的消费者。在网络经济时代，企业的经营环境发生着快速的变化，企业面临着再造自我的压力。迎接网络化带来的挑战，主动适应网络经济，充分应用网络所带来的优势，将是现代企业在网络经济时代安身立命的核心能力。

（二）网络经济的功能

1. 创新经营理念

现代网络经济彻底改变着企业的经营环境。企业发展的时空约束被打破，企业面对的市场可以放大至全球范围，互联网可以使企业与客户、合作伙伴、消费者随时进行深入的交流，企业可以在全球寻找愿意合作的供应商与经销商，客户与消费者拥有更多的选择机会，需求的差异化已成为趋势。所以，企业必须创新经营理念，重塑企业灵魂，其中包括以下几个方面。

（1）全球化的理念。经营市场的全球化意味着竞争的全球化，即在企业没有涉足的市场上，有着全球化的竞争；在企业已有的市场上，企业也必然会面临着全球化的竞争。在美国的硅谷，无论多小的企业都会盯着世界市场。

（2）合作的理念。企业面临的竞争者与合作者因市场全球化而有可能成百倍千倍地增加，企业必须通过差异化的市场细分培养自己的核心竞争力，然后通过合作实现多方共赢。竞合是网络经济时代企业经营的策略之一。

（3）个性化服务的理念。网络经济时代的最终消费者有个性消费的需求，这种需求可以通过互联网有效地表达。那些能够响应个性化消费的需要，提供个性化产品的企业，将会获得稳定的客户群，从而形成属于自己的宝贵资源。网络工具能为企业协调全球优势资源，为满足这种需要提供技术支持。

2. 创新行为模式

网络经济使企业面对全新的市场主体：全球化的消费者、竞争者、供应商与经销商。企业必须重新审视自己的市场行为模式，规划新的市场经营策略。

在网络经济时代企业创新自己的行为模式应注意以下问题。

（1）提高企业全天候的市场响应能力。面对不同地域、不同文化习惯的消费者，企业要考虑如何全天候满足他们的需求。企业需要研究客户（消费者）可以忍受的市场响应速度，并分析不同的市场响应速度对经营成本的影响。

（2）培养赢得客户（消费者）信赖与忠诚的能力。网络经济使供应商、经销商、消费者有更多的选择机会，这意味着企业和它所提供的产品更容易被其他企业及其产品所替代。客户（消费者）的信赖与忠诚是企业掌控市场的核心能力。优质的产品、适宜的价格以及信守承诺，这些传统的美德同样是企业在网络经济时代赢得客户（消费者）的信赖与忠诚的基础。

（3）及时洞悉市场机会，快速满足市场新需求的能力。把握或创造市场机会是赢得市场的关键之一。企业应具备通过网络工具分析客户（消费者）的行为方式与消费习惯，从而挖掘市场机会的能力，及时洞悉市场机会并迅速满足市场的新需求。

3. 重塑核心竞争力

在传统经济时期许多企业凭借地域优势即可获得竞争优势，但网络经济使这类优势迅速消失。提供同样产品的企业将在更大的市场上角力，同一项目的竞争者及竞争水平大大增强，每个企业都想争取利益的最大化。一家独大已经不可能成为现实，追求差异化的优势势在必行。

企业必须反思自己到底具有哪些优势，是产品优势、知本优势、资金优势、平台优势、渠道优势，或是互补优势，等等。企业可能发现自己的优势项目并不多，但独特的优势正是企业核心竞争力之所在。

把优势资源集中于企业的核心竞争力，放弃那些没有优势的项目，这既是社会分工的要求，也是网络经济所带来的新的市场竞争的需求。

4. 搭建开放式平台

网络经济打破市场在时空方面的限制，企业必须能够即时响应市场需求，将市场信息导入企业内部的企业信息系统，并指导企业内部协同动作，使企业能将产品或服务在最短的时间内以最适当的价格提交给客户（消费者）。

适应网络经济要求的企业信息系统应具备以下功能：挖掘、收集、整理与分析外部市场和内部信息，寻找新的市场机会；准确传输商务信息（销售订单、采购订单等）；将订单信息与企业内部作业（生产、采购、库存管理、财务管理等）计划指令信息对接；随时分析订单的执行进程；网上支付系统与企业内部财力资源管理自动对接畅通；物流信息（内部与外部）与企业内部信息及网络经济信息对接及时等。这样的企业信息平台就是一个合格的开放式平台。

5. 优化组织结构

以提高企业执行力和运行效率为目标，组建扁平化、自我管理、自我创新的组织，是网络经济对企业组织的要求。扁平化组织减少信息传输和管理的中间环节，拆除信息在组织内的分享壁垒，组织内部更容易进行有效的协作，以便于迅速回应市场需求。

自我管理的组织是面向市场自我驱动的组织，它将传统的以管理驱动的组织运作模式转化为靠内部成员的一致目标、共同利益、互相激励、共同发展而提供动力的组织运作模式。以自我管理为基础，依靠成员的创造力、集体的智慧、积累的经验和知识等，不断创造出新的知识，并迅速转化成新的市场竞争力，从而形成自我创新的组织。

6. 扩展价值内涵

传统企业的价值可准确地反映在资产损益表中。有形的价值是传统企业价值的基础。在网络经济时代企业的价值已经不局限于企业内部的有形价值，企业的价值要素除了有形的价值之外还包括知识、创新力、客户关系、企业文化等无形的价值。

在信息化时代，知识是企业的价值基础。知识可以创造出超越资本创造的价值。企业所拥有的知识、积累的经验以及所拥有的具有专业知识的人才，是企业最根本的价值要素。企业要管理好自己的知识资产，开发人力资源，使知识资产转化为市场优势。

创新力是企业发展的动力。一个只能提供与竞争者同质的产品的企业是没有前途的。独特的产品是网络经济时代企业的安身立命之本，这需要企业的创新力作为支撑。创新力来自企业对知识资产的科学开发。

客户关系是企业价值创造与实现的要素。良好的供应商、经销商关系，是企业开展外部合作的基础；良好的消费者关系，是企业产品最终实现价值的前提。市场需求通过客户关系以客户需求的方式表现出来，才能成为策动并回报企业经营的力量。开发与保持良好的客户关系，是企业在网络经济时代创造和实现价值的前提。

企业文化塑造着企业的个性，塑造着企业所提供产品的个性，塑造着企业的市场形象。企业文化建设有助于企业在市场中树立独特形象，提升产品的价值内涵，为企业在网络经济时代的发展营造精神环境。

7. 加强协作与合作

协作来自企业内部深层次的沟通。销售、研发、生产，财力、人力、物力，管理、行政、决策等，各环节、要素、组织、执行者之间，都需要紧密协作。只有形成互相支持、顺畅承接的协作网络，才能形成企业快速响应市场的能力。

合作来自企业与供应商、经销商的共同利益。如果供应商在企业急需供货的时候无法供货，或者在急需供货的时候提高价格，就会给企业造成巨大的打击。与供应商与经销商建立良好的、相互信任的合作关系是企业适应市场竞争的重要保证。从订货信息到库存、销售、生产信息，在合作伙伴之间存在共享的可能性与必要性。网络经济使企业选择合作伙伴的空间更大，重要性更突出。

二、网络金融平台的产生

20世纪80年代以来，伴随着现代计算机技术与电子通信技术的革命，美国、西欧等发达国家和地区的金融机构纷纷推出利用电子技术提供金融服务的新模式，从而掀起了声势浩大的金融创新浪潮，各国金融管理与经营者的观念在悄然改变，导致了一场金融业革命在全球展开。

美国在高新技术的发展和金融业的发展方面处于全球领先地位，在全球高新技术的应用方面也占有一定的优势。

(一) 电子商务与网络金融

网络金融是借助互联网技术向客户提供信息服务和金融交易服务的新兴金融机构。网络金融是银行、证券和保险电子商务的表现形式，是金融业在新经济时代追求进步、勇于创新、为客户提供更好服务的必然选择。网络金融的发展也会对其他行业的电子商务行为产生重要的促进作用，因为电子商务过程中资金流在互联网上的转移是网上支付与结算，它们只有通过银行的支持才能安全、便捷、有效地实现。

电子商务是新经济增长的发动机，网络金融是这部发动机的助推器。

网络金融不同于以前金融界所用的信息技术，以前的信息技术是在支持和运作金融业务，网络金融则是在改造金融业务运行模式，其中主要包括间接金融业务电子化和直接金融业务电子化。直接金融业务电子化除了传统的投资证券业务电子化以外，又创新拓展出了互联网脱媒金融业务。网络金融是一场革命，如果旧的金融机构忽略它，则其资金媒介和支付服务职能将可能被全面取代。如果传统金融业能够重视它，主动发展网络金融，一方面摒弃简单资金中介的身份，提供更多、更好的增值服务，另一方面迅速掌握新型电子支付工具的应用，在网上支付中占据重要地位，那么传统金融业将会成为新经济时代的赢家，在新的时代再铸辉煌。

（二）网络金融的雏形

1995年5月，美国富国银行（Wells Fargo）成为美国第一家可以向客户提供网上查询账户余额的银行，并逐步实现网上查询交易记录、转账、支付票据、申请新账户、签发旅行支票和本票等业务。1995年10月，资产超过2 000亿美元的美国花旗银行率先在互联网上设立站点，形成虚拟银行的雏形。1995年10月18日，在美国亚特兰大开业的美国安全第一网络银行是世界上第一家网上银行，当时其存款金额达1 400万美元，遍布全美的客户已达4 000多家。这标志着网络金融在世界上的正式产生。计算机在中国银行业的应用始于20世纪50年代，起初用于银行后台业务的核对和监督，80年代开始用于单个银行业务的辅助管理，90年代初全国银行系统初步电子化，例如，1991年中国人民银行开始在全国建设电子资金转账系统（EFT），1993年中国政府宣布将"金卡"工程作为重要的国民经济信息化工程等。在银行系统初步电子化的基础上，1996年招商银行率先推出"一卡通"网上支付金融服务业务，1998年中国银行进行了第一笔电子交易业务。

网络经济时代日益壮大的网络客户群和不断变化的顾客需求是网络金融发展的加速器。由于计算机成本的大幅下降，网络终端可以迅速普及到一般消费者。1999年3月，全世界已经有2亿人加入互联网，2016年全球移动互联网用户总数达到30亿人。如此快速增长的网络客户群，为金融机构在互联网上开展金融业务提供了雄厚的社会基础。同时信息技术发展推动着客户消费渠道的转变，使人们对金融服务的要求越来越高。这迫使银行必须进行革新，而且网络时代客户的消费习惯在发生变化，不同的客户消费渠道逐步融入互联网所创造的电子空间，而客户习惯和消费渠道的改变将推动金融服务渠道的变迁。

（三）互联网脱媒金融进程

互联网脱媒金融是金融市场供求双方借助互联网平台直接交易金融业务的模式。

金融服务实体经济的最基本功能是融通资金，资金供需双方的匹配（包括融资金额、期限和风险收益匹配）可通过两类中介进行：一类是商业银行，对应着间接融资模式；另一类是股票和债券市场，对应着资本市场直接融资模式。这两类融资模式对资源配置和经济增长有重要作用，但交易成本巨大，主要包括金融机构的利润、税收和薪酬。互联网脱媒金融是不同于前两者的一种新型脱媒融资模式，相对于传统的直接金融，减少了许多中间管理环节与门槛限制，真正体现了公平、公正的原则，并且交易成本低、快捷高效。

1. 互联网脱媒金融的定义

互联网以其包罗万象、分布式、去中心化的功能体系，对今天的现实世界显示出极大的诱惑力。互联网公司积极开拓金融业务，金融公司借用计算机信息技术以互联网模式改造传统金融业务，互联网脱媒金融展示出开放、共享、自由、和谐、共赢的新金融业务模式。

互联网脱媒金融并不是简单的互联网技术的金融，而是基于互联网功能，并以计算机网络技术为支撑的新的脱媒金融业务模式，是网络金融业务模式之一。互联网脱媒金融代表着交互、关联、自由、共享和互补的新型金融业务模式。其中的核心是人人参与的自媒体，是高效共享、平等自由、信任尊重，是点对点、网格化的互联，从而形成信息交互、资源共享、优劣互补，并通过知识管理从信息数据中挖掘出有价值的信息；每个人都在生产和分享内容与通道，每个人接近于平等，相互之间有着一定的信任和尊重；每个人作为其中的某一个体，都有充分的权利和手段参与到金融活动之中，在信息相对对称与平等的环境中自由地获取或提供金融服务，使金融服务逐步实现充分有效和民主。互联网技术的发展使这样的蓝图成为可能，尤其数据产生、数据挖掘、数据安全和搜索引擎技术，是互联网脱媒金融运行的技术支撑；社交网络、电子商务、第三方支付、搜索引擎等形成了庞大的数据库；云计算和行为分析使大数据挖掘成为可能；数据安全技术使隐私保护和交易支付顺利进行；搜索引擎使个体更加容易获取信息；计算机信息技术的发展极大地减少了金融交易的成本和风险，扩大了金融服务的边界。

以技术为驱动的数据金融业务成为传统金融公司和电子商务企业的发展目标之一。例如，阿里巴巴将"数据、平台、金融"作为未来的三大业务发展方向，中国建设银行自建了电子商务平台，很多机构在争抢第三方支付牌照，数据已成为一种战略资源。

数据给金融带来了巨大的变化，也是降低成本和风险的主要手段。互联网脱媒金融引发的交易主体、交易结构的变化以及潜在的金融民主化，是 21 世纪具有革命意义的事件。

互联网脱媒金融是和信息对称、金融脱媒以及个体选择联系在一起的新金融业务模式。当交易双方的信息不对称程度非常低时，在金额和期限错配以及风险上分担的成本就非常低，金融媒介机构的作用也就显得没有现实意义。

将来的金融媒介仍然会承担一定的职能，但是其职能行使的范围和作用将发生变化，其作用主要是维护金融宏观环境和谐平稳地发展，并管理公共资源的良性运行。个体间的直接金融交易值得期待，它就像微博、微信让个体之间的信息交易直接化。正是这种行为主体和参与方式的变化，减少了交易成本和风险，彰显出普惠金融和民主金融的意义。个体拥有享受现代金融服务的充分权利和通道，交易行为完全市场化，信用会产生价值，个体的选择不受限制。如果是这样，金融交易将完全互联网化，互联网成为一个巨大的、公开的交易所。交易的发生小微密集、交错复杂。

好的金融是让更多的人享受金融服务，让金融服务更加透明，并最大限度地减少信息不对称和中间成本。如果金融行为朝着这个方向发展，金融行为监管就一定会跟上。

周小川行长在答记者问时提到：对监管来说新金融形式的挑战是客观存在的，重要的是人们要适应这种新的发展和新的科技挑战。同时也不排除这些新的业务模式会出现或大或小的风险和问题，舞弊欺诈等也会借这种路径出现。出现以后，人们要加快学习的步伐，及早地吸取经验教训，同时不断地更新规章制度和监管标准，这样就能使整个金融业保持一个健康的发展方向。

希勒教授在《金融与好的社会》中说到，金融体系应该扩大化、民主化和人性化，监管更加技术化，但谁也不应该拒绝金融和它的新形态。这是金融为好的社会所能贡献的。

总之，互联网脱媒金融包括两个方面的创新：一方面是互联网企业利用自身的互联网技术、移动通信技术来介入金融服务；另一方面是银行等传统金融机构利用互联网技术、移动通信技术再造金融服务，提供新的金融产品。

互联网公司提供的金融服务，从本质上讲是一种金融业务，同样要按照金融业务的规律，构建相应的内部制度和风险管控。可以借鉴传统的金融企业在这方面积累的经验，但不能因为强调互联网公司注重的客户体验，而放松风险的环节管控。

互联网脱媒金融的风险主要有两个方面：首先是系统、资金与信息的安全性风险，互联网脱媒金融涉及客户的资金安全、信息安全以及系统安全；其次是合规性风险，即互联网企业是否超范围经营，同时还存在着一定的套现、洗钱等方面的风险。例如，P2P网贷公司如果离开做信息中介的定位，而做信用中介、做资金池、做担保等，就很容易出现合规性问题。因为像银行这样的信用中介，需要有计提资本和风险拨备，而P2P网贷公司没有这些方面的管理制度与约束。

所以，对互联网脱媒金融应从企业、行业、政府三个方面加强风险管控。

（1）企业自身管控。互联网公司不能让风险管控让位于客户体验，必须在遵守金融规律、加强内部制度建设的前提下，去追求客户体验。

（2）行业自律。互联网脱媒金融应该远离非法集资、非法存款、挪用客户资金等行为，应该做好行业规范的制定；此外还需要推动信息的共享，特别是不守信用的客户信息的共享。中国支付清算协会成立了互联网脱媒金融专业委员会，是实行金融监管的互联网脱媒金融行业协会。

（3）政府监管。政府必须按照实质重于形式的原则，分析互联网脱媒金融的金融业务本质。对存在着监管空白的领域，应该及时完善相关的监管规定，明确监管责任。

传统的金融机构或银行从事互联网脱媒金融业务，同样应该遵守银监会的相关监管要求，第三方支付应该服从中国人民银行的监管规定。对于一些互联网小额贷款公司，应该由地方政府履行监管职责。

2. 互联网脱媒金融存在的基础

（1）网上支付。网上支付包括移动支付和第三方支付。例如，支付宝是一个比较成熟的支付平台，在互联网支付领域中，支付宝的市场份额已经非常之高，根据艾瑞咨询统计数据显示，2017年支付宝和财付通的市场份额一升一降，其中，支付宝的市场份额占比从一季度的54%扩大到二季度的54.5%；微信支付背后的财付通则从上季度的40%环比回落至39.8%。另外，人人贷在一定程度上已经可以取代银行的存贷款业务，阿里金融的业务虽然不像人人贷那样，但是其利用社交网络的信息也可以进行贷款。

（2）股权融资。现在国外已经存在的众筹融资（Crowd Funding），就是通过互联网来进行证券业务的，如进行股权融资，但是其回报并不是以"分红"的方式来进行的。例如，投资一项手表制作的创业项目，采用股权融资方式进行，但投资回报不是股票或派息钱，而是实物手表。这种业务目前国内也有企业在做。

（3）移动终端。移动互联网和智能手机的发展是互联网脱媒金融发展的技术支持，移动终端促使人们的生活、工作数字化。云计算确保移动终端随时随地都能进行大规模的计算与分析。

（4）社交网络。社交网络的迅速发展和搜索引擎的技术进步，使人们能够及时准确地找到某个急需的信息。搜索引擎对信息的整合效果满足人们对信息的多种需求。最新的搜索引擎和社交网络的融合是今后的发展趋势。

3. 互联网脱媒金融是"金融脱媒"

互联网脱媒金融是平行于间接融资的直接金融的另一种业务模式，即依靠互联网摆脱金融中介机构的新业务模式。

互联网脱媒金融有许多不同于传统金融的特征，显示出很强的创新性和竞合特征，可归类为直接金融。互联网脱媒金融是借用互联网技术来实现资金融通的行为总和，是在互联网技术高速发展、信息传播扁平化的大背景下，为满足人们日益丰富的金融需求而创造出的一系列金融新概念、新产品、新模式、新流程等。互联网脱媒金融可以看作"金融脱媒"的一种新形式。

"脱媒"一般是指在进行交易时跳过所有中间人而直接在供需双方间进行。所谓"金融脱媒"是指在金融管制的情况下，资金供给绕开商业银行体系，直接输送给需求方和融资者，完成资金体外循环。随着经济金融化、金融市场化进程的加快，商业银行的金融中介地位相对降低，储蓄资产在社会金融资产中所占比重持续下降，由此引发社会融资方式由以间接融资为主向直接、间接融资并重转换。

金融的本质是满足货币跨时间、跨空间的交换。一国金融业发展的初期，金融发挥功能的主要媒介是银行。但随着直接融资市场的兴起，银行业面临资本性脱媒危机。银行虽然可以采用证券化等技术，以投资银行的形式发展跨市场业务来弥补市场份额的下降。但是，资本性脱媒对银行业的冲击是直接且显著的。例如，美国在利率市场化与金融脱媒的过程中，倒闭、破产重组的银行数量接近三分之二。商业银行一度被认为已无存在的必要。中国香港的银行业在20世纪八九十年代减少了近三分之一。

互联网的发展和普及放大了金融脱媒的冲击。一方面，网上交易的快捷、网上路演的便利、网上信息披露迅速等特点推动了直接金融业务的快速发展；另一方面，电子商务企业试图在金融领域复制其C2C成功的经验，推出P2P网络贷款、P2P网络理财产品等新型金融产品。银行的支付服务地位越来越受到互联网技术性脱媒的冲击，其中间业务也受到较大的替代。截至2015年3月30日，中国人民银行共发放了270张第三方支付业务许可证，其中包括阿里巴巴、腾讯、盛大和百度等互联网巨头。支付宝、财付通和快钱等产品已经能够为客户提供收付款、自动分账以及转账汇款、机票与火车票代购、煤水电费与保险代缴等结算和支付服务，对商业银行中间业务形成了明显的替代效应。

银行应该顺应互联网的发展机遇，依托自身庞大的客户基础、良好的风险控制技术和雄厚的资金实力，积极探索服务创新的方式。目前可选择的方式有以下三种：第一，将传统业务与互联网进行融合，把互联网平台当作金融业务交易与联系的渠道，将传统服务方式转为互联网在线服务方式；整合理财等投资业务，开辟网上自助服务；加强与通信、电子商务等企业的合作，扩展支付功能，实现随时随地可以任何方式进行交易支付。第二，选择业务运行成熟的电子商务企业，拓展资源共享项目。例如，在B2B模式下，由于电子商务掌握了客户的海量数据和交易结果，积累了客户信用评价，这与银行掌握的企业财务报表的数据正好形成资源互补，双方可以加强资源共享，相互取长补短、共同发展。第三，以银行信用作为信息可信赖的支撑，并通过"信息流、物流、资金流"的三流合一，建立大型的数据库积累客户交易记录和信用情况，利用数据挖掘技术提高为客户提供优质金融服务的能力。

互联网脱媒金融的本质是创新。商业银行应加大创新力度，发挥自身优势，迎接互联网脱媒金融的挑战。

从20世纪90年代起，中国的金融脱媒已经历两个快速发展阶段。一是20世纪90年代，证券市场突飞猛进，家庭金融资产构成由以银行储蓄为主转为银行储蓄与证券资产并存；二是近年来，利率市场化和金融管制催生的影子银行，拓展出大量的直接融资模式。

互联网脱媒金融可以看作"脱媒"的第三波浪潮，在未来的金融创新发展中扮演着鲶鱼的角色，将改变商业银行的价值创造和价值实现方式，重构已有融资格局。它将带来全新的金融功能。以网络借贷为例，它的改变在于规则再造，即借助信息整合、挖掘的方法和标准化、批量化的技术手段提高借贷效率，提高风控能力，降低贷款成本。网络借贷平台使信贷不再是一种权利，而是一种公平合理交易的商品和服务。

在新一轮"金融脱媒"变革中，互联网企业明显处于攻势地位，借助平台、入口及客户数量等多方面的优势，多点快速出击，让人应接不暇；而商业银行则处于守势，往往是被动迎战，有时甚至找不到战场。

4. 互联网脱媒金融的特点

（1）互联网脱媒金融是直接金融。互联网脱媒金融的本质与金融的本质没有区别。二者的区别主要是：其一，资金转移的方式不同。目前主要的资金转移方式是间接融资或直接融资。互联网脱媒金融不可能创造出一种全新的融资方式，既不是间接融资也不是直接融资。其二，资金转移过程中的媒介不同。互联网不是颠覆金融，而是颠覆传统金融的业务运营模式。

（2）互联网脱媒金融是新型直接金融业务模式。

第一，电子商务模式在金融领域的应用，以及其他行业产业延伸到供应链金融的创新模式，促成了互联网与金融的融合。

第二，民间金融与互联网脱媒金融融合，有益于促进民间金融资产管理制度化、市场交易专业化。

第三，互联网脱媒金融是技术密集、资金密集、信息密集的产业，必须集成信息技术、风险管理技术、法律技术等多种技术。

第四，互联网脱媒金融基于消除信息不对称、提供信息数据共享、利用标准化的管理工具等，有利于金融走向开放、共享和民主。

第五，今后IT界、金融界、法律界等不同领域将有更多跨界交流与合作，推动互联网脱媒金融业务在流程、操作标准、行业准则等方面的自律规范早日形成。

总之，只要有货币的存在，社会的发展需要通过货币吸收和货币投放来进行经济活动，金融机构的存在就是无法替代的，社会经济发展需要金融机构调节资金在不同的领域里转移融通。

（3）互联网脱媒金融对传统金融模式的改造。

第一，互联网技术的发展的确改变和颠覆了一些传统的商业模式，但是互联网技术并没有改变商业的本质（商品的流通和转移）。互联网企业打败了传统的商业模式，是互联网企业让大量的商品交易行为从互联网下走到了互联网上。互联网技术颠覆的是一种商品交易的行为方式，改变了很多人进行商品交易的方式，阿里巴巴理论上是平台模式，是让大量本来在路边开店的企业到网络上开店，应该是线上的企业打败了线下的企业，而不是互联网企业打败了传统企业。阿里巴巴的电子商务颠覆的不是商品，而是交易方式和交易功能。线下越成熟的商品企业，在线上的成功率越高。因此，电子商务颠覆的是原来的线下渠道商，电子商务拉平了中间链条，挤压了中间商的生存空间，让苏宁、国美这些原先的渠道商受到了极大的冲击。

第二，互联网技术的发展的确改变和冲击了一些传统的金融业务模式。互联网对金融的冲击，是在渠道方面，而不会在金融产品的生产领域。余额宝是典型的互联网脱媒金融销售环节，而非生产环节。余额宝的生产方是天弘基金，阿里巴巴做这种销售行为没有什么风险控制能力。因此，一旦出现亏损，阿里巴巴损失的是信誉，而要确保不亏损，阿里巴巴则会付出更大的成本。支付宝能让各家银行接受，在很大程度上是因为支付宝与各家银行的利益是共同的，其基础是优势互补。支付宝现在的支付体系离不开银行的支持，最终落地还是在各家银行的银行卡与现代金融支付系统上。如果阿里巴巴成为银行，支付宝与银行优势互补的基础就失去了，各家银行与阿里巴巴的共同利益消失，此时竞争博弈是零和博弈，而不是竞合共赢博弈。

第三，互联网最大的贡献，就是打破了原先逐层的金字塔结构，将分层集中式的管理模式，改造成分布式计算的扁平化模式，这种模式的最大好处是推动了资源的自我优化、合理配置，追求效率、平等、共享的互联网"民主"功能，而且随着在线人数的不断增加，这种"民主"功能会不断地深入人心，互联网的民主性对专制性具有天然的排斥、厌恶和痛恨。

（4）互联网脱媒金融不能包揽所有的金融业务。由于美国采取的是宽准入、严监管的模式，谁都可以进入金融领域进行金融业务操作，但是监管特别严格，互联网企业在美国很早就有金融业务的实践操作，是在一个公平的环境里进行业务竞争，互联网和金融企业之间的竞争并没有引起媒体太大的关注。中国采取的是严准入、宽监管的模式，这使得中国的民营资本很难进入金融领域，中国的这种监管模式有待改变。

第一，互联网脱媒金融不能包揽所有的金融业务。

原则上标准化的产品容易在网上销售，在金融产品中，基金最易在网上销售，其次是证券、银行产品、保险、信托及投行业务。在保险业务中，由难到易依次是人寿保险、养老保险、健康保险和财产保险。在财产保险市场中，70%是个人业务，30%是对公业务，有50%的业务可以搬到网上去。

尽管IT是金融变革的主要推动力，但不等于IT就能取代金融，不等于IT就是金融。金融有其自身的属性，不可替代。在为客户提供标准化产品方面，互联网企业的优势明显，但在为客户提供定制化、管家化、个性化的服务时，金融机构的议价能力较强。

第二，互联网将推动金融业变革。

未来金融业的发展趋势为：金融机构小型化、社区化、智能化、多元化。预计2018～2023年，50%～60%的现金和信用卡将会消失；2018～2033年，大部分中小金融机构的前台和后台将会消失。

互联网对金融业的冲击，不只是增加一个网络渠道这么简单，而是在直接金融和间接金融的区别方面：金融机构把互联网当作一个工具，提升效率，降低成本，起到的是改良作用，是间接金融；传统非金融机构利用互联网做直接金融业务的业务模式，是另一种直接金融业务模式（非证券类），是直接金融业务模式的拓展，不存在颠覆或取代金融之说（网络金融包括直接金融与间接金融两种模式）。

（四）金融全球化促进网络金融发展

数字化信息技术的发展引发信息服务概念和方式的根本性转变，同时带动对信息服务需求的增长。在金融领域，信息系统的服务已经包括金融的所有核心业务。网络金融在互联网上开展的金融活动具有开放性和便捷性特征。网络金融的出现使得金融机构不建砖瓦式的营业网点也能扩大市场规模，全球上网的人都是网络金融机构的潜在客户。

全球经济一体化与信息网络化相互依存、相互促进。随着金融网络及其运行规则在世界上的普及，真正的金融全球化指日可待。金融全球化的发展也为网络金融的产生创造了物质条件和制度基础。

1. 金融全球化的概念

全球化是20世纪90年代以来使用频率最高的名词之一。由于全球化是一个相当复杂而且正在不断发展变化的经济现象，因此迄今为止，还没有一个标准的定义。国际货币基金组织在1997年发表的《世界经济展望》中把全球化定义为："跨国商品与服务贸易及国际资本流动规模和形式的增加，以及技术的广泛迅速传播使世界各国经济的相互依赖性增强。"经合组织认为，全球化是指经济、市场、技术与通信形式等都越来越具有全球特征，民族性和地方性减少。

金融全球化并不是一个孤立的经济现象，它是同经济全球化紧密相关的，特别是经济全球化的高级阶段要求把全球作为一个统一的、无阻碍的自由市场，在全球范围内实现对资源的合理有效配置。金融全球化是经济全球化中最活跃的因素，是利用市场机制完成资源最优配置的最有效手段。

从微观层面上看，金融全球化的发展表现为各个经济实体尤其是各类金融企业的金融创新，即一种技术上的进步；从宏观层面上看，金融全球化则体现为金融自由化，各国政府和国际组织的制度创新，即一种经济制度上的变迁。技术上的进步降低经营成本，制度上的演进则减少交易费用。因此，金融全球化是指世界各国和地区放松金融管制，开放金融业务，放开资本项目的限制，使资本在全球各国、各地区的金融市场自由流动，最终形成全球统一的金融市场、统一的货币体系的历史趋势。同时金融全球化也是全球金融活动和风险发生机制日益紧密联系的过程。

2. 金融全球化推动网络金融发展

从20世纪60年代以来，伴随着美国门户开放政策的实施，不仅美国银行能够在国外设立分支机构，外国银行也纷纷进入美国金融市场。几乎所有国家都在美国设有分支机构，其中最多的是日本、加拿大、英国的银行，这使得银行业的竞争日益加剧。在世界交易的压力下，1997年美国为进入新兴国家的金融市场，做出对外国银行、证券和保险服务业者提供实质的开放和享受国民待遇的承诺。同样，为增强美国金融业的稳定性和在国际金融业中的竞争力，也为适应国际金融自由化改革的浪潮，美国对一些限制性的法规条文进行了修改。

1994年美国通过《跨州银行和分行效率法》，1995年对《金融服务竞争法》进行修改。这些法规的修改为日后美国银行业的并购活动创造了条件。

1997年，美国联邦储备委员会同意放宽对银行经营证券业务的限制，规定在银行控股公司的收益中证券业务比重可由 10% 提高到 25%，但同时继续加强对大银行的监管。1999 年 11 月 12 日，美国前总统克林顿签署了国会通过的《金融服务现代化法案》，该法案取消了美国 20 世纪 30 年代大萧条时期实行的对商业银行、证券公司和保险公司跨界经营的限制，从而揭开了美国金融业走向混合经营的新纪元。这项法案为各类金融机构之间的兼并打开了通道。在美国的带领下，放松金融管制之风刮遍西方国家，一些国家竞相出台优惠宽松的政策。这一趋势在推动金融全球化的同时也进一步加剧了金融业的竞争，掀起了一股势不可挡的金融兼并浪潮。

金融业的激烈竞争是推动网络金融产生的内在动力，竞争导致有实力的大型金融机构为网络金融的发展提供雄厚的物质保证。

3. 金融全球化为网络金融的发展提供制度支持

金融全球化迅速地改变着各国的传统金融体制，同时规范着各个国家政府的干预行为。随着国际金融一体化发展进程的加快，国际金融监管的一体化趋势日益明显。网络金融作为虚拟的金融服务不受地域疆界的限制，所以对它的监管本身就要求国际的合作。例如，网络金融服务的关键组成部分网上支付，要求各国支付结算制度的统一。如果网络金融服务的提供者在给客户提供诸如赔偿、投诉等必要的最低程度的保证时都不得不应付多个国家的规则，那么将增加服务的成本和不便。只有建立共同的标准，才能减少这样的成本和不便。

金融监管国际合作的加强对维护国际金融秩序有着重要的作用，而国际金融体系的稳定则为网络金融的发展提供良好的运行环境，同时规则的统一会大大降低网络金融的运营成本。所以，金融全球化对网络金融的发展能起到制度保障的作用。

第二节 网络金融平台的功能

信息技术的应用是现代金融服务系统的基本支撑，没有金融信息化，就没有现代的金融服务。一方面，信息技术有利于降低金融业的运营成本，催生新的金融产品和工具；另一方面，信息技术突破金融运作的时空障碍，使金融交易和服务可在任何时间、任何地点快捷地进行，实现金融市场的全球化。中国金融业必须积极探索创建金融网络平台的模式，推动金融创新，提高金融服务水平，增强国际金融竞争能力，使中国金融业在国际金融市场上具有一定的话语权。

一、网络金融的概念

（一）网络金融的定义

1. 定义

传统商业银行最重要的功能从本质上可以分为资金媒介和支付服务两大类。但是，随着信息网络技术的发展，通过互联网这一新渠道，资金的供需双方可以低成本、高效率地完成结合，对传统银行业的依赖性有减小的趋势，银行所扮演的资金中间商的角色有弱化的倾向。

网络金融的定义主要有以下几种观点。

"银行说"认为，网络金融是银行。巴塞尔银行监管委员会的《跨境电子银行业务的管理和监督》将电子银行或网络金融定义为：网络金融一般是指通过电子渠道提供零售小额产品和服务，以及提供大额电子支付和其他批发银行服务。欧洲银行标准委员会发布的《电子银行》公告，将网络金融定义为：那些利用网络为通过使用计算机、网络电视、机顶盒及其他个人数字设备连接上网的消费者和中小企业提供银行产品服务的银行。

另外，"公司说"认为，网络金融是一种公司；"方式说"认为，网络金融是一种方式；"系统说"认为，网络金融是一些系统；"金融机构说"认为，网络金融是指采用数字通信技术，以互联网作为基础的交易平台和服务渠道，在线为公众提供办理结算、信贷服务的金融机构或虚拟网站。

综上所述，目前还没有关于网络金融的权威的、统一的定义。人们从主体、方式、构成体系等不同角度对网络金融进行了界定。客观地说，"金融机构说"认为网络金融是特定的金融机构，属于金融类主体的定义比较科学。所以，**网络金融是指借助客户的个人电脑、通信终端（包括普通电话、移动电话、掌上电脑等）或其他智能设备，通过机构内部计算机网络或专用通信网络、互联网或其他公共网络，向客户提供金融产品的金融机构，包括直接金融与间接金融两大类。**

2. 网络金融与电子银行、网上银行、虚拟银行的关系

在对网络金融进行界定时，需要认识和处理其与几个相关概念的关系，以便更好地认识和把握网络金融。

（1）网络金融与电子银行的关系。电子银行泛指银行利用电子化网络通信技术从事与银行业相关的活动，包括电子银行业务和电子货币。电子银行业务是指通过电子化渠道提供的银行业产品和服务，提供产品和服务的方式包括商业 POS 终端机、自动柜员机（ATM）、电话自动应答服务系统、个人计算机、智能卡等。电子货币包括基于各种卡的"电子钱包"和基于网络技术的"数字化现金"等。2000 年《中国银行电子银行服务章程（暂行）》第一条规定："中国银行电子银行服务是利用多种电子媒介（手机、电话、电脑、电视等），通过不同通信传输方式（移动短信息、有线电话、Internet 网络等），在中国银行电子银行服务系统实现金融信息查询和有关金融交易的服务。客户（个人）可以在中国银行规定的服务时间内，按照《中国银行电子银行服务客户操作指南》的规定要求，自主选择电子服务媒介完成各种金融服务。"

中国银行业监督管理委员会第 40 次主席会议通过、公布施行的《电子银行业务管理办法》第二条规定："本办法所称电子银行业务，是指商业银行等银行业金融机构利用面向社会公众开放的通信通道或开放型公众网络，以及银行为特定自助服务设施或客户建立的专用网络，向客户提供的银行服务。电子银行业务包括利用计算机和互联网开展的银行业务，利用电话等声讯设备和电信网络开展的银行业务，利用移动电话和无线网络开展的银行业务，以及其他利用电子服务设备和网络，由客户通过自助服务方式完成金融交易的银行业务。"

网上银行是指互联网银行，是指以互联网作为传输渠道向客户提供银行服务。它包含两个层次的含义：一个是机构概念，指通过信息网络开办业务的银行；另一个是业务概念，指银行通过信息网络提供的金融业务，包括传统银行业务因信息技术应用而带来的新兴业务。

中国人民银行将网上银行业务定义为"银行通过互联网提供的金融业务"。

严格意义上讲，网络金融与电子银行不能完全等同，网络金融是指特殊且重要的金融类主体，属于金融的范畴，而电子银行则是一种特殊的金融业务。随着信息网络的迅猛发展，其他形式的电子银行正在淡出，网络金融与电子银行这两个概念出现混同的趋势。在英文文献中，网络金融与电子银行这两个概念经常具有同样的含义。从这个意义上说，网络金融与电子银行既有区别又有联系，但目前正在走向统一。

（2）网络金融与网上银行的关系。与网上银行相比，网络金融是一个宽泛的概念。网络金融是一种特殊且重要的金融类主体，属于金融的范畴。从服务载体看，网络金融服务不光局限于互联网，还包括银行的内部计算机网络、专用通信网络或其他公用信息网络；从服务场所看，网络金融既可以通过计算机等智能设备进行，也可以通过电话等一般通信手段进行；从服务内容看，网络金融不仅包括传统的存、贷、汇业务，而且包括因新技术应用而带来的其他服务，如投资理财、证券、保险等业务。从这个层面上说，网络金融包括了网上银行，网上银行只是网络金融的重要组成部分而不是全部。

（3）网络金融与虚拟银行的关系。虚拟银行即纯网络金融，是指完全依托互联网开展银行业务的银行，是完全建立在互联网基础上的金融服务机构。虚拟银行没有相应的实体形态，是虚拟存在的，具有虚拟性和数字性。

网络金融包括虚拟银行，而虚拟银行只是网络金融的一种。中国还没有纯粹的虚拟银行，在世界范围内其数量也比较少，但其拥有巨大的发展空间与潜力。

（二）传统银行向网络金融演变的历程

在现代信息技术飞速发展，金融全球化步伐加快的前提下，网络金融作为高新信息技术支持金融业发展的产物，在其60年的发展历程中，经历了由计算机辅助银行管理阶段到网上银行阶段的蜕变过程。

在计算机辅助银行管理阶段，网络金融基础技术是简单的脱机处理，主要用于分支机构及各营业网点的记账和结算。随后网络金融开始从脱机处理发展为联机处理系统，使各银行之间的存、贷、汇等业务实现了电子化联机管理。20世纪60年代末兴起的电子资金转账技术及网络技术的持续发展，为网上银行的出现奠定了技术基础。

随着计算机普及率的提高，商业银行逐渐将发展重点从电话银行调整为 PC 机银行。20 世纪 80 年代中后期，全球金融通信网络形成，并出现了各种新型的电子网络服务，如以自助方式为主的在线银行服务、自助柜员机系统、销售终端系统、家庭银行系统和企业银行系统等，银行电子化或金融信息化阶段由此揭开帷幕。

互联网技术的巨大发展潜力在 20 世纪 90 年代中期爆发，金融机构纷纷开始建立自己的网站。但此时的银行网站并不涉及实质性的金融业务，而是偏重于业务和广告宣传。直到 1994 年，马克·安德里森设计开发的 Navigator 浏览器和 RAS 加密算法的问世，使得银行网站服务开始向银行业务层面延伸。自 20 世纪 90 年代中期以来，网上银行的出现使银行服务完成了从传统银行到现代银行的变革，同时也赋予了网上银行更多的开放性和灵活性。网上银行不需要固定的场所，其服务的整体实力集中体现在前台业务受理和后台数据处理的一体化综合服务能力及整合水平上。

（三）网络金融与传统金融业务的区别

（1）网络金融是虚拟化的金融服务机构，金融网络从物理网络转向虚拟数字网络。

（2）传统金融的销售渠道是分行及其广泛分布的营业网点，网络金融的主要销售渠道是计算机网络系统，以及基于计算机网络系统的代理商制度（聘请代理商作为计算机网络的前端代理人，借助代理人广泛的公共关系网络实现对传统金融营业网点的替代效应）。

（3）传统金融业务的差异主要体现在实力上，如资金和服务质量等。网络金融业务的差异主要体现在营销观念和营销方法，以及为客户提供的各种理财咨询技能上。网络金融的整体实力，将主要体现在前台业务受理和后台数据处理的集成化能力上。

（4）传统金融业务的范围较为清晰，网络金融业务的范围正处于高速扩张中，因而具有模糊不清的特点。

（5）传统金融的发展动力来自获取资金利差的盈利，这种单一结构随着网络金融的出现而发生根本改变，网络金融将通过信息服务拓展营业渠道。

（6）网络金融使获得经济效益的方式发生根本改变。传统金融获得规模经济的基本途径是不断追加投入，多设物理网点，从而获得服务的规模经济效益。网络金融主要是通过对技术的重复使用或对技术的不断创新从而带来高效益。

（7）随着互联网等社会公共网络和数据库的系统管理日益健全，在市场推广宣传、市场调研、客户追踪、特种业务服务和资产管理等领域，网络金融日益显示出比传统金融更为明显的规模优势，网络金融开展的虚拟服务调查、客户追踪等活动，成为对这些金融服务领域的传统方式的完善，有利于金融业建立全方位的市场品牌战略。

（8）网络金融使传统金融的经营理念从以物（资金）为中心逐渐走向以人为中心。

（9）信息技术将使货币的形式发生本质的变化。传统的货币形式以现金和支票为主，而网络金融流通的货币将以电子货币为主。

（10）在传统业务基础上的网络金融服务对客户需求的满足，将大大超过单纯提供传统金融业务的金融机构。

（11）网上银行使人力资源管理战略和技能培训发生改变。金融机构人才培养和培训的方向从基于单纯的业务技能培训，转变为基于综合商业服务理念的全面服务素质培训。

（12）网络金融给金融机构创新了一项重要的金融资产——经过网络技术整合的金融信息资产或金融信息资源资本。金融信息资产既包括金融机构所拥有的各种电子设备、通信网络等有形资产，也包括金融管理信息系统、决策支持系统、数据库、客户信息资源、电子设备使用能力，以及信息资源管理能力等无形资产。

（四）网络金融机构的种类

网络金融机构可以从不同角度进行分类。

1. 本国与外国的网络金融机构

网络金融机构从国籍角度可划分为本国与外国的网络金融机构。本国的网络金融机构是指具有本国国籍的网络金融机构。外国的网络金融机构是指具有外国国籍的网络金融机构。对于国籍的确定标准，英美学说主张成立地说，认为依照法人章程登记地（或批准地），即法人成立地来决定法人的国籍。欧洲的许多国家，如法国、德国、意大利、瑞士等国，都主张依法人的住所地来确定法人的国籍，而中国则采取的是登记地说。中国《民法通则》第四十一条第二款规定："在中华人民共和国领域内设立的中外合资经营企业、中外合作经营企业和外资企业，具备法人条件的，依法经工商行政管理机关核准登记，取得中国法人资格。"在网络环境下，按上述方法确定网络金融机构的国籍存在一些新的问题，主要表现为：由于网络具有全球性特点，因此可能出现网络金融机构登记地与网络金融主机服务器所在地不一致的情况，即在一国登记注册而在另一国营业经营。所以，网络金融机构的国籍确定标准需要适当改变，否则难以适应网络金融发展的实际需要。

2. 纯网络金融机构与虚实结合网络金融机构

纯网络金融机构是指没有分支银行或自动柜员机，提供网上支票账户、网上支票异地结算、网上货币数据传输、网上互动服务和网上个人信贷这五种服务中的至少一种，仅利用网络进行金融服务的金融机构。虚实结合网络金融机构包括电子分行和远程银行。电子分行是指在拥有"实体"分支机构的银行中仅从事网络金融机构业务的分支机构。远程银行是指同时拥有 ATM、电话、专有的家用计算机软件和纯网络金融的金融机构。

3. 全能型网络金融机构与特色型网络金融机构

从网络金融机构提供的业务范围和功能的角度将其分为全能型网络金融机构与特色型网络金融机构。全能型网络金融机构是指可以提供与传统银行相同的一切金融服务的网络金融机构，其典型代表是美国印第安纳州第一网络银行（First Internet Bank of Indiana，FIBI）。特色型网络金融机构是指不提供所有的银行业务，仅提供有特色的银行业务的网络金融机构。其典型代表是美国休斯敦的康普银行（Compu Bank），它只提供在线存款服务，而美国耐特银行服务的特色在于其以较高的利息吸引更多的客户。

4. 法人型网络金融机构与非法人型网络金融机构

从网络金融机构的法律地位角度将其分为法人型网络金融机构与非法人型网络金融机构。法人型网络金融机构是指具有法人地位的网络金融机构。非法人型网络金融机构是指隶属于传统商业银行等主体而不具有法人地位的网络金融机构。绝大多数网络金融机构是非法人型网络金融机构，但也不排除具有独立地位的法人型网络金融机构的存在与发展。无论是法人型网络金融机构还是非法人型网络金融机构，它们都是网络金融的组成部分。

5. 金融主体类网络金融机构、非金融主体类网络金融机构与混合类网络金融机构

这是从网络金融机构的投资者角度进行的划分。金融主体类网络金融机构是指由金融主体投资开办的网络金融机构。由于金融主体有很多种，因此金融主体类网络金融机构又可以分为商业银行类网络金融机构、金融资产管理公司类网络金融机构、信托投资公司类网络金融机构、财务公司类网络金融机构、金融租赁公司类网络金融机构以及其他金融主体类网络金融机构。非金融主体类网络金融机构是指由一般企业、个人等非金融主体投资开办的网络金融机构，例如互联网脱媒金融机构。这里的混合类网络金融机构是指由金融类主体与非金融类主体投资开办的网络金融机构。从全世界范围看，金融主体类网络金融机构是各国普遍认可的，但非金融主体类网络金融机构与混合类网络金融机构在不同国家或地区的地位不同。在金融比较自由的国家，非金融主体类网络金融机构、混合类网络金融机构都比较常见，中国正在鼓励非金融主体类网络金融机构从事互联网脱媒金融业务。

二、网络金融的标准与条件

1. 网络金融的标准

网络金融的判断标准是对网络金融的进一步界定。现在我们主要是引用美国《在线银行报告》（Online Banking Report）和 Gomez 网站的观点作为网络金融判断的标准。美国《在线银行报告》的界定：利用银行网站，客户可以查询账户、划拨资金和支付账单，就是标准的网络金融。按照这个标准，即使是美国最大的100家银行，也只有24家算得上是标准的网络金融，多数银行的网站仅仅提供银行信息，起到业务宣传的作用。美国 Gomez 网站认为，只要提供以下5种业务中的任何1种以上的业务，就可以称为网络金融。这5种业务分别是：网上支付账户、网上支票异地结算、网上货币数据传输、网上互动服务和网上个人信贷。由此可见，美国《在线银行报告》和 Gomez 网站都认为网上支付、结算与划拨是网络金融的判断标准。但 Gomez

网站界定的网络金融在范围上大于美国《在线银行报告》所理解的网络金融。这种网络金融判断标准还存在缺陷,因此需要进一步明确和统一网络金融的判断标准。例如,网络金融属于商业银行的组成部分,因此判断网络金融的基本标准就是看其是否符合商业银行的最基本标准。

判断某个企业是否属于商业银行,其标准有两条:一是客观标准,从其提供的业务活动看其是否提供存款、支付、结算、贷款等信用业务;二是主观标准,从其提供业务活动的目的看其是否为了盈利。只有同时满足这两条标准的,才能称得上商业银行。如果某个企业提供存款、支付、结算、贷款等信用业务,且其目的是盈利,那么就可以说这个企业就是商业银行。同理,凡是为了盈利目的,通过网络平台提供存款、支付、结算、贷款等信用业务的企业或主体就是间接网络金融机构;凡是为了盈利目的,通过网络平台提供支付、结算、贷款或集资等信用业务的企业或主体就是直接网络金融机构。

所以,判断网络金融的最低标准应该是:间接网络金融企业或主体至少应同时提供存取款业务才能算得上网络金融机构;直接网络金融企业或主体至少应通过平台实现 P2P 借贷或众筹业务才能算得上网络金融机构。之所以将提供存取款业务作为间接网络金融的最低标准,是因为尽管银行业务历经变化和发展,然而其最基本的业务并没有改变。从历史演变角度看,存取款业务一直是银行最基本的业务,也是网络金融最基本的业务。没有存取款业务,银行就失去最核心、最基本的业务内核,从而银行也就不成为银行。但是,直接网络金融企业或主体的 P2P 借贷或众筹以创新为由吸收存款或做资金池,就是违法,是非法集资。

2. 网络金融的条件

网络金融的条件是指网络金融在什么情况下才能从事网络金融业务。

由于网络金融具有企业性、银行性与网络性等性质,所以网络金融既应具备企业的一般条件,也应具备商业银行的一般条件,同时还应具备作为网络主体的特殊条件。

(1)网络金融应具备企业(或商业银行)所应具备的一般条件。

第一,网络金融应具备企业的一般条件。企业一般是指为了盈利目的,从事经济活动的组织。其本身应具备相应的意志能力条件、组织能力条件、财产能力条件等。然而,由于企业可以分为法人型企业和非法人型企业,因此处于不同法律地位的网络金融也就具有不同的条件。作为法人型企业,网络金融应具备法人的一般条件。中国《民法通则》规定,法人应具有的条件包括:依法设立;有自己的名称、组织机构和场所;有必要的财产或经费;能独立承担民事责任。同时,银行只有具备法律规定的相应条件,才能进行正常的经营管理活动。作为非法人型企业,网络金融应具备非法人型企业的共同条件,比如有一定的组织机构、财产等方面的条件。

第二,间接网络金融应具备商业银行的一般条件。我国《商业银行法》第十二条规定,设立商业银行,应当具备下列条件:有符合本法和《中华人民共和国公司法》规定的章程;有符合本法规定的注册资本最低限额;有具备任职专业知识和业务工作经验的董事、高级管理人员；有健全的组织机构和管理制度；有符合要求的营业场所、安全防范措施和与业务有关的其他设施。设立商业银行，还应当符合其他审慎性条件。第十三条还规定，设立全国性商业银行的注册资本最低限额为 10 亿元人民币。设立城市商业银行的注册资本最低限额为 1 亿元人民币，设立农村商业银行的注册资本最低限额为 5 000 万元人民币。注册资本应当是实缴资本。国务院银行业监督管理机构根据审慎监管的要求可以调整注册资本最低限额，但不得少于前款规定的限额。不同性质的网络金融具有不同的商业银行一般条件，不同地位的网络金融更具有不同的商业银行一般条件。

（2）网络金融应具备与网络环境相适应的特殊条件。中国银行业监督管理委员会发布的《电子银行业务管理办法》比较系统地规定了金融机构开办电子银行业务所应具备的条件。《电子银行业务管理办法》第九条规定，金融机构开办电子银行业务，应当具备下列条件：第一，金融机构的经营活动正常，建立了较为完善的风险管理体系和内部控制制度，在申请开办电子银行业务的前一年内，金融机构的主要信息管理系统和业务处理系统没有发生过重大事故；第二，制定了电子银行业务的总体发展战略、发展规划和电子银行安全策略，建立了电子银行业务风险管理的组织体系和制度体系；第三，按照电子银行业务发展规划和安全策略，建立了电子银行业务运营的基础设施和系统，并对相关设施和系统进行了必要的安全检测和业务测试；第四，对电子银行业务风险管理情况和业务运营设施与系统等，进行了符合监管要求的安全评估；第五，建立了明确的电子银行业务管理部门，配备了合格的管理人员和技术人员；第六，中国银监会要求的其他条件。

《电子银行业务管理办法》第十条规定，金融机构开办以互联网为媒介的网上银行业务、手机银行业务等电子银行业务，除应具备第九条所列条件外，还应具备以下条件：电子银行基础设施设备能够保障电子银行的正常运行；电子银行系统具备必要的业务处理能力，能够满足客户适时业务处理的需要；建立了有效的外部攻击侦测机制；中资银行业金融机构的电子银行业务运营系统和业务处理服务器设置在中华人民共和国境内；外资金融机构的电子银行业务运营系统和业务处理服务器可以设置在中华人民共和国境内或境外。设置在境外时，应在中华人民共和国境内设置可以记录和保存业务交易数据的设施设备，能够满足金融监管部门现场检查的要求，在出现法律纠纷时，能够满足中国司法机构调查取证的要求。

《电子银行业务管理办法》第十一条规定，外资金融机构开办电子银行业务，除应具备第九条、第十条所列条件外，还应当按照法律、行政法规的有关规定，在中华人民共和国境内设有营业性机构，其所在国家（地区）监管当局具备对电子银行业务进行监管的法律框架和监管能力。

上述关于网络金融条件的规定表明：中国的网络金融是指金融机构开办的网络金融；网络金融的条件因其媒介、投资来源地的不同而不同，但基本的技术要求、制度建设和管理水平要求一样，例如，互联网企业开办互联网脱媒金融。

这些规定无疑为网络金融业务的开展和经营、风险防范、加强监管等提供了有利条件和法律制度保障。但是这些规定过于原则、重复，不利于实际操作和运用。网络金融的条件还需要与时俱进，要进一步明确、规范，增强其可操作性。

三、网络金融的功能

（一）网络金融功能的界定

功能界定事物之间的关系，是一事物对另一事物的积极（或消极）的、正面（或负面）的、有利（或不利）的作用或活动。网络金融的功能一般是指网络金融所具有的积极的、正面的、有利的作用或活动。

整体观是网络金融的理论基础。对网络金融的功能，不能片面地、孤立地认识和看待，而应从网络金融系统整体出发进行考察。

金融运行结构和环境共同决定金融功能与效率，金融结构随着环境对金融功能需求的变化而变化，所以，网络金融运行结构与环境共同决定网络金融的功能与效率，而网络金融结构随着环境对网络金融功能需求的变化而变化。由此可见，网络金融的功能与网络金融的结构存在内在的密切联系。

（二）网络金融的功能

1. 网络金融的基本功能与辅助功能

按照价值工程理论，V（价值）$=F$（功能）$/C$（成本）。价值与功能呈正比，而与成本呈反比。价值或由于增加功能，或由于降低成本而增加。

所谓基本功能，是指直接满足一定的主要目标要求的功能，而辅助功能则是为保证实现基本功能所附加的功能。金融的三大功能是减少交易费用（包括银行的支付系统）、监控、创造流动性。这些独特的最重要的功能就是金融的基本功能。网络金融必然具有金融的这些基本功能。网络金融的基本功能包括：一是便利电子商务交易活动中的支付，这使得网上消费真正变为现实，如旅游、订票、购物等；二是提供存款业务功能（这往往需要借助自动化物质手段才能实现）；三是提供网络支付业务功能；四是提供网络贷款或筹资业务功能。与此同时，网络金融还具有相应的辅助功能，如信息查询服务功能、网络投资理财和保险等服务功能。

2. 网络金融的显性功能与隐性功能

显性功能是那些有助于系统的调节或适应的客观结果，这些调节或适应结果是系统的参与者所需求并知道的；相应地，隐性功能则是那些既未被需求也未被认识到的结果。对于网络金融来说，其显性功能包括网上存款、支付、结算、贷款或筹资、提供咨询服务、提供投资理财和保险服务等功能，其隐性功能主要是指因意识、技术、法律等因素还未被需求也未被认识到的功能（比如，网络金融能否提供数字图书馆、智能分析、自主学习等方面的功能）。隐性功能在一定条件下可以转化为显性功能。我们在熟悉与充分发挥网络金融的显性功能的同时，还应注意发现和挖掘其隐性功能。

3. 网络金融的正效应与反效应

正效应即有助于某一体系的顺应或适应，反效应即削弱某一体系的顺应或适应，在经验上也可能有非效应的后果。正效应也称正功能，反效应也称负功能，非效应也称无功能。对于网络金融来说，其正效应主要指存款、贷款或筹资、支付、结算、提供投资理财和保险等业务、提供咨询服务、提供代理服务等功能，其反效应主要指风险性后果（如承担的损失、成本、费用）。

第三节　网络金融平台模式

一、网络金融平台模式概述

（一）网络金融平台的分析

1. 网络金融平台应集成多个功能与模块

网络金融平台将多个功能与模块组合在一个平台上，满足客户的个性化需求，包括获取、捆绑多种功能将其组合成功能包，面向客户提供服务并获取盈利。集成对象包括金融机构、电视频道或互联网门户等信息中介，以及计算机制造商之类的企业或公司。

集成多个功能与模块能更好地满足客户需求的大众化定制工业模式，大众化定制本质上与网络和信息技术的发展息息相关。因为大众化定制是一种信息密集流程，网络和信息技术能对复杂的生产→物流→分销流程等进行精益管理（Just-in-Time），随着网络与信息技术自身的日益标准化，不同平台内部与外部之间各种信息系统的集成成为可能。

集成的成本包括交易成本和技术成本，交易成本来源于集成者与上游功能或模块制造商和下游终端客户的交易，技术成本则来源于要实现所购买的各种功能或模块之间的兼容和互操作所需的技术工作。由于生产信息产品以及将其打包集成的边际成本是下降的，因此任何平台都会对实施大规模聚集战略有很强的兴趣。如果某个平台能提供集成各种功能的信息产品，就会获得极大的竞争优势，可以实施价格竞合优势，阻止恶性竞争，减少资源浪费，吸引更多的资源加入。

应解决的问题有：第一，集成者需要考虑效益与服务成本之间的平衡，以及可能采取此行为的再分配效应；第二，集成者需要考虑在集成多种功能的平台和专注于某些特定功能的平台之间的权衡；第三，集成者在促进各种接口标准发展的同时，要激励功能与模块的不断创新。

2. 网络金融平台集成的主要策略

网络金融平台集成应围绕某个（组）核心模块进行，集成的平台则应通过围绕某个初始服务不断地添加新功能而逐步建立。起初只是某些简单网络产品供应商，通过在初始产品的基础上不断地添加新产品使之逐渐变成多功能的平台。由于不同的网络金融平台集成者的原始动机和能力均不相同，所以核心模块性质表现为差异化和互补性的竞合关系。这种差异化之间的竞争主要受两方面因素的影响：经营策略和细分市场的深度。

网络金融平台的经营策略是指网络金融平台在集成领域中的角色以及定位之间的相关度和稳定性的选择。例如，可以有两种选择，要么依赖通用标准，搭建一个可以提供适应范围较广的大众化公共平台；要么搭建一个专门的、个性明显的专业化平台（或专属网关），这样可以提供个性化的专用平台和渠道。前者适应面广但相应的替代产品较多，难形成核心竞争优势，容易被模仿与跟进，稳定性较差，如互联网服务提供商（ISP）为大量松散结合的业务提供接入；后者由于专业化而形成差异化的核心竞争力，但是要承担专业化的成本，所以适应面窄但互操作性强，如移动运营商所开发的彩信、定位系统（LBS）和移动互联网等定位在移动用户领域。制定经营策略的关键就是在多样性和差异化之间的权衡。

所谓细分市场的深度，是指对客户群的细分与个性化服务的深度开发，从而形成稳定的市场与获取利润的话语权。例如，银行与企业把握客户需求，挖掘潜在需求的市场细分。在第三方电子支付行业中，用户可以细分为高端、中端和低端用户；从应用的行业来看，市场可以细分为电子商务、公共缴费、旅游、游戏、数字产品等；从用户的支付需求及支付金额来看，市场可以细分为大额、中额和小额支付市场等。例如，酒店、票务、银行卡受理业务、小商品交易支付、游戏、教育、咨询、文化娱乐等行业又可以进一步细分为高端、中端和低端等不同的服务群体，也可以细分为大额、中额和小额等不同额度的支付群体。又如，当前福利彩票行业大举开拓农村市场，这是电子支付挖掘和培养客户的又一个良机。随着互联网在农村地区的普及，固网支付、手机支付在农村的普及，第三方电子支付的新市场将被开发，培养这些客户群的电子支付习惯即将成为现实。

3. 网络金融平台推动银行流程再造

（1）银行流程再造的基本内容。银行流程再造最早由美国保罗·阿伦提出，他在援引麻省理工学院教授哈默的流程再造定义的基础上，给出一个对银行流程再造的界定，即银行为了获取在成本、质量、反应速度等绩效方面显著性的改变，以流程为核心进行的根本性的再思考和彻底性的再设计。所谓"根本性的再思考"和"彻底性的再设计"指的是在信息技术的支持下，对银行的业务流程和经营方式进行脱胎换骨式的彻底改造，抛弃过去经营中存在的陈规陋习，用全新的思维方式创造发明新的业务经营方式，使银行建立起一个以客户为中心的业务流程，使银行在经营成本、服务质量、客户满意度和应变能力等方面有质的突破。将原来"按部就班"的银行文化转变为"客户至上"的文化，让员工从信奉"顺从"转化为崇尚"投入"，积极发挥员工的自主能动性，将银行经营管理带入一个新境界。

从西方主流商业银行的实践看，银行流程再造主要表现为激进式与渐进式两种模式。激进式再造的特点是范围广、幅度大、速度快。以美国为代表，这种再造旨在通过对传统经营方式的反思和彻底变革，来寻求一种融合精细生产、适时制造和柔性服务等管理方式的新的经营机制，获取银行的更大盈利。渐进式再造则是以一种相对温和的方式来寻求银行服务的提高和盈利水平的上升，从某种程度上讲，其再造的范围更多地局限于成本管理再造。从思路上看，它更多地通过在现有状况下寻求一种合理化的途径来实施再造，在银行所引起的震动小，成效相对也较小。

以花旗银行为例，业务流程再造后花旗银行的组织架构精简为十个部门，分别为批发银行部、零售银行部、新兴市场部三个业务部门和七个辅助部门。在管理上花旗银行实行矩阵式结构管理模式，管理部门为一条线，业务部门为另一条线。在零售业务流程再造中，花旗银行花三年的时间重新设计程序，利用人工智能标准化传统的信用交易。只要输入客户信息，电脑就会自动给出该客户的信用评分，显示出客户的贷款标准和报酬率。以前需要业务员、审核员、复核员等至少三人的一项个人贷款业务，现在只需要一个业务员借助标准化的电脑程序就能完成。银行因此节约了三分之二的人力资源，客户办理一项业务的时间也大为缩短。

（2）银行流程再造与传统银行的部门管理模式优劣分析。银行流程再造强调按照横向设置流程，按照流程设置部门。银行各部门是按照前、中、后台严格分离设置的。批发和零售银行部作为银行前台部门，风险管理、法律合规和运营部构成银行中、后台。人力资源、资讯科技和财务会计是保障前、中、后台有效运作的支持保证部门。从导向上看，所有部门的职责定位，都是围绕产品和客户来运转的。客户办理业务并没有直接面对某个部门，而是通过特定的渠道进入流程，每一笔业务的完成都要经过独立的前、中、后台处理，每一个部门都是通过流程为客户服务的。

银行流程再造的主要优势：其一是完全实现前台营销拓展与中、后台操作处理相分离，便于风险的流程控制；其二是全新的业务流程设计，便于管理与运作；其三是实现总行条线化管理模式，便于管理会计的核算。"流程银行"的总行既是政策中心，又是营销中心、信贷决策中心、风险管理中心，包括分行在内的各分支机构都是总行的销售与服务渠道，各条线的管理链条都集中在总行。分支机构作为销售与服务渠道，只是总行前台销售部门的延伸。

传统银行的部门管理模式的形成与中国的计划经济体制有关，在向市场经济体制转轨的过程中，其在组织架构、业务流程、风险控制、员工激励等方面的劣势就显现出来了。其一是金字塔式的"部门银行"组织结构导致信息的严重缺失。中国商业银行现行的组织管理结构为典型的金字塔式结构，即总行、一级分行、二级分行、支行、网点之间形成科层关系，机构网点完全按照行政区划设置，形成"四级管理，一级经营"的畸形经营管理体系。它不是按业务流程设计部门，而是按现有的部门设计流程，在实践中存在业务流程管理层次多、决策滞后、风险集中等问题，难以满足客户不断变化的金融需求，市场竞争能力差。其二是部门间的职能分工没有面向客户，流程仅为组织而定。中国商业银行现有的业务流程是为适应既有的组织结构和满足管理的需要而设置的，笼统地按照活动的相同性或相似性，将从事相同或相似活动的人合在一起，形成职能型群体。每一个职能型群体所从事的工作，对于一个完整的流程来说，只是其中的一个部分，在这样的组织中，从客户的需要来看，完整的业务流程常常被割离开来。职能型的流程设计使不同部门拥有不同的资源和权力，部门之间不关心业务流程的运行，而是热衷于权力和资源的再分配，从而导致银行内部机构的不断膨胀，内部交易成本上升，业务流程更加不流畅。其三是对客户未能细化，产品缺乏针对性。商业银行的业务流程僵化单一，没有根据不同客户、不同业务的风险高低设计不同的业务流程，而是根据业务金额的大小划分管理权限，往往造成越是优质客户、越是大客户的审批环节越多，业务流程越复杂。额度较大的贷款还要层层上报、层层审核，一定程度上存在着低效客户驱逐高效客户的现象，优质客户在银行并未享受到特别的待遇。其四是对风险实行粗放式管理，经营风险大。中国商业银行成立风险管理部门对风险进行集中管理，但在风险控制中没有一个科学的量化指标体系来检测风险大小，而是由部门工作人员凭经验判断，对风险的识别、衡量、控制缺乏统一的制度指导，银行缺乏风险管理部门与经营部门之间的协调，经常出现风险管理不到位的现象。

(二) 两种主要的发展模式

网络金融的发展主要有两种模式。一种是传统金融机构为适应客户的需求，在继续提供传统业务服务的同时，积极利用互联网作为新的服务手段，建立金融网站，提供网络金融服务。它是原有的金融机构与网络信息技术相结合的结果。金融网站相当于传统金融机构的一个分支机构或营业部，既为其他非网上分支机构提供辅助服务，也单独开展业务，但其业务方式和侧重点不同，一些必须依赖手工操作的业务需要依托于传统的分支机构或营业部。这种模式的主要特点在于，同时以传统分支机构和金融网络向客户提供服务，客户可以自己选择需要的服务模式，即实现在线业务与离线业务的结合。另一种是完全依赖互联网，由网络金融企业提供虚拟的互联网金融服务。这类金融机构一般只有办公地址，没有砖瓦型的分支机构或营业网点，几乎所有业务都通过网络进行。

1. 传统金融机构通过金融网站提供网络金融服务

在竞争的压力下，传统金融机构被迫加入网络金融服务体系，以满足客户的需求。对它们而言，网络金融通常是其发展新客户、稳定老客户的手段。传统金融机构在发展网络金融业务时，可以采取三种方式：第一种是收购已有的纯网络金融机构，第二种是建立自己的金融网站，第三种是与IT网站合作。

第一种方式的典型代表是加拿大皇家银行。加拿大皇家银行是著名的北美金融机构，在36个国家开展了跨国经营，在全世界拥有近1 000万名客户。在超过一个世纪的时间里，加拿大皇家银行在美国只从事金融批发业务。1998年，加拿大皇家银行以2 000万美元收购安全第一网络银行，此时该网上银行的客户数为1万人，其存款余额在1997年超过4亿多美元。加拿大皇家银行收购安全第一网络银行的战略目的，一方面在于扩大其在美国金融市场的业务范围和份额，它以收购安全第一网络银行的方式进入美国金融零售业务的市场。另一方面利用这次收购，加拿大皇家银行要将其业务拓展至一个新兴的、飞速发展的领域。这次收购使加拿大皇家银行快速站在网上银行发展的最前沿。收购之后，为吸引更多的客户，加拿大皇家银行利用自身雄厚的资金实力，在市场营销方面采取两种策略。一是提高支票账户的存款利息，它许诺最先申请网上银行账户的1万名客户可以在年底之前享受6%的优惠利率。在信息公布后的前6个星期，账户的申请者已经达到6 500人。二是购买超级服务器，使客户可以在瞬间传输电子数据和检查账户目前及历史的情况。股权变更后的安全第一网络银行，在互联网上继续以站点开展金融业务，形成与传统银行优势互补、共同发展、多渠道销售金融产品的发展模式。

第二种方式是建立自己的金融网站。由于建设和维护网站需要巨额资金，所以采取这种方式的是一些大型金融机构，如美林证券、摩根投资银行、大通曼哈顿银行、美国富国银行等。为适应客户变化的交易偏好和降低经营成本，美国富国银行在零售银行业务方面引入了新的服务方式，继电话银行业务、"迷你型"银行之后，它又提供了网上银行服务。该银行于1994年2月在互联网上开设了一个只提供信息的网址，到1995年5月它成为美国第一家向客户提供在网上查询账户余额服务的银行。美国富国银行在开发网上银行服务的过程中通过调查发现，客户不仅需要基本的银行业务服务，还需要有关账簿管理、税收和财务预算的服务。因此，美国富国银行与微软（Microsoft）、财捷（Intuit）和快讯（Quicken）建立起战略联盟，利用它们的软件包提供这方面的服务，使其网上银行服务真正走上轨道。到1997年12月通过网络与美国富国银行交易的客户超过43万人。

第三种方式是与IT网站合作。有IT背景的网站主要为传统金融机构在网络化的过程中提供技术保证与服务。美国加利福尼亚州最大的一家网络保险服务公司InsWeb是一个关于保险市场的网络服务公司，提供28家保险商的费率咨询和联系信息，用户数在短短几年内就从66万人增加到了300万人，通过代理保险产品的销售，成为美国主要的网络保险网站。美国嘉信也属于这种模式，它不仅为投资者提供在网上买卖股票的服务，还经营由苏黎世美洲寿险公司签发的人寿保险单以及巨西人寿及养老金保险公司签发的全球人寿保险单。它在网上证券经营上很有特色，是一个集电话服务、柜台服务和网上服务于一体的股票交易公司。该公司总裁兼CEO说：我们要把现实世界的精华和虚拟世界的精华完美地结合起来。正是由于该公司选择在线与离线相结合的业务体制，所以我们也把它归为第一种发展方式。

对于大型金融机构来说，它们有实力选择第一种或第二种方式，而对中小型金融机构来说，由于受资金实力所限，它们不大可能采取兼并或建立网站的方式，而是大多数采取与软件公司合作的方式来开展网络金融服务。对于中小型金融机构来说，与软件公司合作可以获得后者在技术上的支持，节省开发成本，更快地拓展网络金融业务，从而与大金融机构在竞争中维持均衡态势，确保在目标客户市场中的份额。对于众多从事国际互联网服务的软件公司来说，它们则希望能通过金融网站来展示它们的成果。例如，阿肯萨斯国民银行是美国偏僻乡村的小银行，它作为一家社区银行，一直将目标客户市场定义为当地的客户。当新兴的网上银行出现，并对其以地理位置确定目标客户市场的策略产生强大冲击时，发展自己的网上银行以保证在目标客户市场中的份额，就成为阿肯萨斯国民银行最好的选择。1996年初，拥有16亿美元资产的阿肯萨斯国民银行董事会与它的一个计算机公司客户组建合资公司并在网上营运。自1999年起，该公司在网上推出贷款、新账户申请、计算机银行结算、划账和付账等业务。截至1999年夏天，阿肯萨斯国民银行有300名客户（占其客户总数的10%左右）通过网络办理业务。其中80%的网上用户当地居民，其他客户则被其信用卡的7.9%的年利率所吸引，这种信用卡必须在网上申请。

2. 互联网脱媒金融发展模式

这种模式完全依赖互联网开展脱媒金融业务。

（1）P2P网络贷款。P2P网络贷款即点对点的信贷业务，我国又称其为"人人贷"（Peer-to-Peer lending）。P2P网络贷款是指法人或者个人借助独立的第三方网络平台进行借贷的方式。P2P网络贷款作为中介平台，为借款人和投资者提供借贷和放贷交易。在P2P网贷模式中，P2P网络贷款平台在融资双方之间充当服务中介的角色，这种行为脱离了银行等传统商业融资模式，平台通过拉拢多位出资人共同分担额度较大的贷款，以此来分散风险，并使出资人可以明确自己的资金流向以及借款人的信息，另外，它也可以帮助借款人用较低的利率获得融资。由此，P2P网络贷款平台单纯承担信用配对、信用认定、起草法律文件的责任，它既不能替出资人分担借款人的信用风险，也不能介入借贷交易，出资人必须自己承担借贷违约的全部风险。然而，P2P网络贷款都是在陌生人之间进行的交易，在中国这种信用状况不是很好的情况下，此种融资模式给出资人带来了巨大的不安全感，所以传统P2P网贷模式在中国很难生存。为了适应中国信贷市场的需求，P2P网络贷款发生了一些变化，并且增加了担保增信机制。

（2）众筹的运营方式。众筹运营方式的发起者将其策划的项目交给众筹平台，待相关资格审核后，需要资金的个人或企业就可以在众筹平台的网站上建立自己的网页，并通过视频、图片、文字等方式介绍自己想要实现的创意或者梦想。此外，发起者必须提前设定筹款的目标金额以及截止日期。随后，对该项目感兴趣的出资者就可以在限定的期限内贡献一定的资金，捐赠金额不设限制。

不同的众筹平台会采取不同的入账方式对筹集到的资金进行管理，入账方式包括达标入账、当即入账。达标入账是指在项目完成前，支持者的资金不直接到达发起者手中，而是放入众筹平台，待该项目成功后，即该项目在既定期限内达到目标筹资金额，此时，支持者的资金就会从众筹平台转到项目发起者的账户中。发起者能够得到资金的前提是在规定时间内得到达到或者超过目标的筹资金额，否则将得不到任何资金。当即入账是指无论该项目在规定时间内能否达到筹资目标，只要有出资者出资，资金就被打入发起者的账户。达标入账的融资模式着重保护出资者的利益，项目发起者可以依据自己的偏好来决定以达标入账或者以当即入账的方式发起项目。一般地，出资者偏向于以达标入账的方式进行筹资，而项目发起人一般都急需资金或者项目紧急，故而更倾向于采用当即入账的融资模式，如果发起者只想测试某个项目是否可行，则会选择达标入账的方式。

二、网络金融的前景展望

随着电子商务的发展，网上银行、网上证券交易、网上保险、P2P、众筹等电子商务的衍生形态不断崛起，从事这些业务的互联网企业的数目也增长得很快。

（一）网络金融业务创新展望

2005年中国网络金融还没有完全显露出其巨大的优势，原因是很多银行把网络金融作为联系客户的手段，而非盈利工具。网络金融之所以还没有为广大金融机构带来巨额利润，是因为网络金融刚刚处于起步阶段，它的规模经济效益和网络效应还没有充分地体现。与ATM的发展相似，网络金融的发展也需要一个过程。网络金融作为金融业的一场革命，不仅包含产品的创新、业务的创新，而且还会导致金融机构的组织结构、经营模式发生相应的变化，而这都需要一定的时间来调整。网络金融的成功与否最终取决于消费者的行为，因为消费者对网络金融服务的需要决定网络金融机构的收入流。在网络金融发展的初期存在着潜在消费者不断学习的过程，在这种过程中所涉及的业务处理能力就会大大地超过实际应用水平，这必然会影响网络金融规模经济效应的发挥。但是随着消费者的逐渐成熟，对网络金融交易需求的增长，网络金融的巨大优势定会发挥出来，因此，网络金融的发展前景是巨大的。

随着互联网的进步，公用电信有线网、移动通信、卫星广播通信、地面电视广播和有线电视网等，几乎所有的传输媒体都正在成为网络接入设施，这必然会使网络金融向更高层次发展。可视化、移动性和一体化将是未来网络金融的主流。2009年金融系统已经完成了从分行系统到电子系统，再到远程系统的演变，基于计算机的网络金融是这种远程系统的典型代表。但远程系统仍然有缺陷：视频化的互动性不足，网络受固定连线的限制，接入设备不便于移动，客户密码不便于记忆且易泄漏、丢失，各家网络金融服务商都是独立的而不是连为一体的，特别是网络协议的不统一，使得消费者不得不掌握多套系统知识等。

未来的网络金融必然是一个多视频、可移动，并且整合身份识别与认证、电子钱包、信用卡、网上银行支付交易平台的一体化系统。另外，由于顾客喜欢与服务人员面对面地接触，因此保留部分分支机构成为必要，从而使金融业在向虚拟化发展的过程中并不能实现完全的虚拟化，如近几年美国"一人银行"的迅速发展就说明客户有这种需求。由于无人银行只能人机对话，缺乏人际沟通，给客户一种冷漠的感觉，不能适应面对面服务客户的需求。为改善这一弱点，美国推出"迷你型"的"一人银行"。这类银行一改昔日银行建筑气派宏伟的格局，而趋向于小型化和市场化，多半在大型购物商场建立与总行联机的小型网点，由一位资深职员提供全方位服务。大型商场的人流量大，导致"一人银行"的交易量十分大，可以达到普通银行的三倍，使新银行盈利时间提前。一般新银行开业三年才能盈亏平衡，而"一人银行"用 9～15 个月即可达到盈亏平衡。因此，许多银行纷纷效仿，三年内这类银行增长了近十倍，花旗银行在中国香港开设 20 多家"一人银行"。"一人银行"蓬勃发展的事例，充分说明了客户需求的取向，作为以客户为本的金融服务业，其未来的发展方向必然会体现这一点。因此，随着金融科技的不断发展，未来网络金融将成为主流的金融活动方式，作为满足人们面对面服务心理需要的"迷你型"金融服务将成为一种补充方式。

（二）网络金融关键性技术创新

1. 金融业 CIO 的 IT 运行与维护管理"远景"[1]

云计算作为突破性的信息技术和创新的商业模式，能够利用数据、IT 等资源通过网络为客户提供优质的个性化服务。同时，云计算也能够把大量高度虚拟化的资源统一管理起来，构建一个庞大的资源池，为客户提供标准化、智能化的高端服务。

金融业是信息化应用的最重要领域之一，中国经济的迅猛发展对中国金融业提出了更高的要求。众多金融企业面对日益增长的数据吞吐量与持续的 IT 成本压力，以及来自企业内外部的信息安全等诸多问题，这使得云计算在金融行业的应用势在必行。

云计算技术不仅改变着信息系统的构建，也深刻影响着企业 IT 系统的运行与维护。首先，云计算技术着力解决大规模系统的资源整合、管理和调度问题，在海量数据以及并行处理方面为企业的信息系统构建提供新颖的解决方案。在运维方面，云计算技术可以集成方案与策略，梳理工作流程，处理复杂事件，形成资源与服务管理调度机制，为企业提供高智能化、高自动化的系统运行与维护。

随着金融企业 IT 运行与维护管理的内容越来越多，CIO（首席信息官）逐渐认识到，想要提高自身竞争力，就需要持续不断地对 IT 管理进行投入，以提高生产效率，降低成本，创造更大的价值，这样做在短期看来虽然会增加企业的运营成本，但实际上为企业提高自身 IT 服务水平奠定良好的基础。

---

[1] http://smb.chinabyte.com/400/12241900.shtml。

通过实施云计算IT服务管理，企业可以在压缩IT成本的同时提高效率，创造比过去更多的IT价值；可以给企业整体带来运行与维护管理制度的改革，IT服务管理的价值会随着企业IT规模的发展而日益体现出来。企业为节省成本，放缓建设大规模网络基础设施的IT项目的步伐，将更多的资金和精力放在充分发挥现有IT资产潜能上，提高现有IT投资回报率。要实现这一目标，企业可以通过IT服务管理来提升管理效率，同时减少IT运行与维护管理人员，因此云计算IT服务管理对金融业CIO来说是实现高水平IT运行与维护管理的重要手段。

IT运行与维护管理已经成为一个快速增长的细分市场，国内众多IT服务管理厂商正努力抓住这一市场良机，提升产品的广度和深度，在占据中低端市场的同时，向高端云计算市场渗透。云计算IT服务管理提供商，将会实现金融企业IT价值最大化，通过实施标准化、规范化的IT服务管理，帮助金融企业获得多方面的商业价值。

总之，金融业CIO希望通过有效地实施云计算IT运行与维护管理，在降低人员工作量的同时，提高IT运行与维护管理人员的工作效率，保障业务人员的工作效率，改善业务系统的运行状况，提高公司整体管理效益，提高客户满意度。

2. 开启金融企业私有云转化之旅

云计算的关键技术就是虚拟化。虚拟化已经是信息科技领域里最为热门的词汇之一，越来越多的金融企业已将虚拟化用于实际的平台管理。虚拟化不是企业IT架构变革的终点，它是实现云计算的起点，虚拟化将是IT行业发展的趋势。

第一，智能虚拟化是关键。

云计算对于金融企业最大的吸引力是可以缩减大量的基础架构，甚至使金融企业在未来的运营和管理过程中，能够不借助任何IT硬件资源，让企业可以按需购买云计算服务而不是购买整个基础架构。

虚拟化是一个流程，需要从边缘应用和部门应用开始去做，然后再慢慢渗透到企业的核心应用。云计算也是如此，它需要构建资源池，对金融企业数据中心的服务器、存储、网络等进行虚拟化改造，然后不断整合IT服务，这就是金融企业构建虚拟化和云计算所要完成的一个完整的流程。

随着虚拟化技术的不断成熟，越来越多的金融企业用户已经通过虚拟化技术获得许多效益，云计算也是如此。金融企业所拥有的IT数据中心将怎样变成云计算中心，这就是金融企业私有云的转化过程。

第二，构建金融企业私有云的思路。

金融企业构建云计算有三个关键性挑战。首先是业务模式，应用云计算的目的不是让金融企业IT部门更多地盈利，而是让IT部门投入建设成本和提高运作效率，更好地满足金融企业业务部门提出的实际需求。其次是云安全问题，客户担心金融企业自身的核心信息会在云环境下泄露和失去控制，在共有云的概念中这个问题是存在的，但数据中心虚拟化重点要解决的是内部云问题，而随着金融企业自动化程度和

IT服务质量越来越高,与传统数据中心相比,内部云在安全方面存在的差异实际上并不大,这也是在为金融企业构建云计算奠定基石。最后是混合云的问题,不同的企业对云计算的应用有着不同的需求,但是有一点相同,那就是在构建企业的数据中心时,需要计算出企业业务最繁忙时的峰值需求,预留出10%～20%的流量,这意味着金融企业需要额外购买近20%的计算资源,而这部分资源的可用性只是在偶尔出现的高峰期,但金融企业却需要投入预留的资源与费用,如果能够把这20%计算资源的需求转移到共有云上,就既可以节约投入成本,又能保障偶尔出现的高峰期对计算资源的需求。因此,随着金融企业数据中心逐步完成内部云建设,金融企业也会走上共有云之路,如果共有云和私有云能够有效融合与协同,就会形成混合云。

所以,金融企业在构建云计算的时候不仅要考虑怎么构建私有云,同时要为共有云融合做好准备,要将数据中心和外部环境一起思考与衡量,缺乏兼容性、忽略共有云服务的私有云是不能长久的,中国金融企业正在进行"大集中"规划和建设,这也是准备做国际化金融行业云计算的前奏,从前期数据中心架构的现状来看,传统的服务器、网络、存储等设备都是可以再利用的,不需要再去做太大的调整,只需要做进一步虚拟和优化。

本章关键词

网络经济的功能　网络金融平台　网络金融模式

本章小结

通过网络经济的特点与功能,推理网络金融平台出现的必然性。诠释网络金融的发展是将传统金融碎片化的业务系统化与网络化,是一个完整的系统体系,过去单打独斗式的业务必须在整体平台上完成,任何一个个体都是平台整体的一员,必须相互关联、密切配合,任何一个环节出问题都将导致系统出错。

本章由平台的形成、功能和模式三部分组成。网络金融平台的内容明确了该门课程的系统性、整体性与灵活快捷性等特点。本章学习的核心是把握系统的特点与构建的原理和功能。

案例分析

网络金融服务平台的系统架构

网络金融服务平台依据市场需求分析情况以及各参与者的现有平台、接口、信息来源情况,制订系统设计方案和开发计划,完成产品设计,并报决策层批准。同时它还要同步制订产品展示、培训和营销计划,以确保在发布网络金融服务平台时最大限度地吸引客户的注意力。

网络金融服务平台一般采用多个子系统来实现各种不同的功能。这样易于进行系统的管理，而且不会造成整个系统的功能失效。在网络金融服务平台的内部系统中，每个子系统都承担相应的任务，并且每个子系统都可以根据需要增加服务器的数量或调整服务器的设置。

网络金融服务平台的系统架构依托于一般网络金融服务平台架构，同时又支持多个后台参与者的核心系统，其系统架构可参考图1-2的系统架构。

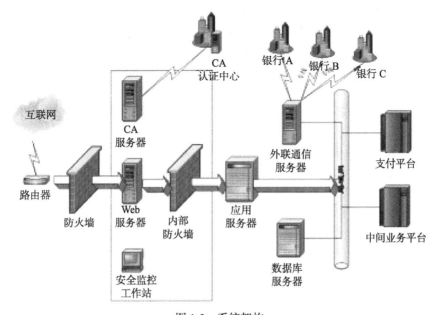

图1-2　系统架构

1. 互联网

该部分表示的是最终客户接入方式，客户可采用电话拨号、ISDN拨号、ADSL拨号、DDN专线等多种方式使用互联网资源，网络金融服务平台的服务对互联网开放，因此对所有互联网用户都是可达的。此处可能根据功能的划分需要客户进行注册等操作，可依据具体情况而定。

2. 防火墙系统

为了保证网络金融服务平台系统的安全，必须有一组设备位于内部网络和互联网或内部不同网络之间，以加强系统的安全性，该设备就是防火墙。防火墙是指在不同网段之间建一道隔离墙，检查跨网段的信息是否合法，或者是否允许用户的服务请求，从而阻止对内部网络的非法访问和非授权用户的进入。防火墙可以禁止某些协议通过相应的网络。新型的防火墙产品除了能实现传统的网络过滤功能之外，还能为各种网络应用提供相应的安全服务，可实现安全与用户认证、防止病毒和黑客入侵等功能。

防火墙一般分为三类，即包过滤型、代理服务器型和检测型。包过滤是防火墙的基本功能，包过滤型防火墙对用户的透明性好，实现成本低，在应用环境比较简单的情况下，能够以较小的代价在一定程度上保证系统的安全。但其主要缺陷在于它是一种完全基于网络层的安全技术，无法识别基于应用层的恶意入侵。在较大规模的复杂网络架构中，如果仅使用该类型的防火墙很难保证系统的安全。

代理服务器也可以成为应用网关，是当前防火墙产品的主流趋势，代理服务器位于客户机与服务器之间，完全阻挡了二者之间的数据交流。代理服务器型防火墙的缺陷在于频繁的数据交换对系统的整体性能有较大的影响，它经常对用户的使用过程进行限制，使得人们无法按照自己的步骤随心所欲地使用代理服务，并且由于缺少灵活性，它必须对客户端可能产生的所有应用类型逐一进行设置，系统管理的工作量和管理的复杂程度有较大的增加。

检测型防火墙是新一代产品，能够对各层的数据进行主动、实时的检测，在对这些数据加以分析的基础上，能够有效地盘查各层的非法入侵，在安全性上有较好的保障。

由于防火墙是系统安全的重要保障，将直接影响到最终系统的安全，但防火墙产品众多，价格差别也很大，所以在进行防火墙设计和采购时，要从以下几个方面考虑。首先是购买成本，防火墙产品作为网络安全的控制点，其总拥有成本不应该超过受保护的网络系统可能遭受的最大损失。企业还应该充分考虑性价比，应该根据自己系统的具体应用和要求来选择防火墙产品，避免增加不必要的成本。其次是提供售后服务和培训，优秀的防护墙产品供应商必须提供良好的培训和售后服务。最后是可管理性和可扩展性，随着系统规模的扩大，风险成本随之增加，企业需要在原有系统上扩充更为先进的防火墙，同时也要使系统易于管理。图1-2中描述有两层防火墙，企业可根据需要设置更多。

3. Web服务器

所有用户通过互联网能够访问的网络金融服务平台的网页都保存在Web服务器上。Web服务器是让用户进入网络金融服务平台并获得服务的门户。

在选择Web服务器的过程中，企业不仅要考虑目前的需求，还要考虑将来可能需要的功能，这是因为更换Web服务器通常要比安装标准软件困难得多，可能会带来一系列的问题，如页面脚本是否需要更改，应用服务器是否需要更改等。一般来讲，Web服务器主要为操作系统进行优化，并且某些Web服务器软件只能运行在一种操作系统上，所以我们在选择Web服务器时，必须和操作系统结合起来考虑，而Web服务器的性能，一般从以下几个方面来考虑。

第一，响应能力，即Web服务器对多个用户浏览信息的响应速度。响应速度越快，单位时间内可以支持的访问量就越多，对于用户要求的响应就越快。

第二，与后端服务器的集成。Web服务器除直接向用户提供Web信息以外，还肩负着服务器集成的任务，这样用户就只需要一种界面来浏览所有后端服务器的信息。Web服务器可以说是互联网中的信息中转站，它将不同来源、不同格式的信息转换成统一的格式，用户能在统一的界面上进行浏览。

第三，管理的难易程度。这包括两种含义，一是管理 Web 服务器是否简单易行，二是利用 Web 服务器界面进行网络管理是否方便。

第四，信息开发难易程度。信息服务是 Web 服务器的核心，信息内容是否丰富直接影响到整个系统的性能，而信息开发是否简单对于 Web 服务器信息是否丰富的影响很大。

第五，稳定可靠性。Web 服务器的性能和运行都需要非常稳定，Web 服务器如果发生故障将对整个系统产生致命的影响。

第六，安全性。我们需要从两个方面考虑 Web 服务器的安全性，一是防止 Web 服务器的机密信息泄漏，二是防止黑客攻击。

目前比较主流的 Web 服务器有 Apache、IIs、SunOne 等，网络金融服务平台将根据系统整体情况进行选择。

4. CA 服务器

互联网是一个开放的网络，任何人都可以访问。网络金融服务平台作为一个金融服务平台，由于涉及大量的资金转移，必须防范这种风险。网络金融业务中的安全问题主要体现在两个方面：金融网站本身的安全性，网络金融与客户之间信息传递的安全性。

网络金融服务平台必须采用各种手段，尤其是技术上的手段，来保证网站的安全，特别要保证在交易过程中用户信息传递的安全，防火墙并不能防范该类风险。而且对于即将进入网络金融服务平台进行交易的客户来说，必须采用一种安全的方式登录，网络金融服务平台才能证明其是合法用户，才能保证交易的顺利完成。

传统的密码验证方法对于不涉及客户资金安全的一般性使用是可行的，但是对于包含资金风险的网络金融系统就不行。网络金融系统对客户身份进行验证的子系统是认证中心（Certificate Authority，CA）服务器，其主要作用是验证客户身份，向客户提供网络金融系统的身份，保证交易数据传输的保密性等。

网络金融的 CA 服务器，基于 PKI 理论体系，通过数字证书验证机制使客户和网上银行系统进行双向认证，从而极大地保证了客户信息的安全性。

由于数字证书的唯一性和重要性，业内各家银行为开展网络金融都建设有 CA 服务器，专门负责签发和管理数字证书，并进行网上身份审核。2000 年 6 月由中国人民银行牵头，12 家商业银行联合共建的中国金融认证中心（CFCA）挂牌运营。CFCA 作为一个权威的、可信赖的、公正的第三方信任机构，为跨机构共享服务提供身份认证基础，适用于网络金融服务平台。

CA 由 CFCA 提供，承担证书签发、审批、废止、查询、恢复等功能，CA 服务器由网络金融服务平台和各参与者共建，CA 服务器直接面对客户，负责用户身份申请审核，并向 CFCA 申请为用户颁发证书。

5. 应用服务器

网络金融服务平台上每天有大量的交易在进行，每笔交易都会记录在数据库服务器上，其交易功能是由专门的应用服务器来完成的。应用服务器能够完成网络金融所必需的所有的交易功能。

网络金融服务平台的一个典型的网络金融交易处理过程是：客户通过网上银行主页登录，平台对客户系统进行数字证书的验证。验证通过后，客户通过网页选择自己所需的交易，交易指令发出后，由应用服务器自动进行处理。应用服务器从数据库服务器中提取交易涉及的交易元素，然后对这些数据进行处理，最后将处理完成后的数据存入数据库服务器，并在数据库服务器上记录交易信息，同时通过 Web 服务器显示的页面通知客户交易的结果。

应用服务器的性能要稳定，处理交易的速度应非常快，而且必须能够同时进行多个交易处理，这就要求网上银行采用性能优越的服务器来运行交易处理系统。

6. 数据库服务器

网络金融服务平台内存放了大量的数据信息，如客户注册信息、交易记录等，这些数据必须能够长时间安全地保存，这样客户就可以随时登录网络金融服务平台查询自己的账户信息以及交易记录等信息。对于网络金融服务平台来说，这样的数据容量是非常大的，而且数据保存的安全性非常重要，因此网络金融服务平台需要采用独立的服务器来存放数据，用来保存与网络金融交易有关的数据的服务器就是数据库服务器。

由于网络金融服务平台上的数据量非常大，这就要求其具有更好的扩充性，并且能够快速进行数据处理，网络金融服务平台可以采用多个数据库服务器分别保存不同种类的数据信息。网络金融系统必须具有良好的扩展性的一个原因在于，当客户达到一定规模，网络金融平台现有的数据库服务器容量不能满足要求时，能够在不改变原有系统结构甚至原有系统不中断运行的条件下，扩展整个数据库服务器。同时，数据库服务器的备份机制也是需要考虑的一个重要方面。

7. 外联通信服务器

由于网络金融服务平台需要与多个金融系统进行通信，因此在系统机构中必须有外联通信服务器进行相关处理。为了使网络金融服务平台能适应多种银行系统的后台功能，根据调研情况选择一种通用性较强的接口模式，如 XML 报文接口，或银联系统通用的 8583 报文接口。

8. 其他辅助系统

在图 1-2 中，最右侧的支付平台和中间业务平台是网络金融辅助系统的重要代表。

本章思考题

1. 结合中国网络金融崛起的历史背景，分析金融全球化对网络金融的发展有什么意义。

2. 如何正确理解网络金融的定义？其功能如何界定？实现的条件和判断的标准是什么？

3. 怎样正确理解网络金融平台的功能和结构？谈谈你对网络金融平台发展趋势的看法。

第二章 电子货币管理

教学要求

1. 结合实践正确理解电子货币的意义、分类和特征。
2. 分析案例,正确把握电子货币政策与管理的要点及风险防范机制建设的特点。
3. 了解比特币的特点与意义。

案例引导　中国银行卡发卡量及预测趋势

互联网行业的快速发展,带动着中国银行卡产业呈现快速增长态势。以移动支付、互联网支付、金融 IC 卡为代表的银行卡支付创新步伐日渐加快。伴随着产业快速发展,中国银行卡产业已形成了较为完善的以银行卡为载体的银行卡网络和银行卡产业链。产业链已经覆盖传统制造业、金融业、信息产业、服务业约 70 个环节。

同时,随着产业分工的不断细化,参与主体逐渐增多,除了卡片制造、设备制造、检测认证等企业之外,更多的企业开始提供多样化的支付服务。

中国银行卡产业的国际化步伐不断迈进,各方大力拓展国际受理和发卡网络,已延伸至 140 多个国家和地区,银行卡支付环境不断改善,基本覆盖了中国人经常到访的国家和地区,"中国人走到哪里,银联卡用到哪里"正逐步成为现实。

《中国银行卡产业发展蓝皮书(2017)》显示,2016 年全国共发生银行卡交易 1 154.7 亿笔,同比增长 35.5%;全国银行卡交易金额达 743.6 万亿元,同比增长 20.9%。其中,借记卡交易金额为 718.2 万亿元,同比增长 21.1%;信用卡交易金额为 25.4 万亿元,同比增长 17.1%。

具体到卡均交易额,借记卡和信用卡呈现出"一升一降"的现象。2016 年全国银行卡卡均交易额为 116 735 元,同比增长 6.5%。其中,借记卡卡均交易额为 125 122 元,同比增长 18.4%;信用卡卡均交易额为 40 317 元,同比下降 1.7%。

2016 年我国银行卡交易总额占全国社会消费品零售总额的比重为 48.5%,

较 2015 年提高 0.5 个百分点。

截至 2016 年年末，我国银行卡累计发卡量达 63.7 亿张，当年新增发卡量 7.6 亿张，同比增长 13.5%。其中，借记卡累计发卡 57.4 亿张，当年新增发卡量 6.5 亿张，同比增长 12.8%；信用卡累计发卡 6.3 亿张，当年新增发卡量 1.1 亿张，同比增长 18.9%。

截至 2016 年年末，我国人均持有银行卡 4.62 张，在 2015 年、2014 年的基础上持续增长，人均持有借记卡 4.16 张，人均持有信用卡 0.46 张。

境内传统受理 POS 机终端和 ATM 机终端数量均保持增长，但增速有所放缓。同时，互联网、移动终端等创新交易渠道则发展迅速。境外受理商户、受理终端均有所增长，截至 2016 年年末，境外受理银联卡的国家和地区总数增至 160 个，受理商户总数达 2 020 万户，同比增长 17.4%，受理 ATM 机终端共 133 万台，同比增长 6.4%。

截至 2016 年年末，中国境内银行卡受理商户达 2 067.2 万户，当年净增 397.2 万户，同比增长 23.8%；境内受理银行卡的 POS 机终端累计达 2 453.5 万台，当年净增 171.4 万台，同比增长 7.5%；境内 ATM 机终端累计为 92.4 万台，当年新增 5.7 万台，同比增长 6.6%。

银行卡产业平稳健康发展的前提是：创新风险管理手段，完善风险防范体系。2016 年，中国银行卡产业在发卡、交易、受理三方面均保持稳健增长，整体风险可控，但伪卡交易在欺诈损失中的占比有所上升。

"从 2016 年的情况看，信用卡欺诈损失仍然以伪卡交易为主，借记卡最主要的欺诈类型是电信诈骗、互联网诈骗。"统计数据显示，2016 年银行卡欺诈率为 2.57 个基点，较上年上升 0.68 个基点。

启示与思考：2016 年中国银行卡累计发卡量超过 63.7 亿张，中国网络金融管理如何适应这一规模？效益如何？

【知识扩展】登录网址：http://www.pbc.gov.cn/.

第一节 电子货币的特征

一、电子货币产生

进入 20 世纪中期以后，随着科学技术的进步和生产力的进一步发展，商品生产进入现代化的大规模生产阶段，经济结构也发生着重大变化，商品流通渠道迅速扩大，交换日益频繁，尤其是科技进步、第三产业以及互联网的迅速发展，使现代市场经济进入大规模、多渠道、全方位发展的时代。高效、快速发展的大规模商品生产和商品流通方式对传统的货币提出了新的挑战，对货币支付工具提出了新的要求，我们迫切需要一种新的、先进的货币工具与高度发达的商品经济相适应。电子货币正是适应市场经济的高速发展，能够体现现代市场经济特点的货币形式。

(一) 电子货币产生的原因

在数千年的货币发展历史过程中，随着商品经济的不断发展，货币的形式也在不断演变。人类经历了以实物、贵金属、纸币作为通货的不同阶段。最初的货币形式是实物货币，其解决了物物交换的矛盾，有力地促进了商品经济的发展和人类社会的进步。但随着商品经济的发展和生产力的提高，实物货币的缺点日益显露出来，实物货币逐步被金属货币所取代。贵金属货币既弥补了实物货币的不足，又满足了当时商品交换的需要。最初的贵金属货币的名誉重量与实际重量之间没有明显的差别。随后足值的与经过磨损不足值的金属铸币在市场上同样发挥货币的职能作用，使人们认识到货币可以由不足值或无价值的符号来代替。随着金属货币不能满足商品经济发展的需要，货币进入代用货币阶段。代用货币主要代表的是贵金属货币，从形式上发挥着交换媒介的作用，可以自由地向发行单位兑换贵金属货币，是货币发展史上的又一次重大革命。信用货币是代用货币进一步发展的产物，是以信用作为保证，通过信用程序发行和创造的货币。

世界上几乎所有国家采取的货币形态（包括纸币和辅币或银行存款）都是信用货币。但随着网络技术和电子技术的飞速发展、信用制度的不断完善，出现了在交易或消费过程中充当"支付职能"的货币替代品——电子货币，货币形式从有形向无形转变。如表 2-1 所示，货币形式的演变证明了货币是商品经济发展的必然产物，其形式是伴随着商品经济的不断发展而演变的。从实物货币到信用货币，货币发展历史上的这两次重大变革都伴随着商品经济的迅速发展和生产力的不断进步。

表 2-1　货币发展历史上货币的发展阶段

货币的阶段	货币的性质	货币的表现形式	货币的特点
实物货币阶段	货币发展的最原始形式，用常见的大家都普遍接受的商品作为固有的一般等价物	贝壳、布帛、牛、羊、兽皮、盐、可可豆	体积笨重、不便携带，或质地不匀、难以分割，或容易腐烂、不易储存，或大小不一、难于比较
金属货币阶段	一种实物货币，它既弥补了原始实物货币的不足，又满足了当时商品交换的需要	铜、白银、黄金	具有单位体积价值高、价值稳定、质量均匀而易于分割、耐磨损、便于储藏等优点
代用货币阶段	一种实物货币，作为货币物品本身的价值低于其代表的货币价值	不足值的铸币、政府或银行发行的纸币和票据	十足的贵金属符号，可以自由地向发行单位兑换贵金属货币
信用货币阶段	以信用作为保证，由国家强制发行的货币符号，通过信用程序发行的货币	纸币和小面额硬币	完全割断了与贵金属的联系，国家政府的信誉和银行的信誉是基本保证
电子货币阶段	一种抽象的货币概念，是以电子信号为载体的货币	信用卡、智能卡、数字现金	无面额约束，提高货币流通效率，降低货币流通费用

(二) 电子货币产生的条件

1. 信用的存在是电子货币产生的基础

电子货币的表现形式是计算机中的数字账号或价值符号，是货币流通现代化的产物，是信用制度发展的产物。信用在现代社会已经被赋予新的概念，并正逐步被人们所认同。国外金融行业已普遍使用信用来评估一个人或一家公司。一个人的信用就是价值。价值最直接的表现形式就是货币。例如，金融机构推出的贷记卡，就是根据每个人的收入、家庭、还款情况等评定出一个信用等级，然后给予相应的贷款额度。电子货币为信用从虚拟到真实提供了良好的载体。

2. 市场形式的转移和改变使电子货币有了需求市场

任何一个新生事物的产生和发展，必须有其内在发展的动力。电子货币的发展是先从商业信用再到银行信用，先发行零售店信用卡到后来发行银行信用卡，传统货币和电子货币的职能是一致的。传统意义上的市场有固定场所，随着银行网络化进程的加快，市场和消费的场所发生了从有形到无形、从固定到流动的改变。以银行卡为载体的网上银行业务得到了迅速发展，持卡人可以通过互联网在任何时间、任何地点，以任何形式的金融网络终端进行交易。电子货币携带方便安全，满足了现代消费者不断变化的需求，成为经济生活和金融领域不可或缺的工具。

3. 电子技术的高度发展与广泛应用为电子货币提供技术保障

银行与其他金融产业运用现代科学技术不断改进业务管理和服务系统，推出新的高科技含量的现代金融产品，将现代电子信息技术、管理科学和金融业务紧密结合。电子信息技术的应用和信息化的发展，是电子货币产生的必不可少的技术条件。电子货币已经从原先单纯概念上的信用卡发展到科技含量更浓厚、对网络依赖性更强的支付系统。银行的结算、核算、划转无一例外，都需要计算机的支持和安全保障。网络时代的到来，为依赖于银行结算体系的电子货币的发展提供了通道。无线技术的发展使得手机银行成为可能。科学技术的普及，使更多的消费者能够接受和使用计算机，使电子货币的使用有广阔的空间。电子货币的发展不仅依赖于高度发达的商品经济环境，而且要依托于现代科学技术的进步。

4. 信用卡是电子货币产生的标志

信用卡是随着商品经济的发展水平和科学技术的进步而产生的一种现代支付工具。银行作为买卖双方以外的第三者发行信用卡，使信用卡由过去仅限于买卖双方的信用工具发展成为一种银行信用工具，使信用卡的应用范围迅速扩大，信用实力进一步加强。信用卡在相当一部分国家和地区得到普及，其取代现金成为交易中介已成为一种必然趋势。尤其是随着现代科技的快速发展，其功能日益增强，使用范围更加广泛，信用卡已经成为电子货币时代的重要标志和主要表现形式。

(三) 中国信用卡业务发展的四个阶段

第一阶段：市场启动期。该阶段的时间为 2005 ~ 2008 年。这一阶段是信用卡在中国发展的初始阶段。银行的主要关注指标是信用卡发卡的规模，市场的主要推动力来自银行对信用卡业务的推动和促销。这一阶段的用户尚处于启蒙阶段，对于信用卡的使用较为初级，办卡的原因非理性化的因素偏多，容易受到促销礼品、信用卡销售人员等推销的影响。

第二阶段：市场成长期。该阶段持续的时间段为 2007～2010 年。银行在大规模的发卡后，逐渐认识到只有办卡用户完成开卡环节，才能真正成为银行的信用卡用户，启用率（即开卡率）成为这一阶段银行重点关注的发展指标。如何才能提高办卡用户的开卡率，一方面，要求银行必须实施精准营销，准确地找到信用卡的目标用户，避免盲目发卡；另一方面，针对用户在开卡阶段关注的主要因素，如还款的便利性（63.5%）、用卡安全性（55.0%）、银行品牌（50.7%）、年费政策（50.5%）等，进行品牌营销。

第三阶段：市场理性成长期。这阶段是 2010～2011 年所处的发展阶段。用户开卡后，如果不是经常使用该卡或者不将该卡作为主刷信用卡，那么这个用户就不能给银行带来可观收入。这一阶段，银行更加关注信用卡活跃用户的比例，即动卡率。影响信用卡成为用户首用卡的关键因素是信用卡的服务质量。信用卡用户关注的服务因素包括信用卡使用习惯（62.7%）、网上银行及信用卡在线服务（47.7%）、还款的便利性（32.7%）以及信用卡使用范围（29.5%）等。对于银行而言，只有不断地加强服务的建设和相应的营销推广，才能不断地提升客户活跃度，将普通信用卡用户转化成有价值的用户。

第四阶段：市场成熟期。2011 年以后进入这个阶段。此时，国内信用卡市场已经完成跑马圈地的阶段，用户用卡习惯基本形成。如何更好地满足用户的消费需求，提高消费额和对信用卡增值服务的使用，最终提高用户为银行贡献的收入，即 ARPU 值，成为银行发展信用卡业务的重要考核指标。建立广泛的合作关系，为信用卡用户提供多样化、高质量的增值服务，是这一阶段的关键。同时，由于单客户价值的提高，维护客户稳定也是这一阶段的重要指标。

二、电子货币特征

电子货币又被称为网络货币、数字货币、电子通货等，是 20 世纪 70 年代后期出现的一种新型支付工具。关于电子货币的定义，是国内外比较有争议的问题，版本较多，基本内容大同小异。

在欧盟范围内，电子货币的概念有一个法律上的定义：在 1998 年欧洲中央银行发布的《电子货币报告》中，电子货币被宽泛地定义为："电子化存储于技术设备中的货币价值，可以广泛地用于向除发行者之外的其他方进行支付；并且，电子货币作为一种无记名的预付工具在交易中不需要与银行账户相关联。"

2002 年欧洲议会与理事会发布的《电子货币指令》将电子货币的法律概念定义

为：对发行者的债权所代表的货币价值，并满足：存储于电子设备中；作为支付方式能够被除了发行者之外的其他方所接受。《电子货币指令》于 2004 年起被欧盟国家转译为各国的法律并实施。

按国际上权威金融组织的定义，电子货币产品被定义为"贮值"或"预付"类电子支付工具，其中存放着消费者可使用的资金或币值，可分为基于卡和基于软件的电子货币两大类。电子货币是一种以电子脉冲代替纸张进行资金传输和储存的信用货币。

（一）电子货币的特性

现实交易中的货币作为一种媒介手段，具有交易行为的自主性、交易条件的一致性、交易方式的独立性和交易过程的可持续性等通货应具有的特性。电子货币作为一种新的货币形式，同样具有传统通货的属性。电子货币必须具有交易媒介的自主性、一致性、独立性和持续性。电子货币执行支付功能时本质上类似于传统通货，只是电子货币是通过销售终端，在不同的电子设备之间以及在公开网络上执行支付。但与通货相比，电子货币具有一些特殊属性，一定程度上弥补了传统通货的一些不足，主要表现为以下几方面。

1. 发行主体趋于分散

从发行主体看，传统的通货是以国家信誉为担保的法币，由中央银行或特定机构垄断发行，由中央银行承担其发行成本，其发行收益则形成中央银行的铸币税收入。商业银行即使具有发行存款货币的权利，也要受到中央银行存款准备金等机制的影响和控制，货币发行权控制在中央银行的手中。但是电子货币的发行机制有所不同，呈现出分散化的趋势。发行主体既有中央银行，也有一般的金融机构，甚至是成立特别发行公司的非金融机构。例如信用卡公司和 IT 企业，它们发行电子货币并从货币发行中获得收益，构成一个特定的电子货币的发行市场。在这个市场中，大部分电子货币是不同的机构自行开发设计的带有个性特征的产品，其担保主要依赖于各个发行机构自身的信誉和资产。其使用范围受到设备条件、相关协议等的限制。电子货币以类似于商品生产的方式被生产出来，发行主体按"边际收益等于边际成本"的这一规则来确定自己的"产量"。电子货币的总量不再受中央银行控制，其数量规模基本由市场决定。

2. 流通突破主权范围

一般的货币使用具有严格的地域限定，一国货币一般都是在本国被强制使用的唯一货币（欧元除外），而且在流通中可能被持有者以现金的形式窖藏，造成货币沉淀，货币流通速度缓慢。但是电子货币以数字文件的形式，依托于虚拟的互联网空间，在一个没有国界限制的一体化空间内快速流通。消费者可以较容易地获得和使用不同国家的发行机构发行的以本币或外国货币标值的电子货币。而且这种流通自始至终在银行转账范围内，从而避免了资金在银行体外循环。电子货币的使用必须借助于一定的电子设备，不能像纸币那样直接流通。电子货币的设备设置地点并不是由交易双方所决定的，在很大程度上影响着电子货币的便携性。

3. 交易行为更加隐秘

传统货币具有一定的匿名性，但做到完全匿名不太可能，交易方或多或少地可以了解到使用者的一些个人情况。电子货币支持的交易都在计算机系统和电子网络上进行，没有显见的现钞货币或其他纸基凭证。电子货币要么是非匿名的，可以记录详细的交易内容，甚至交易者的具体情况；要么是匿名的，其交易完全以虚拟的数字流进行，交易双方根本无须直接接触，几乎不可能追踪到其使用者的个人信息。电子货币采用数字签名的技术来保证其匿名性和不可重复使用，对于交易有一定的隐秘性，能保护交易双方的商业秘密。但绝对的匿名性也带来了消极的影响，例如，可能被非法洗钱活动所利用。

4. 交易过程更加安全

传统的货币总是表现为一定的物理形式，例如大小、重量、印记等，其交易中的防伪主要依赖于物理设备，通过在现钞上加入纤维线和金属线、加印水印和凹凸纹等方法实现。电子货币主要是用电子脉冲依靠互联网进行金额的转账支付和储存，其防伪主要采取数字加密算法或者认证系统确认来实现。电子货币的支付行为，需要资金的拥有人持有一定的身份识别证明，例如个人密码、密钥，甚至指纹等来验证交易的合法性。这些电子安全措施的安全性要远远高于现钞货币的安全防伪措施，因此其安全可靠程度更容易被使用者接受。

5. 交易成本更加低廉

传统货币的流通要承担巨额纸币印钞、物理搬运和点钞等大量的社会劳动和费用支出，而电子货币本质上是一组特定的数据信息，使用电子货币的交易行为是经由电子流通媒介在瞬间操作中完成借记和贷记账务处理，实现资金清算的。电子货币的使用和结算不受金额、对象和区域的限制，信息流所代表的资金流在网上的传送十分迅速、便捷。这些特征使电子货币相对于传统货币而言更方便、快捷，极大地降低了交易的时空成本和交易费用。

（二）电子货币的分类

根据电子货币的发展阶段，可以将其按不同的标志划分为以下几类。

1. 按电子货币的载体分类

根据载体的不同，将电子货币分为以下两大类：以卡片为基础的电子货币和以互联网为基础或以软件为基础的电子货币，即"卡基"电子货币和"数基"电子货币。"卡基"电子货币以卡片为基础，就是通常所说的多功能预付卡或电子钱包，载体是各种物理卡片，包括智能卡、电话卡等。它作为现钞或硬币等传统货币工具的替代品，为小额的、面对面的零售支付提供支付与清算便利。消费者在使用这种电子货币时，必须携带特定的卡介质工具，消费的电子货币金额需要预先储存在卡介质中。"卡基"电子货币是现在电子货币的主要形式，发行"卡基"电子货币的机构包括银行、信用卡公司、电信公司、大型商户和各类俱乐部等。

"数基"电子货币以互联网或软件为基础，其完全基于数字的特殊编排，依赖于软件的识别与传递，不需特殊的物理介质，为远距离互联网交易提供交易支付工具。只要能连接上网，电子货币的持有者就可以随时随地通过特定的数字指令完成资金收付清算，是在开放式网络上使用电子货币支付的工具之一。

2. 按电子货币的被接受程度分类

根据电子货币的被接受程度，电子货币可以分为"单一用途"电子货币和"多用途"电子货币。"单一用途"电子货币往往由特定的发行者发行，只能被特定的商家所接收，用于购买特定的一种产品或服务。"单一用途"电子货币又可细分为一次性和可复存两种；"多用途"电子货币的典型代表是 Mondex 智能卡系统，这种智能卡随着其发行者与其他商家签订协议的范围的扩大，而被多家商户所接受，它可购买的产品也不仅限于一种，有时它还可以储存、使用多种货币。

3. 按电子货币的使用方式和条件分类

根据电子货币使用方式和条件的不同，可将其分为"认证"或"匿名"系统和"在线"或"离线"系统，将其组合形成四类：在线认证系统、在线匿名系统、离线认证系统、离线匿名系统。"认证"是指电子货币的持有者在使用电子货币时，需要对其身份进行确认，其个人资料被保存在发行者的数据库中，所以电子货币进行的交易是可被追踪的。"匿名"是指电子货币的持有者在使用电子货币时不需进行身份认证，其交易不能被追踪。"在线"是指客户在使用电子货币支付时，需要在网络上利用电信设备连接商家或第三方进行确认。这种确认不一定是身份的确认，也可以是对电子货币的合法性、金额等的确认，然后才能决定是否接受支付请求。电子货币的"在线认证"与信用卡、借记卡等不同，前者关注的是"货币"本身，而后者验证的是用户的"身份"。"离线"电子货币的使用者在支付时不需连接上网，部分"离线"电子货币甚至不需验证，使用时不需要发行者或第三方进行确认，可以直接进行用户对用户、用户对商家的资金转移支付。由于"离线"电子货币更像流通中的现钞，因此近年来发展得较快。

电子货币是在传统货币的基础上发展起来的，与传统货币在本质、职能及作用等方面存在着许多共同之处，但二者产生的社会背景、经济条件和科技水平等不同，导致它们在执行货币职能时产生了差异。

三、电子货币的性质

对于电子货币是否构成货币的问题在学术界尚有争论。一些法律学者认为在经济学界对货币的概念尚无定论的前提下，将电子货币是否构成一种新型货币的论证任务交给法学家是不现实的。一般认为，判断电子货币是不是货币的一种形式，应当视具体情况来处理。对于信用卡、储值卡类的初级电子货币，只能视其为查询和转移银行存款的电子工具或者是对现存货币进行支付的电子工具，并不能视其为货币的一种新形式。而类似计算机现金的现金模拟型电子货币，则已经初步具备了流通货币的特征。但是，要真正成为流通货币的某种形式，现金模拟型电子货币还应当满足以下条件：①被广泛地认可为一种价值尺度和交换中介；②不依赖于银行或发行机构的信用最终完成债务清偿，接受者无须保有追索权；③自由流通，具有完全的可兑换性；④本身能够成为价值的保存手段；⑤支付具有匿名性。

对于 Mondex 卡和电子现金，首先，它们的价值均是以现有的现金、存款为前提的，其发行者将现有的货币价值转变为电子化的替代品。持有电子货币仅意味着持有者具有以其持有的电子货币向发行者兑换等价值现金或存款的权利。其次，根据货币法定的原则，电子货币要真正成为通货的一种形式，需经一国立法的明示认可。所以，电子货币可被认为是以现有货币为基础的二次货币，还不能完全独立地作为通货的替代品。

四、电子货币运行策略

(一) 电子货币的流通应该确认身份

对电子货币加密，其实就等于记名使用（密码与个人账号是绑定的），即在确认身份以后才可使用。如果匿名使用，不能使用密码，即使用不记名的电子货币，就有可能使洗钱、贩毒、恐怖活动、买卖军火等犯罪活动大肆猖獗，执法机构却无法在网络中查出这些电子货币的来源或去处。所以，电子货币的流通应该确认身份。

(二) 消费者权益保护

在电子货币的交易中，有关结算信息会被大量积累储存在提供结算服务的数据库中。由于电子货币种类和结算类型所涉及的个人信息有所差异，所涉及个人隐私方面的信息也有所不同，所以，支付与结算提供者应该对其存储的个人信息妥善管理，并确保该信息的正确使用及其安全。

(三) 中国电子货币运营策略

开发电子货币市场对银行业务发展的推动作用是显而易见的。各家商业银行都已意识到电子货币市场所蕴藏的巨大商机，哪家银行在该领域先行一步，必将获得巨大的发展空间。

1. 加快金卡工程建设速度，开发以金卡为核心的表外业务品种

1993 年国务院听取信息产业部关于实施电子货币工程（金卡工程）的总体方案，并于 1994 年成立了国家金卡工程协调领导小组，这标志着中国金卡工程的开始。中国金卡工程的应用目标是先从银行卡（信用卡、智能卡）起步，建立现代化的实用电子货币系统，建立和完善银行卡授权、结算、发卡、流通、服务体系，最终减少现金流通量，以电子货币（信用卡、智能卡）替代现金流通，与国际金融支付体系接轨。

实施金卡工程使发卡银行之间可以实现资源共享、通存通兑，可以实现银行电子化、网络化。

金卡工程最初的重点在于推广信用卡和其他银行卡的应用。因为中国网络环境相对欧美而言比较差，而且中国的支付工具也相对比较落后，现金交易在交易总金额中的比重较大（据《北京日报》报道，根据央行数据显示，2006年中国流通中现金占GDP的比例约为13%，而美国为6.4%，英国为3.5%)，因此，确定先发展银行卡为支付工具，再在此基础上发展智能卡。智能卡是银行卡发展得比较高级的形式，尤其是智能IC卡。《中国银行卡产业发展蓝皮书（2017）》显示，2016年年末，中国银行卡累计发卡量达63.7亿张，当年新增发卡量7.6亿张，同比增长13.5%。其中，借记卡累计发卡57.4亿张，当年新增发卡量6.5亿张，同比增长12.8%；信用卡累计发卡6.3亿张，当年新增发卡量1.1亿张，同比增长18.9%。截至2016年年末，中国人均持有银行卡4.62张，在2015年、2014年的基础上持续增长，人均持有借记卡4.16张，人均持有信用卡0.46张。2016年年末，中国境内银行卡受理商户达2 067.2万户，当年净增397.2万户，同比增长23.8%；境内受理银行卡的POS机终端累计达2 453.5万台，当年净增171.4万台，同比增长7.5%；境内ATM机终端累计达92.4万台，当年新增5.7万台，同比增长6.6%。其增长速度大大超过世界平均增长的水平。中国网络金融系统建设已经具有一定的规模。

2. 积极开发新工具，进行业务创新

商业银行要积极拓展原有的银行业务，例如，开设个人理财账户（消费账户、投资账户、外汇交易账户等），办理个人消费信贷、教育投资信贷等业务，积极与各大型商场、超市等合作，拓宽POS机使用的领域，将银行、单位、政府、个人连接起来，形成一个以商业银行为核心的庞大的服务网络。同时，商业银行也应积极进行网上业务的创新。网上业务的重点应为金融增值服务，例如，为公司和个人提供信用评估和理财咨询等服务。网络金融业务将逐渐走向综合化，业务逐渐向网上证券交易、网上保险、网上拍卖和其他网上投资业务方面发展，网上投资理财技能将成为稀缺的信息资本，银行业与证券业将日益走向融合，投资咨询和理财的信息资本的运营效益将成为网络金融成败的关键。

3. 建立以客户为导向的主要营销方式

电子货币的应运而生使商业银行和其他金融企业、非金融企业对纸币的发行产生重大影响，从而商业银行的职能必须进行重大转型，商业银行之间将为争夺网上电子货币支付、结算上的市场份额而进行激烈的竞争，为此商业银行必须不断地提高在线电子货币支付和结算的服务质量，让这几项业务走向完全的免费，商业银行和其他在线金融服务企业对网上金融信息流的控制权的争夺更加激烈。商业银行争夺网上金融信息流的控制权在本质上就是争夺网上客户群，也就是争夺网上金融市场份额。网上银行收回经营成本所依赖的经营收入和资本收入，将主要来源于网上广告收入、投资理财咨询服务收入和驰名品牌、商业银行的驰名网站门户的数字化品牌在股票市场上的增值。商业银行要根据客户的不同要求进行金融创新，提供与其需要相适应的电子货币类的金融服务。同时采用一定的激励手段，如为强化消费者信心，商业银行可以考虑对在使用电子货币中遭受损失的客户给予一定的赔偿。商业银行要真正建立起以客户为导向的营销模式，使客户不管何时何地都可以享受银行提供的更安全、更便捷的服务，争取占有更多的顾客群。

4. 建立完善的电子货币支付系统

安全性是客户在电子货币使用过程中最为关注的问题，就总体形势来看，为保证互联网下信用卡支付的安全性，维萨（Visa）、万事达（MasterCard）、微软（Microsoft）、网景（Netscape）和GTE等专门签订了互联网信用卡支付的安全电子交易协议，以期建立更加安全的互联网信用卡支付系统。正在运行的无条件匿名电子支付系统和可记录的匿名电子现金支付系统能保证电子货币支付的安全性。但是由于网络安全技术的局限，人们对银行电子货币安全性的担忧并未减轻，任何经营电子银行业务和电子货币业务的机构都希望它们的账户管理和风险管理系统能受到严格的控制，能够防止虚假电子货币在系统上进行交易。但是，由于计算机技术的发展、多条信息途径的使用，系统的安全性越来越难以得到保证。安全性风险的防范越来越重要。对于电子货币业务，如果安全系统被破坏，则可能导致欺诈业务发生。对于其他形式的电子银行业务，未经授权者闯入会给银行带来直接损失。例如电脑黑客通过网络闯入电子银行业务系统，寻找、使用客户的机密材料，会使客户利益受损。又如外部的第三者闯入系统设置病毒，会给银行带来更大的损失。电子银行及电子货币既可能遭受外来者入侵，更容易受到内部职员的破坏。某些心术不正的职员可通过暗中获得的数据进入客户的账户窃取资金，也可能是职员自己不经意的错误对银行计算机系统的运行产生危害。所以，商业银行必须建立和完善电子货币支付系统，确保电子货币业务安全平稳地发展。

第二节 电子货币发行管理

一、电子货币安全管理

电子货币带来的挑战与威胁是巨大的。这些威胁已经引起很多发达国家的高度重视，各国也正在研究如何建立管理措施与调控机制。

由于电子货币不具有真实的物理形态，因此它只能通过加密算法、数字签名等技术手段来防止伪币的出现。从理论上讲采用复杂的加密算法，电子货币比纸币更难伪造，但是网络上各种病毒层出不穷，盗版软件屡禁不止，人们对这些安全技术还是感到不放心。

计算机公共互联网为银行卡交易提供了一种简便、公开的付款方式。它可以扩展现有金融体系，但其安全性却很脆弱，主要问题是使用者无法控制其银行卡资料所流经的渠道。所以，要想建立完整的电子商务，一方面要求解决安全支付问题，另一方面要求其标准是开放性的。金融支付系统的开放标准应起到如下作用：第一，提供安全的信息传输；第二，认证交易的各个方面的唯一性；第三，保证电子货币服务的支付操作具有安全性和集成性。

在电子商务环境中，银行不再像以前那样，仅仅是商业运作的辅助机构，而是直接参与到交易的重要环节，充当认证中心和交易中心的角色，它应解决好以下几个问题：第一，使用者与商家的身份辨识；第二，银行卡交易辨识，除付款银行外，任何人无法知道信用卡号码；第三，交易认证，交易一旦进行就"不可否认"；第四，交易结算，随时结算交易后的金融账户操作内容；第五，金融信息查询，确保客户和项目的金融资料、所涉及文件的真实性。

具体流程为：当商家接收到交易请求后，首先进行银行卡处理器专属的密钥管理（安全地存储私密密钥、解码付款指令和银行回应信息的签名）服务及密码服务，进行合法性认证；接着将交易请求送到银行卡处理系统进行交易处理。其中，密码服务包括：第一，验证接收的交易请求信息内的卡片持有人及厂商凭证；第二，为接收及发出的交易请求信息内的付款指令编码和解码；第三，确认付款指令内的账户号码是否符合卡片持有人的凭证；第四，验证接收的交易请求信息内的信用卡持有人及商家签名；第五，计算及验证接收的交易信息内的密码。

安全电子交易的重要内容之一就是网络上的数字认证问题。为了形成体系，应该建立分级别的专门化认证中心。从国家、组织、部门三级验证，分清责权，互相配合。第一，国家级认证中心，制定电子商务政策（特别是数字化电子货币的政策）并对下级单位授权，提供认证权利。第二，组织级认证中心，经国家级认证中心授权并核发凭证的机构或组织，提供各种密钥系统，并允许使用不同品牌的支付工具。第三，部门级认证中心，隶属于组织级认证中心，为客户提供身份认证、交易认证和文件证实等服务。

二、电子货币发行管理

（一）电子货币的发行主体

世界各国在电子货币的发行主体问题上并无统一的解决方案，而是根据具体国情而定。

美国和欧洲在电子货币发行资格上持有不同立场：美国联邦储备委员会认为由非银行机构来发行电子货币应是允许的，因为非银行机构会由于开发及行销电子货币的高成本而必须开发具有安全性的产品。美国并不认为非银行机构会对银行造成威胁，因为他们认为银行有良好的声誉，所以消费者较倾向于信赖由主要的当地银行所发行的电子货币而不会信赖一家新成立的非银行机构所发行的电子货币。

欧洲货币机构工作小组则认为只有由主管机构所监管的信贷机构才可发行电子货

币。例如，欧洲货币基金组织（EMF）于1994年5月公开发表的欧共体结算系统业务部提交的《关于预付卡的报告书》中指出：电子钱包发行者收取的资金应视为银行存款，原则上只允许金融机构发行电子钱包。欧盟成员德国在对"信用制度法"的修正案中规定：所有电子货币的发行均只能由银行开办。

中国自1996年4月1日起实行的《信用卡业务管理办法》中规定信用卡的发行者仅限于商业银行，对于信用卡之外的其他电子货币种类，中国尚无法律规定。

依据中国的国情，发行电子货币的主体为中国人民银行或者中国人民银行委托的金融机构是比较可行的办法，理由如下：第一，这有助于政府对电子货币进行监控并根据电子货币研究和实践的发展及时调整其货币政策，同时也有利于保证支付系统的可靠性。第二，由于由中央银行发行的电子货币在信誉和可最终兑付性上比较可靠，对消费者而言就更容易接受并积极参与，从而推动电子货币的普及与发展。

针对电子商务时代的特征，中央银行应及时制定电子货币的发展策略，规范发行电子货币的规章管理制度。在鼓励发展新兴电子货币的同时必须对其加强管理，例如，容许具有一定条件的银行发行电子货币，并按需要规定储备金、可随时兑换等相关条例，保证电子货币的发行是合法的、可控制的。

(二) 金融认证管理

统一规划建立全国性金融认证体系，执行金融交易的合法性认证。对所有的认证中心进行分级别的严格管理，防范金融伪造、诈骗、洗钱等非法活动。

(三) 电子货币工具管理

发展新兴电子货币工具，推广使用电子货币，特别是多用途的智能卡将具有广泛的应用领域。电子货币工具必须具有统一的管理模式，做到互通操作、全国流通。这将有助于减少社会现金的流通量，加速货币回收，提高金融体系的安全性。

(四) 安全电子交易管理

制定公共网络上金融交易的安全交易条例，防止违法、违规交易操作；在安全上采取容错、备份等物理上的措施，保证电子交易的正常工作；在操作管理上进行分级控制，明确职责和义务；提高在职人员的素质和技能，防止操作、系统及交易错误，消除金融风险。

(五) 电子货币运行监控管理

要从法律上保证电子货币信息及时、准确地传递、汇总和分析。中央银行可随时掌握电子货币的使用、存储情况，分析其对国家经济金融形式的影响，以采取相应手段调控电子货币的走势，促进国民经济的健康发展，防范金融风险。

电子现金在具有灵活性的同时，也具有不可跟踪性，因此会带来发行、管理和安全验证等方面的问题。从技术上讲,每个商家都可以发行电子货币。如果不加以控制,电子商务将不可能正常发展,甚至由此带来相当严重的经济金融问题。电子货币的安全使用是一个重要问题,包括限于合法人使用,避免重复使用等。对于无国家界限的电子商务应用来说,电子现金还存在税收和法律、外汇汇率的不稳定性、货币供应的干扰和发生金融危机的可能性等潜在问题,有必要制定严格的经济金融管理制度,保证电子货币系统的正常运作。

三、电子货币管理措施

网上支付系统的发展是关系到国家经济建设、宏观经济管理以及国际金融合作的大事。对信用卡、数字现金、电子支票、智能卡的发行、管理及技术规范有特殊要求。

（1）中央银行应规范网上支付工具,并进行严格的管理和协调,建立对网上支付工具进行自动化监控和管理的体系。

（2）发挥中央银行的管理、协调作用,集中力量研究、制定规范和政策,规范电子货币系统。

（3）集中力量研究、制定与网上支付有关的规范、政策和法律,明确定义支付工具相关方（消费者、商家、银行和操作者）的权利和义务,并可明确作为法律判决的依据。

（4）研究开发信用卡、数字现金、电子支票、智能卡的安全技术保障和管理的方法及设备,防止盗窃活动和伪造活动。

（5）建设全国统一管理的数字认证中心,确认参加电子商务活动人员（消费者、商家、银行、工商部门、税务部门、政府管理部门）的合法身份,保障电子交易安全可靠。

（6）建立完善的信用卡、数字现金、电子支票、智能卡的发行和交易流量的监测与统计机制,保障网上支付系统的工作。

（7）网上支付工具系统必须向国家中央银行汇报货币政策要求的有关信息。

（8）对信用卡、数字现金、电子支票、智能卡等跨国使用的处理。

（9）金融专用网络可逐步改造过渡成为公共网络,由此扩展金融服务方式和领域,可在原有的银行卡系统的基础上进行扩展改造,发展公共网络信用卡、智能卡、电子支票支付系统。

（10）开展国际性电子商务的交流与合作,积极参加全球电子商务活动。

第三节　电子货币与货币政策

电子货币的发行和使用从根本上改变了货币的存在形式,对传统的货币供给和货币需求函数产生了巨大的影响,导致货币当局制定和执行货币政策的基础、依据和实施环境发生了改变，对货币政策的实施产生明显的影响，并且影响到整个货币政策体系。在电子货币的条件下，货币政策的目标、政策工具和传导机制等都表现出异常变化。

一、电子货币对货币政策目标的影响

货币政策目标是指中央银行实施货币政策所预定的，在一段较长时期内要对宏观经济产生的明确效果。货币政策目标可以简单地划分为两个层次，即最终目标和中介目标，它们共同构成了中央银行货币政策的目标体系。

(一) 电子货币对货币政策最终目标的影响

货币政策最终目标是指货币政策在一段较长时期内所要达到的目标。一般说来，货币政策最终目标主要有四个：稳定物价、充分就业、经济增长和国际收支平衡。在选择最终目标时，必须根据不同时期的经济发展状况和所面临的问题有所侧重。

电子货币本质上是一种在网络上以光速传播的无形信用货币，加上发行主体的多元化等特质，货币供应量在一定程度上超出中央银行的调控范围，容易造成货币供给过多，从而引起物价上涨，诱发通货膨胀。因此在电子货币条件下，中央银行在选择最终目标时应以稳定物价为首要目标，并兼顾经济增长和充分就业。

(二) 电子货币对货币政策中介目标的影响

货币政策中介目标是指中央银行运用货币政策的工具实施调节，在尚未实现最终目标之前所能达到的具有传导作用的中间目标变量。

电子货币替代流通中通货，必然会减少流通中现金，由此对货币供应量、基础货币、利率等中介指标产生影响，进而影响货币政策的抉择与实施。

1. 电子货币对总量目标的影响

电子货币的产生与广泛运用使货币形式增加，货币供应量的范畴越来越广泛，统计与监测难度加大，电子货币的高流动性使货币在不同层次间可以迅速转换，各层次之间的界限日益缩小。如果电子现金大幅取代传统通货，将使得基础货币虚拟化。货币乘数的随机性变动增强，货币乘数在网上金融市场的动态调整过程中不再趋向于收敛，而是趋向于发散。网络传播的电子货币速度具有很强的流动性，导致货币流通速度加快，对短期货币流通速度预测的难度加大、准确性降低，货币供应量对货币政策最终目标的影响力减弱，中央银行很难通过调节货币供应量来影响货币政策目标。电子货币使货币供应在一定程度上脱离了中央银行的控制，从而使货币供应越来越多地受到经济体系内部因素的支配，以及市场因素的支配。所以在电子货币流通的条件下，将货币供应量作为货币政策中介目标，最终实施的效果将受到很大的挑战。

2. 电子货币对价格信号目标的影响

在电子货币流通的环境中，利率作为货币政策中介目标，其形成机制将更加复杂。电子货币的使用减少了人们对传统货币的需求，将使流通中通货减少，并且电子货币的流通速度极快，使得利用现金进行交易的需求下降，电子货币的信用创造作用也将使货币需求处于不稳定状态。货币需求波动直接影响利率，而利率的微小波动又会引致经济主体对未来预期的变更，从而导致货币需求的较大波动。金融当局在利用利率实施货币政策时，会因为使用电子货币而产生的反作用而使利率的传导作用减弱。另外，电子货币增加了货币的供给主体，金融机构根据经济形势和市场供求状况发行电子货币，利率影响因素进一步内生化，中央银行对利率的可测性和可控性都将减弱。

对汇率而言，电子货币的发展提高了其对国外金融资产的替代性，加快了国际金融市场一体化的速度，增大了资本流动与扩张的规模，加大了汇率变动的敏感性，增强了资本的易变性，使维持汇率目标的难度增大，从而汇率作为中介指标的可靠性也产生了动摇。

3. 货币政策中介目标的可控性、可测性和相关性大大降低

电子货币的引入淡化了货币层次之间的界限，导致货币政策目标的决定因素日趋复杂，从而使货币政策中介目标的可测性、可控性和相关性大大降低。

第一，可测性。电子货币的分散发行，使各种层次货币之间迅捷转换，货币层次结构更加复杂多变，传统各层次货币的定义和计量变得模糊，要准确测量某一层次的货币总量几乎不再可能。即使可能，其所需成本也足以使其丧失现实意义。

第二，可控性。在可控性方面，电子货币的出现使各种充当中介指标的金融变量内生性越来越强，而与货币政策工具之间的联系却变得日益不稳定。电子货币使货币供应的主体增加，货币供应内生性增强。货币乘数不稳定，将削弱中央银行对货币供应量这一变量的控制能力和控制程度。

通过网络将金融业务整合到同一个交易平台上，加快了货币流通速度，也加大了货币流通速度的波动幅度。由于中央银行不控制电子货币的发行，如果无法预测货币流通速度，即使中央银行掌握足够的货币发行控制能力，也会导致货币政策最终目标出现较大的偏差。电子货币对货币流通速度的影响是随机的，这导致短期货币流通速度难以预测或预测的准确性受到严重影响，从而很难在事前甚至事中对货币总量进行适当的控制。

此外，电子货币交易的跨地域性使货币的使用界限模糊，又进一步降低了货币量的可控性。货币量的统计不得不考虑本国居民电子货币账户中所存的外国货币以及外国居民电子货币账户中的本国货币。将来很可能会出现一个如欧洲货币市场一样的离岸电子货币市场，进一步削弱货币政策中介目标的可控性。

受货币构成的复杂性和流动速度的变动性等因素的影响，中央银行将无法确切地分析货币量变化的原因和过程，使总量中介目标效用大减。相反，由于价格信号是市场运行的结果，电子货币增强了市场的效率和竞争水平，提高了价格信号的质量。价格信号中介目标将会成为未来货币政策中介目标的主流选择。

第三，相关性。电子货币的出现减弱了货币供应量与货币政策最终目标之间的相关性，使作为中介指标的金融变量与货币政策最终目标之间的联系变得松散。

首先，电子货币对现金的替代作用越来越明显，由于货币乘数的不稳定，控制住基础货币也不见得能控制住货币总量，在这种情况下，中央银行通过基础货币调节货币供应量的作用有所弱化。而且，由于电子货币降低了人们持有现金的欲望，以及货币需求的不稳定，货币供应达到中介指标也不一定能实现稳定货币币值的最终目标，而电子货币引发的利率弹性下降，使利率对货币需求的作用力减弱。

其次，电子货币的发展使货币流通速度的不稳定性和货币乘数变化的不确定性增大，将导致货币供应量对货币政策最终目标的牵制作用减弱，甚至出现偏差。所以电子货币的不断普及将使得社会公众的货币需求和资产结构过于复杂多变，从而影响经济金融变量之间原有的稳定性。可见，在电子货币得到广泛应用的经济环境下，中央银行难以通过对中介目标的控制和调节，达到对最终目标的有效影响和牵制作用。货币供应量对实现货币政策目标的影响力日益下降，减弱了与货币政策最终目标之间的相关性。货币供应量作为货币政策中介目标即使是必要的，也无疑将会是不充分的。

二、电子货币对货币政策工具的影响

货币政策工具是一国货币当局为达到其货币政策目标而采取的手段。传统的货币政策工具包括公开市场业务、再贴现政策和法定存款准备金率，主要是对社会货币供应量、信用量进行总量调控。电子货币的发展，必然使部分货币政策工具的作用弱化。

（一）公开市场业务

公开市场业务是指中央银行在金融市场上公开买进或卖出有价证券（一般是政府债券），用以改变货币供应量，从而实现其货币政策目标的一种政策手段。公开市场业务是决定基础货币变动的基本因素，也是货币供应波动的主要来源。电子货币的使用将使得中央银行进行公开市场业务的作用变得更为复杂。

（1）金融网络化加快了金融市场上交易信息的传播速度，使投资者的投资领域更广、投资机会更多，这种结果导致市场上的任何微小变化都有可能形成逐级增强的投资结构变化，这样在电子货币大幅使用的情况下，中央银行公开市场业务的作用时间缩短，对货币总量和资产价格的调节更为迅速。当银行的利率发生变动，大量的货币资金随时可以从一种状态转移到另一种收益更高的状态。

因此，一旦公开市场业务的收益率稍高，货币资金就会迅速地发生转移，使公开市场业务的调节作用更为迅速。但另外，商业银行可以发行电子货币，使它们具有更多的资产分散手段，增强它们吸收市场波动的能力，从而使中央银行调节资产价格的行为完全失效。如果中央银行卖出国债的价格，与市场价格之间的差异所产生的预期收益，大于银行发行电子货币的成本，那么银行可以增加电子货币的发行量，替代以中央银行货币形式存在的资产。如果预期收益大于金融资产的平均收益水平，商业银行可以迅速调整资产组合，吸收国债价格的变动。在这种情况下，中央银行要想影响利率，就必须投入大量的资产，公开市场业务演变成中央银行与其他金融机构之间资产博弈的游戏。

（2）当电子货币被广泛使用和大范围替代通货时，会导致中央银行由发行无息负债（通货）所换取的利息性资产的收益即"铸币税收入"大幅减少，铸币税收入是弥补中央银行操作成本的重要财源。再加上电子货币的发行较为分散，电子货币的发行主体多元化，中央银行不再是唯一的发行人，各金融机构发行的电子货币又各具特性，这两点必然使中央银行的资产负债规模大为缩减。以美国、德国、法国和意大利为例，如果电子货币完全取代通货，其中央银行资产将分别缩减87%、70%、40%和28%。经济越发达，缩减程度越严重。这有可能使中央银行因缺乏足够的资产负债而不能适时地进行大规模的公开市场业务，将减弱公开市场业务的实效性和灵活性。虽然在正常情况下，中央银行的公开市场业务只需适当的规模就可以实施，与资产负债规模没有必要的联系。但是在特殊情况下，中央银行一旦需要大规模的操作，而它又在资产负债表上缺乏足够的资产，其冲销政策就会面临巨大的困难，使本国汇率和利率受到较大的影响。

（二）再贴现政策

再贴现政策是指中央银行通过调整对商业银行要求的、以贴现获得的未到期票据向中央银行所做转让的再贴现率，来影响商业银行及其他金融机构向中央银行借款的成本，借以影响商业银行的准备金数量，达到调节社会资金供求的目的。

在电子货币时代，商业银行利用电子货币降低了再贴现政策的存在价值，中央银行通过贴现率影响货币供给的能力受到了挑战。再贴现政策是一种被动的调节措施，中央银行本来就处于被动地位。电子货币的出现将使这种被动性变得更为明显。在电子货币流通的情况下，货币资本之间的转化更为容易，电子货币给金融机构提供了更多低成本的融资渠道。当再贴现政策的成本相对较高时，为节约自身成本，商业银行等存款机构会尽可能少地向中央银行申请再贴现或再贷款，而通过其他途径来获得资金，比如迅速出售证券、同业拆借等，无须向中央银行申请再贴现。因此，电子货币的流通使金融机构对贴现率的依赖程度减弱，导致了中央银行再贴现政策的功能被削弱。另外，再贴现政策大部分被用于解决银行流动性困难，但当商业银行能够自行发行电子货币时，商业银行在流动性方面存在问题的可能性会很小。发行电子货币所产生的发行收益将会使发行市场处于充分竞争的状态，即使商业银行在流动性方面不存在问题，也会扩大发行直到最终形成电子货币发行净收益为零的均衡状态。因而再贴现政策对调整电子货币的供需所起的作用会越来越小。即使中央银行提高再贴现率，商业银行等机构仍可以扩大电子货币的发行，来缓解由于再贴现率提高而带来的贷款规模缩小的压力，从而使中央银行调整再贴现率的作用大打折扣。但是，电子货币仍需要依赖传统货币来保证其货币价值,当发行者面临回赎电子货币的压力而需要向中央银行借款时,再贴现率仍能显示出调整其借款成本的能力。

例如:电子商业汇票可以是中央银行公开市场业务操作的新工具。

电子商业汇票作为融资工具,以其低成本承兑的优势会对短期贷款产生挤出效应,即电子商业汇票的签发会相应减少对短期贷款的需求,同时,电子商业汇票作为票据货币,生成的主动权在企业和商业银行手中,其在电子系统构建的信用环境下,具有很强的支付转让功能和流动性,据相关部门预测,每张电子商业汇票的平均转让次数将达 30 次,但是,未贴现的商业汇票游离于广义货币 M2 范畴之外,巨额的电子商业汇票形成的虚拟货币将会对中央银行货币政策的传导机制产生一定的影响。

电子商业汇票系统对所有电子商业汇票进行集中登记托管,能够实现对商业汇票支付、融资行为的全面、及时、准确的统计,了解资金的投向。通过对票据实际融资利率以及票据市场报价的统计监测,及时了解票据市场利率趋势,为利率市场化改革、宏观经济决策提供基础数据和参考依据。

商业票据市场是货币市场的重要组成部分,中央银行在电子商业汇票系统中作为一个参与者,将增加以商业汇票再贴现与卖出的公开市场业务操作。由于商业汇票也是联结实体经济的一项重要金融工具,此举将能使中央银行的货币政策操作更快地传导到实体经济中去。

电子商业汇票系统的转贴现与再贴现业务处理平台,在现有的以中央银行、商业银行、财务公司为交易主体的基础上,今后若再引入保险、信托、基金、证券、金融资产管理公司等合格投资者,在品种上增加短期融资券等期限在一年内的商业票据,则电子商业汇票系统有望成为全国性的商业票据市场。

(三) 法定存款准备金率

法定存款准备金率是控制货币供给的一个重要工具,通常被认为是货币政策最猛烈的工具之一。中央银行通过调整法定存款准备金率来改变商业银行的准备金数量和货币扩张乘数,从而间接调整商业银行等存款机构的信用创造能力和货币供应量。电子货币的出现,会使法定存款准备金率这一政策工具的作用力度大大下降。

(1) 电子存款账户的引入将改变商业银行的法定存款准备金总额。电子货币取代了一部分有准备金要求的储蓄,使得商业银行中的存款准备金所占比重下降,同时银行还可减少对清算头寸的需求,这就缩小了法定存款准备金的作用范围,使得中央银行以调控商业银行准备金为操作目标的货币政策措施弱化。即使中央银行以短期利率为操作目标,其操作过程也将变得更趋复杂化。但是,由于电子货币主要替代通货而非存款,因此中央银行的操作技术似乎不需要进行显著的调整。

(2) 电子货币和网络技术发展,便利了金融机构对金融创新的开展,为金融机构通过创造新型负债种类来减少甚至逃避法定存款准备金的提缴提供了有利条件。因为存款准备金是不计息的,商业银行等金融机构为了减少上缴存款准备金,从而降低机会成本和融资成本，通过电子货币或电子货币的衍生品来回避法定存款准备金的限制，破坏了存款准备金的作用机制，使中央银行通过增加或减少法定存款准备金率倍数，收缩或扩张银行货币创造能力的作用减弱，形成了所谓的"流动性陷阱"。而且，这意味着货币乘数不再趋于稳定，变得更难预测。

三、电子货币对货币政策传导机制的影响

货币政策传导机制是指中央银行在确定货币政策最终目标后，从操作政策工具到实现最终目标之间，所经过的各个中间环节的传导途径与作用机制。

金融市场在整个货币的传导过程中发挥着极其重要的作用。第一，中央银行主要通过市场实施货币政策工具，商业银行等金融机构通过市场了解中央银行货币政策的调控意向；第二，企业、居民等非金融部门经济行为主体通过市场利率的变化，接受金融机构对资金供应的调节，进而影响投资与消费行为；第三，社会各经济变量的变化通过市场反馈信息，影响中央银行、各金融机构的行为。电子货币的广泛运用对货币政策传导的各个环节产生了巨大的冲击，使得中央银行控制货币的能力大大降低，从而削弱了货币政策的有效性。

(一) 电子货币对货币政策传导机制的影响

（1）由于除中央银行以外的其他金融机构和非金融机构获得了货币发行权，中央银行不能再通过对货币供给量的调节和控制来影响与实施货币政策的最终目标，从而使其相关性也受到影响。

（2）利率的传导作用有所减弱。一方面，电子货币的使用使流通中通货减少，并加快了货币的流通速度，电子货币的替代作用使得人们利用通货进行交易的次数减少，因而货币的交易需求减少；另一方面，电子货币在信用创造方面的作用，使得货币的需求处于不稳定的状态，二者导致利率波动。

(二) 电子货币对货币政策传导途径的影响

从金融机构的资产和负债角度看，一般来说，货币政策传导主要有两类渠道，即货币渠道（包括利率途径、非货币资产价格途径、汇率途径等）和信贷渠道（包括资产负债表途径和银行贷款途径等）。

1. 电子货币对资产负债表的影响

电子货币加快了货币流通速度，各种金融资产之间的替代性加大，它们之间的相互转化快捷而迅速，于是企业在借款时有了众多的选择。当企业需要筹集资金时，其筹资渠道便有多可供选择，而不再局限于向商业银行贷款。即使是资产负债表状况糟糕的企业在办理相关手续后，也可以发行债券。投资者并不会因这些债券的信用等级偏低而抛弃它们。相反在不少国家有许多专门对这类"垃圾债券"进行投资的投资者。

因此，在企业获取资金的渠道日益增加的情况下，资产负债表途径的效用逐渐减弱。

2. 电子货币对银行贷款的影响

第一，电子货币的出现拓宽了商业银行资金来源的渠道，使商业银行快速、便捷地远程融通资金成为可能。即使中央银行想对商业银行信用进行控制，由于商业银行可以到不受管制的欧洲货币市场借款，中央银行对商业银行的控制能力下降，其货币政策意图也未必能通过商业银行途径实现。

第二，随着多种融资方式的出现，银行信用占社会总信用的比重持续下降，这也减弱了银行贷款途径的效果。由于电子货币的广泛使用，对货币有主管作用的单位不再局限于传统商业银行，电子货币使得货币市场的参与者不断增多，金融资产的结构日趋多样化，社会中流行的电子货币的发行单位以及一些证券经济商将成为中央银行的传导主体，中央银行的意图将主要通过它们来传达。此外，电子货币的在线支付将不断削弱传统商业银行在降低货币流通成本方面的比较优势，迫使其向提供金融信息增值服务、证券业务等非中介方向发展，从而出现"脱媒"现象。随着网络技术的发展，无论是金融市场结构的变化还是商业银行职能的转变，都将弱化传统的货币政策传导机制。

3. 电子货币对利率传导途径的影响

电子货币对利率造成了复杂多变的影响。电子结算技术的运用使电子货币被普遍接受并进入货币市场，人们进行资产转换的交易成本降低，不必持有过多的纸币或铸币，所需要的只是记录了许多私有信息的塑质卡片。而电子货币在信用创造方面的作用，又使得人们对货币的需求处于不稳定状态，同时会导致利率的较大波动，从而导致货币需求的较大波动。金融当局在利用货币政策工具影响利率时，会由于电子货币的反作用而使利率的传导机制弱化。另外，许多带有理财功能的电子货币品种的出现，使得中央银行能够对短期利率进行有效控制的假设也不完全成立。因此，各种智能卡片、储值卡片以及电子钱包、电子现金等的出现直接影响到中央银行对基础货币供应的垄断，影响到中央银行的资产负债规模。中央银行通过吞吐基础货币来影响利率的能力就会受到挑战。

总之，电子货币的出现使得中央银行调控利率的能力减弱，利率政策对实际投资的调控能力减弱，因此以利率政策为核心的货币政策的效果减弱。而由于对货币量控制的难度加大，金融市场对利率变动的敏感性增强，货币当局在运用利率政策时必须更加谨慎小心。

4. 电子货币对汇率传导途径的影响

电子货币的出现加剧了外汇汇率的不稳定性。电子货币是总货币供应量的一个组成部分，不同国家发行的电子货币仍是以本国货币来计量的，因此电子货币的跨国流动仍存在货币兑换、外汇汇率的问题。电子货币对外汇汇率的影响主要体现在对短期汇率变动的影响。当外汇市场上由于一种或多种因素引起外汇汇率的贬值或升值时，电子货币因其高度的流动性、跨国性和低交易成本等特性能迅速转换币种，自由买卖、自由兑换货币，从而影响短期外汇供求和心理预期，进一步左右汇率的变动，加剧外汇汇率的不稳定性。有些国家选择汇率作为货币政策中介目标，这些国家的经济往往是高度外向型的，发展对外交易是其稳定宏观经济的关键因素，而控制进口品价格是抑制通货膨胀的最有效措施，所以汇率成了货币政策中介目标。一方面，电子货币方便了交易，使得支付过程更加简便快捷，大笔资金能够快速地在国际流动。另一方面，大笔资金快速地流入、流出某个国家，极易造成汇率的大幅波动，造成本币币值不稳定，从而带来汇率风险和货币风险。本币币值不稳定会造成国家的信誉风险，引起社会动荡。电子货币对中央银行通货的取代以及电子货币的跨国界使用，使得人们能够更多地选用强势货币，而抛弃币值不稳的弱势货币，因此会使汇率指标失去调控意义。电子货币在欧盟国家中得以蓬勃发展就是得益于欧元的统一使用。

四、电子货币对金融调控的影响

（一）电子货币对中央银行宏观调控能力的影响

在电子货币条件下，中央银行不再是电子货币发行的唯一主体，也不能垄断货币发行权，这就会使得中央银行散失（至少部分散失）货币发行权。电子货币的发行机构扩展到商业银行、其他商业银行、非银行金融机构甚至是非金融机构等，形成货币创造主体的多元化趋势。在这种电子货币分散发行的情况下，中央银行要控制货币供应量就必须控制电子货币发行的数量，而要有效控制货币供应量就必须要垄断电子货币的发行权。面对电子货币对中央银行垄断货币发行权的挑战，目前大多数国家没有参与电子货币的发行。电子货币的发展趋势是"自由银行制度"的再现。

尽管未来存在中央银行垄断电子货币发行权的可能，但目前电子货币分散发行的现状，使私人部门可以分享原本由中央银行独占的货币发行铸币税收入，这样的环境催生了竞争性货币供给格局，但竞争性货币供给格局存在着货币发行量失控的潜在风险。

（1）电子货币私人发行的发行机制不同于传统货币。中央银行发行货币不以营利为目的，当经济面临通货膨胀压力时会主动收缩货币供给，而私人部门发行电子货币是为了获得货币发行的铸币税收入。消费者从购买电子货币到使用电子货币或赎回电子货币有一定的时间差。在这一时段内，电子货币发行者实际上从电子货币购买者手中获得了不用支付利息的贷款。这部分无息负债可使电子货币发行者获得利息性资产收益，即铸币税收入。因此，私人发行者会尽可能地增加电子货币发行量，即发行的电子货币越多，其获得的无息贷款就越多，铸币税收入就越大，而成本函数起不到约束电子货币发行量的作用，从而电子货币发行量等于消费者需要量，货币发行量有失控的风险。

（2）电子货币分散发行削弱了中央银行调控货币供给的能力。当前，世界上大多数国家都实行了中央银行制度，各国中央银行或类似于中央银行的金融管理机构都处于金融体系的核心地位，代表国家管理金融，制定和执行金融政策，对整个国民经济发挥宏观调控作用。中央银行在金融体系中的特殊地位及其管理金融的前提是其对货币发行的垄断特权。然而，电子货币对现金的替代以及发行主体的多元化现状，削弱了中央银行对货币发行的垄断权，同时也弱化了其控制货币供应量和调控宏观经济的能力。

电子货币的竞争性发行机制确立后，它正在逐步取代中央银行发行的通货，进一步缩小中央银行资金平衡表的规模，中央银行从利差中得到的利润也会减少，铸币税收入将大幅降低，中央银行货币政策的独立性受到影响。对大多数国家的中央银行而言，铸币税收入是弥补中央银行操作成本的重要财源。即使电子货币对通货的替代是逐渐的，对于有庞大预算赤字的国家也会形成相当程度的压力。估计电子货币的发展使中央银行铸币税收入的减少大约占 GDP 的 0.1%。

(二) 电子货币的跨国发行对货币政策的影响

以离岸中心为基础的银行（或者非银行金融组织）可以通过网络在全世界发行电子货币并且流通。对政府来说，似乎没有什么实际可行的措施去防止本国人民使用电子货币。因此，在未来中央银行是否仍可以控制货币政策成为问题。

在电子货币只是替代现金的情况下，无论消费者是用现金购买电子货币，还是把现金存入银行再用存款购买电子货币，都有现金流入银行系统。当现金流入商业银行系统，就增加了商业银行向中央银行缴纳的存款准备金。商业银行有两种选择：它们可以向非银行机构发放更多贷款，或者它们可以从中央银行购买资产。因为资本和货币市场对资产需求的增长将导致利率的减少，后者将是商业银行的首选。只要中央银行用一个短期工具钉住利率，商业银行将更愿意从中央银行购回资产。这样，商业银行只是使用流入的现金减少对中央银行的负债，而没有信用创造的发生。因此，电子货币的引入并没有扩展信用的效果，仅仅是缩小了中央银行的资产负债表。对中央银行，特别是政府来说，这会使铸币税收入减少。然而，这只是公众手中持有更少的现金和更多的电子货币的问题，货币政策将依然是有效的。

在电子货币发生信用创造的情况下，会对货币政策提出很多挑战。如果电子货币发行商通过发放新的贷款增加了电子货币的供给，创造了新的货币余额，是在中央银行管辖权之外创造的货币，存在引发通货膨胀的危险。此外，如果离岸发行商可以不受任何限制地发放电子货币贷款，中央银行控制利率水平的能力可能进一步被削弱。但是电子货币发行商的电子货币与通货等值兑换的承诺对离岸发行商的行为可以做出限制。所以，即使离岸发行商发行电子货币，也不会使中央银行的货币政策失效。

只要离岸发行商所发行的电子货币和本地通货保持等值兑换，货币政策仍是有效的。比如，如果中央银行增加利率，假如一家商业银行没有跟随提高利率，那么在清算时其将不得不在拆借市场借入更高利率的贷款，最终这家商业银行会增加利率以便减少高利率贷款的损失。同样的压力将影响离岸发行商的行为。由于电子货币兑换成现金或存款的需求存在，为了避免出现资金流动危机，离岸发行商就会降低他们发行电子货币的利率。因为他们不能像中央银行那样创造信用，所以他们对利率的调整可能比商业银行更敏感。因此，货币政策对离岸发行商同样有效。

五、中央银行货币政策创新

（一）货币政策的规范性和灵活性相结合

规范性的货币政策以市场经济能自动达到总供给与总需求的均衡状态为前提。灵活性的货币政策以货币因素对经济环境和宏观经济有重要影响为前提。一方面，中央银行不能放弃规范性的货币政策，货币稳定问题是中央银行货币政策的总规则，它作为现代中央银行制度的基点始终是不可动摇的；另一方面，中央银行应积极采取灵活性的货币政策，在稳定货币的总规则指导下，货币政策的日常操作必须根据具体的经济形式进行选择，以实现对经济运行的积极性微调，使货币在经济良性运行的基础上实现稳定。

（二）货币政策的调控范围扩展到全部金融机构和全部资产

金融创新实践证明，中央银行只控制商业银行的活期存款而忽视非银行金融机构在信用创造方面的作用，其结果是导致了大量的金融和信用行为失控，导致货币政策的失败，为此，中央银行必须扩大货币政策调节的范围，把控制的触角逐步伸展到商业银行体系以外的各类非银行金融机构，并注意政策的均衡性，尤其要处理好与财政政策和公债管理政策的协调配合问题。

（三）货币政策的对象是多样化的金融资产

中央银行在执行货币政策的过程中必须有更广阔的视野，而不是只盯住基础货币，应当面对多样化的金融资产，同时，由于各种金融资产影响价格水平和经济过程的程度、途径不同，因而，中央银行在调节和控制货币供应量时应有所侧重，基础货币永远构成中央银行控制的重点，这也是中央银行划分货币层次分别控制的依据所在。

（四）货币政策工具不断创新

随着金融创新的发展和金融机构的日益复杂化，决定货币供求和价格水平的因素已越来越复杂，传统的"三大法宝"已逐渐失去其有效调控的环境条件，从而显示出很多不适应性。而且，"三大法宝"本身存在某种缺陷，如公开市场业务中传递的是包括黄金流动、外汇买卖在内的"混乱信号"；再贴现政策不适应于精确的货币政策目标；法定存款准备金率制度会使银行业成为一个失衡的体系。因此，中央银行应扩大货币政策工具的使用范围，主动灵活运用一些非常规性创新手段，提高金融调控的有效性。

第四节 P2P 电子货币的崛起

一、比特币的诞生

人类使用的货币（或等价物）从盐巴、贝壳等实物过渡到黄金、白银、铜、铁及交子（纸币、支票）直至现在的电子货币、虚拟货币，从其本身的内在价值来看是在逐步降低且虚拟化的。但作为支付工具，电子货币的优点是独立、快捷、安全。

比特币是互联网通信技术和密码学融合的产物，它是在加密基础上设计的去中心化的点对点（P2P）数字货币。它可以在没有授信的第三方平台存在的情况下，使用互联网和密码学技术保证资金在交易双方间迅速且安全地转移。比特币的价值不由任何政府或组织决定，也不受到其信用背书，具有完全地"去中心化"的特点。

比特币的系统框架具有高流动性、低交易成本，并可以通过互联网快速连接到世界各地的用户。比特币不是第一种私人货币，也不是第一种虚拟货币，还不是应用密码学的数字货币，但它是依赖于点对点（P2P）网络去中心化的电子货币。

在单位确定不再细分的条件下，比特币的总供给量被锁定为 2 100 万比特币，中本聪提出了一种控制增长率的货币供应，从而保证长期稳定的货币价值。在没有新的算法产生的条件下，预计到 2140 年，所有的比特币将会被开采，比特币的总量将不再增加。这一特点将保证比特币的稀缺性。

比特币一旦被创造出来，就可以作为交易支付媒介，通过 P2P 系统转移给其他比特币使用者。交易是免手续费的，在交易所平台上完成，交易所有权向用户收取额外的比特币作为交易费用。比特币交易数据传输一旦完成就不可逆转。

政府调控对比特币交易只能产生有限的影响，因为比特币能够规避货币转移的处理延迟。起初非法市场接受比特币，如毒品市场和武器市场，因为比特币的匿名性可以保护并鼓励买卖。等到比特币作为交易媒介被社会大多数交易者接受，它就会被合法市场所认可，包括食品市场和电脑配件市场（欧洲中央银行（2012）的研究报告）。经济参与者之间的信任能确保比特币市场体系的稳定，因为它的价值取决于市场力量和使用者信心。因此，这表明比特币的价值是没有保证的，无法受到任何货币权威机构的支持，但同时这也意味着除了消费者信心，没有其他因素能够操控比特币的价值和供给。由此可见，比特币的价值来源于市场对比特币的信心，比特币是一种商品。

二、安全性和匿名性

比特币账户都是匿名的，它只能由一长串随机的字母和数字进行识别，例如"1het2qd6yab9valus3jrmlaymxnsl42rdc"。因此，只要用户不泄露他的账户和名字，比特币就和现金一样是私人的。所有通过比特币网络进行的交易，都使用公共密钥加密。该系统产生两个在数学上以某种方式彼此相关的密钥，"加密密钥不能用来解密信息，反之亦然"。用户接收其中一个密钥（私人密钥，简称私钥），另一个密钥则可公共传播。如果有人想传输比特币给某个用户，他必须进入公共密钥（简称公钥），连接用户账户。公钥对支付进行加密，只有指定的用户能够解密与他的私钥交易。同时，付款人必须通过他的私钥批准该交易。如果希望进一步提升安全性，任何用户都可以创建许多他想要的公共地址。每一笔交易都需要这样完成。所以，一个人想要开始使用比特币，他不必要经过一个注册过程。"开始把比特币传输给其他用户，邮件地址是不需要的，用户名和密码也不需要"。

三、去中心化

比特币不需要任何中介机构或银行的存在来处理交易。比特币社区可以被看作一个银行，所有用户在比特币系统中贡献他们的工作和努力，这一系统允许"快速、廉价和基于互联网的匿名的金融交易"。这使得所有的交易通过 P2P 技术，在用户的全网进行集中处理成为可能。所有的交易通过已存在的比特币程序处理。这个透明的系统并不违背比特币的主要原则，因为交易数据不能被轻易连接到用户的账户。黑客无法有效攻击实际的比特币系统。因为"比特币的数据是以全网络计算能力为保证的动态数据，要想通过黑客技术盗取比特币，在某种程度上意味着需要有超过全网络的计算能力，而个人或者一个组织拥有超越全网络的计算能力的可能性非常小。但是，黑客盗取不一定仅仅是通过计算机破译代码这一条途径，还可能是通过其他网络渠道盗取用户的相关信息，从而盗取比特币。总之，比特币系统本身是具有安全性的，系统和软件能够稳定地通过 P2P 网络整合个体用户到一个社区中。此外，该系统的设计使得任何愿意加入系统的个人都可以自由加入，因为这个社区不能拒绝任何新用户。如果社区想要对系统进行改变，必须通过多数人决定。这样就确保了系统是一个稳定的公平民主的系统，并且有能力保护用户的利益。

当前的比特币货币系统存在的主要缺陷是没有中央银行来控制所有的金融活动，系统也不允许借贷。由于中央银行类的管理机构是违背比特币规则的，因此相关的金融服务和监管可能要引入银行或中介机构来完成。但是，比特币金融系统中的银行或中介机构是不允许犯错误的，因为银行或中介机构因纰漏失误将会陷入危险状态，原因是没有类似中央银行的机构来作为其最后的贷款人。这就要求银行或中介机构在比特币金融系统的框架下必须具备更严密的风险监控和风险管理的环境。目前的比特币体系不可能产生比中央银行更为严密的金融风险监管环境。

四、挖矿

一个新单位的比特币是通过"矿工"竞争产生的。"矿工"这个术语描述了用户使用自己的电脑进行程序运算，"为比特币数据传输而产生的相关数据处理问题提供解决方案和计算能力，从而确保系统的完整性和安全性"。在计算机上拥有挖矿功能的软件，就叫作一个比特币矿工，它对整个比特币社区的金融交易进行验证。在挖矿这一过程中,用户可以通过"验证交易和保障链条"促进比特币交易,这是比特币交易有详尽的可追溯数据的原因所在。挖矿的实际过程可以看作是一个"工作量证明"。用户在自己的电脑上安装比特币矿工,软件对计算机的硬件发出开始解决复杂问题的指令。这些数学问题被称为"散列",由算法产生。用户的计算机开始以密集的穷举法来解决这些散列。一旦散列被一个矿工解决,这一区块被认为解决了并以下一个区块第一笔交易的形式奖励给解决了这一散列的矿工。这一系统的建立为以下两个预先存在的难题提供了革命性的解决方案。

(1) 不允许比特币在一次交易中重复使用,因为该系统对所有金融交易进行了加密的安全记录。此外,所有这些交易需要得到整个比特币网络的验证。

(2) 它解决了确定多数决策代表性的问题,即信任哪条交易链条。然而,程序员还纳入了另一个重要因素到比特币系统中。网络中交替活跃的矿工人数,使该算法的难度需要反复调整。如果在解决一个问题时有更多的计算能力则难度增大,反之亦然。该系统可确保比特币按一个既定范围的速率产生。这个挖矿过程的目的是模仿原料或矿物的提取。因为最容易获取的资源最易枯竭,所以应当减少供应量。但与真正的资源不同,比特币挖矿不具有隐蔽性,不存在"一个幸运的勘探者发现了隐藏的矿藏,从而破坏既定的货币供给"的情况。如果在未来,一个非常强大的计算机被用于比特币网络,或者全网的计算能力得到了飞速的提升,那么与之对应的挖矿难度也将会增大,从而保持区块和新比特币按其预定的速率增加。

随着比特币的发展,可以看到比特币相关的数学问题的平均难度也增大。这是因为越来越多的用户把他们的计算能力运用到比特币网络上。在比特币的早期阶段,因为数字货币只有少数的支持者,这些人通过自己的电脑可以很容易地挖掘大量比特币。纵观比特币存在的短短几年内,随着越来越多的人对比特币产生浓厚的兴趣,挖矿难度显著增加。将来可能大多数个人计算机会平均需要一年或更多的时间挖掘出50 单位的比特币。有一些比特币爱好者已经聚集到一起,联合彼此的计算能力,由此提高了计算机的运算能力,从而解决更多的数学问题,因此能够得到更多的采矿奖励。然后这些奖励,根据所贡献的计算能力而分发给这些成员。

五、提供商品或服务

比特币可以通过提供商品或服务换取数字货币的形式获取。由此可见,比特币在这个过程中充当着交易双方的媒介。比特币支付和转移已经在社区网络上得到验证。大多数商店或个人在一个网站上提供他们的产品,同时一些实体店接受比特币作为支付方式,例如德国的 Ottonormalo 和美国纽约市的 Hudson Eatery。任何个人或者商店的业主都可以选择是否接受比特币,因此即使个人不作为一个矿工进行挖掘,也可以通过提供商品和服务来获得以比特币为标的的报酬,从而拥有比特币。

六、比特币交易

除了挖矿和提供产品服务，个人还可以通过在线交易购买数字货币从而获得比特币。Mt.Gox 曾是美国最流行的美元比特币交易市场，市场份额为 60%，其次是 BTC-e，其市场份额为 7%。所有交易中的 73% 是美元与比特币的交易，9% 是欧元与比特币的交易。

七、比特币所遇到的挑战

1. 隐私问题

比特币在发展过程中遇到的第一个挑战就是用户的隐私问题。比特币的发明者中本聪所设计的商业和金融交易体系中用户使用比特币都是匿名的，这种匿名性目前存在的一个法律问题是可能被潜在的洗钱者利用，进行非法的金融活动。但是，对于比特币系统中所有可追溯的交易，都存在一个永久的、完整的关于比特币交易金额的历史记录与加密了的身份。

2. 保障性和易读性

比特币与一个很多人难以理解的复杂的计算机程序挂钩，无须问责任何控制实体和经济实体，也不受任何政府的支持。与普遍使用的美元相比，比特币对于许多拥有财富的人来说缺乏吸引力和保障性。比特币虽然是持有美元之外的一种选择，至少在一段时间内，不会威胁美元的使用。另外，能读能写常常是阻碍金融扩展到无银行账户的因素。只能在理论中起作用的系统都应当被打破，因为部分人无法学习如何使用，也不知道如何获得自己的权利和资源，去保持系统的透明度和诚信度。所以，一个好的货币体系是能够被人们阅读并理解的，当钱进入他们账户的时候，他们应当对得到的货币数量是准确无误的这一点有信心。

3. 价格波动

自 2009 年至今比特币价格波动很大，大幅升值、大幅贬值。供给量从长远看是有上限的，比特币的普遍使用就意味着比特币的需求可能会超过供给，导致比特币价格平稳上升。这一增长的结果是，商品和服务的比特币价格将稳步回落，导致通货紧缩。面对通货紧缩，用户有动机去囤积比特币，从而造成现有交易水平的下降。

4. 阻碍比特币使用的还有安全性因素

虽然比特币造假是不可能的，但比特币的兑换和钱包服务存在安全性问题。现金和传统的电子支付系统也会产生一定的安全问题，但对于一个试图建立自己的保障体系并获得用户信任的比特币系统，一旦出现问题，带来的损害将会更大。

本章关键词

电子货币　电子货币政策　银行卡　智能卡　电子现金　比特币

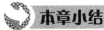 **本章小结**

本章通过分析电子货币的特征提出了电子货币政策与运行策略，围绕电子货币的性质提出了电子货币发行与货币政策管理的措施。对P2P比特币系统进行了简单介绍。

 本章思考题

1. 结合实践分析电子货币的特征与分类。
2. 你认为电子货币风险管理在哪些方面更有效？
3. 谈谈你所认识或体会的电子货币政策与管理。
4. 谈谈你所认识或体会的比特币。

第三章

网络金融经营管理策略

教学要求

1. 正确理解网络金融发展模式与价值。
2. 正确理解竞合模式的特征。
3. 举例分析竞合案例。

案例引导

单独建设网上银行对城市商业银行来说需要多大的投入,下面以两家城市商业银行的网上银行实际投入为例进行分析。

商业银行 A:

A 银行自 2002 年开始建设网上银行,与第三方开发商合作。头两年建设期项目组人员为 10 人,至第三年起,银行开发部专职人员为 3 人,信息处维护人员为 1 人,机房使用自身的数据中心,该部分成本暂不单独计算,如表 3-1 所示。

表 3-1 商业银行 A 的成本

银行专门人力成本		设备成本	开发成本	
头 3 年	3 年后		头 3 年	3 年后
230 万元/每年	100 万元/每年	100 万元	800 万元/年	500 万元/年
头 3 年为建设期,专职人员 10 人		设备的使用年限定为 5 年之后每年添加等支出 5 万元左右	设备的使用年限定为 5 年之后每年添加等支出 5 万元左右	每年的功能新增等持续合作支出

商业银行 B:

B 银行自 2007 年开始自建网上银行平台。公司内部项目组人员共配备 20 人,且该 20 名人员以独立部门进行行政管理,全职投入网上银行的建设和功能完善等职责。资讯科技部另行配备 2 名专职网上银行维护人员，负责网上银行的运行以及安全管理。此外技术开发需要依靠外部专业科技服务公司，开发支付的第三方技术成本大致为 500 万元。为了搭建网上银行平台，公司向数据中心外包商租赁了设备安放运行的场地，每年租赁费大约为 100 万元，如表 3-2 所示。

表 3-2　商业银行 B 的成本

银行专门人力成本	开发支付成本	设备购买成本	数据中心租赁成本
450 万元	500 万元	100 万元	100 万元
头 3 年为建设期，需要专职人员 22 人，之后维护期人员可减半	一次性投入，今后升级成本暂时定为 50 万元/年	设备的使用年限定为 5 年	每年需支付的租赁费和管理费

案例点评

从对两个城市商业银行网上业务经营模式和竞合策略的分析，可以看到，如果采用网上银行系统的外包服务，可以增加规模经济效应。通过购买这样的外包服务，银行可以减少间接费用，享受免费资源，避免资本开支，提高系统效率，卸载非核心职能，节省人力资源和培训费用，降低营运成本，加速改进的速度和质量，与世界一流 IT 服务供应商建立长期战略伙伴关系，可以优势互补形成核心竞争优势，在最短的时间内可以提供最优质的金融产品和服务，有利于开拓诱人的增值服务。

【知识扩展】登录网址：http：//www.icbc.com.cn/icbc/.

第一节　网络金融之间接金融

一、间接网络金融模式分类

1995 年 10 月 18 日，全球首家以网上银行冠名的金融组织——安全第一网络银行诞生，对具有 300 年历史的传统金融业产生了前所未有的冲击。后来有 24 家网上银行被《在线银行报告》列为"真正的网上银行"。美国最著名的网上银行咨询公司 Gomez 要求在线银行至少提供以下五种业务中的一种，才具有进入网上银行评价体系的资格：网上支票账户、网上支票异地结算、网上货币数据传输、网上互动服务和网上个人信贷。

网上银行有狭义和广义之分，狭义网上银行又可称为纯网上银行，是指没有分支银行或自己的自动柜员机，仅以网络作为交易媒介，提供以上五种服务中的至少一种的金融机构。广义网上银行则包括纯网上银行、电子分行和远程银行。电子分行是指在同时拥有"实体"分支机构的银行中仅从事网上银行业务的分支机构。远程银行是指同时拥有自动柜员机、电话、专有的家用计算机软件和纯网上银行的金融机构。

本书所指的"网上银行"适用广义的网上银行定义，而对狭义的网上银行则用

"纯网上银行"表示。

以下将网上银行的发展分为综合性发展、区域性发展和单一性发展三部分进行分析。

(一) 综合性：大银行的网上银行发展模式

对于大银行而言，网上银行通常是一个独立的事业部或者是银团控股的子公司。这些虚拟机构总是比大银行中的其他部门发展得快，以加拿大历史最悠久的银行蒙特利尔银行为例：1997年，该行拥有3万～4万名员工，1 250个分支机构和700万名顾客。1996年10月，该行设立名为Mbanx的网上银行，在5年内其网上银行的客户达到1亿名以上。

大银行在开发网上银行业务时有两种选择：一是收购现有的纯网上银行，二是组建自己的网上银行分支机构。

1. 收购现有的纯网上银行

加拿大皇家银行（Royal Bank of Canada）是加拿大规模最大、盈利能力最好的银行之一。在近一个多世纪里，它在美国仅从事批发金融业务。1998年，加拿大皇家银行以2 000万美元的价格收购了安全第一网络银行除技术部门以外的所有机构，此时该网上银行拥有1万名客户，存款余额在1999年超过4亿美元。

加拿大皇家银行收购安全第一网络银行的目的在于，扩大其在美国金融市场上的业务份额，包括批发和零售金融业务。加拿大皇家银行以收购安全第一网络银行的方式步入美国零售金融业务市场，并将其作为在美国跻身该领域的唯一窗口，利用安全第一网络银行吸收的存款投资于加拿大的中小企业，获取收益。加拿大皇家银行利用这次收购，将业务拓展至一个新兴的、飞速发展的领域。该领域不仅具有相当大的发展潜力，而且完全符合网络经济时代的发展方向。由于安全第一网络银行是全球第一家纯网上银行，在Gomez咨询公司有关网上银行的综合排名中位居第一，所以这次收购使加拿大皇家银行立即站在了网上银行发展的最前沿。不仅如此，在美国设立一家传统型分行需要200万美元，而维持安全第一网络银行这样一个10人机构的费用要远远低于任何一家传统型分行。所以，这完全是一次低成本、高效益兼并的典范。

2. 发展自己的网上银行

美国富国银行（Wells Fargo）是发展自己的网上银行的典型例证。这家位于加利福尼亚州的银行，是美国最大的银行之一，在10个州拥有营业机构，管理着1 009亿美元的资产。早在1992年，美国富国银行就开始建设以网上银行服务为核心的信息系统。至1997年12月通过网络与美国富国银行交易的客户已有43万名。

美国富国银行建立网上银行的目的在于，适应客户变化的交易偏好和降低经营成本。经过大量的调查发现，客户不仅需要查询账户余额和交易记录、转账、支付票据、申请新账户和签发支票等基本网上银行业务，还需要有关账簿管理、税收和财务预算的服务。1995年，与微软货币（Microsoft Money）和财捷集团（Intuit）下属的快讯公司（Quicken）等提供个人理财软件的公司建立联盟，利用它们的软件包提供这方面的服务。在降低经营成本方面,据美国富国银行估计,每天有40多万名客户通过网络与银行进行交易,每200万笔交易从银行柜面服务转向网络服务将节省1 500万美元,即每笔交易节省几美元。至2000年年末,美国富国银行拥有100万名网络用户,随着客户从实体分行向低成本网上银行的转移,银行也节约了大量费用。在 Gomez 咨询公司的排名中,美国富国银行在综合排名栏排位第二,并在客户关系栏和客户信任栏中分别名列第一和第四位。

(二)区域性:区域银行的网上银行发展模式

在美国,绝大多数银行属于社区银行,这类银行的规模通常都很小。这类银行主要吸引一些小额消费性存款,并向消费者发放小额商业性贷款,业务范围主要集中在社区内的零售金融业务。相对大银行而言,这些小银行的优势在于与本地区相关行业的联系密切,同客户更加贴近。对于客户来说便利是最重要的,他们喜欢到同一社区或地区的银行去办理业务,而不是找坐落在小镇之外的其他州或其他国家的银行。网上银行出现后,这种优势正在逐渐消失。为了保持这种优势,社区银行采用防御性跟进,将网上银行服务看作是吸引客户的工具。例如,位于亚拉巴马州伯明翰的美国南方银行(AmSouth Bank)是一家典型的社区银行,其资产总值为20亿美元。为确保客户不会因为便利的原因而选择其他银行,该银行及时利用 Carillion 集团(现已破产)的航海者软件(Voyager),拓展网上银行服务。

由于规模和资源的限制,社区银行在进入网上银行领域时采取跟进策略是无可厚非的。但是,如果仅仅依靠跟进策略,社区银行将很难在与大银行的竞争中维持生存空间,因此如何在网上银行的业务中保持竞争优势,对它们来说非常重要。因为网上银行进入壁垒低,业务差异小,所以金融服务的特色就显得尤为重要。特色化将是它们发展中的关键组成部分。

例如,委托银行(Intrust Bank)是一家位于堪萨斯州的社区银行,在1876年由钱德勒创立,主要的服务对象是该州威奇托(Wichita)地区的农场主和零售商。经过钱德勒家族四代的努力,该行资产达到17亿美元。委托银行建立网上银行的最初目标是与美洲银行(Bank of America)等大银行在竞争中保持均衡态势。远程银行分部的高级副总裁莎丽·贝文(Shari Bevan)认为,他们建立网上银行最基本的目的是起到防御作用,并将网上银行视为防止当地客户流失的一种手段。委托银行作为一家社区银行,将目标客户市场定位于当地的客户。当新兴的网上银行出现时,它发展自己的网上银行以保证在目标客户市场中的份额。在网上银行的竞争中它仍然将业务创新视为自身的竞争优势,并将业务创新与新兴的信息技术结合起来,以此作为该银行的特色和最高目标。该银行的网络客户可以进行远程交易,并实时检查交易情况。客户也可以在网络上看到自己信用卡的使用情况,以及该行经纪人服务所提供的投资计划。为了提高网络的安全性,委托银行将语言识别系统投入网络服务,以便对使用远程交易的零售商进行身份鉴别。

在 Gomez 咨询公司的排名中，这家社区银行的网上银行在综合排名和客户信任中分别名列第十九位和第七位。

（三）单一性：纯网上银行的发展模式

对于纯网上银行的发展而言，也有两种不同的模式。一种是以印第安纳州第一网上银行（First Internet Bank of Indiana）为代表的全方位发展模式；另一种是以位于休斯敦的康普银行为代表的特色化发展模式。

1. 全方位发展模式

应用这种发展模式的银行认为随着科技的发展和网络的进一步完善，纯网上银行完全可以提供客户所需要的所有服务，从而取代传统型银行。因为银行客户希望可以一次办理好所有的存款账户、账目核对和贷款事宜。同时，他们也希望银行可以快捷地满足他们在金融服务上的新需求，所以这些纯网上银行一直致力于开发新的电子金融业务，以满足客户的多样化需要。印第安纳州第一网上银行的董事局主席认为，纯网上银行需要提供全面的服务来吸引新客户和巩固老客户。客户想要在一家银行获得所有的金融服务，而不仅仅是其中的一部分，这正是网上银行为客户提供在线金融服务的目标。为吸引客户和中小企业，纯网上银行必须提供传统型银行所提供的一切金融服务。这家网上银行在 Gomez 咨询公司的排名中，在综合排名、网页资源、客户关系和客户信任等四项中分别名列第四、第一、第十一和第十九位。

2. 特色化发展模式

纯网上银行若想在竞争中求得生存就必须提供特色化的服务。这类银行的典型代表就是康普银行，这家位于休斯敦的纯网上银行只提供在线存款业务，康普银行的高级管理人员认为，纯网上银行应该专注于自身具有核心竞争力业务的发展，至于其他业务可以让客户在别的银行获得。在 Gomez 咨询公司的排名中，在综合排名、综合成本和客户信任三项中分别名列第六、第六、第十九位。

二、间接网络金融环境分析

（一）网上银行服务创新色彩纷呈、别具一格

根据 Analysys 易观产业数据库最新发布的《中国网上银行市场季度监测报告 2016 年第 4 季度》数据显示，2016 年第 4 季度，中国网上银行客户交易规模达到 536.3 万亿元人民币，环比增长 6.1%，如图 3-1 所示。

Analysys 易观分析认为，由于手机银行及第三方支付的替代，个人网上银行交易额增速明显放缓，个人网银可以着力于大额转账、复杂交易以及特殊授权业务；企业网上银行交易额保持平稳增长，办理的业务主要为账户查询与对账、转账、缴费、收款、代发工资。

2016 年第 4 季度，工、建、交、农、中五大行凭借庞大的客户积累分别位列市

场前五位，合计拥有 71.4% 的市场份额。招商银行则以 6.5% 的市场份额位居第六位，其后为中国民生银行、兴业银行及中信银行，如图 3-2 所示。

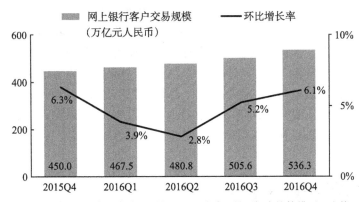

数据说明：综合上市公司财报、企业访谈及易观智库核算模型，为估计值，易观会根据掌握的最新市场情况对历史数据进行微调，在本季度进行了校对。

图 3-1　2015 年第 4 季度至 2016 年第 4 季度中国网上银行客户交易规模

资料来源：Analysys 易观。

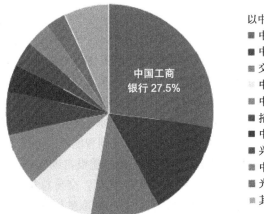

以中国工商银行为起点顺时针旋转分别为：
- 中国工商银行 27.5%
- 中国建设银行 14.7%
- 交通银行 10.8%
- 中国农业银行 10.5%
- 中国银行 7.9%
- 招商银行 6.5%
- 中国民生银行 4.2%
- 兴业银行 3.9%
- 中信银行 3.8%
- 光大银行 3.1%
- 其他银行 7.1%

数据说明：数据综合上市公司财报、企业访谈及易观智库核算模型得到，为估计值，易观会根据掌握的新市场情况对历史数据进行微调。

图 3-2　2016 年第 4 季度中国网上银行市场交易份额

从产品创新的角度来看，中国建设银行新版个人网银优越理财服务升级，新增综合积分，为"健康颐养、住房安居、汽车生活、跨境服务"四类客户群推出专享服务方案。中国农业银行开通西安市城镇居民个人网银缴纳基本医保功能，该功能进一步丰富了陕西省系统特色业务种类，为客户提供了更好的使用体验。在电子银行产品服务创新趋势方面，易观分析认为，电子银行缴纳服务基本能满足用户的需求，如电费、水费、通信费、燃气费、话费等,未来,银行应逐步覆盖物业费和公交卡充值。

从营销活动来看,2016年第4季度网上银行营销引入了互联网网络直播。如中国工商银行第二届"1118粉丝节"推"网红"、制作真人秀,和用户线上线下密切互动,并在"工银融e行"公众号开展了网络直播,粉丝们不仅可以实时观看当地精彩的粉丝节现场盛况,如同亲临会场,而且看直播还可以得红包,增强了粉丝的参与感。另外,传统的优惠、送礼、与第三方厂商合作引流等仍是商业银行进行营销活动的重要手段,如交通银行的"网银结汇·月月有礼"活动、中国民生银行的电子银行环保日活动、兴业银行的网络金融系列活动。其中,兴业银行连续4季度开展网络金融活动,包括送好礼、送话费、生活商城折上再减、与唯品会和芒果网等合作引流。

(二)网上银行将会成为未来银行服务的主流

网上银行将会成为未来银行服务的主流渠道,一些国际知名的大银行,其电子银行交易额与柜台业务额之比已经达到9∶1。

《2016年度中国银行业服务改进情况报告》分析如下所述。

(1)中国银行业积极拓展服务渠道和功能,以"舒适、便捷、智能"的金融服务带给客户全新的体验。

2016年年末,中国银行业金融机构营业网点总数达22.79万个,其中,新增营业网点3 800多个,改造网点9 400多个,设立社区支行6 362个,小微支行达到1 540个,网点布局更趋合理,银行服务覆盖面得到拓展,服务区域与金融环境的匹配度逐步提高。例如中国银行探索建立各类小型网点,推广简单直观的场景化产品组合,并充分利用智能化设备提升服务效率与服务体验,已建立各类小型网点20家。

2016年,银行业加快网点智能化应用步伐,响应客户需求,重点突出新设备、新布局、新流程和新服务,高频、复杂、耗时长的业务被迁徙到智能机具办理,客户体验日益优化,业务办理效率进一步提升。2016年年末,布局建设自助银行16.1万家,布放自助设备79.41万台,自助设备交易笔数达400.14亿笔,交易总额达59.91万亿元,同比增长5.95%;创新自助设备4.37万台,盲人用自助取款机97台,电子渠道服务不断升级,为客户提供了更加安全、快捷、全面的电子银行金融服务。2016年银行业金融机构离柜交易达1 777.14亿笔,同比增长63.68%;离柜交易金额达1 522.54万亿元。网上银行交易849.92亿笔,同比增长98.06%;手机银行交易金额为140.57万亿元,同比增长98.82%;电商平台交易笔数总计3.28亿笔,交易额为1.98万亿元;微信银行交易笔数为2.18亿笔,交易金额为9.97万亿元,是2015年的30多倍。银行业离柜业务率为84.31%,同比提高6.55个百分点。客服从业人员为5.36万人,同比增长10%;全年人工处理来电11.03亿人次,服务客户数量达108.1亿人次;客服中心人工电话平均接通率达88.87%,其中信用卡客服专线人工接通率为90.78%,连续4年高于90%。

（2）完善、优化服务标准，丰富服务内容，优化投诉处理机制，有效提升服务运营综合能效。

2016年，中国银行业顺应客户需求变化，理清客户服务触点发生端，认真梳理银行服务流程关键节点，结合互联网金融技术创新，创新服务模式，规范服务标准，丰富服务内容，建立多维度、多渠道、全方位服务质量管理制度，持续改进业务流程，提升服务运营能效。如中国工商银行对184个柜面常用业务功能进行改造，覆盖个人柜面业务量的74%；中国农业银行进一步完善服务管理标准体系，"四不准、四必须"（不准推诿拒办业务、不准大堂迎客取号位空岗、不准非工作需要玩手机、不准"飞单"私售；必须首问负责、必须迎送客户、必须全程陪同财富及以上客户服务、必须落实标准化服务流程），全面提高员工的服务意识；中国建设银行持续优化个人客户投资组合业务，逐步实现从单一产品销售向资产配置者的转变；浦发银行从"全员投诉预警""全员救火队员"等方面有效开展投诉管理工作，及时、快速地解决客户问题。在从业人员培训方面，银行业金融机构通过健全培训机制，丰富培训内容，改进培训方式，打造业务熟练、操作规范的服务团队。

推进银行网点、客户服务中心等多渠道服务管理标准化建设，提升员工服务质量，提高员工服务意识，加强服务检查力度，实现客户服务精细化、规范化管理。各银行业金融机构改造主要业务流程1.31万个，同比增长37.86%；累计培训员工1 586.88万人次，同比增长132.08%。

（3）提供多元化产品服务，银行服务惠及实体经济和社会各层面。

中国银行业认真贯彻落实国家战略部署，加快金融产品和服务创新，切实履行社会责任。

2016年，中国银行业资产规模稳步增长，年末本外币资产总额为232万亿元，同比增长15.8%；本外币负债总额为215万亿元，同比增长16.0%。银行业经营效益稳步增长，2016年实现净利润1.65万亿元，同比增长3.54%；平均资产利润率为0.98%，平均资本利润率为13.38%，均保持较高水平。在支持国家重点基础设施建设方面，银行业金融机构充分发挥重大营销项目库功能平台作用，有力地支持了交通、能源、水利、城市轨道交通、棚户区改造、高端装备制造业等一大批国家重点建设项目，例如光大银行支持2022年冬奥会，发行了"张家口光大通泰城市基础设施建设基金"，前期15亿元优先级投资已实现顺利投放。

2016年，银行业金融机构创新小微金融服务模式，加大对中小企业的信贷支持，创新、整合、优化推出小微企业专属信贷产品。2016年年底，银行业金融机构用于小微企业的贷款余额为26.7万亿元，同比增长13.8%。中国银行业加速布局"三农"金融服务领域，加快推进农村金融改革创新。2016年年底，银行业金融机构涉农贷款余额为28.2万亿元，同比增长7.1%。

（4）持续深化消费者保护工作，增强消费者维护自身合法权益的能力。

2016年，在"政府高度重视、监管扎实推动、协会积极部署、金融机构全力落实、社会公众广泛参与"的消费者保护工作大局中,各银行业金融机构扎实推进消费者权益保护组织体系和制度体系建设,建立有效的考核评价激励机制,着力解决群众关心的热点、难点问题,持续开展金融知识普及宣传,努力提高银行业消费者权益保护工作有效性,银行业消费者权益保护各项工作取得新成效。银行业协会连续第6年举办普及金融知识万里行活动,各地方银行业协会广泛动员部署,各银行业金融机构以货币金融知识、个人征信知识、防范电信网络诈骗等内容为主题,利用现场咨询讲解、发放宣传单页、开设课堂讲座等方式,借助户外广告、网站、微博、微信等多种渠道,向社会公众传播金融政策,解读金融知识,传授金融技能。2016年度活动的网点数达到17.93万个,派出宣教人员105万人次,组织金融知识普及活动35.7万场次,发放宣传资料9 000万份,受众达2.9亿人次。

中国银行业协会编制、印发《中国银行业无障碍服务情况调研报告》,掌握现阶段银行业无障碍服务水平,有效推广行业内无障碍服务优秀经验。2016年年末,各银行业金融机构共制定出台涉及残疾人保护的相关制度近600个,全行业配备语音叫号系统的网点为11.54万个、配备叫号显示屏的网点为11.6万个,普及率超过50%,设置轮椅坡道的网点为5.86万个,增幅达94.08%。该报告是中国公共服务行业部门首份全面反映行业无障碍情况的报告,是银行业弘扬社会责任、人道主义、倡导人文关爱的具体行动。

(5)银行业创新亮点纷呈,为客户带来便捷、高效、安全的产品和服务。

中国工商银行打造在线客户经理——远程运维团队,通过非面对面的方式,为客户提供多元化的在线金融服务。中国农业银行推出便捷、免介质的"农银快e付"支付产品,充分体现开放、定制、整合、共享的互联网理念。中国银行发行"我是电竞人"活动主题联名借记卡,为客户带来全新服务体验。中国建设银行实施"个人客户金融生态系统重点客群方案""龙支付"及"智慧场景"三项战略性产品创新项目,满足客户的个性化需求。交通银行将基层员工关爱措施纳入全系统所有分支机构的绩效考评体系,努力让员工从强制服务到自觉服务,最终实现快乐服务。邮储银行发行绿卡通集邮联名卡,为集邮客户提供邮票预订、零售服务等一体化服务。中信银行"全球签",实现70多个国家的签证线上受理平台及线下1 300多个网点专属服务。华夏银行构建"客户+商户+物业+银行"的智慧社区生态圈。招商银行手机银行5.0启动人脸识别,使客户体验更具科技感。上海银行推出老年客户"美好生活版"手机银行,操作便捷、易上手。

花旗、德意志等13家外资银行获准在中国开办了网上银行业务。

(三)安全隐患是发展的主要障碍

加强网上银行用户的身份管理,防止用户身份的泄露,是公认的预防网上银行安全隐患的最有效措施。网上银行的专业版都采用数字证书作为客户身份证明,既能确保交易的真实性,又能有效防止用户身份的泄露。即使黑客盗取了客户密码,没有证明身份的数字证书，同样无法操作，无法盗取资金。中国银行主要通过采用 CA 认证（身份认证）的方式来预防用户身份的泄露。

在 CA 认证机构的选择上，中国银行业以采用第三方认证机构为主，这是行业系统化、规范化的发展方向及诚信的基础。中国金融业统一的第三方安全认证机构为 CFCA（即中国金融认证中心），2015 年年底 CFCA 的累计证书发放量已经过亿张。包括中国工商银行、中国农业银行、中国建设银行、交通银行、中信银行、浦发银行、中国民生银行在内的众多银行都已经建立了 CFCA 证书审批机构，并且超过 9 家银行将这一认证在全国范围内推广。华夏、民生等银行还实现 CFCA 证书的跨行认证。

由于第三方安全认证机构独立于当事人的任何一方，比非第三方安全认证机构具有更强的权威性、公正性和可信赖性，能够更好地确保网上交易的有效性，技术上也有更好的保障。在互联网开放、复杂的环境中，第三方安全认证机构通过发放证书来保障信息的传输安全，对交易双方起到了规避风险的作用。

(四)《电子签名法》的颁布

《电子签名法》的颁布实施，对中国电子商务和电子政务的发展起到了重要的推动作用。

《电子签名法》首次赋予电子签名与文本签名同等的法律效力。《电子签名法》的颁布，为数字证书的使用提供了可靠的法律依据，必将使更多银行加大采用数字证书的广度和深度，网上银行的发展从此立足于法律保障的基石上快速发展。有了《电子签名法》，银行就可以制定网上电子支付规则，制作电子支票，实现网上快速资金结算。

支票数字化使银行减少假图章的欺诈行为，减少交易风险，节省大量的纸张印刷。《电子签名法》的颁布，免除了用户的后顾之忧，鼓励更多用户放弃传统银行柜台式结算，选择更加便利、高效的网上银行结算方式，推动中国网上银行的发展。

三、间接网络金融价值分析

网上银行是一种业务渠道的延伸，是吸引稳定客户、整合银行服务资源、推广银行新业务的有力平台。在这样一个平台上各类新兴业务和特色服务都可以得到迅速的拓展，建立这样的网上业务平台是现代化银行提升核心竞争力的一个重要方面。

(一) 网上银行对金融业的价值

网上银行是融合信息技术、互联网技术和传统银行等要素发展起来的一种虚拟金融模式。信息技术的发展使商业银行由分业经营迅速向混业经营转变，业务范围涵盖社会生活的各个方面。品牌经营是网上银行的核心竞争力，所以虚拟银行、金融门户、金融超市、银证直通车、银保互动等迅速崛起，财务咨询、委托理财、外汇、代理税收、代收工资费、旅游、信息咨询、交通、娱乐、网上购物等已成为新的竞争热点。网上银行客户中心能为客户提供全天候的金融服务。

(二) 网上银行对用户的价值

对于企业客户,网上银行最大限度地免除了业务人员往返于企业与银行柜台之间的奔波辛苦。企业领导和财务人员可以直接进入网上银行的企业金融业务系统,及时查阅企业在银行的账户资金信息,办理账户结算,查询子公司的财务状况。

个人客户可以足不出户地在家里或宾馆登录网上银行个人金融业务系统,查询自己的账户信息,进行支付转账,利用网上银行提供的特色服务进行查询和实时交易,网上银行减少了人们在银行柜台的等候时间,满足不同客户的个性化需求。

通过网上银行平台,传统的商业银行拓展了自己的服务渠道,提升了自己的服务能力,可以给客户展现良好的企业形象,在客户心中建立良好的品牌信誉,从而使商业银行以客户为中心的服务思想得到了充分的体现。

(三) 网上银行对商业银行的价值

网上银行可根据客户需求,为客户提供特殊定价的产品和服务,打造银行的核心竞争力。

1. 为客户提供量身定制的产品和服务

网上银行根据客户的个性化需要提供量身定制的产品和服务,允许客户按照自身要求定制规则,使其更好地控制和管理账户及决定获取服务的时间与方式。网上银行为客户提供不受时间、地域限制的实时服务。客户可按自身需要选择渠道随时获得快捷、准确、满意的服务。

2. 为客户提供一站式智能服务

客户通过一次业务交流,可处理各种业务。基于对客户历史和当前信息进行的分析,网上银行识别客户的当前需求和潜在需求,识别客户个人喜好,为其快速地提供最贴近需求的产品和服务。系统内在的处理能力和智能工具,可以快速响应客户通过各种渠道提出的请求。

3. 通过客户行为分析提供主动式服务

基于客户行为分析和需求预测,网上银行主动为其提供相关的信息分析和推荐相关的服务与产品,分析客户需求快速开发新产品,提供多种服务交付渠道。优质的服务和完整的产品,有助于吸引新客户,进一步增加银行收入。快速响应市场的智能系统,使银行可以面对市场的变化,以最快的速度灵活构造新产品和修改旧产品,并将其推向所有营销渠道。

4. 虚拟空间摆脱物理时空限制

网上银行提供的虚拟空间突破了物理的时空限制,只要网络和通信能够到达的地方,就可以成为商业银行的市场,客户坐在家中、办公室或远在异地他乡也能享受商业银行的在线服务。

5. 打破地域限制，拥有广阔市场

互联网打破了地域的限制，电子商务加速了全球金融一体化的进程。互联网的用户日渐增多，互联网上的信息具有高度公开性、共享性、及时性，全球的银行与客户就像在一个社区、一个乡村那样交流往来，虚拟环境再现传统面对面交流的体验，市场篱笆被拆除，全球市场九九归一大统一。

6. 向全能银行发展，实现混合经营

银行、证券、保险等业务逐渐融合，减少了各类金融企业对同样客户的重复劳动，商业银行拓宽了创新空间，向客户提供更多的"量体裁衣"式金融服务。商业银行将成为全能金融企业，为客户提供网上支付、网上个人理财、网上投资、网上股票买卖、网上贸易融资、网上按揭、网上保险、网上存贷款、国际结算、证券经纪等服务。

第二节 网络金融之直接金融

一、互联网脱媒金融是"金融脱媒"的新形式

互联网脱媒金融是平行于间接融资的直接金融的另一种业务模式，即依靠互联网摆脱金融中介机构的新直接金融模式。

互联网脱媒金融有许多不同于传统金融的特征，显示出很强的创新性和竞合特征，可归类为直接金融。互联网脱媒金融是借用互联网技术来实现资金融通的行为总和，是在互联网技术高速发展、信息传播扁平化大背景下，为满足人们日益丰富的金融需求而创造出的一系列金融新概念、新产品、新模式、新流程等。互联网脱媒金融可以看作"金融脱媒"的一种新形式。

互联网的发展和普及放大了金融脱媒的冲击。一方面，网上交易的快捷、网上路演的便利、网上信息披露迅速等特点推动了直接金融业务的快速发展；另一方面，电子商务企业试图在金融领域复制其C2C的成功经验，推出P2P网上贷款、P2P网上理财产品等新型金融产品。银行的支付服务地位越来越受到互联网技术性脱媒的冲击，其中间业务受到较大的替代。中国人民银行已为270多家（截至2015年8月）第三方支付企业颁发了支付业务许可证，其中包括阿里巴巴、腾讯、盛大和百度等互联网巨头。支付宝、财付通和快钱等产品已经能够为客户提供收付款、自动分账以及转账汇款、机票与火车票代购、煤水电费与保险代缴等结算和支付服务，对商业银行中间业务形成了明显的替代效应。

银行应该顺应互联网的发展机遇，依托自身庞大的客户基础、良好的风险控制技术和雄厚的资金实力，积极探索服务创新的方式。可选择的方式有以下三种：第一，将传统业务与互联网进行融合，把互联网平台当作金融业务交易与联系的渠道，将传统服务方式转为互联网在线服务方式；整合理财等投资业务，开辟网上自助服务；加

强与通信、电子商务等企业的合作，扩展支付功能，实现随时、随地可以以任何方式进行交易支付。第二，选择业务运行成熟的电子商务企业，拓展资源共享项目。例如，在B2B模式下，由于电子商务掌握了客户的海量数据和交易结果，积累了客户信用评价，这与银行掌握的企业财务报表的数据正好形成资源互补，双方可以加强资源共享，相互取长补短、共同发展。第三，以银行信用作为信息可信赖的支撑，并通过"信息流、物流、资金流"的三流合一，建立大型的数据库积累客户交易记录和信用情况，利用数据挖掘技术提高为客户提供优质金融服务的能力。

二、互联网脱媒金融发展趋势及前景解析

未来的互联网脱媒金融平台将是金融机构与互联网企业共同开发的金融业务平台，两者优势互补、合作共赢。两类企业既会因为激烈的竞争而明确各自的角色与市场分工，也会由于各自的比较优势而加强合作，这种竞合的关系将会有利于互联网脱媒金融健康平稳地发展。

（一）金融机构与互联网企业各自的跨界实践越来越多

10年前，互联网与金融还是两个完全没有竞争的领域，二者之间的交集仅体现为互联网企业为金融机构提供信息管理的解决方案，金融机构为互联网企业提供融资等服务。

10年后，互联网企业已经逐渐进入部分金融业务领域，而金融机构也在积极介入非金融业务的电子商务领域。

互联网企业的金融化主要有：第三方支付、微型贷款、众筹、金融产品代销等。淘宝的"聚宝盆"则瞄准的是"银银平台"的业务。

金融机构方面的创新有：第一，改良型的工具创新，包括手机银行、微信银行、移动支付、远程理财、ITM等。其中，招商银行的空中理财和交通银行的ITM已经具备改变金融业务模式的潜质。第二，经营模式创新。各家银行明显加大了对电子商务平台的投入力度。大部分全国性银行都拥有了一定规模的网上商城，同时中国建设银行的善融商务、交通银行的交博汇、招商银行的出行易、中国民生银行的民生电子商务所搭建的框架都已成形，分别效仿了阿里巴巴、携程等的模式，在不同程度上具备了互联网脱媒金融的特征。同时，中国平安的陆金所在模式创新上更加独特，保险公司演变为借贷平台的组织者和信用风险的担保人。

（二）金融机构的比较优势

不同类型的企业在互联网脱媒金融中的角色分工，以及能够分到的价值份额，取决于这些企业的比较优势。金融机构在互联网脱媒金融竞争中的比较优势如下。

（1）垄断性的线下能力。虽然互联网模式使金融机构受到互联网企业越来越多的

挑战和冲击，但是旧金融模式及相关的资源和能力仍然高度垄断在金融机构手中。例如，线下支付的物理网点、ATM 机和 POS 机几乎全部都由商业银行掌握，而保险行业的代理人队伍这一关系销售网络也是互联网企业根本无法比拟的。

（2）金融专业能力。由于大部分金融业务都具有较高的专业性，赢者通吃形成的大规模业余化金融业务，不会折损金融机构在金融业务上的专业能力及其价值。例如，资产管理、投融资顾问、产品设计等金融专业能力，是互联网企业无法通过技术进步用低廉的成本而获得的。

（3）强大的资本实力和雄厚的客户资源。整个金融业一年净利润达上万亿元，总资产过百万亿元。市场中的主要企业与个人还是金融业的客户，金融机构特别是银行仍然在客户资源方面保持绝对的优势。

（三）互联网企业的比较优势

（1）互联网企业创新基因。互联网企业的生存竞争是一场残酷的搏杀，一旦跟不上创新方向就将面临被淘汰的威胁。因此，创新已经成为互联网企业的基因和本能。

（2）符合互联网企业特点的企业文化。与金融机构等级森严的管理架构相比，互联网企业的文化氛围更加符合"开放、平等、协作、分享"的互联网特点。所以，由互联网企业发起的商业模式创新，往往更能够有效激发赢者通吃，构建双边平台，实现互联网企业业务模式的最大价值。

（3）监管套利。互联网企业的很多创新是绕过现有的金融监管框架，从而降低了相关成本或无须遵守某些规则，因此占有监管套利的优势。由于互联网经济形成之初处于无监管状态，因此互联网企业得以跨越过去的各种藩篱和壁垒。例如阿里小额贷款，既不需要受到信贷额度管控，也不需要满足资本充足率、拨贷比等监管要求，因此相比银行贷款就形成了某种优势。此外，第三方支付和余额宝不同程度地绕开了线下吸收存款以及存款利率管制的相关规定。

（4）电子商务平台在竞争方面的先发优势。国内已经形成不少颇具规模的互联网脱媒金融业务模式双边平台，例如，淘宝、腾讯、携程、京东、大众点评、当当等，此外还包括微信、微博、开心网等潜在的互联网脱媒金融业务模式双边平台。由于电子商务平台经济具有自然垄断特征，现有互联网脱媒金融业务模式平台将会对后来的进入者产生明显的阻碍。

（四）竞合与共生的优势

1. 互联网企业与金融机构都不可能扩张至对方的绝对优势领域

不论是互联网企业从事金融，还是金融机构进入互联网领域，谋求的都是协同效应，并非简单多元化。由于企业文化和业务性质的差异巨大，二者进入对方的优势领域反而都会有明显的不适应。

对于金融机构来说，控制经营风险从来都是重中之重。因此进入高风险的新技术、新模式开发领域，对于金融机构在企业文化方面的冲突不可避免。

互联网企业对进入传统金融领域缺乏管理经验与人力资源。例如，互联网企业从事存款业务，必须接受银行的定位，同时接受资本充足率、拨贷比等监管要求，从而失去自身原有的优势。

在两个优势领域中间的交叠部分，则是双方直接冲突的战场。其中，电子商务双边平台的竞争处于最核心的地位，没有电子商务平台资源的企业想要构建自己的电子商务平台，而拥有电子商务平台资源的企业则谋求建立自己的支付、贷款等功能，如图 3-3 所示。

金融机构优势领域	交叠的站场	互联网企业优势领域
存款 现金业务 国际结算 中低风险贷款 托管 投资 投行 复杂金融产品的销售 信托	互联网双边平台的建设 线上支付 小微贷款和消费贷款 代收代付 保险保障 担保承诺 经纪 简单金融产品的销售	软件开发和出售 硬件设备的生产 处于初创期的新技术和新模式开发

图 3-3　互联网脱媒金融交叠的战场

2. 大企业谋求垄断，中小企业寻求合作

拥有金融能力的金融机构想要建设自己的互联网平台，而拥有互联网平台的互联网企业想要建设自己的金融能力，互联网平台的双边功能与金融功能之间具备协同效应。互联网平台是数据获取、管理和应用的最佳途径；互联网平台是服务、管理客户的最佳平台，并且具有鲜明的自然垄断性、赢者通吃等特点。

对于金融机构和互联网企业的最优博弈策略是合作共赢。平安银行自建像 eBay 这样的有影响力的互联网平台，其自建昂贵的信用风险管理费用并不经济。因此，双方应选择优势互补、合作共赢的模式。

第三节　网络金融竞合模式

一、竞合的基本特征

竞合思想与中庸之道和唯物辩证法是一脉相承的。竞争与合作既相互依存，又相互制约。双方以行为的"度（量）"把握相互依存与相互制约的关系。竞合通过"竞争"与"合作"来显示对立面的统一，并使强弱互变在动态中保持和谐。中庸是辩证法的矛盾统一性、强弱互变的中国哲学，以"中"为原则、以"庸"为目的和实践路径。"中"是状态,即和谐的状态;"庸"是手段和目的,即在动态中维护这种和谐状态。中庸是要保持动态中的和谐,而不是静态中的和谐。

(一) 竞合理论的产生与发展

1. 竞合理论的提出

20世纪90年代以来,经济全球化、信息网络化、需求个性化的趋势越来越明显,一个崭新的经济时代崛起。新经济时代的到来,从根本上改变了企业策略的假设前提。布兰登伯格和奈勒波夫根据这种新型关系表现出既有合作又有竞争的特点,创造了一个新的复合词竞合。合作与竞争的矛盾是对立统一的,既相互制约,又相互依存,用他们的话来解释就是:"合作起来把饼做大,竞争起来把饼分掉。"竞合策略是竞合理论的应用,它是关于创造价值与争取价值的理论。创造价值的本质是合作的过程,争取价值的本质是竞争的过程。竞合策略的主要观念是增加互补者(Complementors),运用互补者的策略可使产品和服务变得更有价值。由此可见,竞合思想与中庸之道和辩证法一脉相承。

布兰登伯格和奈勒波夫以研究赛局理论的心得,以及他们各自在多家大企业实验成功的经验,形成了一套实用的决策工具叫作"竞合策略"。"竞合策略"可用来观察商场的动态和赛局变化,并改变赛局为企业创造机会与利益。

2. 竞合理论的应用与发展

随着信息技术和计算机网络技术的发展,竞合已成为企业策略关系的主线。从竞争到竞合的转变,改变了企业原有的获取和保持竞争优势的策略方法。现代企业获取竞争优势的基础已经超出了单个企业自身的资源和能力范围,竞争范围从单个企业竞争扩展到了产业链竞争。尼尔·雷克汉姆(Neil Rackham)认为,企业伙伴关系和合作精神是企业竞争优势的新来源。企业在不同的经济发展阶段,其面临的策略环境、关系与行为是不同的,企业要如何才能获取和保持竞争优势,是我们今天要解决的核心问题。

(二) 竞合的定义

1. 竞合的意义

如果从市场角度分析,无论多么强大的企业,也只是某一产业链中的一部分。这是一条从起点到终点贯穿于供应商和用户全部过程的利益链条,在这条产业链中,不同层面的企业必须培养其核心竞争能力,从而确保企业长期稳定地获取超额利润。在市场竞争的环境下,这些核心竞争力往往是相对竞争优势,没有哪一个企业可以做到"一统天下",所以要使企业利益达到最大化,就需要在市场上寻求合作。

企业采取竞争性合作这种合作博弈,可以使整个产业链减少因对抗性而产生的资源浪费,合作各方可以产生联合的最大化垄断利润,使社会财富总量增加。同时,竞争性合作使合作各方形成稳定的产业链、稳定的质量及价格,减少库存、检验、交易成本的发生。在合作伙伴内部形成科学合理的分工与协作,有利于合作各方的优势互补,可以形成更为有效的专业化分工,发挥规模效益,使产品整体成本降低。

总之,合作伙伴之间的协同优势,是合作各方的核心能力必不可少的互补性,合作各方的合作是"1+1＞2"的合作,会带来产品价值的提升。如果合作各方力量相差悬殊,有可能会导致优势一方对另一方的利益侵占,最终致使合作破裂。也就是说,合作各方要做自己最擅长的事,要有独具特色的核心能力,并且合作各方的能力很难相互复制,只有通过合作,方可互惠互利。在合作的过程中合作各方应保持自身的独立性,合作者之间的各方文化要能够相互融合。

合作是美好的,但竞争更美好,因为没有真正的竞争,就不会有真正的合作。

2. 竞合的定义

竞合是指以合作为理念,以互利共赢为出发点,合作各方利用竞争性合作策略确立在产业链上的角色与定位,以在价值创造中的贡献度决定合作各方在价值分配中的话语权,合作者之间表现出合作中有竞争、竞争中有合作的战略关系。

竞争性合作反映了竞争手段的丰富性和多样性,体现了合作关系的动态性和复杂性。竞合的内涵主要体现为如下几方面。

(1) 合作实现多方共赢,竞合理论的合作理念如下。

首先,合作是竞争的根本目的,竞争不是为了消灭对手,而是为了找到自己的位置。没有竞争,就不可能有科学合理的合作。

其次,竞争是合作的前提和基础,只有通过竞争才能赢得合作的资本,才能找到合作的基础,才能找到各自最佳的位置,发挥各自最大的潜能,实现和谐共赢。没有竞争的合作是拉郎配,竞争性合作是自由恋爱。

最后,竞合理论的合作不是合并,也不是谁控制谁,是在平等基础上的互补。合作各方的核心竞争力可能是产品(服务),或是技术、销售等,大家都专注做自己最擅长的事,然后将其他业务外包给最佳的合作伙伴。

以合作理念创建的竞合盈利模式,体现了一种市场制衡。稳定的市场格局是多家企业共存、产品(服务)互补,合作体现为互利共赢。

(2) 竞争确立合作者在产业链中的角色与定位。在产业链内部参与竞争的各方通过竞争确立各自在产品(服务),或技术,或资源等方面的独特优势或行业,在竞争中形成优势互补的合作。参与竞争的各方以不同的优势或行业,在统一的产业链中扮演着不同的角色,也确立了各自的市场定位。在共建竞合盈利模式的过程中,合作是一种关系存在,是在产权独立基础上的合作,因此合作的各方自主性较大。他们都有各自的客户群和利益取向,即使在共同客户群中也会有不同的利益取向。利益取向不同会在合作企业之间引发竞争,适度的竞争使合作各方在市场中确立不同的细分市场,形成企业的核心竞争力。大家都在做自己最擅长的事,是良性的竞争,它能调动企业的自主性,通过企业之间的资源整合,更好地达到共赢目标。但也有恶性的竞争,如合作各方的理念出现偏差,定位发生冲突,将合作理解成合并,追求做大而全、小而全的霸业,在整合摩擦中为争夺领导权或控制权而钩心斗角,最终破坏合作,共赢成了共输。归根到底,产业链内的企业以合作为主,在行业或细分市场方面以竞争为主,也就是竞争确立角色与定位,合作共创盈利。

(3)价值创造中的贡献度决定企业在价值分配中的话语权。在产业链和行业内部,竞争性合作将演变为市场细分的竞争。这种合作通常以共同目标为依据,没有共同的目标就不会有合作,原有的产业链也不会存在。共同合作的目标可以是动态变化的,所以产业链也是在动态变化的。但是企业在产业链中的位置与在价值创造中的贡献度决定了企业在价值分配中的话语权的大小。

总之,竞合是信息化时代对"中庸"思想的创新,和中国文化的哲学、策略是一脉相承的,是对中国传统文化的继承和发扬。

二、网络金融竞合模式

竞合的网银服务平台是一种新型的网上银行运作模式,是银行与专业信息服务外包企业合作的产物。搭建网银平台服务公司,专业的信息服务公司为购买服务的商业银行提供网上银行系统开发、运维和营销等一揽子服务,银行专注做好金融业务,两者优势互补,形成核心竞争力。

各银行网上银行的运行模式有支持部门模式和事业部模式两种。

1. 支持部门模式

在支持部门模式下,网上银行是传统银行的一个内部部门,其职责主要是为其他业务和管理部门提供技术支持。在投入方面,由银行总部集中投入,网银服务平台为其他部门提供信息共享、决策支持等服务;在产出效益方面,该部门不产生或不计算产出,只考核发生的成本和费用,通过成本控制使其完成一定的任务,是一个"成本中心"。在网上银行发展初期,大多数银行采用这种模式,网上银行只是定位于一个服务平台。这种模式符合传统观念,便于管理和操作。其弊端一是部门定位模糊,处境尴尬,网上银行对柜台网点替代率的价值和利润贡献往往无法衡量;二是经营运作体制不灵活,独立自主性较差,对市场需求的反应不灵敏。

2. 事业部模式

事业部模式将网上银行作为传统银行内部的一个事业部来发展,其优点是可以将银行的各种电子渠道有效整合,进行统一的技术管理、统一的产品设计、统一的客户管理。该模式的局限性一是网上银行与银行的物理网点并列,对其他部门(事业部)的业务构成竞争,在一定程度上会影响银行整体利益的实现;二是不利于理顺银行内部的利益分配关系;三是经营管理的思维与模式容易复制传统银行,难以在银行治理机制上实现突破。

网上银行是银行业的一种全新的商业模式,不是银行的一种业务或营运渠道。基于网上银行发展的现实和未来趋势,网银服务平台的发展模式在理论上可以分为公司制模式和战略伙伴模式两种。

（1）公司制模式。公司制模式是各参与方通过设立具有独立法人资格的公司来发展网上银行业务。该模式下的公司不需要在繁华的商业地段建立实力象征的奢华物理场所，只是借助互联网成本低廉和在全球范围内无所不及的延伸性优势，直接通过互联网技术手段，在虚拟空间进行银行业务交易。

该模式的优点：一是颠覆传统的经营理念和经营模式，以全新的经营思维、创新精神、业务流程和商业模式开展业务；二是管理体制集中，市场反应灵敏，经营决策机制灵活；三是投入与产出计算清晰，能有效评价投入和产出效益，既有助于量化管理和业务考核，又能提高内部员工的积极性。

该模式的局限性主要表现为：一是需要巨额的资金、先进的技术、高水平的人才等资源支持，单个银行一般难以采用这种模式；二是发展初期投入高、产出低；三是网上银行发展的基础业务收费还未得到社会的广泛认同。

（2）战略伙伴模式。战略伙伴模式是指银行与微软、IBM等核心软件公司或服务提供商建立合作伙伴关系，共同发展电子银行业务。这一模式使得银行既可以专注于金融核心业务领域，又能进一步实施电子商务战略，分享电子银行发展带来的利益。

由此可见，网银平台服务公司应该是网络金融的竞合模式。一方面，网银平台服务公司采用公司制的方式提供服务；另一方面，网银平台服务公司不是由某一家商业银行或信息服务公司建立的公司，是商业银行和信息服务公司优势互补的产物，大家各自做自己最擅长的事，共同搭建一个互惠共赢的平台。其主要原因是商业银行的规模和技术能力一般难以支撑一个强大的网上银行平台，而商业银行与信息服务公司有相对一致的客户基础。

本章关键词

网上银行　互联网脱媒金融　竞合　竞合模式

本章小结

本章从间接网络金融的类型、环境、价值与直接网络金融的基础、形式与发展等方面分析网络金融两种不同类型的相关理论与实务，基于两者的特征提出适合网络金融的竞合模式，诠释信息时代应有的管理与营运的特点。

案例分析

2015年中国银行业信息现状分析及行业IT解决方案市场规模分析

预计到2017年，中国银行业整体IT市场规模将达到1 163.2亿元，2013～2017年的年均复合增长率为12.1%。银行信息化投资的增长将为产业链上下游的公司带来发展契机，如图3-4所示。

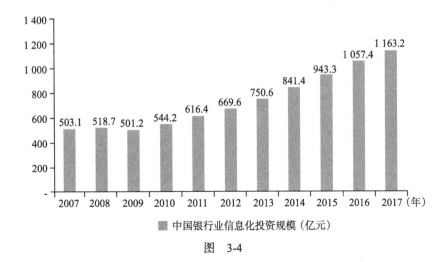

图 3-4

在推动银行业信息化建设的同时，中国对银行业信息科技风险的监管力度逐渐加强。2012年，银监会设立银行业信息科技监管部，2013年，银监会将信息科技纳入监管评级体系，制定《商业银行信息科技监管评级内部规程（试行）》，并首次开展了股份制商业银行和城市商业银行的信息科技监管评级工作。2013年2月，银监会印发《银行业金融机构信息科技外包风险监管指引》，要求银行业金融机构规范信息科技外包活动，防范外包可能产生的科技能力丧失、业务中断、信息泄露及服务水平下降等风险；组织银行业金融机构建立银行业信息科技外包风险联合监督平台，开展对高集中度的重点外包服务的持续性风险监控与防范；指导银行业金融机构和信息科技外包服务企业，共同发起设立银行业信息科技外包服务合作组织，推动银行业信息科技外包服务市场规范化和行业自律。对银行业信息科技风险监管力度的加强，一方面有利于银行业信息化建设更健康地进行；另一方面也提高了银行业IT服务的准入门槛，从而为优秀的银行业IT服务商提供更大的发展空间。

中国银行业IT解决方案市场规模。面对外资银行进入的加速、利率市场化进程的加快和互联网金融的冲击，中国银行业正在积极应对转型所带来的挑战，传统银行用户越来越重视产品创新与服务创新，以满足日益增加的用户体验的个性化和差异化需求。在此背景下，银行信息系统建设中以改善用户体验为中心的个性化开发服务需求越来越多，中国银行业IT解决方案市场继续保持稳定增长态势。IDC的数据显示，2013年中国银行业IT解决方案市场的整体规模为148.25亿元人民币，比2012年增长21.8%。预计到2018年该市场规模将达到419.74亿元，2014～2018年的年均复合增长率为23.14%，如图3-5所示。

随着银行业的市场化进程和金融创新步伐的加快，IT系统建设的步伐也大大加快，银行业务与IT走向深度融合，搭建中间业务平台、核心业务系统升级、管理信息系统成为建设重点，中国银行业IT解决方案市场将更加重视专业化和产品化。中国银行业IT解决方案市场主要分为业务、渠道、管理和其他四大类，其中业务解决方案包括核心业务、支付业务、中间业务和信贷操作等，管理解决方案包括风险管理、企业资源管理（ERM）、数据库/决策支持、财务审计和客户关系管理（CRM）等，如图3-6所示。

图 3-5

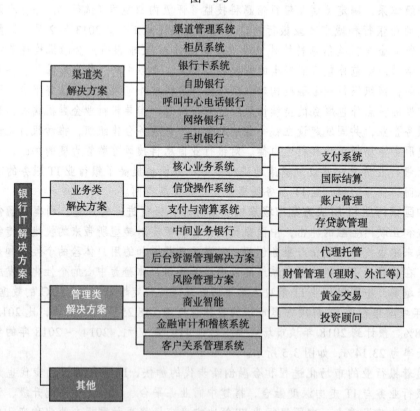

图 3-6

中国银行业IT解决方案市场的解决方案类别构成情况如图3-7所示。

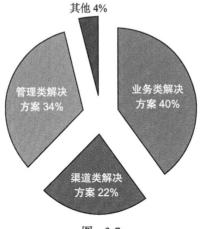

图 3-7

本章思考题

1. 举例分析网络金融间接金融模式的特点。
2. 举例分析网络金融直接金融模式的特点。
3. 举例分析竞合策略的特征与实践路径。
4. 结合案例分析网络金融价值。

第四章 网络金融服务

教学要求

1. 熟悉网上银行、证券和保险业务的特点。
2. 结合实践分析网上银行、证券和保险业务系统的功能与结构。
3. 明确网上银行、证券和保险业务的流程。
4. 分析网络经济时代银行再造的基本内容。
5. 结合实践分析P2P借贷与众筹服务。

案例引导 银行争办信用卡网上商城，多数商品可直接分期付款

随着网络购物的兴起，近年来银行除了刷信用卡购物有积分优惠外，还纷纷开办了信用卡网上商城。与其他网店相比，银行信用卡网上商城的一个卖点就是多数商品可直接分期付款。

2011年8月底中国建设银行信用卡商城正式上线，与周大福、飞利浦、平安产险、银泰百货、凯撒旅游等部分首批合作商户签约。截至9月15日，中国工商银行、中国农业银行、中信银行、兴业银业、交通银行、中国民生银行等多家银行均推出了信用卡商城。各家银行信用卡商城主要面向各自信用卡持卡人。

信用卡商城上柜商品并不是由银行采购，而是银行搭建平台由特约商户提供，售后服务也是由各类商家完成的。银行争推信用卡网上商城主要是为了维系客户。

与其他专业商城不同，银行信用卡网上商城的卖点是在购买时可直接选择分期付款业务。以往客户在其他商城购买商品时付款模式多是信用卡全额支付，随后通过账单分期付款。信用卡商城上柜销售的商品多数可直接实行分期付款，即购买菜单上直接提供了多种分期付款时间供客户选择。个别银行信用卡商城为了吸引客户，推出了所有商品零利息、零手续费分期付款。

分期付款可减轻一次性支付压力。不过客户需注意的是，各银行分期付款

业务虽已实现零利息,但有的银行仍收取手续费,按分期时间长短对应收取不同比例的费用,如一家股份制银行3期月分期付款手续费为0.72%,6期月分期手续费为0.66%。

资料来源:人民网,2010-09-05。

启示与思考:中国传统金融企业为什么丢掉过去的"傲慢",积极开拓惠民市场?

【知识扩展】登录网址:http://www.cmbchina.com/.

第一节 网上银行服务

一、网上银行概述

(一) 网上银行的定义

网上银行又称在线银行,是指银行利用互联网技术,通过互联网向客户提供开户、销户、查询、对账、行内转账、跨行转账、信贷、网上证券、投资理财等传统服务项目,使客户可以足不出户就能够安全便捷地管理活期和定期存款、支票、信用卡及个人投资等。所以,网上银行是在互联网上的虚拟银行柜台。

(二) 网上银行的经营特点

1. 网上银行的基本功能

(1) 信息发布业务。网上银行利用信息载体功能塑造银行的展示平台,通过互联网发布各种公共信息,包括银行的基本情况、经营范围、机构设置、网点分布、业务品种、产品展示、利率和外汇牌价、金融法规以及国内外金融新闻等。通过信息发布,网上银行向客户提供有价值的金融信息,同时起到广告宣传的作用,通过公共信息的发布,客户可以很方便地认识银行,了解银行的业务品种以及业务运行规则,这为客户进一步办理各项业务提供方便。银行网站已建立起以客户为中心的信息互动机制。

(2) 客户咨询业务。网上银行客户咨询以业务标准为前提,以电子邮件、网页为主要手段,向客户提供业务咨询以及投诉服务,并以此为基础建立网上银行的市场动态分析与反馈。通过收集、整理、归纳、分析客户的问题和意见,及时了解客户关注的焦点以及市场的需求,为决策层提供依据,便于银行及时调整或设计创新出新的经营方式或业务品种,体贴周到地为客户服务,从而进一步扩大市场份额,获得更大的收益。网上银行的信息载体可以建立与客户的互动机制,通过模拟金融产品买卖交易,增强客户的投资信心和实际操作能力,吸引更多的客户参与,达到扩大影响和提高客户忠诚度的目的。

(3) 账户管理业务。网上银行为客户提供自主账户管理功能。随着市场体制的变化、投资渠道的拓展，个性化需求不断增加，"我的账户"的资金变动情况客户需要及时了解，账户管理成为客户"现金管理"与"现金流量管理"需求的前提。网上银行在业务标准化的基础上，由客户自助服务，突出客户自主管理账户的功能。随着 CRM 客户管理系统的建设与数据挖掘功能的实现，网上银行有能力为客户提供"现金管理"及"现金流量管理"服务。

（4）支付结算业务。网上支付功能主要向客户提供在互联网上对资金进行实时结算的功能，是保证电子商务正常开展的基础功能，也是网上银行的一个标志性功能，没有网上支付的银行网点，充其量只能算一个金融信息网站，或称为上网咨询服务网站，不能视为完整的网上银行。

网上支付按交易双方客户端性质分为 B2B（Business to Business）、B2C（Business to Consumer）、C2C（Consumer to Consumer）三种交易模式。

各家银行在设计网上银行支付结算时有三种类型：一是"电子支付类型"，利用网上银行传递客户录入的结算信息，由银行打印"电子支付凭证"按传统方式提供结算；二是"联机电子支付类型"，将网上银行与银行后台核心业务处理系统直接连接，由银行系统直接处理客户通过网上银行提交的支付交易，并自动处理打印各方"电子支付凭证"；三是"联机电子商务支付类型"，不但将网上银行与银行后台核心业务处理系统相连，还与银行以外的商户、合作伙伴及不同群体的网络系统相连，通过网上银行为客户提供全方位的支付结算功能。

（5）账务查询业务。网上银行可以充分利用互联网服务的特点，向企事业单位和个人用户提供其账户状态、账号余额、交易明细清单等查询功能。同时，为企业集团用户提供所属单位的跨地区、多账户的账务查询功能。这类服务的特点主要是客户通过查询来获得银行账户的信息，以及与银行业务有直接关系的金融信息，不涉及客户端资金交易或账务变动。采用与客户系统直连的方法，不仅可以解决自动对账问题，还可以帮助客户通过自身系统直接向银行系统发送交易，使业务操作更加便捷。

（6）中间（表外）业务。客户可以根据自身需要，在网上实现实时划转业务，如缴纳公共收费（水、电、燃气、话费等），以及第三方存管资金划拨、基金买卖、外汇买卖等。

（7）表单业务。网上银行的信息传递功能是其最基本的功能，银行将各种申请的表单通过网上银行展示给客户，客户按规则填制表单向银行提出各类申请，银行经过后台处理，满足客户申请的需求与服务，如通知存款申请、信用卡开户、空白支票申领、企业财务报表、国际收支申报报送、各种贷款申请、信用证开证的申请、预约服务申请、账户挂失等。网上银行通过在线直接填写、提交各种银行表格，简化了手续，提高了实时性，方便了客户。现代商业银行已将客户划分为不同群体，并按不同群体实行差异化服务，因而在表单服务中一般服务区分于特殊服务。

（8）创新业务。网上银行可以针对互联网特点，对不同客户端开辟更多便捷的智能化和个性化服务。

第一,针对企业集团客户,提供通过网上银行查询各子公司的账号余额和交易信息的服务,并在签订多边协议的基础上实现集团内部的资金调度与划拨,提高集团整体的资金使用效益,为客户改善内部经营管理、账务管理提供有力的支持。

第二,针对不同行业、协会等有组织的群体,通过有条件的注册,建立起群体或组织内的商务群团体,利用网上银行为团体提供个性化的金融服务。

第三,在提供金融信息咨询的基础上,以资金托管、账户托管为手段,为客户的资金使用安排提供周到的、专业化的理财建议和顾问方案。

第四,采取信用证等业务的操作方式,为客户间的商务交易提供信用支付的中介服务,建立健全企业和个人的信用等级评定制度,实现社会资源的共享。

第五,根据存贷款的期限,向客户提前发送转存、还贷或归还信用卡透支金额等提示信息。网上银行利用互联网技术,把银行的服务触角通过科技手段延伸到社会经济生活的方方面面,延伸到每一个客户的面前,无论这个客户是在单位或是在家中,他都可以便捷地使用网上银行的各项服务。随着互联网和电子商务的普及与发展,个人、企事业单位、行政机构等多种交易主体,可以通过连接互联网 PC、有线电视、手机或掌上电脑、ATM 机、POS 机等数字终端设备,使用网上银行的各项服务功能,真正做到足不出户、心想事成。

2. 网上银行的特点

与传统银行相比,网上银行在运行机制和服务功能方面有以下特点。

(1) 网上银行业务突破空间与时间的限制。网上银行无固定的经营时间和场所,依托互联网不用设置任何分支机构,其触角就可以伸向世界的每一个角落,突破了传统银行的地域和时间限制,能在任何时间、任何地方,以任何方式提供账务管理、查询转账、网上支付、缴交各类费用等服务。

(2) 网上银行业务趋向个性化与智能化。第一,网上银行突破了传统银行在物理网点和营业时间方面的限制,可以为客户提供一天 24 小时、全年 365 天的全天候服务。客户只需一台接入互联网的电脑,就可以在任何时间与地点获得金融服务。

第二,网上银行可以利用先进的服务手段对客户信息进行深度挖掘,针对不同客户的需求,提供更加个性化的金融服务,如客户基本理财业务、网上投资、网上购物、网上股票买卖、网上按揭、网上贸易融资等。

第三,网上银行通过在线沟通可给客户提供更高质量的金融服务。网上银行能在低成本下实现一对一服务,从而形成差异性服务。互联网为银行服务提供了交互式的沟通渠道,客户可以在访问网上银行站点时提出具体的服务要求,网上银行与客户之间采用一对一金融解决方案,使金融机构与客户在互动中实行有特色、有针对性的服务,通过主动服务赢得客户。增加与客户的沟通和交流是企业获取必要信息,改进企业形象,贴近客户,寻找潜在客户的主要途径。网上银行通过统计客户对不同网上金融产品的浏览次数和点击率,以及各种在线调查方式了解客户的喜好与不同需求,设计出有针对性的金融产品以满足其需求,这不仅方便了客户,银行也因此增强了与客户的亲和性，提高了竞争力。网上银行借助智能系统提供更多、更快、更好、更方便的银行业务，如提供多元且交互的信息、客户除可转账、查询账户余额外，还可享受网上支付、贷款申请、国内外金融信息查询、投资理财咨询等服务，其功能和优势远远超出电话银行与传统的自助银行。

网上银行是一种能在任何时间、任何地点，以任何方式为客户提供超越时空、智能化服务的银行，因此称为"三A银行"。

（3）网上银行业务创新是银行发展的基础。网上银行利用低廉成本的优势和互联网丰富的信息资源，在原有业务的基础上创新推出企业资信评估、公司个人理财顾问、专家投资分析等业务，提高了信息的附加价值，强化了银行信息中介职能。在个性化消费需求日趋突显及技术日新月异的信息时代，网上银行提供的金融产品和拥有技术的生命周期越来越短，淘汰率越来越高。在这种情况下，银行只有不断采用新技术、推出新产品、实现持续创新，才可保持核心竞争力。

（三）"电子银行渠道 + 金融服务"成为银行新的业务增长点

《2017中国电子银行调查报告》显示，2017年，在中国地级以上城市13岁及以上常住人口中，网上银行用户比例和手机银行用户比例均为51%，微信银行和电话银行用户比例分别为28%和11%。网上银行和手机银行用户占比较去年分别提升了5个百分点和9个百分点。手机银行在经历了三次年均用户比例增量超过一成的跳跃式发展后，2017年度用户比例首度与网上银行持平，预计在2018年有望成为用户比例最高的个人电子银行渠道。微信银行用户比例较上一年同期持平。网上银行和手机银行的进一步普及大大蚕食了电话银行的用户比例，电话银行的使用比例较去年下降超过一半，是唯一用户比例下降的电子银行渠道。

数据显示，个人网银用户在全国各类城市中均呈现快速增长趋势，而个人手机银行用户在一线和三线城市的增长较为明显，个人手机银行在一线城市的用户比例达到57%，较去年增长13个百分点，在三线城市的用户比例达到49%，较去年增长12个百分点。

2017年同时使用网上银行和手机银行的用户占比较2016年略有提升：2016年两种电子银行渠道的交叉用户占比为36.7%，2017年这一占比提升到44%。"方便快捷"反超"安全可靠"，成为用户选择使用网上银行的头号原因，而客户选择使用手机银行的原因是登陆简单和转账手续费有优惠。在使用场景上，网上银行和手机银行的互补特征得到了进一步显现，主要体现为：小额交易用手机银行、大额交易用网上银行；有电脑时首选网上银行、外出时用手机银行；查询时用手机银行、交易时用网上银行。这样依据自身特点进行的差异化发展，保证了网上银行和手机银行有机会同步对用户进行更深层次的规模拓展与需求挖掘。

企业电子银行渠道调研结果显示，2017年，在全国企业用户中，企业网上银行的用户比例为79%，企业手机银行、企业电话银行、企业微信金融服务的用户比例分别为 27%、22% 和 18%。其中企业手机银行、企业微信金融服务的用户比例均较 2016 年增长了一倍左右。企业网上银行的用户比例较 2016 年增长了 4 个百分点，企业电话银行的用户比例与 2016 年同期持平。其中转账业务、代发和代扣工资、账户信息查询与对账是企业网上银行的常用业务，使用比例分别为 85%、63% 和 61%。企业用户使用手机银行主要办理的业务为转账业务和账户信息查询与对账，使用比例分别为 83% 和 67%。

中国工商银行在个人手机银行 App 客户端的用户数量开始领先。中国工商银行在个人手机银行 App 客户端的用户数量最多，其次为中国建设银行、中国银行、交通银行。促进用户使用手机银行的主要因素如图 4-1 所示。

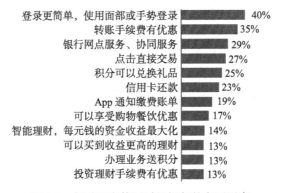

图 4-1　促进用户使用手机银行的主要因素

面对第三方支付攻占个人业务，银行可将理财服务转化为核心竞争力。

在大金融领域中，银行业在部分个人业务中的优势已不再明显。《2017 中国电子银行调查报告》显示，65% 的被调查用户在办理转账汇款时的常用渠道为支付宝，而常选择网上银行和手机银行的用户比例为 51% 和 44%；在首次使用用户"升级"为常用用户的转化率上，支付宝、网上银行和手机银行的转化率分别为 87%、81% 和 84%。在办理缴费业务时，八成用户已经习惯使用支付宝，网上银行和手机银行的常用转化率均为 76%，客户粘性略低于支付宝渠道。

通常在需要线上支付时，选择支付宝或微信支付的用户分别为 84% 和 65%，选择网上银行或手机银行的用户分别为 33% 和 23%。在购买理财产品时，64% 的用户选择使用网上银行完成理财产品的购买，其中有 55% 的用户转化为经常使用网上银行购买理财的忠实用户。由此可见，银行在电子银行渠道设置"特有"的、更具有吸引力的理财产品，具有提升电子渠道客户满意度和忠诚度的作用。

对于直销银行的增量用户获客能力各行差距较大。中国直销银行共有 114 家。其中，城市商业银行直销银行是主力军。直销银行最广泛的功能是运营基金、理财等投资型产品，其次是在线贷款业务和生活缴费。特色功能如打车租车、看病排号等业务也有部分直销银行布局。外部合作是直销银行获取他行客户的另一种重要渠道，从 30

家直销银行的调研统计结果来看，46%的直销银行通过外部合作获客占到总客户数的一半以上。一半直销银行是作为商业银行中的二级部门存在的。国际银行业的经验是，独立事业部形式能够给予直销银行更大的自主权和人员、资源配置优势，因此直销银行应向独立事业部、一级部门改革。

将来银行业在智能投顾领域或有先发优势。自 2016 年下半年起，中国银行业陆续推出智能投顾产品。有 8 家银行已上线智能投顾服务，分别是招商银行、浦发银行、兴业银行、江苏银行、平安银行、广发银行、中国工商银行和光大银行。银行可将强大的线下网点力量转化为获客优势，并开展线上线下联动营销培养用户忠诚度。有 40.3% 的用户认为绑卡不方便是国内智投产品最亟待解决的问题，这一点尤指银行业智能投顾产品，例如用户想使用某银行智能投顾产品，但由于没有该银行的银行卡，无法直接登录其手机银行。另外，银行智投产品入口不明显，所以完善功能、增加资产的组合、普及概念和宣传推广是下一步银行业智能投顾产品改善的方向。

二、网上银行服务平台总体规划及相关战略

（一）网上银行服务平台总体规划

网上银行服务平台应制定指导性总体规划，可根据市场情况分为近期、中期和远期规划。

近期规划一般为在 1～3 年内的建设和发展规划，例如，6 个月内完成平台筹建和系统设计，12 个月内完成系统开发和测试上线，3 年内每年新增终端客户 2 万户。

中远期规划一般为 3～10 年或更长期间内的发展目标。

（二）网上银行服务平台技术与人才战略

由于科学技术是网上银行进行金融创新、提升竞争力的根本保证。平台应在 Web 技术、服务平台技术、安全保密技术等各方面建立外包机制，尽快抢占新技术的制高点；另外，也要积极培养适应网上银行发展需要的高素质人才，服务平台建设需要一批既掌握计算机技术、网络技术、通信技术，也掌握金融实务和管理知识的复合型高级技术人才与管理人才。服务平台应着眼未来，认真考虑这些人才的培养渠道、培养方式，为增强竞争优势积蓄力量。

（三）网上银行服务平台金融产品开发战略

网上银行服务平台需要对产品进行规划，大胆进行产品研发与创新。服务平台要适应不断变化的市场条件和客户需求，必须在产品开发中保持领先性和可持续性，在产品设计开发上，力争做到研究一代、生产一代、上市一代。国外大银行不断推出新的网上服务品种的做法值得学习，国内银行也应逐步推出新的产品，如网上存贷款、网上证券、网上基金销售等，以增强自身的竞争力。

（四）网上银行服务平台营销策略

在设计中要注重市场营销规划。网上银行的进入壁垒很小，所提供的金融服务要实施差异化策略。因此，一定要重视市场营销的作用，建立自己的服务品牌，以获得更多的客户，坚持走"多渠道并存"的道路。

（1）建立客户服务中心，实现虚拟环境下银行销售人员与客户之间"面对面"式的互动交流，树立网上银行富于温情的形象。

（2）逐步开拓金融产品的多样化和标准化，网上银行高效率、大批量地处理标准化业务，将有助于充分利用银行资源，全面满足客户需要。

（3）传统营销渠道积累了大量线下客户资源，发展了"多渠道"营销方式，可以实现客户资源共享。

三、网上银行服务平台系统架构

（一）网上银行服务平台系统架构设计

网上银行服务平台的系统架构设计要体现系统稳定、安全第一的原则，如图4-2所示。

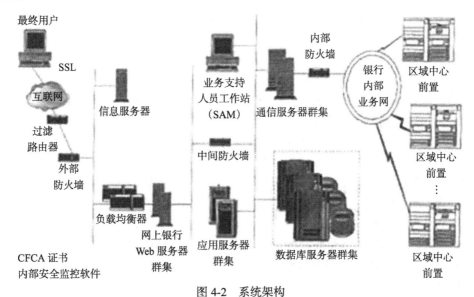

图4-2　系统架构

网上银行系统的主要组成部分包括（按客户信息流顺序）：过滤路由器、外部防火墙、信息服务器、负载均衡器、网上银行Web服务器、中间防火墙、应用服务器、数据库服务器、通信服务器、区域中心前置、业务支持人员工作站。该方案完全支持CFCA证书和内部安全监控软件。

1. 过滤路由器

过滤路由器采用具备路由过滤功能的路由器，如思科（Cisco）等公司的产品。它除了作为互联网和银行网络之间的路由选择功能外，还会起到对流入银行的数据流进行过滤的功能。数据流分为两大类：将送交网上银行 Web 服务器和应用服务器处理的对安全要求特别高的交易数据流，如 https 数据流；对安全要求不是特别高的非交易数据流，如访问非网上银行 Web 信息服务器。除此之外的其他数据都将被过滤路由器拒绝。这有两方面的好处：一是降低网上银行 Web 服务器和应用服务器的处理负荷，提高其性能；二是尽量减少网络黑客尝试攻击本系统的机会，增强其安全性。

2. 外部防火墙

为防止非法入侵，在互联网接入端和应用处理部分之间设置防火墙。防火墙建议采用思科公司的 PIX 产品，PIX 通常具有静态包过滤能力，可以防止大部分非法攻击。防火墙的软件可根据需要设置并根据安全监控系统提供的线索随时修改。

3. 信息服务器

信息服务器是一个通常的主页服务器，负责提供各种信息发布功能，如网上银行系统介绍、功能演示、安全防范措施说明、常见问题解答、开户流程等。该服务器不与网上银行应用服务器和银行内部业务网络发生任何联系。由于该系统上仅存放非机密性、非交易性信息，所以，对安全的要求不太高。因此，建议采用一般商用系统，如 NT 服务器等。

4. 负载均衡器

像思科公司的 Local Director 产品这样的负载均衡器，其职责在于提供 Web 服务器的高可用性和负载均衡，它加在这些相同的 Web 服务器之前。在浏览器用户的眼中，这些 Web 服务器就好像一台一样，它们有一个共同的虚拟地址。浏览器用户将请求直接发至负载均衡器，负载均衡器会根据 Web 服务器的工作情况动态分配负荷，以保证最高的性能和可用性。当一台 Web 服务器出故障后，负载均衡器会自动将其从服务器群集中去掉，原先由其承担的工作分摊给其他 Web 服务器，以保证向用户提供的服务不被中断。

5. 网上银行 Web 服务器

所有客户的交易请求都将先送至 Web 服务器，它负责网上银行应用的前端展示。配置相同的多台 Web 服务器可组成一个群集。

6. 中间防火墙

中间防火墙是一个可选件，负责将网上银行 Web 服务器和应用服务器隔离开来。该防火墙和外部防火墙应当选用不同供应商的产品，以进一步加强安全性。由于是银行内部局域网环境，所以也有银行不采用中间防火墙，以节省成本。

7. 应用服务器

应用服务器负责处理网上银行应用的业务处理逻辑，多台配置相同的应用服务器可组成一个群集。

8. 数据库服务器

两台数据库服务器通过群集软件组成群集，将数据库服务器改为高可用性配置。

9. 通信服务器

通信服务器负责与银行后端系统的通信。

10. 区域中心前置

在每一个区域中心主机的前面加上一个网上银行前置机，通常是一个 PC 服务器，负责与网上银行中心的通信。如果目前区域中心已有类似的前置机，可共用。

11. 业务支持人员工作站

业务支持人员工作站是供业务支持人员使用的 PC 机，负责解答客户问题、处理客户投诉、进行交叉销售和升级销售等。

该方案可扩展性极强，容易成为系统性能瓶颈的 Web 服务器、应用服务器和数据库服务器都可以构成群集系统，一旦需要，随时可通过增加服务器的方式提高性能，应用程序无须任何改变。Web 服务器、应用服务器和数据库服务器可通过群集方式保证高可用性。根据网上银行系统的系统目标，网上银行系统需要能够服务个人客户、企业客户、企业集团客户，同时网上银行系统应能够逐步建立完善的客户信息管理系统。根据这些要求，在充分考虑了安全、性能及业务功能的基础上，网上银行系统需要确定采用的系统架构及解决方案。

（二）网络金融服务平台的功能布局

服务平台支持的基本功能分为三部分：公司网上银行、个人网上银行和网上银行管理端。

1. 公司网上银行

公司网上银行主要由企业通用版、集团专业版两大块构成。从体系上看，集团专业版兼容所有企业通用版的功能，并在此基础上提供针对集团的各种服务。这种兼容和扩展便于产品的宣传、推广，也方便了用户的使用。

（1）公司网上银行交易类别。从交易性质看，交易可以分为下述几类：公共信息类、查询类、金融交易类、管理类和其他类（如预约、投诉、信息等），其中公共信息类与其他类相对独立，公共信息无须涉及任何用户信息，主要用于金融信息的发布，而后面几种类型都与用户信息息息相关，因此，从本质上说，二者有区别。

（2）企业用户的建立和维护。企业申请网上银行服务，由成员银行柜面系统完成申请信息的录入，经柜员系统有效性检查后，发送至成员银行核心主机做进一步的有效性检查，成员银行柜面系统通过服务平台外联通信服务器，向平台发送注册信息，完成网上银行企业开户交易。除企业相关信息由各核心系统维护之外，其他信息全部由网上银行系统负责建立和维护。

企业开通网上银行后，可以通过管理员和业务主管的协作，完成企业操作员信息的建立和维护，企业操作员的信息在网上银行系统进行维护，银行核心系统不维护此类信息，公司网上银行内置授权控制体系，即通过各级授权来完成交易的控制和管理，进一步提高了交易的安全性。

（3）集团服务。集团服务按集团专业版的方式提供服务，有利于网上银行的宣传和推广。集团服务也采用授权体系，这样有利于用户的版本升级。

2. 个人网上银行

（1）交易类别。个人网上银行主要由公共服务、通用版、专业版三大块构成。同公司网上银行类似，交易也可以分为下述几类：公共信息类、查询类、金融交易类、管理类和其他类（如预约、投诉、信息等）。

（2）个人用户的建立和维护。个人申请网上银行专业版服务，由成员银行柜面系统完成申请信息的录入，经成员银行柜员系统有效性检查后，发送至成员核心主机做进一步的有效性检查，成员银行柜面系统通过服务平台外联通信服务器，向平台发送注册信息，完成网上银行个人开户交易。个人使用大众版，无须申请，类似于网上银行专业版，用户信息及账户关联都由成员银行核心系统维护。

3. 网上银行管理端

网上银行管理端的用户界面分为两类：成员银行柜员系统终端和网上银行管理浏览器。成员银行柜员系统终端提供网上银行管理的支持，其主要管理功能是企业用户及个人用户的管理。网上银行管理浏览器提供的主要功能是网上银行统计信息及报表的查询和其他柜员系统不适合实现的功能。

四、网上银行经营目标

网上银行平台服务公司的建立是为了促进各参与行的业务发展，其目标体现在以下几个方面。

（一）功能布局合理，适应客户多种需求

针对商业银行的业务特点，网上银行服务平台需要选择合适的功能模块。例如商业银行立足于城市，客户群体相对稳定，对代缴费等中间业务的需求比较旺盛，服务平台可以针对性地打造代缴费相关业务平台，针对不同的城市可以选择不同的缴费业务，使得商业银行的客户足不出户就可以使用该类比较频繁的业务。

（二）差异化服务打造核心竞争力

网上银行服务平台应采用成熟技术，突出商业银行对市场的敏捷反应等优势，以差异化产品形成核心竞争力。

例如：零售银行服务。零售银行服务所涉及的范围非常宽泛，包含银行为个人客户提供的各类金融服务，通常可以分为核心的日常零售银行服务、储蓄理财、个人贷款以及其他服务等四个方面。其中，核心的日常零售银行服务是最为基础性的零售银

行服务。

核心的日常零售银行服务的主要内容如下。

（1）账户管理，即银行为个人客户开立银行活期账户并提供电话银行、网上银行服务。

（2）支付工具，即银行为个人客户提供支票、借记卡、信用卡、行内电汇、跨行电汇、定期支付以及直接借记等支付清算工具和资金汇划服务。

（3）现金使用，即银行为个人客户提供在本行柜台、本行 ATM 机上存取现金以及在他行 ATM 机上支取现金等现金管理服务。

（4）例外处理，即银行为个人客户提供银行卡挂失、账户止付、信息检索以及现金支票等各类非常规性服务。

（三）降低运营成本，提高银行收益

网上银行的创建费用只相当于传统银行开办一个小分支机构的费用。就银行一笔业务成本来看，网上交易成本仅有手工交易成本的 1%。银行多接受一万笔网上银行处理的缴费业务，几乎不需要增加什么成本，从而降低了银行的运营成本，进而提高了银行的收益。网上银行较低的运营成本使其可以通过提供高存款利率、低收费等方式来提升自身竞争力。

网上银行不仅降低了商业银行的业务经营成本，而且降低了管理维护成本，对银行的现金押运、保存、点钞、找零、防盗、防假等经营成本形成替代效应，对其他金融服务品种形成互补效应。网上银行的经营成本只占经营收入的 15%～20%，而传统银行的经营成本占了经营收入的 60%。

（四）发展个人化网上银行

基于个人网上银行和企业网上银行的产品发展现状，艾瑞咨询预测，未来网上银行的产品将会更加多元化（见图 4-3）。现阶段网上银行并不能将线下的业务全部转移到线上，例如贷款业务仍需到银行柜台面签。但随着技术条件的进步，网上银行将基于经济、政策、用户的需求而越来越丰富。

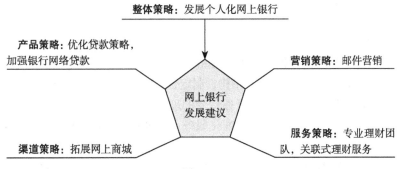

图 4-3

网上银行业务必将进入全新的发展阶段,即"个人化网上银行"。这一阶段的网上银行会建立以用户为导向的系统、应用结构、程序和策略,用户可以实现自助服务、产品选择和决策支持。

1. 产品策略:优化贷款策略,加强银行网络贷款

中国网上银行贷款业务仍处于起步阶段,加强银行网络贷款业务是网上银行的必然趋势。首先,在业务流程上,银行应在保证资金安全的前提下简化操作流程;其次,在银行体系的改进上,银行应强化自助式网络贷款系统;最后,银行应积极开发网络贷款产品。

2. 营销策略:邮件营销

邮件营销的方式有其自身的优势,使得其可以成为银行营销的又一种可行方式。

3. 渠道策略:拓展网上商城

网上银行的营销推广可以和电子银行的其他渠道密切结合,手机银行、家居银行、电话银行、网上商城都是可以尝试的切入点,达到相互促进、相互发展的目的。

4. 服务策略:专业理财团队,关联式理财服务

理财服务是现今用户关注的主要金融服务,为了更好地满足用户的理财需求,银行需建立专业的网上理财团队,对理财产品进行梳理,以满足每一位用户的不同需求。通过网络对理财产品进行销售,而且可以根据理财用户的基本信息,进行关联式理财服务。

五、信息化时代的银行再造

银行再造是 20 世纪 90 年代初,兴起于美国的一种银行管理的崭新模式,它以客户为目标,强调利用现代技术力量对传统的组织结构和业务流程从根本上进行重新设计,以期在成本、质量、客户满意度和反应速度上有所突破。银行再造的结果是客户满意度和银行价值的提高。以计算机技术、通信技术和网络技术为核心的信息技术从根本上改变了银行业经营的环境与内部运作的模式,成为银行业变革和创新的主要推动力。网络技术应用于银行业是一项系统工程,需要技术、流程、组织乃至企业文化的相应变革。

(一) 银行经营理念的变化

银行的经营理念是指导银行在网络经济时代发展的关键,只有在正确的理念支持下,银行才可以合理有效地建立组织结构,制定合理的经营战略,做出科学的经营决策。

(1) 树立标准化服务向个性化服务转变的理念。传统标准化服务是指不同银行间或同一银行对不同客户提供相同的标准化服务。标准化服务使得银行经营的不确定性减小,有利于规范经营,减小经营的风险,但由于标准化服务的刚性较大,缺乏经营的柔性和弹性,使得银行竞争方式过于单调和局限,不利于提高银行经营效率,同时随着网络经济时代客户与银行间交互式交易的出现,标准化服务往往不能满足不同客户的特殊要求。个性化服务则从面向客户的角度出发,提供了灵活柔性的服务方式。要满足客户个性化的需求就应把标准化和个性化服务结合起来,由标准化服务提供初始的不同服务模块,这些模块具有与其他模块接口的能力,这样当客户对柜员表明需求后,柜员可根据客户需求在标准化模块中选择并组合成一揽子服务。

(2)营销方式由柜面间接被动推销向网络直接主动促销转变。

(3)"3A"级服务的推行。随着社会经济一体化和市场需求的变化,银行可以把市场需求与信息技术结合起来,极为便利地介入非金融领域,针对客户需求及时地设计金融工具和提供方便、快捷的旅游、订票、购物等其他社会服务,拓展新的服务领域。

(二)银行层次再造

美国麻省理工学院(MIT)的研究表明按照银行应用网络技术的水平,银行的信息化可以分为五个层次,如图4-4所示。

中国银行对网络技术的应用仅仅限于局部应用和有限的内部集成,即依然处于信息化的演进阶段,以网络技术为代表的信息技术的潜能还远远没有释放出来。只有通过创造性地运用网络技术对银行传统的业务流程、

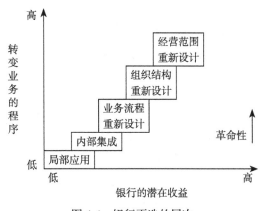

图4-4 银行再造的层次

组织结构和经营范围进行再造,才能发挥技术在降低成本、提高效率和增强银行竞争优势方面的巨大潜能。

1. 业务流程再造

(1)数据大集中为业务流程再造奠定了基础。2000年,中国工商银行扛起了"数据大集中"的大旗,由此在全国掀起了银行业数据集中的建设热潮。此后的几年里,整个银行业的信息化都没有离开这个"主线"。到2002年下半年,中国工商银行率先完成了数据大集中的建设,将分布在全国各地的40多个数据中心整合为互相连接、互为备份的北京、上海两大数据中心,后来又将两大中心合二为一,以上海为中心,北京为备份中心,建成了全国统一的计算机系统平台。中国建设银行和中国银行也相继实现数据的集中,在全国建立了数个区域的数据中心。中国农业银行的营业网点最多、分布最广,它通过建立区域中心,然后由大区集中走向全国集中,实现了数据集中。

数据大集中深刻改造着银行的业务,是提高银行业核心竞争力的重要基石。在信息化的初始阶段,电子化将银行业务从手工操作中解放出来,极大地提高了银行的业务效率,改善了服务质量。随着信息化的深入,信息技术的不断发展和完善,尤其是

网络技术的突飞猛进，数据大集中成为现实，银行业务的流程、组织结构都发生了巨大变化。

数据大集中使得银行的整个业务系统统一在一个控制系统下，不管是江南小城还是塞北的村镇，其基层的储蓄网点被网络连在一起。在这种技术环境下，银行原有的业务操作模式发生转型。数据大集中为业务集中特别是后台业务的集中提供了技术平台，为银行后台业务提供了一个可集中处理异地业务的处理中心，这非常有利于银行业务处理的前后台分离。业务处理中心的建设无疑会极大地改变现有银行业务处理流程。

（2）业务流程再造的环节。由于银行经营的货币、信用具有同质性，银行与银行的差别很重要的一方面是来自各自的业务流程，业务流程的完善成为建立银行竞争优势的主要因素之一。在业务动态考察中，业务流程就是"工作的流动"（Work Flow），是业务与业务之间的传递或转移的动态过程，而业务流程再造是对这个动态过程的优化。数据大集中的实现，使得传统业务在一个神经中枢的控制下实现最大程度的优化，从而实现了从"以账目为中心"转变为"以客户为中心"。在数据大集中的条件下，信息技术的应用是以银行的整个业务流程为中心的，涉及银行内部各个业务部门的一整套活动，而非仅限于某个单位，这样打破了条块分割的分工概念。例如由于综合柜员制的出现，一个柜台可以从事全部业务的服务等。

银行再造的核心环节是业务流程再造，由于银行经营产品的同质性，银行与银行的差别实际上源于各自的业务流程，业务流程由此成为影响银行竞争优势的主要因素。在传统的职能型分工中，业务流程的分散性和集成性并存，从客户的角度看，整体性的流程由于业务的性质和承担者的不同而被切割和分散，应分散的流程却由于很强的内部联系而集合在一起。这种流程不但会使各个职能部门之间产生频繁的数据交换，严格的流程前后次序也大大延长了银行提供服务的时间，而且使银行的产品创新能力受到极大的制约。业务流程再造按照科学的方法分解银行原有的业务链条，并根据各个平面的原则进行重建，创建包含专家模块等在内的灵活而又多样的价值增值型流程，利用银行内联网和数据仓库增强流程中的信息传递速度，降低银行提供专家式服务的成本。

业务流程的完全再造要经历如下四个环节。

第一，自动化，即使用计算机来加快现存业务的执行速度。

第二，流程合理化，即标准化操作流程的简化和效率化，消除明显的瓶颈制约，使自动化操作更有效率。

第三，业务再造，即对业务过程进行根本性的再设计，减少浪费，消除重复工作和纸介质的密集工作，以降低成本、提高服务质量，使信息技术的收益最大化。

第四，异化，即对业务过程性质和组织性质的根本性再构思。

随着网络经济的飞速发展，银行会呈现传统业务与网络业务并存的局面，业务流程再造在一段时间内会体现出两种业务流程共存于同一银行内部的现象。所以，现有银行在进行业务流程再造的过程中，应处理好与原有传统业务之间的衔接问题，既要适应网络经济发展的需要，建立相应的业务流程，也要保留与传统业务相配套的业务流程，在提高效益的前提下稳中求进。

例如：华夏银行依托科技创新带动传统银行的业务发展。根据"小银行、大网络"的理念，华夏银行太原支行与太原市邮政局联合实现不同金融机构的联网运行。此次跨行业联合实现了真正意义上的资源共享，既发挥了邮政的网点优势，为用户使用华夏卡创造了更多的便利，同时又提高了华夏银行特约商户网络的利用率，增加了邮政绿卡的服务功能，为邮政储蓄的发展及其他新业务的开发拓展了空间。

2. 组织结构再造

银行的组织结构再造是银行再造中一个不可或缺的重要环节，银行业务再造要求跨越银行原有组织结构壁垒和原有文化的界限。同时，银行业务流程再造后其作用的发挥也受到原有组织和文化的制约，银行原有的职能型组织阻碍了信息在银行内部的顺畅流转。在到达业务流程再造的最高层次后，流程的彻底异化就包含了组织的变化，所以银行的组织结构再造是业务流程再造后的必然趋势。银行组织结构再造的目标就是建立集权与分权并存的中心辐射式组织结构。在网络经济时代，信息传递速度快捷的特点要求银行组织结构向扁平化发展，以减少管理幅度，提高消息上传下达与横向传递的速度和准确度，将信息失真的可能性减少到最小。

3. 经营范围再造

当银行业务流程再造、组织结构再造达到一定程度后，随着利润的提高、竞争力的增强，经营范围的扩大成为必然。在网络经济时代，由于信息流的完善和快捷，银行经营范围会呈现混业化、功能化和服务化的趋势，在网络金融和金融产品创新的推动下，传统商业银行正迅速向综合服务机构转变，业务范围扩展至社会生活的各个角落，如财务咨询、委托理财、外汇买卖、保管箱、信用卡、代理税务、代发工资、代收代付费用等，特别是通过网络进一步提供如旅游、信息服务、交通和娱乐等全方位的公共服务，并充当电子商务的媒介角色，银行网点也由原来单一的存取贷机构发展成为集存款、取款、贷款、咨询、委托代理等多种功能于一身的"金融百货公司"或"金融超级市场"。

🌐 案例 4-1

IBM 银行业企业报表管理解决方案

IBM Content Manager On Demand 解决方案所提供的是一个完全面向计算机输出到光盘存储系统（Computer Output to Laser Disc，COLD）的先进的报表管理解决方案，它可以提供功能强大的数字化报表存储、归档、查询、提取、分发、打印以及传真等能力，帮助用户自动捕获、存储、访问、分发和管理各种内容的计算机，打印输出报表、对账单、图像（前台票据与客户银行来往信件和传真等）和计算机桌面文件（文本和电子表格），如图 4-5 所示。

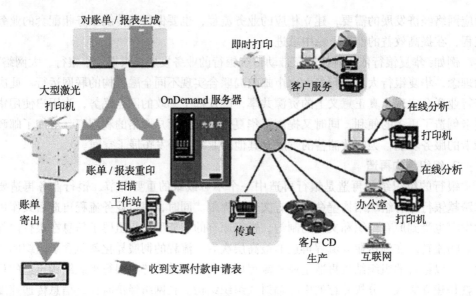

图 4-5

（1）采用 IBM 报表管理解决方案。
- 减少／替代了昂贵的缩微胶片的使用。
- 减少／替代了纸张使用量及用于备份存储的费用。
- 减少了打印耗材的费用。
- 减少了人工分发及管理的工作量。
- 通过在线即时提取文档，大大提高了客户服务水准。
- 所需数据、信息在几秒钟内即可就绪，大大提高了员工的工作效率。
- 加强了对员工工作量的管理，大大提高了公司的利润以及员工的士气。
- 满足银行不同层次机构的报表需求。
- 逐步建立了一套提供多渠道、全方位、全天候服务的报表系统。
- 降低了银行的运营和管理成本，包括纸张、分发、传输、存储等费用。

（2）IBM 报表管理解决方案可以应用在以下领域。
- 客户或信用卡对账单的打印、传真及互联网浏览。
- 报表存档及分发。
- 支票图像处理等。
- 抵押贷款、存款历史记录、财产及财务状况、在线会计核查、分析及审批。
- 加强对文件及契约等的管理。
- 加强对市场活动、客户服务的管理。

资料来源：http://www.docin.com/p-85832773.html。

第二节 网上证券服务

案例 4-2

新一代证券集中交易系统架构示意图如图 4-6 所示。

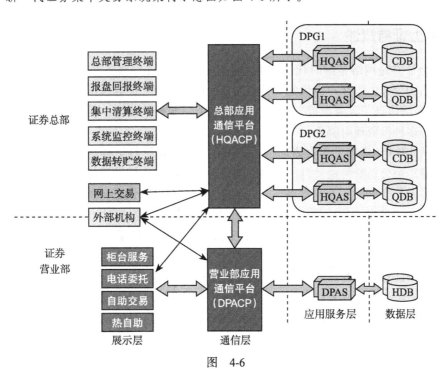

图 4-6

该系统可以是以证券总部和证券营业部为基点的业务模型，在此基础上，可以通过参数的配置，实现区域总部管理；也可以营业部下设多个服务部的证券公司模型。区域总部的应用部署与证券总部的应用部署相同，营业部下属的服务部应用部署与营业部基本相同。

1. 证券公司的总部

证券总部一般部署证券公司全部的数据库、总部应用服务器、总部应用通信平台、总部管理终端等，外部机构应用接入原则上应尽量部署在证券总部，从总部应用通信平台接入，但根据证券公司的具体情况，也可以部署在营业部，从证券营业部应用通信平台接入，甚至从营业部下面的服务部直接接入，网上交易视证券公司的不同，部署也有可能不同，可以在总部也可以在营业部，证券公司若有区域总部，其业务应用部署与证券公司总部基本相同。

2. 总部数据库

对于新一代证券经纪业务运行平台，总部数据库主要分为当前交易数据库

（CDB）和查询数据库（QDB），当前交易数据库存放客户信息、系统参数及公用管理信息、证券交易等实时交易数据（包括一周内的历史流水数据），查询数据库存放包括当前交易数据库在内的所有历史及即时数据，并保存历史归档数据。当前交易数据库、查询数据库各自可采用一台或多台服务器部署实现。

一、网上证券概述

网上证券是网络金融时代的证券业务创新，网上证券服务是证券业以互联网等信息网络为媒介，为客户提供的一种全新商业服务。网上证券包括有偿证券投资资讯（国内外经济信息、政府政策、证券行情）、网上证券投资顾问、股票网上发行和买卖及推广等多种投资理财服务。

自从1994年美国的奥夫豪斯公司首先在网上开办股票交易业务以后，华尔街的各家证券经纪公司纷纷通过自己的网络和交易系统向客户提供低成本的网上股票、基金、债券及衍生产品的交易服务。美国嘉信理财公司于1995年推出世界上第一个网上证券平台。仅在三年后的1998年，网上证券经纪公司就超过100家，美国上网的2 500万个家庭中有1/5进行网上投资，通过互联网进行股票交易的交易额占个人投资股票交易额的35%，股票网上交易量占当时美国全部股票交易量的14%，美国最大的互联网证券经纪商嘉信理财的客户资产规模在三年内翻了一番，股票市值超过全球名牌证券经纪商美林公司，其收益多年来一直按30%的幅度递增。

随着网上证券业务的不断推广，证券市场将逐渐从"有形"的市场过渡到"无形"的市场，远程终端交易、网上交易将成为未来证券交易方式的主流。网上证券对未来证券市场发展的影响主要表现在如下方面。

（一）证券市场的发展速度加快

证券市场是一个快速多变、充满朝气的市场。在证券市场发展过程中，网上证券作为证券市场创新的一种新形式，发挥了积极的推动作用，其表现如下所述。

（1）证券市场的品种创新和交易结算方式的变革，对网上证券建设提出了新的需求。

（2）网上证券建设又为证券市场的发展创新提供了技术和管理方面的支持，两者在相互依存、相互促进的过程中得到快速发展。

（二）证券业的经营理念在实践中发生了变化

未来的证券公司将不再以雄伟气派的建筑为标志，富丽堂皇的营业大厅不再是实力的象征，靠铺摊设点扩张规模已显得黯然失色。取而代之的是，依托最新的网络金融成果，积极为客户提供投资咨询、代人理财等金融服务，发展与企业并购重组、推荐上市、境内外直接融资等有关的投资银行业务，努力建立和拓展庞大的客户群体将成为其主营目标。

(三) 证券业的营销方式在管理创新中不断变化

未来证券公司的市场营销将不再依赖于营销人员的四面出击，而将集中更多的精力用于网络营销。通过网络了解客户的需求，并根据客户的需求确定营销的策略和方式，再将自己的优势和能够提供的服务通过网络反馈给客户，从而达到宣传自己、推销自己的目的。

(四) 证券业的经营策略发生了变化

在未来网络互联、信息共享的信息社会里，证券公司将不再单纯依靠自身力量来发展业务，而是利用自身优势与银行、邮电等行业建立优势互补的合作关系。各行业在优势互补、互惠互利的前提下联手为客户提供全方位、多层次的立体交叉服务。这种合作会给各方带来成本的降低和客源的增加，从而达到增收节支、扩大业务的目的。

(五) 金融业中介人的地位面临严重的挑战

在未来网络互联、信息共享的时代，企业可绕过证券金融机构，直接通过互联网公开发行股票来募集资金，甚至自己开展交易活动，如美国电子股票信息公司自1996年开始利用互联网为客户提供股票交易服务；又如美国春街啤酒厂（Spring Street）作为全球第一个在互联网上发行股票的公司，直接在网络上向3 500个投资者募集160万美元资本，并在网络上发展了一套交易制度来交易该公司的股票。该公司计划成立一个网络投资银行，专门做网络上公开发行的股票交易业务。在网络技术迅速发展的今天，金融机构如果无法适应网络技术的发展，无疑将成为最大的输家，很可能成为明日的"恐龙"。

二、网上证券业务平台

(一) 网上证券的运营平台

网上证券主要是通过互联网来实现的。随着IT的发展，已经有越来越多的通信平台可以提供电子商务功能，相应地，网上证券也将逐步地扩展到这些平台上。

1. 有线网

有线网包括互联网和有线电视网。互联网已经实现相应的功能，随着有线电视网的进一步开发和普及，通过有线网进行炒股将是一种趋势。

2. 移动通信网

随着移动通信网功能的增强，以WAP通信协议为基础的电子商务功能被开发出来。例如，据《证券时报》2000年3月14日报道，中国证券商务网的"赢时通"已经在辽宁证券深圳营业部开通了可以通过手机炒股的网上交易系统。

3. 无线网和卫星网

除了移动通信网（手机）外，还有两类主要的移动网络，即无线网和卫星网。其资讯服务将很快实现，网上证券功能也将随之推出。

（二）网上证券的业务形式

1. 网上证券交易

所谓网上证券交易，是指证券投资者利用综合网络资源（包括互联网、移动通信网、声讯网等）获取个人证券服务的业务和业务系统。它的本质是一种新型的客户体验，这种交易形式在电子商务相对发达的美国已经逐步为人们所接受，到1999年6月底，已有30%的证券投资者加入网上交易的行列。在国内，网上证券交易也已经兴起，从1997年起，中国已有200多家证券经营机构试验性地开展了网上委托业务，通过网上委托系统完成的交易量占整个交易量的2%～5%。

网上证券交易系统一般提供即时行情、金融资讯、下单、查询成交回报、资金划转等一体化服务。整个系统必须由电信、券商、银行协作完成。

2. 网上资讯、咨询、投资顾问与投资经纪

随着股民上网人数、网上资讯站及其他资讯源的增多，针对网上证券资讯的电子商务被逐步推出。

股民上网阅读的证券与财经资讯一般是免费的，但证券网站在取得这些资讯时，应向资讯提供者付费。同时，如果网站有自己的资讯系统，在授权其他网站和媒体使用时亦可收费。对普通股民而言，一般性的证券资讯和财经资讯可以免费阅读，但对一些重要资讯和数据，可考虑付费访问。例如对交易数据进行分析后得出的庄家进出数据、一些证券分析或决策系统发出的买入与卖出信号等，完全可以进行付费服务。未来的证券投资社区，还可以实行收费会员制，向会员提供多方位收费服务。

随着证券投资资讯网站的发展，特别是提供的各项服务的深化发展，在提供各种股市行情的同时，网上投资顾问也应运而生。投资顾问广义上是指为客户提供有偿的证券投资服务的个人或群体，他们大多有一批从事证券投资市场的专业人士作为外脑支持，依托投资公司的组织形式开展业务。网上的投资顾问主要借助现代网络技术，通过互联网进行宣传和为客户提供有偿投资顾问或投资经纪服务。

对网上的投资顾问与投资经纪，从其所提供的服务内容分为以下几种。

（1）一般性股评、市场分析报告类。他们所提供的股评和市场分析内容完全是公开的，而且是免费的，主要是通过网上浏览和发送邮件列表的形式来展示其内容。

（2）有偿提供行情或市场评述类。他们所提供的股评和市场分析内容完全是不公开的，而且是收费的会员制组织形式，他们主要是通过网上加密浏览、订阅有价邮件列表、开设加密聊天室或论坛的形式来展示其内容的网上投资顾问。从提供有偿服务的角度来看，这属于网上证券的范畴。

（3）投资经纪。这类的服务内容是受理客户的委托，代理客户进行实际的操盘活动。这种方式需要在事前由双方签署具体全面的具有法律约束力的合同，具体的收益保证和利润分成有多种形式。承接这些服务的绝大多数是专门的投资顾问公司。网上投资顾问的概念在不断地发展和变化，网上证券公司的出现，为网上开展各项投资顾问业务开辟了新的天地。

（4）其他形式的网上证券业务。除了上述形式的网上证券外，通过证券投资网上社区可开展其他形式的网上证券业务。例如，证券行业产品的销售，上市公司的网上推介、网上发行，提供外汇、期货等方面的辅助投资服务。

三、网上证券交易模式选择

网上证券交易模式选择必须考虑相互关联的两个问题：一是网上证券交易经纪商的资格认证问题；二是采取自由定价的竞争模式，还是固定佣金的竞争模式，即使用固定佣金制度，还是竞争自由佣金制度，允许折扣经纪商的存在。

中国颁布的《网上证券委托暂行管理办法》规定，在网上证券交易的模式选择上，资格认证以证券公司作为网上证券交易的主体，其他网络公司只能为证券公司提供技术支持，不能成为独立的网络经纪商，竞争模式采用固定佣金制度。

（一）国外网上证券交易模式

国外网上证券交易模式主要有四种：传统的经纪商兼营网上经纪业务、折扣经纪商提供网上经纪业务、纯粹的网上经纪商、传统的经纪商设立一个独立的网上经纪子公司。例如：美国从事网上证券交易的公司有嘉信理财、美国亿创理财公司（ETrade）、TD Waterhouse 集团、富达集团、DATKE 公司、TD Ameritrade 公司和DLJ Direct 公司等。其中，嘉信理财和 TD Waterhouse 集团是典型的折扣经纪商提供网上经纪业务的经营方式。嘉信理财是美国最大的网上证券公司，其业务量占当时美国全部折扣证券公司（Discount Brokerage）业务量的 22%，其良好的服务和低廉的价格吸引了大批客户，使公司获得了巨大的成功。嘉信理财实际上是服务个人财务的全能超市，在该公司的站点上，不仅可以看到即时行情、新闻、历史财务数据，也可以定制个人主页，查看自己的账户，编制自己的财产分配模型，寻找符合自己的模型且表现最好的共同基金，再通过嘉信理财来购买这些基金。

在美国占市场份额第二名的亿创理财公司，是与嘉信理财不同的另一种经营模式，是纯粹的网上经纪商。这是一种完全以 Web 方式提供纯虚拟投资与服务的模式。交易完全在网上进行，公司没有有形的营业网点。这类公司的营业成本低，价格低就是这些公司的优势。亿创理财公司是全球最先开展网上证券交易业务的站点。1992年，亿创理财公司开始通过美国在线向投资者提供一些网上证券服务，1996 年建立了网上证券交易站点，开始了证券交易的电子化革命。

另外，美国传统的四大证券公司（美林证券、摩根大通公司、莱曼兄弟控股、高盛集团）涉足网上证券交易的时间较早。它们的经营方式是传统的经纪商兼营网上经纪业务。还有一些传统的经纪商通过设立一个独立的网上经纪子公司，进行网上证券交易，如 DLJ Direct 公司。

后两种模式的优势在于：可以利用公司的专业化程度和庞大的市场研究力量为其客户提供理财服务。为了避免客户流失，保住自身在业界已有的地位，一些大型证券公司也开始抢攻网上市场，美国证券公司的网上角逐已拉开序幕。对于这些证券公司，迫切的任务是如何对原来的业务进行重组。

美国网上证券交易的生命力如此旺盛，一方面与美国发达的网络系统有关，另一方面也与网上证券交易自身具有的优势分不开。对投资者而言，网上证券交易的最大好处是交易费用低。另外，由于它操作方便，信息快捷全面，自由度大，可不受时间和地点的限制，随时随地获得行情并进行交易，因此在美国颇受青睐。

日本、欧洲各国、韩国等都开展了网上经纪业务，它们的经营模式基本和美国类似。如日本也用上述几种方式进行网上证券交易活动，只是还没有形成较大的规模，虽然得到了证券公司的普遍认同，但没有形成竞争热点。同时，日本还没有放开交易手续费，因此各证券公司进入网上证券交易的最主要目标是尽早从网上争取更多的顾客，为手续费自由化以后可能面临的竞争局面做准备。韩国是世界上网上证券交易成交量占总的股票成交量比例最高的国家，韩国的网上证券交易主要是传统的经纪商兼营网上经纪业务的模式。

（二）中国网上证券交易的模式

中国网上证券交易采取以下两种模式。

1. 营业部直接与互联网连接

客户通过营业部的网站直接进行证券交易活动，采用这种方式的营业部投资很高。客户通过营业部的网站下单及查询，从网上实时接收有关股市行情、成交反馈结果等信息。在这种网上证券交易方式中，证券公司可以直接在网站上为客户提供各种特色服务，如股市模拟操作、国内外宏微观信息报道、本公司证券分析师对市场的分析讲解等。由于拥有自己的网上证券交易网站，证券公司可以尽显风流，提供一切客户要求的信息服务。

2. 营业部通过网络服务商和互联网连接

网上客户的下单请求通过 ISP 网站送达营业部，客户可从 ISP 网站上实时获取股市行情和成交结果（客户→ISP 网站→营业部→证券交易所）。第一种交易模式因为投资成本太高，客户交易规模太小，不足以补偿投入的巨额固定成本，或者证券公司缺少自己的技术人员，如网络维修人员、网络系统的开发设计人员等，所以营业部多数采取第二种交易模式，不专门建立自己的交易网站，而是暂时租用商家的 ISP 网站开展网上证券交易。中国提供 ISP 网站服务的有电信局、有线电视台及其他一些专业的互联网站服务商。

以上两种模式各有千秋。除费用差别外，在网站技术、网络安全性、运行风险和特色服务方面也有区别。在网站技术方面，ISP 有着较强的优势，ISP 网站开发的专业网站技术高，网上速度较快，更安全可靠。在运行风险方面，ISP 可能会出现经营问题，甚至破产倒闭，而证券公司自建网站不会有这方面的风险。在特色服务方面，证券公司网站的优势更大，可以凭借证券公司的综合性实力为客户提供个性化服务。

网上证券交易体系的出现，导致各个证券公司的差别缩小，其差异更多地体现在技术及提供的服务上。因此各个证券公司在向网上证券交易迈进时，所面临的是与对手面对面的竞争。由于证券经营受到的时空限制将越来越小，证券公司在市场竞争中的地位，将更大程度上取决于证券公司所提供的研究资讯服务的准确及全面程度，以及对于投资者投资指导的及时和完善程度。网上证券交易使证券公司在面临更激烈的竞争的同时，也碰到了前所未有的机遇。因为互联网使各地的客户缩短了时空距离，投资者无论身处何地，都有可能成为某个证券公司的潜在顾客，这对于收取交易手续费的交易机构有吸引力。

网络化要求证券公司具有超前的经营意识，努力改变管理和营销模式，同时它对证券公司的人才素质、技术、业务拓展和客户服务等方面都提出了全新的要求。证券公司需要组建一支既懂技术又懂证券业务，并且熟悉营销管理知识的综合性人才队伍，以确保网上证券交易的安全、稳定与高效。

四、网上证券交易业务管理系统

(一) 网上证券交易业务管理系统简介

网上证券交易业务管理系统是根据证券交易的基本规程，结合现代化管理方式及计算机管理的特点，采用计算机网络技术，向客户提供柜台、资金管理、证券管理、清算交割、报表管理、报盘管理以及后台处理等服务的信息系统，具有良好的实时性、可维护性和可扩充性。

网上证券交易业务管理系统是一套较复杂的软件，是依据证券交易业务，结合计算机信息管理的特点，利用网络及其他通信设施，对证券交易的业务信息进行及时有效管理的一种应用软件。

1. 网上证券交易业务管理系统功能

网上证券交易业务管理系统围绕整个交易流程而设计，其功能贯穿客户委托、申报、实时回报、日终清算以及管理客户的资金、证券等内容，并进行实时监视和分析等。

（1）客户委托子系统。客户委托是由客户自己操作或操作员代操作的委托单处理系统。它接受客户委托，委托内容包括证券名称、买卖类别、委托数量以及委托客户价格等。同时在输入价格时，系统向客户显示指定证券的最近成交价、最近叫卖价和最高价供客户参考，并对购买股票数额、报盘的限价要求进行判别。在对客户委托检查合法性后形成一条委托记录传给报盘台。若买入股票，则冻结该客户相应的金额；若卖出股票，则冻结该客户相应的股票数量。在资金或股票不够的情况下，系统判为买空或卖空。若客户提出撤单要求，则试图撤销客户指定的委托单；若撤单（部分）成功，则将已撤掉部分的资金或股票由系统立即自行解冻。

（2）资金管理子系统。该子系统实现对客户资金账号的管理及客户资金管理。资金账号的管理包括账户的开户、销户及冻结、挂失、清密等各种处理。资金管理包括保证金存取、冲账、利息结算等处理。

（3）证券管理子系统。该子系统包括证券账号管理及客户各类证券的托管。账号管理包括开户、销户及挂失、更新等处理。证券托管包括证券的转入、转出、清理及分红、派息、权证管理。

（4）系统管理子系统。该子系统主要供客户进行资金和证券的查询，包括客户资金、证券、委托历史及成交历史的查询，并即时打印买/卖成交报告书。

（5）报表管理子系统。该子系统分为两部分：一部分是前台实时报表管理部分，包括资金、证券两部分，只处理当日实时报表；另一部分是后台报表管理部分，它包括日终处理后的各类报表，并增加各报表的历史查询打印、管理分析等内容。

（6）报盘管理子系统。该子系统主要处理客户委托单的申报。它把客户的一张张委托单在报盘机屏幕及打印机上按照"三公"原则逐一处理打印，并生成相应的记录，同时将交易所传回的成交记录录入系统的成交库，进行实时回报并显示。

（7）即时处理子系统。该子系统实现对客户委托的实时处理，又称为T+0处理，以便客户得到最及时的交易服务。当客户证券卖出成交返回后，实时处理系统即时将资金增加到用户的账户上。当客户证券买入成交返回后，则即时将所需的资金从用户的账户中划去。当买入撤单成功后，对其资金进行解冻，使用户资金即时回笼，以便用户即时使用。

（8）日终处理子系统。该子系统进行当日交易结束后的结算处理，其中包括收市处理、备份以及数据库的清零等。收市处理是将交易所传回的成交回报库与当天的资金库、委托库、证券库进行成交配对，正确的成交记录存入成交库，错误的成交记录进行错误检查并做相应处理，最后计算各种费用。收市处理结束后就进行日库、历史库和其他库的备份，并对当日数据库清零。

（9）网上证券交易业务管理子系统。该子系统是这套管理软件的核心模块，它控制着整个系统的各个参数设置及上岗操作员的密码设置和权限分配，还包括系统各个数据库的维护，如重建索引、证券派息、权证管理等。

（10）经理监管子系统。该子系统实现对客户的资金和证券账目、交易情况以及员工工作情况进行实时检索和查询，以便进一步分析。

2. 网上证券交易业务管理系统分析

（1）网上证券交易业务管理系统的目标。建立网上证券交易业务管理系统的目标是以合理的费用建成满足全体股民需求和适应今后发展需要的计算机网络和通信系统,使其达到券商业务管理的领先水平。为此,系统分析应从证券商业务系统状况、股民需求和计算机软硬件的市场情况这三个方面进行。

第一,证券商业务系统状况。大部分证券商采用证券交易所统一提供的卫星通信设备、软件接收证券行情和成交回报,个别的证券商另有专线通信;买卖委托和撤单可直接通过计算机网络中央主机自动撮合成交或完成撤单命令;一般包括柜台交易软件、国债期货管理软件、LED 点阵式或数码管大屏幕行情显示和钱龙等行情分析软件;大部分证券商配置了股民密码自助委托,许多证券商配置了电话委托。

第二,股民需求。股民普遍对钱龙等行情分析自助委托表现出一定的兴趣,在席位数量有限而不能直接与红马甲交易员通话的情况下,大户喜欢钱龙等行情分析自助委托。虽然仍有股民通过柜台填单买卖股票,但大多数股民都喜欢使用密码自助委托。股民都喜欢看钱龙等行情分析,普通股民都喜欢用 LED 点阵式或数码管大屏幕行情显示。从事正常工作同时兼做股票买卖的市民很想使用电话委托,但觉得一些证券部提供的电话委托不好用或不会用,并有时间限制。

第三,计算机软硬件的市场情况。中国的柜台软件和国债期货管理软件普遍比较成熟,密码自助委托有些比较完善;电话委托软件有待完善,应进一步推广钱龙等行情分析自助委托;LED 点阵式或数码管大屏幕行情显示各有千秋,钱龙等行情分析软件也很成熟;计算机公司要保证售后服务。

(2)网上证券交易业务的交易流程。证券交易的大致流程是:首先,股民的买卖委托通过柜台或电话委托系统进入证券商的计算机网络服务器,报单软件将服务器中的买卖委托显示在报单员的计算机屏幕上,报单员通过电话将买卖委托逐笔报给在证券交易所交易大厅中该证券商的出市代表(俗称红马甲),出市代表边听边输进计算机,从而使委托进入证券交易所的撮合主机。其次,股民通过交易密码自动委托,进入证券商交易系统网络服务器进行自动判别后,通过交易所交易网络系统直接进入交易所中央主机。证券交易所将交易行情和公告信息发往卫星(亚洲一号),再由卫星向地面广播。证券商的地面卫星接收小站(含有一个卫星天线、一个接收机、一台装有接收软件的网络工作站)可以接收到完整的交易行情和公告信息以及该证券商的成交信息,并将这些信息存入网络服务器,使得网络上的其他工作站可以将这些信息实时地显示出来或通过电话语音报出。

(3)网上证券交易业务软硬件设计。证券交易系统的软件包括卫星通信、柜台软件、国债期货管理软件、钱龙等行情分析软件,硬件包括终端服务器、LED 点阵式大屏幕行情显示、磁卡小键盘委托、电话委托、钱龙等行情分析自助委托、网络布局、服务器、工作站和不间断电源等。考虑到卫星接收机及其通信软件由证券交易所统一提供,柜台软件、国债期货管理软件和钱龙行情分析软件均已相当成熟,因此,系统设计的重点主要是网络结构布局和网络服务器、不间断电源、LED 点阵式大屏幕行情显示、磁卡小键盘委托、电话委托、钱龙行情分析自助委托。

(二) 网上证券交易的操作程序

在网络上进行证券交易，其程序和现实的交易步骤是一样的，也是经过开户、委托、成交、交割等几个步骤，只不过实现交易的手段不同。原来需要亲自去交易所办理的一切手续，在网上交易时都可在计算机上操作。网上证券交易的操作程序如下。

第一步：登记开户。国外证券商已经能支持在互联网上进行开户，如瑞典的 Scarab 公司。投资者将自己的电脑连通到该站点后，即可直接在网上登记和开户，投资者将自己的社会保险号、信用卡号及授权用电子邮件通知到该公司，在家中即可加入证券交易者的行列。

第二步：订单委托。互联网通过 TCP/IP 协议将投资者的需求及买卖委托及时准确地传递到撮合子系统中，并及时得到确认和成交回报。

第三步：清算交割。投资者以电子邮件形式接收证券商发送的通知单，可以通过浏览器连接到证券商的 Web 主机上主动查询自己的交割单和对账单。投资者也可以通过远程文件传输（FTP）的方式到证券商的非匿名 FTP 服务器上下载自己的成交回报，付款则如同开户。

在网上证券交易的各个环节中，最主要的问题是交易的安全性。互联网是一个开放的网络，交易者的应用可以无差别地运行在各种网络环境和客房终端上，这使得各种应用可以非常容易地共享资源和相互连接。互联网技术极大地增强了交易者轻松地获得信息的能力，也增加了某些敏感的或有价值的数据被滥用或盗用的风险。金融交易不仅暴露在客户的面前，同时也暴露在众多的网上黑客的面前，他们将是网上证券交易的定时炸弹，在解决安全问题之前，客户和网上金融机构不能不心存疑虑。尽管金融机构可以用防火墙、保险箱和其他加密技术来保护自己，但网络黑客还是可以攻破。美国国防部的秘密经常在网上遭受攻击就是很好的例证。

(三) 证券经纪业务电子化应用方案开发

1. 需求分析

20 世纪 90 年代以来，中国证券期货业以其特有的魅力吸引了千百万投资者的热情参与，证券业信息系统的电子化建设发展迅速。在发行、交易、清算、信息披露、技术监控、信息咨询与服务等方面，计算机技术的应用深度和广度都大大扩展。各证券经营机构已全部建立了电子化业务处理系统，计算机与网络通信技术成为支撑各项证券业务运转的关键设施。

（1）业务现状。证券业务共包括证券经纪、证券承销、自营、兼并与收购、咨询服务和基金管理等业务。证券营业部主要从事证券经纪业务。

证券经纪业务由行情服务和资金服务两部分组成，其具体组成如图 4-7 所示。

（2）系统需求。上述证券经纪业务的各项功能、服

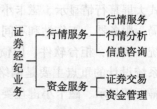

图 4-7 证券经济业务示意图

务都由证券营业部电脑网络系统处理完成。作为业务的载体,证券营业部电脑网络系统应具备一定的条件,才能满足营业部高质量服务和化解经营风险的目标要求。证券经纪业务对电脑网络系统的要求是安全性和较强的处理能力。

(3)安全性。证券营业部的电脑网络系统是实现证券营业部交易经纪业务的核心系统,其安全性直接关系到证券市场的稳定发展和证券经营机构及广大投资者的切身利益。安全性又可具体表述为保密性、完整性和可用性。保密性是指投资者的投资行为、具体金额及操作方法,既是个人隐私又是商业秘密,不允许泄漏。完整性是指证券投资者的股票信息,资金信息及所进行的交易不允许被破坏、伪造、非授权地使用和篡改,这是投资者开展投资行为的基本要求。可用性是指证券投资者在交易期间,其投资行为应不受任何障碍,任何原因的交易中断、服务停止是不能被接受的。安全性要求网络系统采取一定的体系、技术和措施保证投资者的信息安全,并不因自身的故障导致服务中断。

(4)较强的处理能力。由于经纪业务包括诸多方面,使得网络上运行的应用与服务也非常繁杂,包括行情分析、信息咨询、证券交易、资金管理等。众多的网络用户,使得网络负载很重。由于中国证券市场的起伏有时很大,而业务高峰的来临又是非常突然、无征兆,所以还要求网络在处理能力上必须具备一定的弹性。

综上所述,证券经纪业务对网络的要求近乎苛刻,首先应满足安全性要求,并承载较大的业务负荷,同时又必须面对不可预知的业务高峰的压力。

2. 网络设计案例

该方案是根据中国华融信托投资公司广东证券分部的具体业务需求而设计实现的。

(1)设计原则。网络设计应满足证券营业部对电脑网络系统安全性的要求,并符合证监会的"三个分离"的要求(技术与业务分离、前台与后台分离、网络与数据分离)。

网络设备选型及配置应能满足持续处理大数据量的要求(约为1 000台工作站同时访问、工作的负载)。

(2)结构设计。该方案采用"三个分离"的思想,将证券营业部门的电脑网络系统分为内、外两个子网。

内子网的构成:内子网包括资金服务器、卫星通信服务器、资金数据库和交易所通信接口数据库等敏感资源,以及机房工作站、柜员工作站、各业务科室工作站等。证券经纪业务中有关的重要工作,如开户登记、柜台委托、资金管理、委托交易、成交回报、清算交割等工作均在内子网中处理完成。

外子网的构成:外子网包括行情发布服务器和股民用工作站,证券经纪业务中的信息发布、实时分析等活动均在外子网中处理完成。

内外子网的通信:内外子网间的通信主要包括股民委托、查询和撤单等指令,即涉及对内子网敏感数据库的操作,这些操作在该方案中均由交易系统中间件完成。

内外子网分离的网络结构设计方案具有相当的优势。内外子网的分离及路由功能的禁止（NOVELL 路由关闭，中间件无路由功能）使得网络上重要、敏感的资源和设备均被隔离、隐藏在内子网中，外子网用户无法在网络上发现。而且，即使外子网用户知道了内子网的用户名和口令，也无法访问到后台资源。联系内外子网的中间件由于采用适当的加密技术，使得伪造中间件入侵内子网的难度很大。外子网的行情发布服务器由于缺乏重要的信息资源，使得入侵变得没有吸引力。

（3）设备选型。网络设备是网络的主体，网络的安全性和处理能力要通过网络设备的配置与性能来体现。证券经纪业务对网络能力提出的严格要求也就是对网络设备的要求。

（4）网络实现。第一，交换机子系统：该方案中的网络工作站约为1 000台，以太网的CSMA/CD运行机制，决定了一个网段（广播域）内工作站数量不能太多，否则会使网群性能降低。为解决此问题，并体现内外网分离的设计原则，方案中使用了3Com交换机提供的虚网（QLAN）功能。将两台主干交换机3Com SuperStack 119300分别划分为两个虚网（VLAN），这样网络共形成四个虚网：VLAN1（内子网）、VLAN2（外子网1）、VLAN3（外子网2）和VLAN4（外子网3）。

第二，服务器子系统：该方案中共设计服务器6台。由于每台服务器均配备了3Com公司的千兆网卡（3C985B-SX），网卡的1000B/SE-SX端口同3Com 9300的千兆端口连接，为每个虚网提供了2G的通道，解决了长时间以来困扰证券营业部电脑系统的"服务器1/10瓶颈"问题。

第三，网管子系统：在网络上配备一台高档有盘工作站，运行Windows98、HP Openview和3Com Transcend网管软件，监控网络的运行状态。将网管手段引入证券营业部，是营业部电脑网络系统管理由定性到定量的飞跃。网络故障的发生，常常经历一个由隐性到显性、由影响轻微到影响显著、由偶尔发生到经常发生的过程。以往的定性、凭经验的系统管理方法不能起到提前发现故障的苗头，尽早解决问题的作用，其发现问题之日，也往往是故障引起严重的后果之时。3Com网管软件解决了以上的问题。由于它功能强大、界面友好、使用方便，因此深得证券营业部网络系统管理员的好评。

3. 系统运行

系统建成投入运行后工作稳定，经受了"5.19"和"2.14"等火爆行情的考验。系统的良好表现获得了网络所有者和使用者的一致好评，并配合营业部创造了自身单日最高成交量的历史记录。

案例 4-3

典型证券企业的网络结构拓扑

证券企业一般在全国范围内经营业务，网络庞大、结构复杂，典型业务模式有柜台交易、自助委托、电话委托、网上委托等。各证券营业部和总部通过计算机网络将交易所、证券公司与交易者三方连接在一起，共同完成证券交易，并实现行情、交易、结算、办公等各个环节的自动化。一个典型的证券企业网络由四个部分组成：总部办公网络、营业部网络、银证交易系统和网站系统（见图 4-8）。

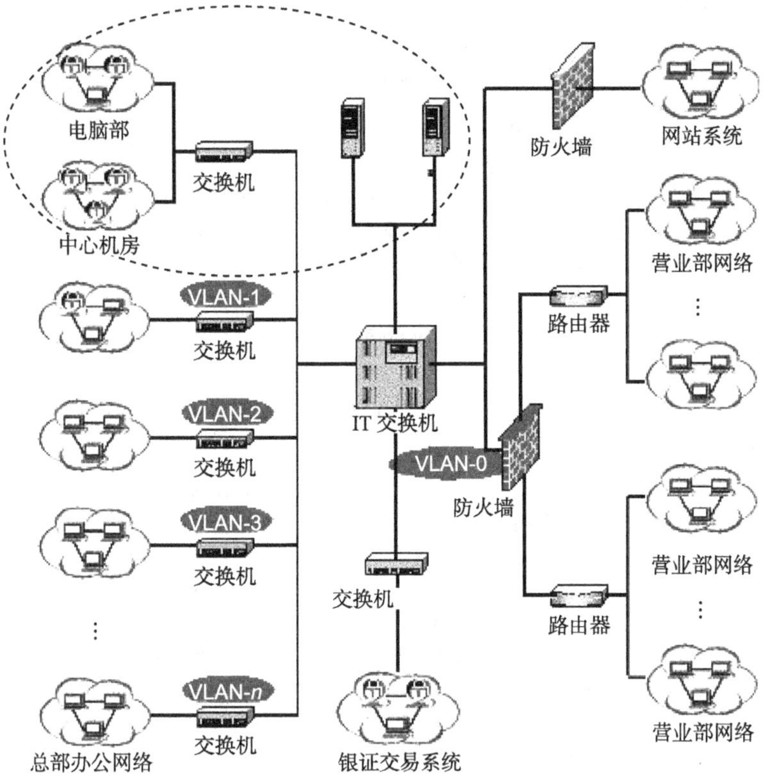

图 4-8 典型证券企业网络结构拓扑图

第三节　网上保险服务

案例 4-4

保险公司移动信息化应用系统方案

1. 后援处理中心

后援处理中心的建设与安全是保险公司在大集中发展下的重中之重，确保该中心的无差错运行是总公司与 IT 供应商首先要考虑的条件。推荐采用 VPN 防火墙设备作为中心建设的外网接入基点，让防火墙作为保障内网的屏障，同时对各地分公司提供接入中心的安全互联，让各种系统作业都能顺利进行。

2. 保险分公司

这里最大的需求在于工作流系统与影像处理系统的正常运行，而以核保工作为依存的影像处理系统又必须在大流量数据传输中完成作业。普通网络传输是无法满足业务需求的，在专线网费用过高的情况下，可选择采用 VPN 技术替代基础连接。通过

VPN 设备提供的互联隧道，分公司还可以在总部权限下放的前提下，随时取回所需的影像信息，极大地方便了共享作业的需求（见图 4-9）。

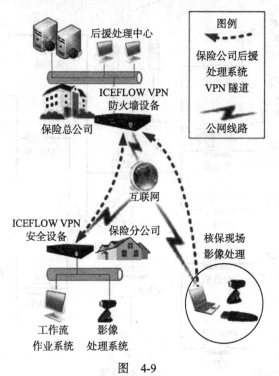

图 4-9

3. 核保现场

对于车祸、塌方等核保现场的数据采集，保险公司人员几乎都是人手一台采集设备，为了将第一手信息传回总部，同时及时了解来自总部的临时决策。工作人员需要 VPN 技术能够满足移动互联的需求。利用相关软件可以将移动互联与影像大流量数据传输相结合，保证现场工作人员的正常作业，并以流量控制等方式解决因大流量数据导致的网络堵塞问题。

一、网上保险的产生

美国是发展网上保险的先驱者。美国加利福尼亚州最大的一家网上保险服务公司是 InsWeb，其用户从 1997 年的 66 万名增加到了 1999 年的 300 万名。欧洲互联网普及率相对较低，且缺乏统一的政策和规范，使得跨国界网上保险市场尚存在诸多障碍。1997 年，意大利 RAS 保险公司用微软技术建立了一套造价为 110 万美元的网上保险服务系统，在网上提供最新报价。该公司月售保单从当初的 170 套上升到了 1999 年初的 1 700 套。英国于 1999 年建立的"屏幕交易"网址为七家本国保险商提供汽车和旅游保险产品，最初的几个月里其用户数量每个月以 70% 的速度递增。据美国一家公司调查，50%的网络用户通过互联网查询机动车辆保险费率，25%以上的用户愿意在网上购买保单。

网上保险是电子商务环境中保险业创新的产物。利用电子商务，保险公司不仅可以通过网络直接接触成千上万的新客户，而且随时可以为老客户提供详尽周到的服务，与各行各业开展广泛的交流与合作，精简业务环节，降低运营成本，提高企业的效益与效率。客户可以不受时间和空间的限制，无论身在何处都可以享受每周7天、每天24小时的不间断服务，理智的客户还可以通过对各家保险公司的充分对比分析，最终决定购买哪家公司的保险产品。

网上保险的最终目标是实现保险电子交易，即通过网络实现投保、核保、给付、理赔等业务工作。保险电子交易的实现要求保险公司根据外部条件和自身的实际情况制定循序渐进的分阶段发展规划，通过分阶段部署电子商务的实现，不仅能够充分利用保险公司现有的各种技术资源，尽量减轻保险公司部署电子商务的投入代价，更好地适应企业自身的技术应用水平，避免业务过程的一次性改造可能给企业经营带来的过渡冲击和震荡，而且可以让企业在电子商务的每一个应用阶段充分获取应用效益，不断增强企业对电子商务的认识与信心，通过投入、应用获益、提升业绩等良性循环，最终实现网上保险电子交易。在部署网上保险电子交易的方案中，技术应用的成本可以从减少传统形式的成本开销和增加新的收益机会两方面获得补偿。根据对全球44 000家企业的调查，有70%的网上保险在6个月的时间内就收回了传统保险电子化投资的全部资金。

互联网具有"无摩擦"特性，网络投保对客户具有任何其他方式都无法比拟的吸引力和更明显的优势。提供保险服务的网站可以展示不同保险品种和保险价格。客户免除了四处奔波的辛苦，可以坐在家里细细比较各种费率的差异，做出最理想的选择，由银行将保险费划入保险公司。

网络保险有着明显的比较优势。客户自助拨号完成申报程序，既节省了保险公司的人力，也免除了电话委托所产生的话费，降低了成本，增加了效益。在互联网上提供保险咨询和销售保单的网站在欧美大量涌现，网上投保量激增。

二、网上保险业的发展

(一) 信息技术推动保险业的发展

1. 信息技术有利于管理效率的提高和规避风险能力的加强

信息化的公司是高度自动化的，其生存与发展依赖于它们对自动化的有效利用。要实现公司经营管理的信息化，就要加大开发、利用现有计算机的潜能，采用集中化管理、分散化作业的网络作业模式，使计算机既能进行出单、理赔、统计等简单操作，又能提高管理控制和决策分析的水平。公司的决策层通过内部网及时采集本系统的各种业务数据和政策信息，保证决策的科学性和及时性，提高管理效率。对数据的及时集中管理，有利于公司对各项指标的控制，及时地规避各类风险。

信息化的保险公司利用先进的计算机系统加强经营管理，对公司财富创造的全过程进行实时监控，合理配置公司各项资源。公司决策层可以随时进行各种业务的分析，业务管理部门可随时通过网络监控各业务机构的运作、各险种的经营，及其业务来源和业务员的业绩情况，随时调整集中或分散核保、核赔的权限。

财务管理的时效性对保险公司有特别重要的意义。财务部门可通过信息网络及相关的财务软件实现财务、日常控制信息化。建立电子财务台账系统可以有效地管理好已收保费，而且可以加强对应收保费的催收管理，防止资源的流失。保险公司为化解风险可以在财务软件中增加保费分流控制、财务状况的预测分析和费用控制等功能，使信息技术在公司财务管理中发挥重大作用。

信息化的保险公司在无纸化办公、文档管理、电讯管理、后勤管理、工作流程管理、险种设计等方面都实现了高度自动化，使整体办公效率成倍地提高。

总之，由于信息技术可以使公司在管理上突破时空的限制，赋予了公司前所未有的灵活性，因此必将推动公司在组织结构、管理模式方面的变革，极大地增强保险公司的竞争能力。

2. 信息技术有利于提高保险公司的整体服务质量

保险业是第三产业中以知识为基础的服务业，服务技术水平的高低直接关系到保险公司的成败兴衰。信息技术的广泛应用有利于重新组合展业和管理的服务能力。一个好的计算机系统可以提高承保、理赔的速度和质量，清晰准确的单证可以给顾客一个良好的产品形象，并有效杜绝假单、错单、漏单等手工操作流程中存在的问题。在理赔方面，由于信息化公司的计算机及其联机网络具有档案管理规范、查询快捷的特点，在出险理赔时可以迅速无误地完成查询和赔付计算的工作，大大节省了人力和物力成本。计算机联网还可以随时进行从出险地到承保地的远程查询，打破了理赔服务上的地域限制。

3. 信息技术加强了保险公司对经济环境的监测能力

在信息化时代的生态环境中，保险公司的反应速度将成为竞争制胜的决定因素。无所不在的计算机网络使与经营有关的一切活动都加快了节奏。这种发展趋势要求保险公司能够对环境变化、竞争和消费者的需求做出及时反应并始终保持高度的警觉。

在知识经济时代，信息正在取代资本、设备、劳动力、土地和自然资源成为最重要的资源之一。保险公司必须随时掌握宏观经济的发展态势、市场份额的变化、绩效的来源、竞争对手的技术状况、营销手段转换和产品创新等市场环境因素的变化，提前做好参与竞争的心理和组织上的准备。只有建立一个有先进的信息技术装备的情报竞争监视体系，才能够有效地处理信息的采集、筛选、分析和存储，并运用这种体系为公司决策提供适时的依据。及时建立这个体系就意味着掌握了未来市场资源，掌握了市场的主动权。

4. 信息技术改变了传统的保险产品销售方式

网络技术的发展为保险业突破区域经营的藩篱提供了前所未有的发展空间。与其他营销手段相比，网络技术具有如下优点。

（1）更快捷、更准确。网络传递保单只需几秒钟，而且不易出现漏误。

（2）移动功能使客户能够比较各家保险公司的产品，并在购买过程中参与修改保险条款，从而更加公平。

（3）通过网上论坛，保险公司可以随时听取顾客的意见，掌握市场需求动态，还可以鼓励客户参与对保险产品的设计。

（4）通过网络交易可以将经营费用大幅降低。在美国，人工咨询成本为每人次5美元，而互联网的成本仅为4美分。网络营销的种种优势使之将成为信息时代的主流。

总之，保险公司要想确保其竞争能力的提高，必须广泛应用最新的信息技术，从而把握住制胜的先机。

（二）网上保险业务的发展

网络保险市场的特点：24小时全天候进行不间断的经营活动；利于扩大企业知名度，提高竞争能力；简化保险商品交易手续、提高效率、降低成本；增进保险公司与客户之间的了解；保险资料可以随时更新，随时对保险消费者进行知识讲座。国外已有很多知名保险公司利用网络进行营销，如美国著名的保德信保险公司和安泰保险公司、夏威夷AIG保险公司、加拿大的寿险公司、日本的东京海上日动火灾保险公司等。

网上保险公司应该履行的责任有：对客户情况进行保密，不得向第三方出售、转让、租借、交换客户的有关情况。公司的网上信息只是总体介绍，不能包括所有的情况、保单。要想获得具体信息、提交指定保单，需要通过电话、E-mail与该保险公司联系。如果对保单的条件满意，希望投保，只需填好指定内容即可，如姓名、地址、城市、国家、区号、电话、E-mail地址、联系时间、希望的联系方法等。

1. Kratzer保险有限公司

Kratzer保险有限公司建立于1915年3月，是纽约最古老的保险代理商之一。该公司在纽约为成千上万的个人和商业客户提供重要的、细致的保险服务。在Kratzer保险有限公司的网页上提供了免费保险报价（Free Insurance Quotes）、房东与租客保险（Home Owners and Renters）、租户/公寓政策（Tenants/Apartment Policy）等多项服务。

需要填写的个人详细资料大致相同，一般有姓名、地址、电话、年龄、居住城市、邮政编码、传真、电子邮件地址、性别等。

（1）人身保险：被保险人姓名、年龄，被保险人近期健康状况，是否抽烟，承保方式，定期、终身寿险，可转变或普通期限，保单金额，每月的预定支出。付费方式：年交、半年交、季交、月交，定期保险、定额保险或减额保险，投保期限，是不是驾驶员，或有何特殊嗜好，驾驶员请注明数额。附加的保险信息有姓名、年龄、性别、一般健康情况、何种保单及保险期限等内容。

（2）房东与租客保险：保险类别，财产处所，首要的、次要的或季节性的财产，所需的保障；如果不能确定，请填写家庭支出预算，公司将决定恰当的数额；所需的保险金额（100 000～1 000 000 美元），保额成本的内容（是或否），免赔额（100 美元、250 美元或 500 美元）；现所在的公司、保险单期限、保费、建筑类型（砖石或框架）、建造年代等。

（3）其他：Kratzer 保险有限公司提供的是保险咨询服务，根据顾客填写表格的各项情况设计出最符合顾客需求的保险产品。

2. AAA Michigan 保险公司

AAA Michigan 保险公司在网上开展的是具体的保险业务，从报价、产品信息、网上交易到网上理赔等服务一应俱全。AAA Michigan 的注册成员可以通过网络得到公司通过汽车俱乐部保险协会开展的业务及服务。

顾客可以通过网上表格得到汽车险、家庭财产保险和船舶保险的报价。在交易环节中，顾客可以通过公司的安全交易系统付款，或进行保单变更，包括地址、汽车状况或增加新驾驶员的变更。如果发生事故或丢失财产，可随时在网上提出索赔，其流程如下。

（1）得到报价。顾客在填写完成一份表格后，可以得到 AAA Michigan 的会员保险公司为其家庭财产、汽车或船舶等保险给出的报价。保险产品很复杂，包含了许多信息，信息提供得越多，给的报价就尽可能准确。

（2）产品信息。网上提供许多不同的保险产品，如汽车、家庭财产、流动家庭财产、摩托车、船主及生命保险等。

（3）网上交易。在网上交易，顾客可以要求变更保单或选择交易选项决定付费方式。若保单变更，其所要求的选项必须重新审查，以确定所有要求事项是否已填好，公司会告诉客户何时进行。付费过程隔夜完成，将在第二个正常交易日的中午贷记到你的账上。

（4）网上理赔。该服务提供一个理赔号码，开始处理客户的索赔，或向客户提供有关索赔报告的信息。该服务只有通过 AAA Michigan 的联营保险公司承保的保单持有人才能得到。

AAA Michigan 保险公司提供上述服务的保险种类有汽车保险、房主保险、流动家庭财产保险、船主保险、生命保险、旅游保险、洪水保险、摩托车保险等。

3. 加拿大保险公司

加拿大保险公司在互联网上创建网站，提供各种与保险有关的信息。加拿大保险公司是多种多样的组织系统相互协作的模式，包括加拿大保险杂志的出版者（Stone & Cox）、技术查询公司、IBM 全球网等。网站主办者的核心目的在于建立一个电子保险协会，在这儿参与者可以查询信息，并且可以与同事互通消息。这个站点的业务包括与保险有关的论文、新闻焦点和工业杂谈，以及通过 Stone & Cox 可获得的统计信息等。如果客户的汽车丢了，只要提供有关信息，等找到它的时候，加拿大保险公司就会通知客户。

为了方便顾客购买产品，查询有关保险的资料，网上设有专门的保险名录。由此客户可以在网上查到保险公司、经纪人、代理人，可以了解他们的情况，也可以直接从网上向他们购买保险。例如纽约保险名录在网上提供了查询保险公司、代理人、保险产品、保险培训等服务，客户还可以了解保险价格，查找事实记录。具体查找到的公司、法人又可以分为以下几类：保险业务、职业中心、保险培训、个人保险、健康保险、特殊的保险、经纪人、保险顾问。

三、网上保险公司的建设

网上保险站点的建设在逻辑上可分为六个层次：Web 网页及网页结构设计、网上保险业务、安全的客户通信机制、Web 基础设施、防火墙和网络安全、硬件设备及安全的操作系统。

（一）网上保险站点的主要功能

1. 申请国际、国内域名以及在互联网上进行企业形象宣传

由于互联网是跨地域、跨行业、跨阶层的共享网络，在网上对保险公司自身的组织结构以及业务经营状况进行介绍，在提高企业国际知名度、提升企业形象方面是其他宣传媒体不可比的。

2. 为客户提供查询业务

保险公司将面向大多数客户公开销售的险种放到网上，供客户查询比较，客户通过填写保险公司提供的反馈表格或直接以电子邮件的方式将需要解决的问题提交到保险公司相关部门，保险公司收集、整理这些信息，以了解潜在客户群的投保意向和意见，以便及时调整经营策略。公司可以将客户关心的一些有共性的问题进行解答后放到网上，这样可以方便客户，同时减少处理相关问题的部门的工作量。

3. 保险公司对客户意向和业务的确认

投保指导的功能可以通过一组表格来实现，这些表格的设计可以建立在大多数普通保户需求的共同特征上，采用多条件选择的方式引导客户按自身需求进行选择，系统进行比较分析后，从后台险种数据库中选择条件相近的险种提交客户选择。投保确认的主要功能是，如果用户想购买建议的险种中一些简单的、投保条件较为宽松的险种，保险公司可以在网上提供电子保单，用户填写后通过电子支付手段或邮局缴付保费，保险公司通过电子邮件或信函与用户确认。对于投保条件严格的险种，公司可以派营销人员上门服务，对于一些用户的特殊要求和新的投保需求，保险公司可以归类分析，对于有可行性的需求可以组织新险种的开发。

4. 投保业务管理系统，即典型案例及营销员管理

典型案例主要是指保险公司将一些典型的人情理赔、骗保骗赔、营销诈骗案例放到网上，供同行参考。由于保险营销人员队伍庞大、素质不齐，因此有必要将营销人员信息进行统一管理，关键项使用数据库管理，有条件的客户可以在网上对展业的营销人员进行身份确认和资格认证。保险业的行业特征增加了开展网上业务的难度，如高额投保的核保过程，保户出险后的现场查勘、定损、理赔通过网络实施在现阶段尚不现实。但随着同行业其他保险公司和相关行业的网络化建设的进一步发展，我们可以展望通过互联网实现如高额保单在多家公司间的分保，医院体检的健康告知书通过电子邮件来传递，保户通过成熟的电子银行缴纳保费的可行性。

世界保险业通过互联网做业务较为成功的案例有美国的 IVANS，英国的 LIMNET、RINET。其中 IVANS 即"保险增值网络服务网"，1983 年由美国 21 家保险公司发起组建，主要连接保险商、保险经纪人及相关机构，向美国和加拿大的保险业与医疗机构提供通信服务，1997 年增加了一些电子商务应用，到 1997 年 4 月，该网有近 500 家保险公司加入，终端用户有 80 000 人，内容包括财、寿险。LIMNET 是 1987 年由劳合社（Lloyd's）、伦敦保险人协会（ILU）等发起组建的伦敦保险市场电子网络。RINET 是 1987 年由 8 家再保险公司组建的通信网。这些网络在 20 世纪 90 年代互联网技术发展起来后，都对其结构和服务内容做了调整。1997 年 7 月，所谓的世界保险网（the World Insurance Network，WIN）开始提供在线服务，主要提供电子数据交换、电子邮件以及电子商贸的在线服务，但前景如何，尚待观察。

（二）网上保险系统的建设

1. 网上保险的市场定位和保险业务营销的主页制作

在制作保险业务营销主页前，要解决市场定位问题，即网络营销想做些什么，怎样做，对象是谁，也就是哪些人是潜在的市场对象，保险营销主页的风格取向、包装，以及运用哪些技术手段来实现等。保险业务营销主页的内容一定要充实、富有新意，并且要不断创新，这里没有统一的标准，各保险公司应根据企业实际特点量身定制。好的保险营销主页只有一个标准，那就是当访问者访问这个主页时能被深深地吸引。

2. 网上保险的网址和保险营销主页的宣传

为了吸引顾客访问网上保险营销主页，要将网上保险的网址和主页进行广泛的宣传和推广。宣传和推广主页的典型方法有两种：一种方法是在公众媒体上推荐，例如当地的日报、晚报、杂志等，也可以在本公司的各种宣传资料上印刷，例如信封、保险建议书等；另外一种方法是在国内外的著名搜索引擎上注册，搜索引擎是指一种专门供人们搜索网络主页的站点，例如人们非常熟悉的雅虎。互联网上有一个名为 AddMe 的站点，可以在全世界 34 个著名搜索引擎上为客户免费注册，还有一些专用的软件如 AddWeb Pro，可以在全球多达 147 个搜索引擎上为客户注册。通过以上两种方式，人们就可以了解到保险公司的营销主页，进而成为这个站点的访问者。

3. 组织专门的人力、物力配合网络营销

保险公司应组织专门的人力、物力配合网络营销活动，及时对网上客户的访问和征询做出反馈，做好营销服务工作。同时，保险公司要密切关注网上客户的需求、留

言、意见和访问次数的变化情况，适时分析情况，及时调整网上营销策略。网上保险营销新概念的形成，是实施保险公司电子商务的关键一步，当保险公司利用计算机网络，把它的业务系统和遍布各地的客户、营销渠道连为一体，直接在网上完成从核保的到核赔的完整业务流程，不仅实现了保险公司业务的电子化，而且也在竞争激烈的市场上建立了领先的竞争优势，拥有了更广阔的发展空间。

(三) 网上保险的营运模式

网上保险的最终目标是实现保险电子交易，即通过网络实现投保、核保、给付、理赔等业务工作。网上开展保险业务的模式主要有以下三类。

1. 保险公司提供网上保险服务

用户可以在网上选择自己需要的险种，调用其相关资料进行阅读，阅读完有关该险种的资料后，如有特殊问题可在网上咨询解决。用户在选定险种的电子意向书上填入：保险金额、保费交付方式、被保险人、被保险人健康状况、受益人、联系地址等项目。如果符合条件，用户将在网上收到公司发来的已填好的保单，如果满意，用户只需通过网上银行将保费划拨到保险公司账户上，并输入密码，一份保险契约就完成了。当出险时，可通过同样的方式在网上告知保险公司出险情况，保险公司派人进行勘查、理赔、赔付金额，也可通过网上银行完成其结算。

2. 专门公司经营的网上保险业务

随着保险领域竞争的不断加剧，保险公司数量增多，各公司提供的险种和服务、收取的保费等都不完全相同，这就使得消费者面临选择的困难。为了使顾客方便地选购保险产品，网上涌现出各类细分的专业化网上保险公司，客户通过互联网搜寻就可以找到相关的公司以及经济人、代理人，申请并办理所需业务。

3. 各保险机构共建的网上保险业务

各保险机构可以采用以下方式联合共建网上保险商务：在首都电子商城中租用服务器；自己单独建立 Web 站点，与首都电子商城相连；保险机构独立建立镜像（数据库），再与首都电子商城相连。首都电子商城承诺提供如下服务：作为门户站点与相关企业的 Web 站点相链接；配置安全协议（实施安全认证或电子证书与数字签名的验证）；作为支付中介，为银企服务；提供电子商务法律环境；提供协同工作体系；组建会员制组织，共享会员资源，提高综合安全保障能力；提供 IP-VPN 资源，实施按需分配原则，方便用户上网，降低电信资费；在开展 B2C 电子商务时，也可同时开展 B2B 电子商务，以及开展优化产业链管理事宜。

四、网上保险技术应用平台

世界上最大的软件开发商都早已对网上保险这个具有巨大诱惑力的市场有充分的准备，凭借雄厚的技术力量和先进的开发工具，组织人力进行网上保险业务的开发和服务。例如 IBM 组织了一支由 2 500 多名智能商务专家和开发人员组成的专业队伍，为日益扩大的智能商务市场提供先进实用的解决方案。IBM 提供的应用软件能够帮助保险行业营销经理进行战略决策和实施关系营销。

信息技术的迅速发展进一步加剧了全球范围内的企业竞争。为了能够在激烈的竞争中建立和保持优势，大型企业机构都在增加对信息基础设施的巨额投资，致使机构的内部网迅速膨胀，结构越来越复杂。因此，有效管理日益扩大的企业内部网，实现企业内部的高效率协作成为全球范围内企业机构的迫切需要。

例如，在不到两年的时间里，英国保诚（Prudential）保险公司原有的企业内部网用户从 6 000 人迅速发展到 4.6 万人，致使企业内部网负担过重，难以实现信息的顺畅流通。为此，保诚保险公司决定对企业内部网实现管理控制自动化，由公司技术开发人员组成的决策委员经过对各种企业内部网解决方案进行严格测试后，最终决定采用 Lotus Domino 服务器来构建稳固高效的企业内部网。

Lotus Domino 服务器作为 Web 应用平台，充分结合了 Lotus Notes 平台强大的协作功能，可以将数据库、安全性、目录、电子文件处理、工作流、复制和应用开发集成于一个单一平台的体系结构。在具体部署构成中，保诚保险公司开发了一个能够定义七个信息"区"的文件：内部网标识、小旗、一组公司浏览器按钮、不同的经营浏览器按钮、内容部分、电子邮件反馈区和表明内容最后更新时间的区域，它们均能出现在每一个企业的内部网页上，丰富的在线参考信息库为公司实现销售、培训计划提供全面的帮助。在网页上发布的广告参考指南知识库，全面提高了销售信息的时效性和准确性。另外，通过分布式授权，公司开发了网页自动认证程序，系统管理人员可以方便地在内部网上添加准确的经营信息。

保诚保险公司借助 Lotus Domino 服务器建立的企业内部网，可以使公司 70% 以上的信息从网上数据库中获取；网上的全国提案中心可以确保公司在 24 小时内迅速准确地响应用户的提案请求。利用 Lotus Domino 服务器管理、控制企业内部网点，保诚保险公司用户迅速增多，用户可以方便地访问公司的重要经营信息，咨询有关业界规章和政策信息。公司内部网的成功运用，已经超越了节约资金和提高效率的范围，它打破了各企业组织之间的界限，使公司员工作为内部网上的本部门内容所有者，可以更多地了解其他部门的信息。

第四节　P2P 借贷与众筹服务

一、第三方贷款（网上贷款）

第三方贷款，或称网上贷款，简称网贷，是一种民间借贷行为，属于合法行为，是指由具有资质的网站（第三方公司）作为中介平台，借款人在平台上发放借款标底，投资者进行竞标向借款人放贷的行为。

第三方贷款平台与银行网络贷款的比较如图 4-10 所示。

图 4-10　第三方贷款平台与银行网络贷款的比较

资料来源：中国领先的在线贷款平台——易贷中国（Loan China）。

网上贷款也叫网上借贷，是指在网上交易平台办理个人质押贷款业务，借入者和借出者均可利用网络平台实现借贷的在线交易。

网上贷款的实质是作为第三方为贷款人和借款人搭建一个彼此沟通的渠道。网上借贷公司本身不参与放款，而是通过自身的服务缩短借贷之间的距离。

（一）P2P 模式

海外版：Lending Club，是美国 P2P 领跑者；国内 P2P 汉化版：人人贷、宜信、陆金所等。

Lending Club 成立于 2006 年，已经获得六轮融资，最新一轮投资方是谷歌，融资估值是 15.5 亿美元，Lending Club 有非常多的知名投资机构和个人。Lending club 通过网上平台接受借款客户的借款请求，从益博睿（Experian）、环联（Trans Union）和艾奎法克斯（Equifax）信用局获取客户的信用分，将高于某个分数线的借款人请求放置于平台上进行筹资。Lending Club 的贷款者的平均 FICO 信用积分为 706，他们的负债收入比（除房屋贷款之外）为 16%，人均 14 年以上的信用记录，个人人均年收入为 70 491 美元，其中 12 855 美元用来进行信用支出和还款。Lending Club 的利润主要来自对借款人收取的手续费以及对投资人收取的管理手续费，前者因为贷款者个人信用条件和贷款额度等因素的不同而有所变化，一般情况下是贷款总额的 1.1%～5%；后者则是统一收取 1% 的投资者手续管理费。

P2P 是个人对个人的意思，中文翻译为"人人贷"，是个人对个人借款的模式。此种模式可以由申请人自主决定利率、期限等条件，根据自己的信用状况和还款能力制定，而借出资金方则可以像网购一样自由选择自己想借出资金的对象。

"人人贷"模式为一个借款人与很多出借人建立债权债务关系，此交易依托网上平台完成。从 2012 年开始此类平台不受地域限制地提供服务。

2005 年 P2P 网上借贷操作模式起源于英国，2007 年开始在中国出现。受金融危机的影响，银行纷纷收紧银根，中小企业、微型企业和个体经营者的资金周转困难，通过民间借贷融资成为他们关注的领域。在此背景下，传统民间借贷和网络技术相结合产生的网上贷款蓬勃发展。2011年下半年以来,"人人贷"在中国进入高速发展阶段。

(二)交易平台

主要的网上贷款平台如下。

1. 拍拍贷

拍拍贷是中国第一家P2P网上借贷平台,10万元注册资本起家,对投资者实行有条件赔付,投资者需要承担一定的风险。拍拍贷的审核和催收机制较好,管理费用较低。拍拍贷取消审核,抛开交易的任何一个环节,蜕变成了一个纯粹的交易平台,贷出者与借入者自行完成交易,而拍拍贷只是作为第三方"见证"具有法律效力的借款关系。

2. 人人贷

人人贷的特色在于专注于风险控制,审核程序较为复杂,信用额度十分低,只适合特别小额的借款。因为没有垫付,借出者需要承担一定风险,但人人贷对借款者有着严格的审核,并且制定了成熟的催收机制。人人贷的利率普遍偏低。

3. 点点贷

点点贷借款的审核程序较严,所有借款者都必须强制加入"投资者保障"服务,借款须冻结保证金或本金垫付,对投资者有一定的诱惑力。

(三)存在的风险

1. 借入方

(1)网上交易的虚拟性,导致无法认证借贷双方的资信状况,容易产生欺诈和欠款不还的违约纠纷。

(2)在网上平台发布的大量放贷人信息中,有不少人是以"贷款公司""融资公司"等名义对外发放贷款的,可能因擅自从事金融活动而被追究法律责任。

(3)如果贷款经由网上平台代为发放,一旦网上平台疏于自律,或内部控制程序失效,或被他人利用等,可能会捏造借款信息而导致非法集资的现象出现。

2. 贷出方

(1)无法可依。网上借贷的利息有时远远超过规定利率,一旦发生经济纠纷,放款人是无法维护这部分利益的。

(2)容易产生赖账。因为缺乏银行的诚信系统,还款逾期经常发生。

(3)犯罪行为较难控制。网上借贷中经常出现"坏账",有的甚至涉嫌经济诈骗。此外,网上借贷还易成为"非法集资"的工具。

(四)风险防范

1. 辨别真假

(1)公司名头比较大,如所谓的"诚信集团""贷款集团""贷款集团公司"等。

（2）假冒知名公司的名义，但没有办公地址，也无法提供真实的公司营业执照和个人身份证。

（3）广告信息中一般只提供手机号及联系人，通过手机号码查询可看出发布者集中位于国内少数几个省份。

（4）放贷条件简单，不需抵押也不需查看收入情况，基本上是提供一个身份证就可以贷款。

（5）当求贷者动心后，骗子们会利用各种理由要求先收取费用，例如"利息、律师费、核实费、保险费、手续费、保证金"等。

（6）当求贷者先付费后，发现骗子的手机再也拨打不通了。

2. 辨别标准

（1）是否会在放贷前收取费用，如果拿到贷款前就要求收取各类费用，基本都是骗人的。

（2）是否会计收复利，也就是利息还会在后面的月份生息，俗称"利滚利"。

（3）利息高出国家规定，中央银行放贷人条例中规定民间借贷利息不能够高于银行同期贷款利息的 4 倍。

（4）完善监管、加强扶持。

3. 法律规定

（1）关于借款协议的规定。

《最高人民法院关于人民法院审理借贷案件的若干意见》第十条：一方以欺诈、胁迫等手段或者乘人之危，使对方在违背真实意思的情况下所形成的借贷关系，应认定为无效。

《最高人民法院关于人民法院审理借贷案件的若干意见》第十一条：出借人明知借款人是为了进行非法活动而借款的，其借贷关系不予保护。

（2）关于对借款提供担保的规定。

《合同法》第一百九十八条：订立借款合同，贷款人可以要求借款人提供担保。担保依照《中华人民共和国担保法》的规定。

《最高人民法院关于人民法院审理借贷案件的若干意见》第十三条：在借贷关系中，仅起联系、介绍作用的人，不承担保证责任。对债务的履行确有保证意思表示的，应认定为保证人，承担保证责任。

（五）加强监管

1. 加强中间账户监管

P2P 平台出现跑路和诈骗事件的主要原因是：对中间资金账户缺乏监管，P2P 平台拥有中间账户资金的调配权。

中间资金账户的开设是为了交易核实与过账，是 P2P 平台的必要组成部分。但是中间资金账户普遍处于监管真空状态，资金的调配权仍然在 P2P 平台手里。若是对时间差和条款没有严格控制，"卷款跑路，挪作他用"等中间账户资金沉淀引起的道德风险就会发生。

对中间资金账户的监管是极有必要的。通过监管资金流的来源、托管、结算、归属，详细分析信贷活动实际参与各方的作用，以及对中间资金账户进行"专户专款专用"监控，可以避免P2P平台介入非法集资或者商业诈骗的可能性，也利于相关部门进行社会融资统计和监测分析。

P2P平台普遍在银行和第三方支付平台上开设中间资金账户，实现中间的转账结算。而资金托管方的普遍态度是允许开户，但不承诺监管，因为涉及监管就意味着"钱少、活多、责任大"。监管部门应该指定托管机构对中间资金账户进行专营专管，使平台本身只能查看账户明细，而不能随意调用资金。此外，成立专业的认证机构对独立于P2P平台的资金安全进行认证。

国内社会信用环境不成熟，征信体系不完善、不开放，单纯依靠网络来做信用评估的难度较大，而线下尽职调查的成本又过高。虽然P2P平台普遍建议客户采用小额分散投资的风险控制方法，但其风险仍不低于传统银行模式（高利率的原因之一）。投资者应该充分考虑自身的风险识别能力和风险承受能力。

2. 界定非法集资的边界

若是投资人与借款人实际上并没有直接接触，平台跨越中介的定位，先以平台名义从投资人处获得资金（即使只是存放在中间账户），再直接决定投资行为和进行资金支配，甚至挪作他用和非法占有，则有非法集资的嫌疑。资金转移是否先于投资行为的发生是其中判定的关键。

专业放贷人与债权转让结合的模式被质疑为变相吸收公众存款。这个模糊地带的核心问题在于：这些资金流转的行为是否基于已经形成的债权债务关系，是否为一种信息对称且双方认可的价值交换。从相反的角度看，转让双方是否形成新的存款、债务或者股权关系，专业放贷人是否有先获取资金用于放贷再转让债权的行为。这些问题的答案，是判定"合法债权转让"和"非法吸收资金"的法理边界的重要依据。

3. 担保纳入监管

有些P2P平台承诺以自有资金为投资人提供本金（及利息）保障，平台实质参与到了借贷经济利益链条之中。这样的P2P平台已经具有融资性担保公司的实质，开展的是小额贷款担保业务，涉嫌特殊超范围经营。其杠杆比率往往超过担保公司担保额不得超过净资本10倍的法定要求，也不接受地方政府指定部门的金融监管。该担保风险仍然在机构内部，没有实现分散和转移，尤其是担保实质和杠杆率不匹配可能引发杠杆风险。高杠杆使其本金保障的可行度存疑，平台承担的风险过大。

保障（赔付）资金的来源是进行担保性质判断的主要根据。P2P平台普遍划拨部分收入到风险储备池用于投资者保护。若其约定赔付金额完全限定于风险储备池的范围内，则并不能被认为是担保。因为这对投资者保护的风险承担能力是有限的，责任承担主体不涉及P2P平台本身。同时，这笔风险储备金应该进行账户隔离和对投资人公布。

如果将P2P平台引入其他担保机构，若两者是高关联性的公司，则应当关注背后的风险实质再进行分类分级处理。

4. 行业自律透明

新兴行业的成熟和健康发展，极大地依赖于行业的透明性、自律性和声誉。P2P信贷行业的自律主要包括以下五个方面。

（1）必要财务数据的透明。行业部分从业者在强调其自身平台安全性的同时，却对核心数据尤其是流动性指标和坏账率指标讳莫如深。在不涉及商业机密，但与投资者资金安全相关的数据上，P2P平台及专业放贷人应该及时做出说明。

（2）运营关联性的合理切割。该合理切割包括小额贷款担保模式中的信贷平台业务和担保业务的切割，债权转让模式中的资产评级业务由独立机构来操作等。关联性切割不是理想化、全面化的，要考虑实际操作性。

（3）投资者风险说明工作。对于小额贷款形式，在信息不充分对称的情况下，其本身就具有较高的风险。行业部分从业者为了吸引更多的投资者，片面地夸大其安全性是不合适的。P2P平台应该做好投资者风险说明工作，并努力挑选和培养具备风险识别与风险承担能力的合格投资者。

（4）独立意见机构的监督管理。P2P机构应该加强与独立意见机构的合作，其中包括以下几方面。

第一，中间资金账户监督机构。资金交易结算都通过第三方机构实现，不能使用平台自身账户进行托管结算，平台也不享有中间账户资金的调配权。

第二，独立审计机构。定期审计，尤其是对坏账率指标和流动性指标进行审计，保持信息公开透明。

第三，独立律师事务所。定期审计公司法人的状况，检查债权债务关系，抽查留底文件尤其是流转文件，核实相关数目、事项。

（5）行业自律组织与行业标准。首先，业内建立信息共享平台，尤其是征信信息共享和黑名单公示机制，与行业平台形成共享的常态备案机制。其次，应当考虑对授信共享机制形成共识和初步行业标准。最后，成立必要的自律性组织，承担道义监督和警示责任。

5. 行业审慎监管

从监管内容上看，以下方面应该严格审慎。首先，资金流动性监管，尤其是中间资金账户的监管。其次，建立机构风险评级机制和控制措施。监管部门应该考虑对P2P平台进行机构风险评级，对社会和投资者公布，发布风险警示；同时通过财税政策、资本金要求、风险警示窗口指导和投资者保护政策引导机构进行风险控制。最后，建立行业准入门槛和淘汰制度。

案例 4-5

银联商务"天天富"POS 贷普惠中小微商户

"天天富"的主要原理是平台在银联商务服务的海量商户和银行之间进行"撮合",接入银行的快速贷款渠道,在商户授权下,银行根据商户日常真实发生的 POS 交易流水,对符合资质的商户进行授信评估和发放贷款。银联商务具有 10 多年线下收单经验,服务 270 多万家商户,其特约商户准入资质形成了第一道风控屏障。在对商户的良性运营评估和还款能力评估方面,银联商务成熟的风险监控体系每天都在甄别虚假交易、剔除虚假客户,形成基于专业化服务大数据分析的自动化风控屏障。同时,银联商务遍布全国的近万名客户经理长期走访、服务商户、巡检 POS 终端于市场一线,实时掌握商户的经营状况,这种一对一、面对面"家访"式的现场服务也成为有力的风控屏障。

在业务流程的风险防控方面,"天天富"POS 贷的各个环节都设置了对应线下传统贷款的风险点控制措施。当有商户提出贷款申请时,"天天富"通过数字和实名两种方式进行身份认证与识别管理,采用客服电话外呼确认,结合客户经理上门核实方式完成,确保借贷人的信息准确性。在放款阶段,商户通过银联商务的专用网服 Key 登录系统,结合上传的身份证件资料来确认身份,从而获得银行的放款;在贷后阶段,银联商务会持续跟踪商户的经营情况,通过风险监控系统防止伪造交易流水等欺诈现象,一旦发现虚假交易,都会立即发出预警。

为了保证商户信息的机密性,银联商务制定了严格的业务规则管理制度,对业务推广过程中各个环节的数据保密都做出了明确要求:在 POS 贷款业务开展过程中,只有与商户签署协议并得到授权后,银联商务才会将商户的阶段性交易流水信息"去敏"后提供给银行。在技术安全方面,"天天富"金融服务平台采用专线方式,连通金融机构的业务系统来开展信息资料传输等工作,切实保障信息传输安全。

"天天富"POS 贷产品当日申请,当日即可放款,最大限度地保证商户的用款时间,并且按日计息,随借随还,商户不需多缴一天利息,额度可达 50 万元,能够满足一般性的生产经营资金需求。

二、第三方支付(网上支付)

(一)概念

第三方支付平台是一些和产品所在国家以及国外各大银行签约,并具备一定实力和信誉保障的第三方机构提供的交易支持平台。在通过第三方支付平台的交易中,买方选购商品后,使用第三方支付平台提供的账户进行货款支付,由第三方通知卖家货款到达,进行发货;买方检验物品后,就可以通知付款给卖家,第三方再将款项转至卖家账户。

通常支付结算方式按支付程序分类，可分为一步支付方式和分步支付方式，前者包括钞票结算、票据结算（如支票、本票、银行汇票、承兑汇票）、汇转结算（如电汇、网上支付），后者包括信用证结算、保函结算、第三方支付结算。

在现实的有形市场中，异步交换权可以附加信用保障或法律支持来进行，而在虚拟的无形市场中，交易双方互不认识、不知根底。因此，支付问题曾经成为电子商务发展的瓶颈之一，卖家不愿先发货，怕货发出后不能收回货款；买家不愿先支付，担心支付后拿不到商品或商品质量得不到保证。博弈的结果是双方都不愿意先冒险，网上交易无法进行。为适应同步交换的市场需求，第三方支付应运而生。

第三方支付平台是买卖双方在缺乏信用保障或法律支持的情况下的资金支付"中间平台"，买方将货款付给买卖双方之外的第三方，第三方提供安全交易服务，其运作实质是在收款人和付款人之间设立中间过渡账户，使汇转款项实现可控性停顿，只有双方意见达成一致才能决定资金去向。第三方担当中介保管及监督的职能，并不承担什么风险，这是一种支付托管行为，通过支付托管实现支付保证。

（二）实现途径

第三方是具有良好信誉和技术支持能力的某个机构，支付通过第三方在持卡人或者客户和银行之间进行。持卡人首先和第三方机构以替代银行账号的某种电子数据的形式（例如邮件）传递账户信息，避免了持卡人将银行信息直接透露给商家，另外也可以不必登录不同的网上银行界面，取而代之的是每次登录时，都能看到相对熟悉和简单的第三方机构的界面。

第三方机构与各个主要银行之间又签订有关协议，使得第三方机构与银行可以进行某种形式的数据交换和相关信息确认。这样第三方机构就能实现在持卡人或消费者与各个银行，以及最终的收款人或者商家之间建立一个支付流程。

（三）行业特点

第三方支付具有如下显著的特点。

（1）第三方支付平台提供一系列的应用接口程序，将多种银行卡支付方式整合到一个界面上，负责在交易结算中与银行的对接，使网上交易更加快捷、便利。消费者和商家不需要在不同的银行开设不同的账户，可以帮助消费者降低网上交易的成本，帮助商家降低运营成本；同时，还可以帮助银行节省网关开发费用，并为银行带来一定的潜在利润。

（2）较之安全套接层（Secure Sockets Layer，SSL）协议、安全电子交易（Secure Electronic Transaction，SET）协议等支付协议，利用第三方支付平台进行支付操作更加简单且易于接受。SSL 协议是现在应用得比较广泛的安全协议，在 SSL 协议中只需要验证商家的身份。SET 协议是基于信用卡支付系统的比较成熟的技术。但在 SET 协议中，各方的身份都需要通过 CA 中心进行认证，程序复杂，手续繁多，速度慢且实现成本高。有了第三方支付平台，商家和客户之间的交涉由第三方来完成，使网上交易变得更加简单。

（3）第三方支付平台本身依附于大型的门户网站，且以与其合作的银行的信用作为信用依托，因此第三方支付平台能够较好地突破网上交易中的信用问题，有利于推动电子商务的快速发展。

（四）行业分类

第一类是以支付宝、财付通、盛付通为首的非独立型的互联网型支付企业，它们以在线支付为主，捆绑大型电子商务网站，迅速做大做强。

第二类是以银联电子支付、快钱、汇付天下为首的独立型支付企业，侧重行业需求和开拓行业应用。

（五）主流产品

中国国内的第三方支付产品主要有：PayPal（eBay公司产品）、支付宝（阿里巴巴旗下）、拉卡拉、财付通（腾讯公司）、盛付通（盛大旗下）、易宝支付（Yeepay）、快钱（99bill）、国付宝（Gopay）、百付宝（百度C2C）、物流宝（网达网旗下）、网易宝（网易旗下）、网上银行在线（Chinabank）、环迅支付、汇付天下、汇聚支付（Joinpay）、宝付。其中，客户数量最大的是PayPal和支付宝，前者主要在欧美国家流行，后者是阿里巴巴旗下的产品。中国银联旗下的银联电子支付也发力第三方支付，由银联商务提供相应的金融服务。

案例 4-6

万事达推出 MasterPass，改革移动支付服务

作为全世界第二大的信用卡国际组织，万事达瞄准的是移动支付（见图4-11）。在移动支付的概念出来两年后，市场经过了一定的培育，开始变得有吸引力，巨头们毫不犹豫地踏入这片所谓的蓝海。

图 4-11　MasterPass 移动支付

万事达酝酿已久的移动支付服务在巴塞罗那的世界移动通信大会（MWC）上露面——MasterPass，它可用于手机、平板甚至是电脑的 PC 浏览器中，支持多种卡类和银行，还可以和其他公司开发的电子钱包产品相连。

MasterPass 在云端储存了客户的信用卡以及地址等重要信息，以方便整合使用。例如，客户可以在实体店看中商品之后扫二维码，直接通过 MasterPass 支付。如果没有想要的尺寸或者颜色，还可以提前支付，等有货的时候自动送到客户家中，如图 4-12 所示，MasterPass 会自动获取客户的地址。

MasterPass 提供了多种接受电子支付的方式，没有地点和设备的限制。无论是使用 NFC 还是二维码，MasterPass 都可以接收到支付的金额。

MasterPass 未来的最大隐忧将会来自云端数据的安全性和保密性。尽管客户不需要携带好几张卡外出，但只要 MasterPass 整合客户的各种信用卡数据，就会涉及数据的安全和隐私保护问题。

图 4-12　MasterPass 自动获取客户的地址

案例 4-7

移动银行 GoBank：手机就是你的银行柜台

已经具备个人理财与移动支付的 Bank Simple 公司，通过与 Simple 卡结合的 App，使人们可通过其实现银行存取款、转账等各种操作，存取支票也只需用手机拍一下照就可以完成，但它还是在和银行合作，依旧受制于银行。

预付借记卡供应商绿点银行（Green Dot）推出新产品 GoBank。2011 年绿点银行买下犹他州一家具备联邦存款保险公司（FDIC）保险的银行（即在该银行存钱，如果银行破产会由 FDIC 保障你的存款），后来又高价收购了地理位置应用 Loopt，将 Loopt 团队的移动应用开发能力变成自己的网上银行团队的开发能力，如图 4-13 所示。

开放的 GoBank 没有门面，手机 App 就是银行柜台。除了取钱，客户还可以在 App 上完成大部分和银行有关的业务，除了传统电子银行能做到的业务以外，客户还可以选择个性化的银行卡样式，用拍照进行支票存取，通过电子邮件、短信和 Facebook 推送把钱转给朋友与家人。GoBank 在美国境内提供了 4 万个免费 ATM 网点。绿点银行还和沃尔玛合作，让客户可以在商店里进行钱的存取。

GoBank 比传统银行的收费少，只对 4 项业务收费：个性化的银行卡样式（例如放上自己喜欢的照片）收 9 美元；在非绿点银行网点的 ATM 上取钱收 2.5 美元；在其他国家消费收 3% 的手续费；按客户的意愿收取月费（客户想给多少给多少，0～9 美元）。绿点银行作为一家已经有 440 万活跃预付账号的预付借记卡公司，它希望

GoBank 可以扩大客户基数。移动支付的三阶段如图 4-14 所示。

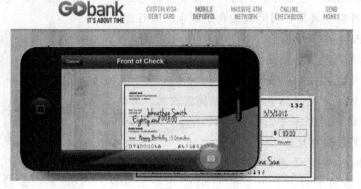

GObank
IT'S ABOUT TIME
CUSTOM VISA DEBIT CARD
MOBILE DEPOSITS
MASSIVE ATM NETWORK
ONLINE CHECKBOOK
SEND MONEY
Cancel
Front of Check

图 4-13 移动银行 GoBank

移动支付的三波浪潮：移动互联网远程支付、O2O 电子商务、近端支付
近端支付
主导企业：银联、银行、运营商
应用场景：线下支付
技术形态：NFC 等近端通信技术
发展现状：产业链合作意向达成；线下受理终端初步普及；NFC 智能终端普及率较低；产品模式尚不成熟；交易规模较小，尚未形成较大量级
O2O 电子商务
主导企业：互联网支付巨头
应用场景：O2O 电子商务
技术形态：移动互联网交互技术
发展现状：各方均处于试错阶段，尚未形成成熟的产品模式；生态圈组建初见成效；交易规模较小，尚未形成较大量级
移动互联网远程支付
主导企业：互联网支付巨头
应用场景：在线移动商务
技术形态：远程移动互联网
发展现状：2012 年真正崛起并形成一定的量级，未来增长空间有限
行业增速
NFC
时间(年)
2012 ～ 2013
2013 ～ 2014
2014 ～ 2015

图 4-14 移动支付的三阶段

案例 4-8

发微博还信用卡：第三方支付

互联网脱媒金融不仅仅是把线下金融业务搬到网上，而且是抛弃了一切垄断，抛

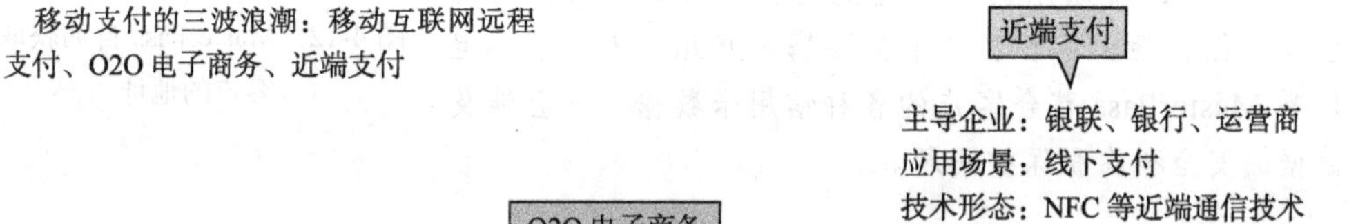

弃了原有承载单位，抛弃了行为主体之间的屏障，加入了节点与通路、自由与分享，是一个无中心的分布式网络服务。微信/微博还信用卡（见图4-15），正是符合了这样的特征，这一应用是互联网脱媒金融的典范。

图4-15　微博还信用卡

微信还款的信用卡助手应用卡小二，再次推出"微博还款"功能，只需要发一条微博就可以轻松还掉信用卡的款项，避免了满大街找拉卡拉以及去银行门口苦苦排队的悲剧。微信还款如图4-16所示。

图4-16　微信还款

此次卡小二"微博还款"的原理和此前"微信还款"的原理类似，客户首先需要登录微博，打开"卡小二·信用卡微博还款"应用。然后输入需要还的信用卡账户和用来还款的借记卡账户，以及具体的还款金额。随后输入持卡人的个人信息，包括姓名、身份证号以及手机号。在确认完还款信息后，卡小二会提示"确定并定制还款指令"，由客户定制一个还款指令。指令由各种QQ表情组成，由客户进行随机的选择，确认完还款指令后，再将复制好的指令发送到微博即可，整个还款过程就完成了。微博还款如图4-17所示。

图4-17　微博还款

"卡小二·信用卡微博还款"应用同时支持腾讯微博和新浪微博。卡小二的"微信还款"和"微博还款"暂时都只支持同名还款,信用卡和借记卡的持卡人必须是同一个人,这样才能将风险降到最低。客户在微博上的还款信息被编译成表情符号,并且采用了严格加密的算法。

(1)用最高级别的非对称加密算法来保证信息交互的安全。
(2)可甄别是否为他人复制,他人复制发送无效。
(3)该应用只允许本人借记卡向本人信用卡还款。

在同质产品中,只有卡小二推出了"微信还款"和"微博还款"的服务。

三、众筹融资

(一)众筹概述

众筹,翻译自国外 Crowdfunding 一词,即大众筹资或群众筹资,我国香港地区译作"群众集资",台湾地区译作"群众募资"。众筹由发起人、支持者、平台等要素构成,具有低门槛、多样性、依靠大众力量、注重创意的特征。"点名时间"于 2011 年 7 月上线,是上线最早的众筹平台;"众筹网"于 2013 年 2 月上线,是中国最有影响力的众筹平台;"品秀在线"于 2013 年 9 月上线,是中国最有价值的众筹平台;"中国梦网"于 2013 年 10 月上线,是一个创新型众筹平台。

1. 众筹的定义

众筹是指用团购+预购的形式,向网友募集项目资金的模式。众筹利用互联网和 SNS 传播的特性,让小企业、艺术家或个人向公众展示他们的创意,争取大家的关注和支持,进而获得所需要的资金援助。

相对于传统的融资方式,众筹更为开放,能否获得资金也不再是以项目的商业价值作为唯一标准。只要是网友喜欢的项目,都可以通过众筹方式获得项目启动的第一笔资金,为更多小本经营或创作人提供无限的可能。

2. 众筹的构成

(1)发起人:有创造能力但缺乏资金的人。
(2)支持者:对筹资者的故事和回报感兴趣,并且有能力支持的人。
(3)平台:连接发起人和支持者的互联网终端(国外:Kickstarter、IndieGoGo;国内:海色网、点名时间、好梦网、点火网、众意网、追梦网、淘梦网)。

3. 众筹的规则

(1)每个项目必须设定筹资目标和筹资天数。
(2)在设定天数内,达到或者超过目标金额,项目即成功,发起人可获得资金;如果项目筹资失败,那么已获资金全部退还支持者。
(3)众筹不是捐款,支持者的所有支持一定要设有相应的回报。

4. 众筹的特征

（1）低门槛：无论何种身份、地位、职业、年龄、性别，只要有想法、有创造能力都可以发起项目。

（2）多样性：众筹的方向具有多样性，在国内的点名时间网站上的项目类别包括设计、科技、音乐、影视、食品、漫画、出版、游戏、摄影等。

（3）依靠大众力量：支持者通常是普通的草根民众，而非公司、企业或者风险投资人。

（4）注重创意：发起人必须先让自己的创意（设计图、成品、策划等）达到可展示的程度，才能通过平台的审核，而不单单是一个概念或者一个点子。

5. 兴起和发展

众筹最初是艰难奋斗的艺术家们为创作筹措资金的一个手段，现已演变成初创企业和个人为自己的项目争取资金的一个渠道。众筹网站使任何有创意的人都能够向几乎完全陌生的人筹集资金，消除了传统投资者从机构融资的许多障碍。

众筹的兴起源于美国网站 Kickstarter，该网站通过搭建网上平台面对公众筹资，让有创造力的人可能获得他们所需要的资金，以便使他们的梦想有可能实现。这种模式的兴起打破了传统的融资模式，每一位普通人都可以通过该种众筹模式获得从事某项创作或活动的资金，使得融资的来源者不再局限于风投等机构，而可以来源于大众。

众筹自 2009 年成立以来，在国外已经发展了多年，经历了三个阶段：第一阶段用个人力量就能完成，支持者成本比较低，在最初更容易获得支持；第二阶段推出技术门槛稍微高的产品；第三阶段推出需要小公司或者多方合作才能实现的产品，这个阶段的项目规模比较大、团队较专业、制作能力较精良，因此也能吸引到更多的资金。

国内的众筹模式开始出现萌芽，于 2011 年 7 月上线的点名时间就是中国最早上线的众筹网。

6. 众筹在中国

国内众筹与国外众筹的最大差别在支持者的保护措施上，国外项目成功了，马上会给项目发钱去执行。国内为了保护支持者，将资金分成两个阶段发放：即先付 50% 的资金去启动项目，项目完成后，确定支持者都已经收到回报，才将剩余的资金交给发起人。

其中，点名时间于 2011 年 7 月上线，据其公开数据显示，其上线不到两年就已经接到了 7 000 多个项目提案，有近 700 个项目上线，项目成功率接近 50%。

7. 众筹的趋势

（1）平台专业化。由于众筹平台希望借力于市场分工，专业的、按产业与项目分类的平台正随着市场分工呈现出来。评价众筹平台效果的是投资回报，而该项表现特别突出的是针对某一种行业或项目的众筹平台，如关注电子游戏、唱片、艺术、房地产、餐饮、时尚、新闻业等。众筹与众不同的是平台选择特定的方向并建立特定投资人可以反复投资的平台。决定众筹者投资方向的并不是简单的宣传活动，而是考虑众筹公司是否符合投资者关注的方向与利益等问题。

（2）投资本土化。众筹平台更加专注于本土投资。美国已经有至少四个州（路易斯安那州、南卡罗来纳州、佐治亚州、堪萨斯州）允许采取众筹形式进行商业贷款。Reibirth Financial 是专营本地投资的众筹平台，提供州内的、基于借贷的众筹融资。虽然该融资对州内所有人开放，但推动融资项目成功的还是以客户群为基础的全面本地支持。

（3）企业众筹。大型公司、协会等开始把目光投向众筹集资，探索这一融资方式如何帮助团体提高社会知名度，检验市场，使得创业公司融入市场。这些团体采用众筹融资的好处不仅在于为众筹平台吸引了额外的资金，还将原本由公司内部做出的决定放到民主的决策平台上。美国建筑师协会（AIA）称普通的融资方式对这种小型企业来说非常难获得，而众筹在为小型项目吸引投资上有着巨大商机，推动社区支持和为各式各样的基础设施企业融资做出推动作用。

（4）众筹经济发展。由于众筹的社会知名度，以及其在联系小型企业方面的作用，包括世界银行和美洲开发银行在内的许多银行与类似机构，都正在寻求通过支持众筹以推动经济发展。众筹平台，尤其是基于捐赠的众筹和无利息众筹，获得慈善企业的支持。因为小型企业的融资需求量非常小，与众筹平台的供给条件非常匹配，个人捐赠或贷款就可能成为成功融资的契机。对这些部门来说，众筹是宏观经济发展升级的先决条件。美洲开发银行的多边投资基金（MIF）正在开发拉丁美洲众筹的潜在市场，目的在于让较难获得企业融资的小型企业通过众筹获得发展机会。拉丁美洲的众筹产业还在起步阶段，在过去几年中建立了包括 Crowdfunder.mx 和 1dea.me 在内的约 40 个网上平台。太阳能、教育、社区发展是其中最有发展潜力的领域。

（5）现场众筹。众筹的最后一项是融资活动开始仪式，或现场融资展示。这一行为不仅能吸引媒体的注意，创造巨大的市场机会，还能帮投资者获得网上所不能实现的排他性。现场融资展示在新产品、新交易的排他性方面远超在线融资。

（二）案例分析

案例 4-9

美微传媒

2012 年 10 月 5 日，淘宝出现了一家店铺，名为"美微会员卡在线直营店"。淘宝店店主是美微传媒的创始人朱江，原来在多家互联网公司担任高管。

消费者可通过在淘宝店拍下相应金额的会员卡，但这不是简单的会员卡，交易者除了能够享有"订阅电子杂志"的权利，还可以拥有美微传媒的原始股份 100 股。

从 2012 年 10 月 5 日到 2013 年 2 月 3 日中午 12:00，美微传媒进行了两轮资金募集，共有 1 191 名会员参与了认购，两次共募集资金 120.37 万元。

美微传媒的众募式试水在网络上引起了巨大的争议,很多人认为这有非法集资的嫌疑,于 2013 年 2 月 5 日被淘宝官方关闭,阿里巴巴对外宣称淘宝平台不准许公开募股。

证监会约谈了朱江,最后宣布该融资行为不合规,美微传媒不得不像所有交易凭证的投资者全额退款。按照证券法,向不特定对象发行证券,或者向特定对象发行证券累计超过 200 人的,都属于公开发行,都需要经过证券监管部门的核准才可进行。

案例 4-10

3W 咖啡

互联网分析师许单单从分析师转型成为 3W 咖啡的创始人。3W 咖啡采用的就是众筹模式,向社会公众进行资金募集,每个人 10 股,每股 6 000 元,相当于一个人 6 万。当时正是微博最火热的时候,很快 3W 咖啡汇集了一大批知名投资人、创业者、企业高级管理人员,其中包括沈南鹏、徐小平、曾李青等数百位知名人士。3W 咖啡引爆了中国众筹式创业,几乎每个城市都出现了众筹式的 3W 咖啡。3W 很快以创业咖啡为契机,将品牌衍生到了创业孵化器等领域。

3W 的规则很简单,不是所有人都可以成为 3W 的股东,股东必须符合一定的条件,即股东必须是互联网创业和投资圈的顶级人物,其价值回报是 3W 给股东的人脉价值。如果投资人能在 3W 中找到一个好项目就是最大的回报,因为创业者花 6 万就可以认识大批同样优秀的创业者和投资人,既有人脉价值,也有学习价值。

会籍式众筹适合在同一个圈子的人共同出资做一件大家想做的事情。会籍式众筹股权方式在英国的 M1NT 俱乐部也表现得淋漓精致。M1NT 俱乐部在英国有很多明星股东会员,并且设立了诸多门槛,曾经拒绝过著名球星贝克汉姆,理由是当初小贝在皇马踢球,常驻西班牙,不常驻英国,因此不符合条件。后来 M1NT 俱乐部在上海开办了俱乐部,也吸引了 500 个上海地区的富豪股东,主要以老外圈为主。

通过众筹方式吸引圈子中有资源和人脉的人投资,不仅是筹措资金,更重要的是锁定了一批忠实客户。

案例 4-11

点名时间

点名时间,成立于 2011 年 5 月,是一家有中国特色的众筹网站。

用户登录点名时间网站并注册后,在网站上提交所需要的项目信息,包括项目的内容,目前进行的现状等。点名时间有项目负责人与项目发起人进行沟通。

第一,有创意的人都可以发起项目。项目人可以是从事创意行业的自由职业者,也可以是公司职员、学生等。

第二,点名时间欢迎一切有创意的想法,欢迎艺术家、电影工作者、音乐家、产品设计师、作家、画家、表演者、DJ、学生等来推广他们的创意。

第三,点名时间只是提供一个宣传和支持的平台,知识产权由项目发起人所有。

第四,点名时间只有在项目结束并成功(达到目标金额以上)后,收取最终金额的10%作为手续费。如果项目失败,将不收取任何费用。

第五,目标金额的下限是1 000元人民币,原则上没有上限。但是资金的要求越高,成功的概率就越低。目前常见的目标金额从几千元到几万元不等。

第六,如果在项目截止日,没有达到预期目标,已经收到的资金要退还给支持者。在截止日期之前,若金额超过预期,项目可以持续接受支持。

第七,回报因项目而异,可以是实物,也可以是非实物。

第八,回报是吸引网友支持项目的重要因素,有些是因为认可项目发起人,希望助他一臂之力,还有一些是因为项目发起人提供了有吸引力的回报,特别是产品设计类的项目。

第九,点名时间要求项目不能够以股权或是资金作为对支持者的回报。项目发起人不能向支持者许诺任何资金上的收益。项目的回报必须是实物(如产品、出版物),或者媒体内容(如提供视频或者音乐的流媒体播放或者下载)。支持者对一个项目的支持属于交易行为,而不是投资行为。

本章关键词

网上银行　网上证券　网上保险　P2P借贷　第三方支付　众筹融资

本章小结

本章对间接网络金融的主要业务(网上银行、网上证券、网上保险)和直接网络金融的主要业务(P2P借贷、第三方支付、众筹融资)进行了分析,诠释了各自的特点和功能,特别对网络金融的创新业务提出了监管的内容和要求。间接和直接网络金融是信息化时代金融模式互补且和谐发展的两个方面,不存在替代的关系,所以,两者和谐并存、相互促进、共同发展是将来的方向。

案例分析

保险业务的发展,促使一些保险企业形成了集多种业务于一身的综合金融服务集团,集团企业内各专署业务互相隔离,同时也存在部分的数据互访要求。在建设保险业的网络架构体系时应按服务器集群的功能构建成一个独立的"区域模块",每个服务器群集都采用分布层路由器连接到一个核心。构架一个个的逻辑分区(虚网),对流量的路径控制依靠路由功能,而不是ACL访问控制。各逻辑分区既可以对应集团企业下各个不同的专业企业,也可以对应专业企业内各个不同的安全区域。综合保险业信息体系架构如图4-18所示。

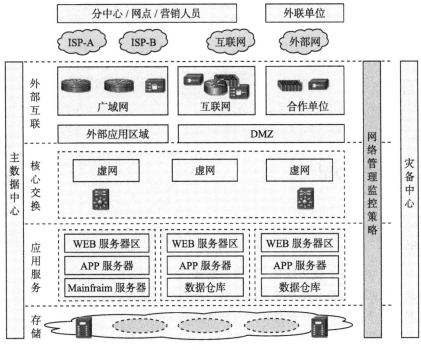

图 4-18

资料来源：华讯网络，2008。

本章思考题

1. 网上银行、证券和保险业务各有什么特点？如何正确理解它们？
2. 比较分析不同金融企业的网上银行、证券和保险业务系统的功能与结构。
3. 网上银行、证券和保险业务的产品各有什么特点？谈谈你的体会或设想。
4. 如何正确理解网络经济时代的银行再造？
5. 举例分析 P2P 借贷有什么特点。
6. 举例分析众筹有什么特点。

第五章 电子支付管理

教学要求

1. 熟悉电子支付系统的结构、标准和功能。
2. 结合自己的实践分析电子支付工具的性能与优缺点。
3. 熟悉电子支付系统的网络平台与加密特点。
4. 了解中国现代化支付系统的特点。
5. 结合自己的实践分析第三方电子支付系统的特点以及盈利模式创新的内容。

案例引导　中国互联网络发展状况分析

中国互联网络信息中心发布第38次《中国互联网络发展状况统计报告》，截至2016年6月，中国网民规模达7.10亿人，互联网普及率达到51.7%，超过全球平均水平3.1个百分点。同时，移动互联网塑造的社会生活形态进一步加强，"互联网+"行动计划推动政企服务多元化、移动化发展。中国手机网民规模达6.56亿人，网民中使用手机上网的人群占比由2015年底的90.1%提升至92.5%，仅通过手机上网的网民占比达到24.5%，网民上网设备进一步向移动端集中。随着移动通信网络环境的不断完善以及智能手机的进一步普及，移动互联网应用向用户各类生活需求深入渗透，促进手机上网使用率增长。

网上支付线下场景不断丰富，大众线上理财习惯逐步养成。2016年上半年保持增长态势，网上支付、互联网理财用户规模增长率分别为9.3%和12.3%。电子商务应用快速发展，网上支付厂商不断拓展和丰富线下消费支付场景，以及实施各类打通社交关系链的营销策略，带动非网络支付用户的转化。互联网理财用户规模不断扩大，理财产品的日益增多、产品用户体验的持续提升，带动大众线上理财的习惯逐步养成。平台化、场景化、智能化成为互联网理财发展的新方向。

2016年6月，中国使用网上支付的用户规模达到4.55亿人，较2015年年底增加了3 857万人，增长率为9.3%，中国网民使用网上支付的比例从60.5%提升至64.1%。手机支付用户规模增长迅速，达到4.24亿人，半年增长率为18.7%，网民手机网上支付的使用比例由57.7%提升至64.7%。

点评：

2016年上半年，网上支付用户规模持续高速增长主要有三个原因：第一，高速发展的电子商务应用对网上支付的需求进一步增强，拉动网上支付用户规模的增长；第二，各网上支付厂商在线下消费场景积极布局，不断拓展和丰富线下消费支付场景，并推出诸多补贴政策，吸引着非网上支付用户的尝试；第三，网上支付厂商加大营销投入力度，在持续扩大网上支付产品的影响力的同时，进一步打通社交关系链条，带动非网上支付用户的转化，如支付宝的春晚"集福"、微信的"摇福金"等营销活动。

2016年上半年，各大支付厂商线下场景拓展仍在持续，从超市、医院、饭店、加油站到菜市场、停车场、服装门店，加速向广袤的线下生活消费场景渗透。从行业的发展来看，网民在线下消费场景使用网上支付仍处在习惯养成期，虽然在零售支付领域网上支付对银行卡和现金支付有一定的替代作用，但仍非主流的结算方式，线下零售支付领域依旧是各网上支付企业争夺的重点。

从整体移动支付行业的发展来看，网上支付率先占领市场，且在巨额补贴下用户习惯得到一定的沉淀，但其市场地位正受到其他类型移动支付的挑战。进入到2016年，银联与国内外手机厂商积极展开合作，布局国内移动支付市场，Apple Pay、Samsung Pay已在国内市场上线，小米、华为、魅族等手机厂商纷纷推出各自新款手机的NFC功能。NFC支付对于设备的改造需要耗费巨大的成本和一定的周期，短期之内难以撼动网上支付的市场地位，但从远期来看，其在支付便捷性和安全性上的优势不可小视，从用户的角度分析，他们很可能会把NFC支付当作网上支付方式的一种升级，较容易改变支付习惯。5月份，支付宝联手Samsung Pay，开通可以通过Samsung Pay绑定支付宝账户，进行支付宝支付的功能，从Samsung Pay与支付宝的"化敌为友"可以看到，在移动支付市场的争夺中很可能会出现合纵连横的复杂局面，激烈的市场争夺必将为用户带来更优质的支付体验。

【知识扩展】登录网址：http://www.cfca.com.cn/.

第一节　电子支付系统概述

人类社会在利用电脑和远程通信技术建立联机系统以后，彻底改变了依靠电报和函件等通信手段进行异地汇兑调拨的处理方式。联机系统用高速专用线路、社会公用通信网或卫星通信网把信息中心和各营业点的终端连在一起，建立起电子化的支付系统。通过这些系统，银行间的资金调拨可以通过网络瞬间完成。世界发达国家普遍推行票据清算自动化，实现资金调拨的自动化，票据流已经被信息流所代替。跨国或国内支付交易的不断增长，以及在不同国家或同一国家的不同银行间支付系统之间建立间接联系的复杂性造成的费用消耗，促使银行业不断寻求降低成本和提高效率的方法。世界上较有名的支付清算系统有美国纽约的票据交换所银行间支付系统（CHIPS）、英国伦敦的票据交换所自动付款系统（CHAPS）、环球银行金融电信协会（Society for Worldwide Interbank Financial Telecommunication，SWIFT）、美国联邦储备通信系统（FRCS）、日本全国银行通汇系统等。

一、电子支付系统的介绍

（一）电子支付系统的产生

支付系统是指由提供支付服务的中介机构、管理货币转移的法规以及实现支付的技术手段共同组成的，用来清偿经济活动参加者在获取实物资产或金融资产时所承担债务的一种特定方式与安排。因此支付系统是重要的社会基础设施之一，是社会经济良好运行的基础和催化剂，因此支付系统现代化建设受到市场参与者货币当局，特别是中央银行的高度重视。

用电子形式的支付工具完全取代纸凭证形式的现金和非现金支付工具在技术上是完全可以实现的。人们把电子支付工具看成是支付工具发展史上的第二次飞跃或革命。

网上支付是电子支付系统的发展和创新。电子资金转账系统缩短了银行之间支付指令的传递时间，并减少了在途资金的占压。

目前国际上电子支付系统主要有如下几种形式。

（1）BTArray 英国电信（British Telecom）的微支付系统。
（2）Cybank 支付系统，即使用 Cybank 账号的资金进行支付的系统。
（3）Digital Silk Road 用于邮递等低成本业务的支付系统。
（4）E-gold 允许通过账号系统使用黄金进行支付的系统。
（5）Inter Coin 一种先试用后购买的在线票据服务系统。
（6）Market Net 安全客户、商家认证服务系统。
（7）Net Market 在网上实行自动加密的商业交易系统。

（二）电子支付系统的分类

电子支付系统可以分为三类：大额支付系统、脱机小额支付系统、联机小额支付系统。各类系统的主要特点概述如下。

（1）大额支付系统。大额支付系统主要处理银行间大额资金转账，通常支付的发起方和接收方都是商业银行或在中央银行开设账户的金融机构。大额支付系统是一个国家支付体系的核心应用系统。现在的趋势是，大额支付系统通常由中央银行运行，处理贷记转账，当然也有由私营部门运行的大额支付系统，这类系统对支付交易虽然可做实时处理，但要在日终进行净额资金清算。大额支付系统处理的支付业务量很少（1%～10%），但资金额超过90%，因此大额支付系统中的风险管理特别重要。

（2）脱机小额支付系统，也称批量电子支付系统。脱机小额支付系统主要指自动清算所系统（ACH），主要处理预先授权的定期贷记（如发放工资）或定期借记（如公共设施缴费）。支付数据以磁介质或数据通信方式提交清算所。

（3）联机小额支付系统。联机小额支付系统是指POSEFT和ATM系统，其支付工具为银行卡（信用卡、借记卡或ATM卡、电子现金等）。

脱机小额支付系统和联机小额支付系统两类小额支付系统的特点是金额小、业务量大，交易资金采用净额结算（但POSEFT系统和ATM系统中需要对支付实时授信）。

（三）电子支付系统的特点

（1）可接受性（Acceptability），是指付款基础设施必须被广泛接受。
（2）匿名性（Anonymity），如果顾客想要匿名，他们的身份可以受到保护。
（3）可兑换性（Convertibility），数字货币应能够兑换成其他类型的货币。
（4）效率（Efficiency），每个交易的费用应该接近于零。
（5）灵活性（Flexibility），应支持多种付款方式。
（6）集成性（Integration），应创建能与软件集成的接口。
（7）可靠性（Reliability），可以避免孤立的断裂点（Point of Failure）。
（8）可伸缩性（Scalability），允许系统加入新的顾客和交易商而不会使付款基础设施崩溃。
（9）安全性（Security），允许在开放式网络上进行金融交易。
（10）适用性（Usability），付款应与现实生活中一样容易。

二、电子支付系统的参与者

电子支付系统的参与者主要由金融机构或银行、付款人或收款人、支付网关和金融专用网等组成。

（1）金融机构或银行，就支付而言，即为收款人或付款人的开户银行。
（2）付款人或收款人，资金划出或接收的个人或团体。
（3）支付网关，是商家授权并以此获取支付消息进行支付交易的平台。它提供支付服务，但不是收款人和付款人的开户银行。它作为连接互联网与金融专用网的中介，将支付信息经协议转换后，传入或传出金融专用网，实现金融专用网内收款人、付款人双方，以及双方的开户行之间的资金划转与交割。支付网关由金融机构或第三方非金融机构设立。
（4）金融专用网，包括连接各专业银行及支付网关的各种金融专用网。美国早在

1918年就建立了专用的资金传送网，后经多次改进，于1982年组建了电子资金传输系统。随后英国和德国也相继研制了自己的电子资金传输系统，使非现金结算自动处理系统具有相当的规模。

三、电子支付系统的功能

不同的支付系统有不同的安全要求和费用要求。微付款系统十分类似于普通现金，而消费者级付款最可能通过信用卡或借记卡来完成。在大多数情况下，商业级付款是由直接借记或发票来完成的。通常电子支付系统具备以下功能。

（一）实现对各方的认证

通常使用X.509和数字签名实现对各方的认证。为了实现协议的安全性，必须对参与交易的各方身份的有效性进行认证。例如客户必须向商家和银行证明自己的身份，商家必须向客户及银行证明自己的身份。

电子支付系统由客户、客户开户银行、商家、商家开户银行、认证机构等组成。商家的开户银行表示商家在其中有账号的某财政机构，称为接收行。支付网关是由接收行操作的用于处理商家支付信息的设备。认证机构的功能是向各方发放X.509证书。某些接收行也可能有自己的注册机构，由注册机构向商家发放证书，商家通过向客户出示证书向客户说明商家是合法的。认证机构和注册机构的工作应是协调的。

（二）对业务进行加密保密，确保数据的完整性

为了实现数据的保密，系统一般都支持某种加密方案。例如，在使用Web浏览器和服务器时，系统可利用安全套接层（SSL）和安全的超文本传输协议（S-HTTP）完成数据交换。根据需要，加密算法可使用对称加密或非对称加密两种算法。商家一般可以利用加密和消息摘要算法进行数据的加密，以确保数据的完整性。

（三）保证业务的完整性和不可否认性

商家可以使用消息摘要算法以保证业务的完整性和不可否认性。业务的不可否认性是通过使用公钥体制和X.509证书体制来实现的。业务的一方发出他的X.509证书，接收方可从中获得发送方的公钥。此外，每个消息可使用单向哈希算法加以保护。发送方可使用其加密密钥加密消息的摘要，并把加密结果一同送给接收方。接收方用发送方的公钥证实发送方的确已发出一个特定的消息，然后发送方可计算一个新的密钥用于下次加密消息摘要。

（四）多支付协议支持多方交易

多支付协议应满足以下两个要求。

（1）商家只能读取订单信息，如物品的类型和销售价。当接收行对支付认证后，商家就不必读取客户信用卡的信息了。

（2）接收行只需知道支付信息，无须知道客户所购何物，在客户购买大额物品（如汽车、房子等）时可能例外。

四、电子支付系统的标准

电子支付系统涉及的标准主要有以下几种。

（1）PKI 标准：公共密钥体系（Public Key Infrastructure）。

（2）SSL 标准：安全套接层标准。

（3）SET 标准：安全电子交易标准。

（4）X5.95 标准：账户数字签名工业标准（Account Authority Digital Signatures，AADS），提供了标准化的信用卡处理和账户管理方法。

（5）X.509 标准：电子商务证书发放标准（ISO／IEC/ITUX.509，基于 PKL，简称 PKIX）。

（6）X.500 标准：电子出版目录查询标准（目录服务协议 LDAP—X.500 协议）。

五、第三方电子支付方式

（一）第三方电子支付方式的原理

第三方电子支付是买家和卖家之间在"信用缺失"条件下的"补位产物"。作为主要的网络交易手段和信用中介，第三方电子支付起到了在网上商家和银行之间建立起连接，实现第三方中介与技术和信用保障的作用。因此，采用第三方电子支付，可以安全实现从消费者、金融机构到商家的在线货币支付、现金流转、资金清算、查询统计等流程，为商家开展 B2B、B2C 交易等电子商务服务和其他增值服务提供完善的支持。

第三方电子支付平台的发展促进了电子支付的普及。第三方电子支付平台提供的是电子支付方面的增值服务，平台后端连接着众多银行，负责商户与各银行之间的账务清算，支持多种银行发行的信用卡。前端支持网上、电话、手机、短信、WAP 支付等多种支付方式。

从发展历程和业务范围看，第三方电子支付企业有互联网企业的属性，同时，由于其在资金流转过程中具有特殊地位，涉及银行资金结算，特别是第三方电子支付企业开发出了为在线收付款的双方提供中介担保的业务模式，即付款方所支付的款项先在第三方电子支付企业所设立的单独账户中沉淀，待得到收款方的产品或服务并确认合格后，付款方向第三方电子支付企业发出放款指令，第三方电子支付企业方可将款项划转收款方。第三方电子支付企业代为保管的这部分资金，往往要经过至少 1 天的沉淀期，所以，在某种意义上，可以认为这些第三方电子支付企业已具有类似于金融机构的一部分职能。为规范电子支付行业的发展，中央银行出台《支付清算组织管理办法》，把第三方电子支付企业纳入非银行金融机构序列的意图，赋予电子支付企业金融类机构的属性。

互联网企业或者金融类机构，不同的属性意味着不同的定位。绝大多数第三方电子支付企业选择吸收互联网企业的运营模式。实践证明，在秉持互联网企业优点的同时，往另一条道路开拓，即从金融类机构的定位中探索新的业务领域，将使电子支付获得更长远的发展。

第三方电子支付是指一些具有较强银行接口技术的服务商，在银行提供的统一平台和接口的基础上，再搭建一个中介平台，前后分别连接商家和银行，通过与银行的二次结算获得分成。第三方电子支付平台就是解决消费者使用多种银行卡与商户接受多种银行卡进行结算的交互平台。第三方电子支付平台为银行和交易双方提供了一个支付平台。由于互联网的虚拟性，电子商务存在着固有的支付安全和信誉保障问题。对于消费者来说，网上交易的真实性和支付货款的安全问题最为重要。消费者网上购物付款时，因为要向素未谋面的商家提供自己的银行账户信息，会感到担心。有了第三方电子支付，消费者只需放少量的钱，通过第三方电子支付的账户付款即可。第三方电子支付所起的作用，便是在银行账户与商家之间搭起桥梁。

第三方电子支付可以连接多家银行，打破了银行间的壁垒，使商家能够同时利用多家银行的支付通道。第三方电子支付作为支付中介，将完成款项在付款人、银行、支付服务商、收款人之间的转移，其所完成的每一笔资金转账都与交易订单密切相关，而并非像银行那样提供资金汇划服务。

第三方电子支付只是电子支付产业链上的一个环节，电子支付产业参与主体众多，涉及银行、客户、商家、系统开发商、电子支付平台服务商、数字认证服务提供机构等。

综上所述，第三方代理人支付方式的原理是：买方在线或离线在第三方代理人处开账号，第三方代理人持有买方信用卡号和账号；买方用账号从卖方在线订货，即将账号传送给卖方；卖方将买方账号提供给第三方代理人，第三方代理人验证账号信息，将验证信息返回给卖方；卖方确定接收订货。

（二）第三方电子支付的特点

（1）第三方电子支付服务提供商既独立于交易各方，也独立于银行，是非银行的金融机构，以此区别于网络金融的支付服务。

（2）第三方电子支付所提供的核心服务是货币支付与资金结算，其他如交易监管、查询统计、信用评价等只是附加服务或增值服务，以此区别于电子商务交易平台、门户网站和搜索引擎。

（3）第三方电子支付采用的方式是通过一系列的应用接口程序，集成银行支付结算系统接口（一般是银行支付网关）或提供其他服务通道（如基于 GSM 的移动支付、虚拟货币发行），以此区别于其他电子支付方式，如电子汇款（EFT）。

（4）第三方电子支付是为破解电子商务中的信用与安全难题而提供的一系列交易支持与信用中介功能的统称，是在软硬件集成、金融与信息技术结合的基础上，形成的电子交易流程模式与电子商务系统的有机组成部分。

第三方电子支付服务在其关联的网络平台基础上，与外部的金融、物流和鉴定机构协同运行，通过业务流程的简约、信用度的提高、交易费用的节约、交易流程和规则的明确化，共同构筑了全新的交易模式与商务系统。

（三）第三方电子支付的模式

第三方电子支付与银行间的合作模式是银行确定一个基本的手续费率，每笔业务按费率缴给银行支付服务费；第三方电子支付平台在这个费率上加上自己的毛利润，再向客户收取第三方电子支付服务费用。但实际操作中，又分两种情况：做 C2C 的第三方电子支付，为了拉拢客户，只向客户收取极低的手续费，甚至有些干脆不收任何费用；做 B2B 或 B2C 的第三方电子支付则向企业收取高额费用，它们大多是按照 PayPal 模式收取交易提成。但现在抽取交易提成的盈利方式已经收效甚微，不少支付平台企业转向通过支付平台开发增值服务，以寻求新的利润增长点。中国的第三方支付有以下两大类型。

1. 独立第三方电子支付模式

独立第三方电子支付模式依靠在银行与收付款方之间传递信息，为收付款提供服务而收取用户的接入费、年服务费和交易手续费。由于用户对接入费与年服务费的收取越来越不认可，各支付企业开始借鉴其他互联网企业的商业模式，如整合营销服务、广告服务、积分管理服务等。

这类商业模式将市场中的目标客户分为上游和下游两大类。上游客户定义为价值链的商家，独立第三方电子支付供应商通过为该部分商家提供服务直接获取盈利。下游客户定义为终端客户，独立第三方电子支付供应商所提供的整合营销，或称为按销售额付费（CPS）服务或广告服务，都是通过网络平台将客户的产品介绍给用户的，为客户或其产品提供更广泛和精准的认知度。独立第三方电子支付供应商通过提供这种服务，按照销售额或不同的广告类型向客户收取佣金。

积分管理服务的盈利模式是向用户提供在线兑换积分的服务，向商家收取积分管理费用。同时，兑换积分时积分发行商所提供的与积分价值相应的资金，与这些积分所购买的向用户兑换的商品购买资金之间存在差价，这部分差价构成利润来源。

独立第三方电子支付供应商具有得天独厚的用户资源，而这些用户聚集所带来的效应，创造了营销渠道、广告市场，以及由这些派生而来的积分市场。

2. 非独立第三方电子支付模式

国内非独立第三方电子支付供应商主要有支付宝、财付通等，因其依附于网上交易平台淘宝网、拍拍网而坐拥数亿用户，在电子支付市场中享有相当大的话语权。支付宝在发展过程中探索出的担保模式，既为买卖双方提供了交易保障，又获取了资金沉淀利息收入，成为后来者的效仿对象。

非独立第三方电子支付模式的核心是为买卖双方交易提供担保，使交易达成。买方先付款至第三方电子支付供应商的账户，卖方接到通知后发货，而买方确认收货后，第三方电子支付供应商才把该笔款项划归卖方。第三方电子支付供应商基于买方的申请控制了资金的流向，并扮演着保证人的角色。

在信息流、资金流产生汇集的节点上，衍生出了更广阔和深入的应用，随着物流的发展和法律法规的健全，这种应用将有广阔的市场。近年来，物流领域的担保融资获得了蓬勃的发展，物流企业与银行在动产质押等方面展开合作，为中小企业提供以流动资产为担保物的融资。中国物权法的出台为该类担保模式提供了法律依据。

（四）第三方处理器在线付款程序和多家付款系统

第三方处理器在线付款程序如图 5-1 所示。

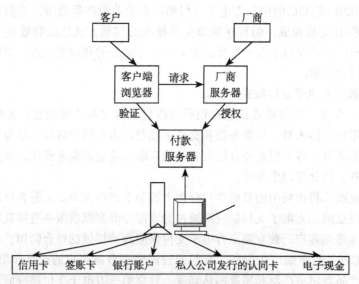

图 5-1　第三方处理器在线付款程序

1. First Virtual 系统

First Virtual（FV）系统产生于 1994 年，它是唯一没有使用加密技术的安全的在线付款系统。FV 系统的安全性是通过向顾客要求一个确认电子邮件来得以保证的。如果顾客不能在给定的时间范围内用某种代码应答，则订单不会被执行。为了防止对信用卡信息的探测，被交换的不是信用卡信息，而是特殊的标识符。信用卡需要在 FV 系统上存储一次，并且系统给信用卡号码分配一个虚拟的个人识别号（Virtual PIN），它可用于交易处理。用户需要呼叫 FV 系统并告知信用卡号码；该信息决不会经过互联网发送。FV 系统用金融网启动该付款交易。

FV 系统提供第三方代理服务解决方案。在交易进行前，商家和客户都要用 FV 系统注册。客户在 FV 系统注册时，产生一个短语，并在互联网页面上填上其信用卡细目和 E-mail 地址，再通过网络传递给 FV 系统。FV 系统给收到的短语加上一后缀，形成一个新短语，称为 Virtual PIN，再发送给用户。下一步，用户通过电话向 FV 系统提供其信用卡号码。这样，FV 系统就可建立起 Virtual PIN 和用户信用卡之间的联系，而无须再使用用户的信用卡号码。商家也需经过类似的注册程序，把开户银行细目传送给 FV 系统，并从 FV 系统收到 Virtual PIN。发送银行细目的正常方法是发送由商家根据其在银行的账目而开出的支票。FV 系统从支票中取出所有的账目识别信息。商家完成注册后，可要求 FV 系统处理已注册的 FV 系统客户的业务，并要求 FV 系统在扣除每宗业务的收费后，使用传统的银行自动清算所服务，给商家在银行的账户入账。

FV 系统的主要优点是简单，系统运作当中简单的信息交换意味着在前端不需要特定的软件，且后端的软件也不复杂。该系统对于只有有限营业额的商家极具吸引力。系统的主要缺点是商家或客户在使用 FV 系统前，必须事先注册，而且商家必须有银行账号，客户必须有信用卡。

2. Cyber Cash 公司

Cyber Cash 公司的解决方案与 SSL 协议和 SET 协议一样，对信用卡详细信息进行加密，但过程有点不同。信用卡信息由顾客发送到交易商，而且这些信息是以交易商不能解密的形式进行加密处理的。交易商将这些信息以及顾客订单金额传输到 Cyber Cash 服务器上，Cyber Cash 服务器在金融网络中启动付款。

Cyber Cash 公司提供两种解决方案。

（1）Cyber Cash 公司的第三方代理人的解决方案。根据此方案，买方必须首先下载 Cyber Cash 软件，即"钱夹"。钱夹里面包括信用卡、数字/电子现金、电子支票，用户打开钱夹可以选择其中的一种支付方式。其软件使用步骤如下：在建立钱夹的过程中，买方将信用卡信息提供给第三方 Cyber Cash 公司；第三方 Cyber Cash 公司指定一个加密的代码代表信用卡号码，传送给买方；当买方向接收 Cyber Cash 公司的卖方购物时，它只需简单地输入代码；卖方将代码及购买价格传送给第三方 Cyber Cash 公司；第三方证实这一事务处理并将资金及购买商品的授权传送给卖方。

Cyber Cash 第三方代理软件具有以下特点：开设账号时信用卡信息通过网络传输；Cyber Cash 信用卡服务不向买卖双方额外收费，所有 Cyber Cash 费用都通过信用卡处理系统支付。

Cyber Cash 公司推出的这种在线付款方式的过程很简单，当消费者在电子商场选中商品后，只需按下"Cyber Cash 付款"的按钮，系统自动通知商家立即发给消费者一份购物表格，让消费者填上姓名和信用卡号码，然后将填入的信息以加密方式发回给商家。商家将发票及认证信息传送给 Cyber Cash 服务器，服务器收到这些信息以后进行解密工作，并将信用卡信息传送给商家的开户银行确认。Cyber Cash 服务器一旦得到银行的确认信息，就通知商家向消费者发货。这种方式对消费者而言，不需要在第三方那里设立专门的账户，只需输入自己持有的信用卡信息即可，因此既经济又安全。对于商家而言，最大的好处是不必担心欺诈行为，付款过程的严谨性保证了发货之前消费者所付货款已到账。

（2）Cyber Cash 公司的简单加密信用卡解决方案。简单加密信用卡模式的一般原理是：使用简单加密信用卡模式付费时，当信用卡信息被买方输入浏览器窗口或其他电子商务设备时，信用卡信息就被简单加密，安全地作为加密信息通过网络从买方向卖方传递，Cyber Cash 公司采用的加密协议有 SHTTP 协议、SSL 协议等。

Cyber Cash 公司提供的简单加密信用卡解决方案是：Cyber Cash 用户从 Cyber Cash 卖方订货后，通过电子钱包将信用卡信息加密后传给 Cyber Cash 卖方服务器；卖方服务器验证接收到的信息的有效性和完整性后，将买方加密的信用卡信息传给第三方——Cyber Cash 服务器；Cyber Cash 服务器验证卖方身份后，将买方加密的信用卡信息转移到非互联网的安全地才解密，然后将买方信用卡信息通过安全专网传送到卖方银行；卖方银行通过与一般银行之间的电子信息网络从买方信用卡发卡行得到证实后，将结果传送给 Cyber Cash 服务器，Cyber Cash 服务器通知卖方服务器交易完成或拒绝，卖方通知买方。

该软件的特点如下：整个过程历时 15～20 秒；加密的信用卡信息只有业务提供商或第三方机构能够识别；由于购物时只需一个信用卡号，所以给用户带来了方便；需要一系列的加密、授权、认证及相关信息传送，交易成本较高，所以对小额交易不适用；交易过程中每进行一步，交易各方都以数字签名来确认身份，买方和卖方都需使用 Cyber Cash 软件；签名是买方、卖方在注册系统时产生的，且本身不能修改；加密技术使用工业标准，使用 56 位数据加密密钥和 768～1024 位公开密钥产生数字签名。

Cyber Cash 支持多种信用卡，如维萨卡（Visa Card）、万事达卡（MasterCard）、美国运通卡（American Express Card）等；已授权处理 Cyber Cash 的系统有全球支付系统（Global Payment System）、第一数据公司（Fist Data Corporation）和维萨网（Visa Net）等。

（五）第三方电子支付产业链模型

1. 第三方电子支付服务供应商的市场定位

第三方电子支付服务的发展必须立足于银行体系。只有利用好银行体系，才能更好地为客户服务。

第三方电子支付服务供应商的市场定位是为中小型企业和个人客户提供细致、深入、主动的服务，提供良好的互动结算系统界面和相应的功能，并按客户的需求不断完善和升级运行系统，包括客户通过网络进行月报处理、退款处理等自助业务。银行服务体系要根据第三方电子支付的发展需求不断升级和完善自己的系统，确保第三方电子支付有能力在更高水平的平台上运作。第三方电子支付服务发展的趋势是多元化、多样化。从银行与企业的关系来看，第三方电子支付服务是银行部分支付服务的外包，这也是国际上认可的一种非常好的服务模式。这样的竞争策略有利于银行与第三方电子支付服务的可持续发展。第三方电子支付服务供应商应做定制化、有差异的银行外包服务。

银行在支付市场的定位是利用支付工具与资金清算平台的优势，打通商品交易与清算支付的各个渠道，同时在支付服务的上游不断创新，使客户在支付的过程中更加安全、方便。所以，提高服务创新能力、开发能力、认知能力成为银行经营的重点。第三方电子支付服务应该是百花齐放、争奇斗艳，银行与第三方电子支付服务供应商必须在这里找到自己的角色。

银行发展网上银行业务的优势明显，但市场是多样化的，需求也是多样化的，有些事银行是做不好的。银行的劣势就是在网络建设方面比较薄弱。第三方电子支付服务供应商有网络建设方面的优势，与银行是上下游的合作关系。目前，银行在与第三方电子支付服务供应商的合作问题上，大银行由于技术实力较强态度比较消极，而小银行却显得比较积极。

银行与企业合作的基础是：网站能聚集大量的客户，网站能实现稳定的交易，网站有真实的物流企业合作。

第三方电子支付服务供应商通过与银行的合作，可以使银行、第三方电子支付服务供应商和客户实现三赢。银行钱生钱运行稳定，市场不断拓宽；第三方电子支付服务供应商的客户资源稳定，数量持续增加，竞争实力不断加强；客户可以利用多种工具，随时随地便捷地享受到需要的金融服务及其增值服务。

2. 电子支付产业链的分类

电子支付产业链按其组成的结构分析有独立与联合两大类，其主要包括以下内容。

（1）产业链源头的银行独立支付系统：各网上银行提供的在线支付服务。

（2）产业链源头的银行横向联盟支付系统：有中央银行背景连接的各银行提供的在线支付服务，包括中央银行成立的支付平台、商业银行投资或者联盟成立的支付平台。

（3）产业链中的大型企业独立支付系统：包括各电信运营商、公共服务商、互联网运营商、电子商务平台。这些企业往往在过去的业务发展中积累了大量的互联网企业用户与个人用户，所提供的支付服务首先为自己运营而服务，然后以自己的用户为核心，拓展到相关领域。

（4）产业链中的大型企业横向联盟支付系统：指上述大型企业之间联合成立的支付平台。

（5）产业链中的大型企业与银行联盟支付系统：大型企业与银行纵向联合成立的支付平台。

（6）第三方电子支付平台系统：指银行与互联网中的企业为企业和个人提供支付服务的平台。

互联网上的业务发展取决于两个方面，第一是用户，第二是服务。不同类型支付服务商的竞争优势是有差别的。按照上述分类，第三方电子支付平台系统处于产业链中间，随着前五类支付服务的发展，第三方电子支付平台系统的市场必然走向横向细分与纵向联合。

3. 第三方电子支付的产业链模型

创新的第三方电子支付盈利模式是把银行、供货商、消费者、代理商整合在一起组建的联合体盈利模式。第三方电子支付盈利模式联合体充分体现了支付产业链价值，由第三方电子支付的产品链、价值链和知识链组成的支付产业链模型，是以第三方电子支付服务供应商为中介，银行与企业的支付产业链整合形成的模型。其鲜明的特征是产业链向价值链的延伸并实现其价值，即整合产业链，最终实现价值链的共享。

（1）第三方电子支付的产品链。

第一，产业链的思想起源。产业链的思想来自亚当·斯密关于劳动分工的论断。早期的产业链是单一的产品链的概念，是指外部采购的原材料和零部件，通过生产和销售等活动，传递给零售商和消费者的过程，注重的是产品的物流实现，以及为实现物流所产生的信息流和资金流。因此，传统的产业链就是产品链，衔接的是产品的需求与供应。

第二，产业链的思想发展。随着新经济时代的到来，产业链的形态发生了根本性的变化，单一的产品链形态已无法解释一些新现象。例如，产业集群问题，即产业总是聚集在某一特定的地区范围内发展壮大，而不是在所有地区均匀地、等比例地发展，产业集群内的企业不一定发生产品供应关系，但是空间上的集中却容易获得具有专业技能的劳动力，降低了物流成本，取得了技术溢出效益；产品互补问题，即从低层次的产品相互搭配销售到高层次的产品战略联盟，产品与产品之间不仅存在着替代效应，还存在着能够相互提升产品价值的互补效应，产品互补不一定发生产品供应关系；系统分工问题，即在市场分工演进过程中，简单的直线式专业化分工转向复杂的网络式模块化分工，涉及产品设计、生产和组织形式的模块化，系统分工的载体是知识。这些新变化其实是新经济条件下产业链演进的必然结果，产业链具有了新的组成形态。

第三，第三方电子支付的产业链。第三方电子支付产业链如图5-2所示，该产业链的结构决定了企业行为，而企业行为又决定了市场绩效，反过来，市场绩效会改变企业行为，从而影响到产业链结构，因而这是一种动态调整的反馈机制。根据产业链内企业之间合作关系的不同，可以把产业链的组成形态分为产品链、价值链和知识链。

横向为价值链：生产企业创造价值、第三方电子支付服务供应商提供增值服务、消费者实现价值。纵向为产品链：网上交易平台为第三方电子支付服务供应商提供服务对象,银行支付工具是第三方资金清算的工具,第三方电子支付服务供应商提供信用担保服务。知识链是产品链与价值链内的知识流动,以及为实现知识系统增值而发生的各种信息流动。

传统产品链上下游之间主要是产品的投入产出关系,上游企业的产品是下游企业的投入。产品链内主要是产品流动,以及为实现产品流动而发生的资金流动和信息流动,产品链其实是直线式专业化分工下的产业链形式。以中国第三方电子支付行业产品链为例(见图5-2),该产品链以第三方电子支付服务供应商为纽带,主要形态表现为支付工具和支付服务的产品链,产品链的主要服务对象是商品交易与资金清算的客户,因此第三方电子支付服务供应商贯穿整个产品链。以支付服务与工具为纽带所形成的产品链,从根本上讲合作程度很高,但也存在剧烈的竞争。因为银行要提高利润,如果选择低成本策略,就必须压低第三方电子支付服务和电子交易服务的费用。这样,从银行到第三方电子支付服务再到电子交易服务一直反馈上去,便会损害整个产品链的利益,就不可能达到"共赢"的稳定状态。同样,电子交易服务和第三方电子支付服务供应商要提高利润,就会瓜分银行的利润,加大银行的经营风险。因此,以第三方电子支付产品链为主要形态构成的产业链,关联企业的利益存在冲突,但合作的空间较大,合作各方应有自己的产品,所构成的产品链也较为松散。

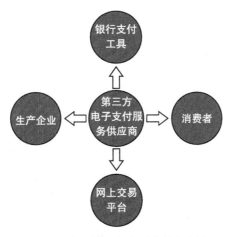

图 5-2　中国第三方电子支付产业链

(2)第三方电子支付的价值链。价值链由波特提出,他用它来解释企业内的价值创造活动。而第三方电子支付产业链上的价值链作为产业链的组成形态,从企业内部转向了企业之间,用来解释企业之间的价值创造活动。价值链内主要是价值流动,以及为实现价值增值而发生的各种资源流动,价值链是业务分工条件下的企业价值链的扩展。以第三方电子支付的产业链为例(见图5-2),支付宝是在线支付的代表性企业,专门从事第三方电子支付服务活动,而银行通过把在线交易的支付服务活动外包给支付宝,专门从事金融产品研发和清算。本来创新产品和营销是企业内部价值链的主要活动，现在由不同的企业来合作完成，消费者获得的最终产品是由价值链完成价值创造过程后的结果。因而，价值链比产品链更容易达成共赢，相对稳定。但是对于这种外包的模式，一般来说外包企业较为强势，通过自身的盈利模式获取更高的利润率。以产品互补结成的价值链，通常在高价值活动的产品创新和营销领域展开合作，更容易实现共赢。

从面向用户的服务上看，支付工具不足以区分支付服务的类型。过去行业内以网关支付、钱包支付、手机支付等作为区分支付服务商的类型，而事实上，支付服务商的差别与在产业链中的位置有很大关系。支付手段在技术选择上的壁垒并不高，而不同产业链环节所积聚的用户与市场优势，以及由之带来的服务成本差别，则是银行与企业在产业链上合作的基础。

第三方电子支付是通过与银行的商业合作，以银行的支付结算功能为基础，向政府、企业、事业单位提供中立的、公正的面向其用户的个性化支付结算与增值服务，突出表现在以下方面。

第一，提供成本优势。第三方电子支付平台降低了政府、企业、事业单位直连银行的成本，满足了企业专注发展在线业务的收付要求。中国有大小企业 2 600 多万家，能与银行直连的企业平台与商务平台少之又少，大量的企业走上电子商务后，还需要选择第三方电子支付的服务。

第二，提供竞争优势。第三方电子支付服务供应商在利益上中立避免了与被服务企业在业务上的竞争，被服务企业在第三方电子支付平台上办理交易与清算，不会出现其业务与第三方电子支付服务供应商在业务上有直接和间接的冲突；也避免了在用户资源、盈利模式推广、网上渠道等方面直接和间接地被第三方电子支付服务供应商操纵的现象发生。

第三，提供创新优势。第三方电子支付平台可以根据被服务对象在市场竞争与业务发展中推出的新商业模式，同步定制个性化的支付结算服务。

（3）第三方电子支付的知识链。在知识链内流动的主要是知识，以及为实现知识系统增值而发生的各种信息流动，知识链其实是知识分工下的知识创新系统。以知识为纽带的产业链是最为稳定的产业链。

如图 5-2 所示，第三方电子支付的产业链就是以知识分工为主的产业链。在该联盟中，各企业的地位是平等的，只是由于知识分工，有的企业做出了较大的贡献而成为核心成员（金融企业），有的企业贡献较小而成为普通成员（金融业务外包方）。但是这种分工是系统化的模块化分工，离开了整个系统，单个企业的贡献再大也毫无价值，例如 PalPay 明确表示自己是一个技术服务型公司而不是一个金融服务型公司，并舍弃了他们为用户监管资金产生的那部分利息，全部存在一个指定的银行中。对于云网这样的 B2C 商务平台，技术路线就是其必然的选择。对于拥有大量终端客户的 C2C 商务平台来说，这个问题也应该比较容易解决，毕竟拥有客户相当于拥有上帝。

第三方电子支付服务供应商要在支付领域取得自己的位置，必须要有自己的硬功夫，并且将其渗透到技术、平台、服务和理念等方面。

第三方电子支付平台的竞争已经从功能化竞争转向市场细分的竞争，环迅支付已经开始向国际支付、航空支付、酒店支付、信用卡还款这几块具有潜力的市场进军，并且最先推出了产品。环迅支付的 ICPAY 国际卡支付系统可支持维萨卡、万事达卡、JCB 卡、NETS 等国际信用卡，是国内首个可支持多币种的国际卡支付平台，包括人民币、美元、欧元、英镑、日元等十余种货币都可在平台上直接结算，还支持中、英、法、日多种语言，无须汇兑直接通过人民币交易。

面对巨大的航空、旅游市场，环迅支付还推出了 CAT 支付系统，并与全国数十家大型的航空售票公司签订了合同，大大简化了用户购买机票的流程。除环迅支付以外，其他几家第三方电子支付厂商也都凭借各自的优势试图进入这个巨大的市场。

案例 5-1

《互联网金融风险专项整治工作实施方案》

《互联网金融风险专项整治工作实施方案》对第三方支付提出如下三个整治方向。

（1）非银行支付机构不得挪用、占用客户备付金，客户备付金账户应开立在中国人民银行或符合要求的商业银行。中国人民银行或商业银行不向非银行支付机构备付金账户计付利息，防止支付机构以"吃利差"为主要盈利模式，理顺支付机构业务发展激励机制，引导非银行支付机构回归提供小额、快捷、便民小微支付服务的宗旨。

此条明确界定第三方支付机构存在银行的备付金不计付利息，终结了此前第三方支付机构诉求的备付金计息期望。业内人士分析称，此项规定或将致使第三方支付机构开始对用户转账、提现全面收费。据了解，微信支付此前已调整转账和提现规则，开始对提现收取手续费，提现手续费按提现金额的 0.1% 收取，每笔至少收取 0.1 元，每位用户可获赠 1 000 元免费提现额度。

（2）非银行支付机构不得连接多家银行系统，变相开展跨行清算业务。非银行支付机构开展跨行支付业务应通过中国人民银行跨行清算系统或者具有合法资质的清算机构进行。

此条明确限定第三方支付机构"不得连接多家银行系统""变相开展跨行清算业务"，意味着第三方机构此前构建的自闭环支付清算体系被彻底叫停，未来必须通过银联等专门的清算通道进行清算。

网联清算有限公司于 2017 年 8 月 29 日成立，法定代表人是董俊峰。该平台被业界称为"网联"，与银联功能相似。"网联"主要针对持有互联网支付牌照的支付机构，第三方支付公司都要通过"网联"进行清算。

根据工商登记信息，在经营范围上，网联可以从事的经营活动包括：建设和运营全国统一的清算系统，提供非银行支付机构网络支付业务资金清算，协调和仲裁业务纠纷，提供其他配套服务，如软件开发、数据处理、计算机系统服务、计算机技术培训、技术开发、技术服务、技术转让、技术推广、市场调查、会议服务、承办展览展示活动、组织文化艺术交流活动（不含演出）、销售计算机、软件及辅助设备等。

（3）开展支付业务的机构应依法取得相应业务资质，不得无证经营支付业务，开展商户资金结算、个人POS机收付款、发行多用途预付卡、网络支付等业务。

此条主要清查当前第三方支付市场的各种违规操作，对非全资质牌照的第三方支付公司来说，业务范围将被极大限制，第三方支付牌照的含金量将更加分化。

第二节　电子支付工具管理

随着计算机技术的发展，电子支付的工具越来越多。这些支付工具仍然可以分为三大类。第一类是电子现金类；第二类是电子信用卡类，如智能卡、借记卡、电话卡等；第三类是电子支票类，如电子支票、电子汇款、电子划款等。这些支付方式各有自己的特点和运作模式，适用于不同的交易过程。这里主要介绍信用卡类、电子现金、电子支票和电子钱包。

一、信用卡类

🌐 案例 5-2

信用卡市场国有股份银行与其他股份制银行平分秋色

2015年在中国信用卡市场占有率方面，五家国有商业银行凭借庞大的信用卡客户基础，占据38.95%的市场份额且稳中有升；全国性股份制商业银行的市场份额为57.66%。2015年中国主要银行信用卡市场占有率如图5-3所示。

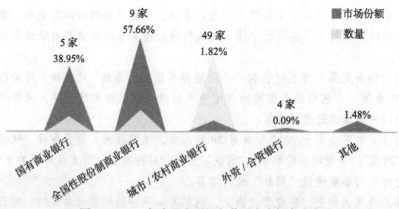

图5-3　2015年中国主要银行信用卡市场占有率

交通银行凭借招牌活动"最红星期五"，以14.91%的市场份额拔得2015年活跃用户持卡量头筹，招商银行、中国建设银行、广发银行紧随其后，如图 5-4 所示。

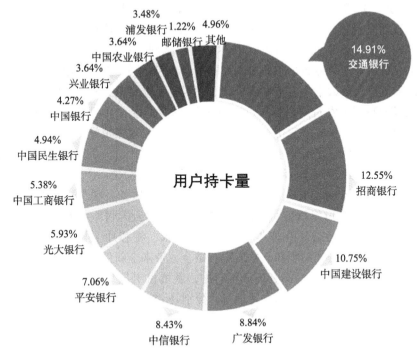

图 5-4　主要银行信用卡市场份额（活跃用户持卡量）

思考：中国银行业如何提高电子货币在市场上的客户满意度？

（一）信用卡付款系统

信用卡型电子货币是电子支付中最常用的工具，信用卡可在商场、饭店、车站等许多场所使用。可采用刷卡记账、POS 结账、ATM 提取现金等方式进行支付。

1. 信用卡的产生与发展

信用卡（包括现金卡、记账卡、购物卡、支票卡等）的起源可追溯到 19 世纪 80 年代，当时只是作为商店进行赊销的购物凭证。现代信用卡兴起于 20 世纪 50 年代，随着经济发展和现代科技水平的提高，信用卡不断向高效能方向发展，使用范围不断扩大并冲破了国界，运用形式逐渐趋向现代化。世界上最早的信用卡是美国富兰克林国民银行于 1952 年发行的信用卡。此后，美洲银行从 1958 年开始发行"美洲信用卡"，并吸收中小银行参加联营，发展成为今天的维萨集团。美国西部各州银行组成联合银行卡协会，于 1966 年发行"万事达信用卡"，发展成为今天的万事达集团。中国首张信用卡是 1985 年出现的珠江卡（中国银行珠江分行发行），1986 年，中国银行北京分行开始发行"长城信用卡"，随后，中国工商银行、中国建设银行、中国农业银行等也发行了自己的信用卡。

根据中国人民银行公布的数据，截至 2015 年第三季度末，全国金融 IC 卡累计发行 18.83 亿张，新增发卡量连续三个季度超过 2 亿张，发卡速度持续加快。

中国银联表示，在金融 IC 卡快速增长的同时，受理环境日益优化，百姓日常消费行业应用广泛覆盖，成为金融普惠民生的重要基础。根据 2015 年统计，北京、杭州、贵阳、长沙等地数万台出租车已实现银联卡"闪付"；在公交领域，广东、安徽、浙江、江苏、重庆等数十个省市实现公交车"闪付"应用；台州、嘉兴、义乌、广州、蚌埠等地区的数百个农贸菜市场均可以银联卡"闪付"。全国银联卡"闪付"受理终端已超过 600 万台，正在加速优化非接受理流程并加强收银员培训。

金融 IC 卡的普及带来的不仅是便利与实惠，其安全作用也逐渐显现。数据显示，2014 年度中国银行卡总欺诈率为 2.03BP（BP 为万分之一），信用卡欺诈损失率为 0.12BP，均处于全球各国最低水平。以芯片卡为载体的各类金融科技创新层出不穷，成为引领移动支付发展的最新趋势。随着银联"云闪付"的发布，各家商业银行、手机厂商等产业各方正在加紧合作、加大投入，将芯片卡与 NFC、HCE、TSM 和 Token 等各类领先的支付创新技术应用相结合，带来全新的支付体验。

2016 年 6 月末，在中国国有商业银行中，新增发卡量位于前三位的银行是中国工商银行、中国建设银行及中国农业银行，分别是 888 万张、716 万张以及 537 万张。三家银行中仅有中国建设银行新增发卡同比出现了负增长，为 −14%，而中国工商银行同比增长 24.7%、中国农业银行同比增长 25.7%。

信用卡型电子货币在全球范围内尤其是发达国家已形成一定规模。作为电子货币载体的信用卡，逐步向高层次演变，从只能读写的磁卡，向装有集成电路、具有逻辑运算功能、可脱机运行的智能卡（IC Card）转化。随着 ATM 机和 POS 机的广泛分布，商业卡和银行卡将合二为一，电子货币的功能将大大地扩展。如法国的 IC 卡被广泛地用于记载持卡人的信息资料，充当个人身份证、医疗证、运输通行证、执照、办公设备使用卡，而且可用于保险、维修、通信领域，在特约商号采购、赊销或是从银行提现、转账、透支、查询等，已成为其基本的功能。

2. 信用卡付款系统的优点

信用卡付款系统与其他形式的付款相比，具有以下优点。

（1）信用卡被广泛发行，使用简单，而且信用卡被全世界所接受。

（2）信用卡系统提供了良好的消费者保护，因为用户有权在一定时间范围内退货并拒绝支付费用，这些费用不是直接从用户账户中支取的。

（3）信用卡不一定是本国货币。无论客户在哪里购买商品，货币兑换都会为顾客自动完成。

（4）在互联网上使用信用卡的机制简单易学，几乎每个人都能够在几秒钟之内学会如何使用。用户浏览一个互联网站点，在决定了他们所需要的服务或商品后，将他们的信用卡信息输入并发送到该互联网站点（在那里，要么这些信息被收集起来并每天向银行发送一次，要么互联网站点的所有者与银行建立起一个直接链接），因此，如果用户有足够的存款支付所选的商品，就可以即时结账。

3. 信用卡付款系统中的四个角色

在信用卡付款系统中有四个角色：顾客、交易商、发行器和捕获器。为了使用一张信用卡，顾客和交易商必须与捕获器相应的发行器建立联系。发行器发给顾客一张信用卡，交易商向捕获器请求能接受一个或多个信用卡品种的能力。顾客到交易商那里购买商品或服务，并将他们的信用卡呈现给交易商。交易商把信用卡信息发送给捕获器来验证信用卡的合法性。然后，请求就会通过金融网络传输到顾客所在的银行，银行验证发送过来的信息，并通过捕获器向交易商返回授权。

4. 信用卡付款系统的标准

为了保证信用卡付款的安全，已经建立起两个标准：SSL 标准和 SET 标准。SSL 与 SET 之间的区别是很明显的。SSL 只加密 Web 浏览器和 Web 服务器（顾客的计算机和交易商的计算机）之间的通信，而 SET 提供了一个完全的付款安全解决方案，这个方案不仅包括顾客和交易商，而且还包括信用卡付款所需的银行。

5. SET 支付体系

SET 支付体系由支付网关和与之相连的银行系统、电子柜员机、用户端电子钱包构成。

（1）SET 支付网关。SET 支付网关连接银行内部网络中的收单行（商家的金融机构，保证商家能接受一种支付卡品牌并将获得的支付转移给商家）。发卡行（客户的金融机构，给客户提供支付卡，给商家提供支付）通过银行内部网络或其他交流渠道与收单行通信，不需要用 SET 协议来实现。

支付网关需要接收和确认商家从持卡人处收到的支付信息，它首先要通过收单行与发卡行通信进行申请和接受授权，然后将授权转发给商家从而让商家完成订单，最后接收人发卡银行得到付款并将其转移给商家。基本的支付网关为从卡处理系统返回的信息（如 ISO8583）和发往卡处理系统的信息（SET）提供了通信和协议转换能力，并执行所有的 SET 密码功能。

支付网关起到了一种连接作用，将用于持卡人和商家之间交换信息的开放网络（如互联网）与传统的封闭网络和金融机构互相通信的其他方法连接起来。

SET 支付网关体系结构如图 5-5 所示，并应具有以下功能：一个 SET 支付网关能支持多个银行系统，即一个支付网关可供多个银行系统使用，处理多种银行系统内部通信协议。

中国电子商务体系 SET 支付网关应该统一规划、统一建设，避免重复建设的情况发生。

对于内部已联网的金融系统，支付网关只需连到该系统总部或省级单位，该系统其他分支可直接使用这一支付网关。对于内部没有联网的金融系统，支付网关可与该金融机构的每一个分支部门专线相连，一旦该机构实现联网就拆除专线，利用其自身网络优势。对于发展较快、业务需求量大的省份，可在本省先行建立支付网关，处理其电子商务交易的支付问题，一旦其金融机构联网，则按全网电子商务支付统一规划使用支付网关。

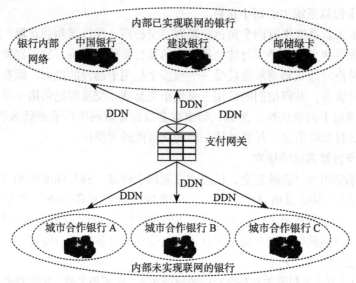

图 5-5　SET 支付网关体系结构

（2）电子柜员机。电子柜员机是在线商家的支付服务器，它必须能处理持卡人的申请并和收单行（通过支付网关）进行通信，发送和接收加密信息，存储签名密钥和用于交换密钥的密钥，申请和接受认证，与数据库进行通信以便存储，填写订单及保留和处理记录。

由于客户端软件使用双重签名技术分别对购买信息和支付信息进行加密，所以电子柜员机上只有用户的购买信息，而支付信息则完整地转发给支付网关。

（3）持卡人电子钱包。持卡人使用的软件叫作"电子钱包"应用系统，它能完成 SET 交易所需要的功能，能够发送和接收信息，能够加密和解密，能够存储共用和私用的签名密钥以及用于密钥交换的密钥，能够申请、接受和保存证书，并且能够进行交易记录。

（4）SET 支付流程如图 5-6 所示。

为了在 Web 浏览器上进行实际的交易，软件还必须能与 Web 浏览器进行通信，或者作为内置程序或者作为帮助程序执行。

6. 信用卡付款系统中的第三方

改善信用卡事务处理安全性的一个途径就是在买方和卖方之间启用第三方代理，目的是使卖方看不到买方信用卡信

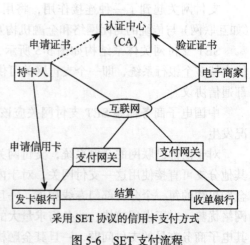

采用 SET 协议的信用卡支付方式

图 5-6　SET 支付流程

息，避免信用卡信息在网上多次公开传输而导致信用卡信息被窃取，如图 5-7 所示。

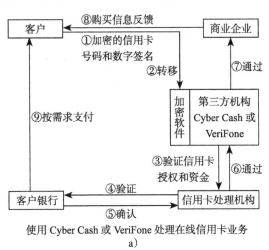

使用 Cyber Cash 或 VeriFone 处理在线信用卡业务
a)

使用 First Virtual 处理在线信用卡业务
b)

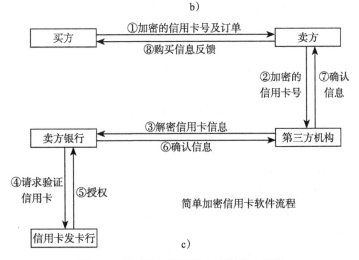

简单加密信用卡软件流程
c)

图 5-7 信用卡付款系统中的第三方流程

(二)智能卡存储的信息

智能卡是应用最为广泛的电子货币,它要求在线连接使用。智能卡、银行卡支付是金融服务的常见方式,可在商场、饭店及其他场所中使用。银行发行最多的是信用卡,它可采用联网设备在线刷卡记账、POS 机结账、ATM 机提取现金等方式进行支付,也可以在互联网环境下通过 SET 协议进行网络直接支付,具体方式是用户在网上发送信用卡号和密码,加密发送到银行进行支付。

智能卡上一般存储以下几种信息:①用户的身份信息;②用户的绝对位置;③用户的相对位置以及相对于其他装置的方位;④特定的环境参数,如光、噪声、热量和湿度;⑤用户的生理状况和其他生物统计信息;⑥特定的计时参数,如某一事件发生的频率或用户采取某种行动需要多长时间才能完成;⑦特定的运动参数,如速度、加速度、物理姿态和跟踪信息;⑧用户持有的货币信息。

(三)智能卡的应用范围

智能卡主要应用在以下几方面。
(1)电子支付,如智能卡用于电话付费,代替信用卡。
(2)电子识别,如能够控制对大楼房间或系统的访问,如计算机或收银机。
(3)数字存储,即一种必须适时存储和查询数据的应用,如存储和查询病历,目标跟踪信息或处理验证信息。

(四)智能卡的结构与业务流程

1. 智能卡的结构

智能卡的结构主要包括以下三个部分。
(1)建立智能卡的程序编制器。程序编制器在智能卡开发过程中使用,它从智能卡布局的层次描述了卡的初始化和个人化创建所有需要的数据。
(2)处理智能卡操作系统的代理。该代理包括智能卡操作系统和智能卡应用程序接口的附属部分。该代理具有极高的可移植性,它可以集成到芯片卡阅读器设备或个人计算机及客户机/服务器系统上。
(3)作为智能卡应用程序接口的代理。该代理是应用程序到智能卡的接口。它有助于对不同智能卡代理进行管理,并且还向应用程序提供了一个智能卡类型的独立接口。

2. 智能卡系统的工作过程

在适当的机器上启动用户的互联网浏览器,通过安装在 PC 机上的读卡机,用户的智能卡登录到为用户服务的银行 Web 网站,智能卡自动告知银行用户的账号、密码和其他一切加密信息。完成这两步操作后,用户能够从智能卡中划拨现金到厂商的账户上,或从银行账号上取出现金存入智能卡。在电子商务交易中,智能卡的应用类似于实际交易过程。只是用户在自己的计算机上选好商品后，键入智能卡的号码登录到发卡银行，并输入密码和在线商家的账号，完成整个支付过程。

智能卡内安装了嵌入式微型控制器芯片，可储存并处理数据。卡上的价值受用户的个人认识码（PIN 个人身份号码）保护，因此只有用户能访问它。多功能的智能卡内嵌入有高性能的 CPU，并配备有独自的基本软件操作系统（OS），能够如同个人电脑那样自由地增加和改变功能。这种智能卡还设有"自爆"装置，如果犯罪分子想打开 IC 卡非法获取信息，卡内软件上的内容将立即自动消失。

二、电子现金

电子现金是一种以数据形式流通的货币，它把现金数值转换成一系列的加密数据序列，通过这些序列来表示现实中各种交易金额的币值。用户使用电子现金进行购物，需要在开展电子现金业务的银行设立账户并在账户内存钱。电子现金在交易时类似实物现金，交易具有匿名性。

（一）电子现金的特性

电子现金在经济领域起着与普通现金同样的作用，对经济的正常运行至关重要。电子现金应具备以下性质。

（1）可分性，电子现金不仅能作为整体使用，还应能被分为更小的部分多次使用，只要各部分的面额之和与原电子现金面额相等，就可以进行任意金额的支付。

（2）具有金钱价值，即受现金、银行授权信用或银行证明的本票所担保，若没有适当的银行证明，电子现金就有在存款时因资金不足而被拒绝的风险。

（3）可传递性，用户能将电子现金像普通现金一样，在用户之间任意转让，且不能被跟踪，即可以和其他电子现金、纸钞、货物或服务、信用贷款限额、银行账户存款、银行票据或契约、电子利益转移等交换。

（4）独立性，电子现金的安全性不能只靠物理上的安全来保证，必须通过电子现金自身使用的各项密码技术来保证电子现金的安全。

（5）快捷方便，客户不论是在家里、办公室还是在旅行中，都可以实时利用电子现金进行交易，甚至可以将电子现金储存在远程的计算机里、智能卡上或其他方便携带或特别设计的装置上。

（6）匿名性，银行和商家相互勾结也不能跟踪电子现金的使用，就是无法将电子现金的用户的购买行为联系到一起，从而隐蔽电子现金用户的购买历史。

（7）安全性，电子现金可以预防或检测电子现金的复制或重复使用，使电子现金不容易被复制或篡改。客户通过建立账号和维持账号内足够的钱来支持任何使用电子现金的采购，一旦买进电子现金，客户计算机上所使用的电子现金软件，就会记下银行所签章的数字金钱，银行须拿数据库里已使用的电子现金资料来进行核查，通过强有力的密码学技术，使银行可以检测到电子现金的任何非法性插入，而且能追踪到应对欺诈行为负责的一方。电子现金在传送期间不被篡改。

（8）不可重复花费。电子现金只能使用一次，重复花费能容易地被检查出来。不法分子可能会想方设法复制或多次使用电子现金。在交易时，用户的身份识别与银行授权可以同时在联机系统中出现，这样可以防范对电子现金的复制或非法多次使用。在联机的清算系统中，用于支付的电子现金会被马上传送到发行电子现金的机构，然后对照记录在案的已使用过的电子现金，确定这些现金是否有效。

在脱机的支付系统中，重复花费的检查是在用户支付以后，商家在银行存款时进行的。这种事后检查在大部分情况下可阻止重复花费，但在某些情况下则无效，例如某人以假身份获得一个账号，或者某人在重复花费某一大宗款项后藏匿起来。所以，在脱机系统中仅依靠事后检查是不够的，还需要依靠物理上的安全设备。

（二）电子现金的清算机制

1. eCash

eCash 电子货币最早由数字现金公司（Digi Cash）推出，后被数字现金技术公司（eCash Technologies）收购。德国的德意志银行（Deutsche Bank）、瑞士的网络支付 AG 银行、澳大利亚的圣·乔治银行（St. George Bank）以及奥地利的奥地利银行，均曾开展 eCash 的相关业务。一些书店、娱乐场和在线报纸都曾接受 eCash 用以交换商品、游戏与信息。eCash 曾是一个十分成功的电子现金解决方案。

eCash 采用公用密钥以及数字签名技术，保证了电子货币在传送过程中的安全性与购物时的匿名性。由于其使用过程几乎与用现金付款一样简单，因此很受用户的欢迎。为了使用 eCash，顾客必须在一家参与银行开一个账户。然后，顾客还必须在该账户存储一定数量的钱，而且顾客会得到以电子现金形式存在的钱，这些钱可以存储在顾客的硬盘上。这些钱是以代币的形式存储的，顾客从银行所获得的电子现金也可以转到一个特殊的银行账户，然后用这个账户来支付与交易商之间的金融交易。顾客可以用存储在硬盘上的钱进行付款。想接受 Digi Cash 货币的交易商也需要在一家支持 Digi Cash 的银行设立一个账户，以便兑换已接受的货币。对于 Digi Cash 模型而言，交易费用为零。

eCash 系统是一个单向代币系统，它只允许货币使用一次。在顾客和交易商之间只能执行一个交易，而且交易商不能用它来支付其他东西。这些货币必须送回银行进行兑现。顾客之间的对等交易是可行的，但是在过程中需要一家银行来兑换代币，每个代币都包含它所代表的金额、用作序列号的随机数以及发行银行的数字签名。银行能够在不知道使用者的情况下对电子现金进行验证，而且还允许电子货币保持匿名性。这是通过使用一个叫作盲签名（Blind Signature）的系统来实现的。盲签名是一个由 Digi Cash 的创始人大卫·乔姆（David Chaum）发明的具有专利权的算法。为了使其更加简单，由获取电子现金的顾客创建原始代币。将一个序列号加到代币上，并将其发送到顾客的银行。通过将该序列号与另一个随机数（所谓的盲因子（Blinding Factor））相乘，银行可以看得见该序列号。银行给代币增加一个数字签名，并将其送回给顾客。顾客可以用盲因子分解序列号，并取回原始的序列号。采用这种机制，银行就能将代币追溯到顾客，因为银行看不到原始序列号。

2. Net Cash

Net Cash 是可记录的匿名电子现金支付系统。它是由南加利福尼亚大学在 1995 年开发的，而且现在已经不再使用。虽然 Net Cash 是一个非常好的方案，但是由于它出现的时间太早，因此难以取得成功。它要求有一个复杂的付款基础设施。在早期，这对许多互联网用户来说是很难实现和使用的。其主要特点是设置分级货币服务器来验证和管理电子现金，其电子交易的安全性得到保证。

Net Cash 系统运作的中心是一个货币服务器。货币服务器是一个经政府许可的发行电子现金的机构，该机构存有资金，以保证支付，并且在许多方面和银行的作用相同。政府机构还需建立一个中心认证机构，用于向货币服务器发放公钥和数字签名密钥。

Net Cash 系统产生的电子现金有以下字段。

货币服务器名称：负责产生这个现金的银行名称及 IP 地址。

截止日期：电子现金停止使用的日期。

顺序号：银行需记录尚未兑现的有效账单的顺序号。

币值：这个电子现金的数额及货币类型。

电子货币可通过任意次数的不同协议实现交换，但以下两步经常是必需的。

（1）客户能在某些电子现金或数字支票中结合一些指令，这些指令用于指示货币服务器用这些电子现金或数字支票去交换由其他人开出的新的现金或支票。客户还可以在以上电子现金或数字支票中随机选取私钥，并且用货币服务器的公钥进行加密。

（2）货币服务器解密收到的消息，并按用户的指令产生新的电子现金或数字支票，同时检查是否有欺诈行为。

Net Cash 系统的安全性依赖于单向认证。另外，客户的身份能保密，因为业务过程中不需要出示客户的公钥或其证书上的身份。货币服务器负责清理支票。客户服务器应在发出新数字支票或新电子现金前，向货币服务器呈递客户的钱，以实现支付。货币服务器应经常清账。客户能够通过在若干个不同的货币服务器之间交换电子现金而隐藏身份信息。

3. Cyber Coin

Cyber Coin 是应用于微付款业务的电子支付系统。Cyber Coin 使得持币者和顾客可以通过互联网销售与购买数字产品。Cyber Coin 有 0.25～10 美元的面额，由于这些面额太小，因此在用信用卡购物时不能使用。一个专门的互联网服务器为每个顾客和交易商提供了专门的"现金容器"（Cash Containers），用作 Cyber Coin 账户。利用 Cyber Coin 钱包，可以将钱转移到 Cyber Coin 账户中。如果用该钱包进行付款，需要从 Web 浏览器向 Cyber Coin 钱包发送一个特殊指令，该指令要求顾客接受付款。

一旦顾客同意付款，钱就从顾客账号过户到交易商账户。通过加密使通信安全化。顾客将订单发送给交易商，交易商将数据添加到订单中，并将已完成的订单发送给 Cyber Coin 网关，然后由该网关来完成账户间的转账，如图 5-8 所示。

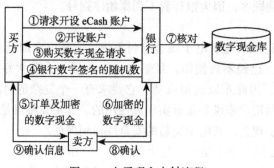

图 5-8　电子现金支付流程

三、电子支票

电子支票的运作类似于传统支票。顾客从他们的开户银行收到数字文档，并为每一个付款交易输入付款数目、货币类型以及收款人的姓名。为了兑现电子支票，付款人需要在支票上进行数字签名。支票在美国和欧洲的使用方式很不相同。大多数现有的电子支票解决方案是建立在美国的系统基础之上的，由此，付款人和收款人都必须对支票进行签名。收款人将支票拿到银行进行兑现，然后银行又将支票送回给付款人。

电子支票是一种借鉴纸张支票转移支付的优点，利用数字传递将钱款从一个账户转移到另一个账户的电子付款形式。电子支票的支付是在商户与银行相连的网络上以密文的方式传递的。

电子支票系统是电子银行常用的一种电子支付工具。支票一直是银行大量采用的支付工具之一。将支票改变为带有数字签名的电子报文，或利用其他数字电文代替传统支票的全部信息，就是电子支票。

比起前两种电子支付方式，电子支票的出现和开发是较晚的。1996 年美国通过的《改进债务偿还方式法》成为推动电子支票在美国应用的一个重要因素。该法规定，自 1999 年 1 月起，政府部门的大部分债务通过电子方式偿还。1998 年 1 月 1 日美国国防部以及由银行和技术销售商组成的，旨在促进电子支票技术发展的金融服务技术联合会（Financial Services Technology Consortium，FSTC），通过美国财政部的财政管理服务支付了一张电子支票，以显示系统的安全性。

利用电子支票，可以使支票的支付业务和支付过程电子化。电子银行和大多数金融机构通过建立电子支票支付系统，在各个银行之间发出和接收电子支票，向用户提供电子支付服务。电子支票系统通过剔除纸面支票，最大限度地利用了当前银行系统的自动化潜力。例如，通过银行自动提款机网络系统进行一定范围内普通费用的支付；通过跨省市的电子汇兑、清算，实现全国范围内的资金传输；大额资金（从几千元到几百万元）在世界各地银行之间的资金传输等。

(一) 电子支票的营运体系

电子支票包含三个实体，即购买方、销售方以及金融机构。当购买方与销售方进行完一次交易后，销售方要求付款。此时，购买方从金融机构那里获得一个唯一的付款证明（相当于一张支票），这个电子形式的付款证明表示购买方账户欠金融机构钱，购买方在购买时把这个付款证明交给销售方，销售方再转交给金融机构。整个事务处理就像传统的支票查证过程，当它作为电子方式进行时，付款证明是一个由金融机构出示证明的电子流。更重要的是，付款证明的传递和传输，以及账户的负债和信用几乎是同时发生的。如果购买方和销售方没有使用同一家金融机构，通常将由国家中央银行或国际金融组织协同控制。

(二) 电子支票的特点

（1）节省时间。电子支票的发行不需要填写、邮寄或发送，而且电子支票的处理也很省时。在用纸支票时，卖方必须收集所有的支票并存入其开户行。用电子支票，卖方可即时发送给银行，由银行为其入账。所以，使用电子支票可节省从客户写支票到为商家入账的这一段时间。

（2）电子支票减少了处理纸支票时的费用。

（3）电子支票减少了支票被退回情况的发生。电子支票的设计方式使得商家在接收前，先得到客户开户行的认证，类似于银行本票。

（4）电子支票不易丢失或被盗。电子支票在用于支付时，不必担心丢失或被盗。如果被盗，接收者可要求支付者停止支付。

（5）电子支票不需要安全存储，只需对客户的私钥进行安全存储。

（6）电子支票与传统支票的工作方式相同，易于理解和接受。

（7）电子支票适用于各种市场，可以很容易地与电子数据交换（EDI）应用结合，推动 EDI 基础上的电子订货和支付。

电子支票方式的付款可以脱离现金和纸张进行。购买者通过计算机或 POS 机获得一个电子支票付款证明，而不是寄张支票或直接在柜台前付款。电子支票传输系统目前一般是专用网络系统，国际金融机构通过自己的专用网络、设备、软件及一套完整的用户识别、标准报文、数据验证等规范化协议来完成数据传输，从而控制其安全性。这种方式已经较为完善，主要问题是如何扩展到互联网上操作。今后的发展趋势将是逐步过渡到互联网上进行传输。这种方式尤其适合电子商务中的 B2B 应用。

(三) 电子支票的支付过程

（1）开具电子支票。买方首先必须在提供电子支票服务的银行注册，开具电子支票,注册时可能需要输入信用卡和银行账户信息以支持开设支票。电子支票应具有银行的数字签名。

(2)电子支票付款。一旦注册,买方就可以和产品/服务出售者取得联系。买方用自己的私钥在电子支票上进行数字签名,用卖方的公钥加密电子支票,使用 E-mail 或其他传递手段向卖方进行支付。只有卖方可以收到用卖方公钥加密的电子支票,用买方的公钥确认买方的数字签名后,可以向银行进一步认证电子支票,之后即可发货给买方。

(3)清算。卖方定期将电子支票存到银行。卖方可根据自己的需要,自行决定何时发送。

电子支票的支付过程可分以下几个步骤:①消费者向银行注册申请电子支票,然后消费者和商家达成购销协议并选择用电子支票支付。②消费者通过网络向商家发出订单和电子支票,同时向银行发出付款通知单。③商家通过验证中心对消费者提供的电子支票进行验证,验证无误后将电子支票送交银行索付。④银行在商家索付时通过验证中心对消费者提供的电子支票进行验证,验证无误后即向商家兑付或转账,如图5-9 所示。

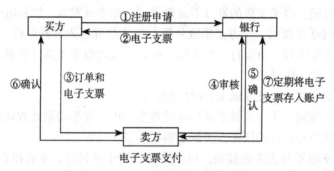

图5-9 电子支票的支付过程

(四)电子支票中的安全机制

(1)电子支票的认证。电子支票是客户用其私钥所签署的一个文件。接收者(商家或商家的开户行)使用支付者的公钥来解密客户的签名。这样将使得接收者相信发送者的确签署过这一支票。同时,客户的签名提供了不可否认性,因为支票是由支付者的私钥签署的,支付者对发出的支票不能否认。此外,电子支票还可能要求经发送者的开户行数字签名。这样将使得接收者相信他所接收到的支票是根据发送者在银行的有效账目填写的。接收者使用发送者开户行的公钥对发送者开户行的签名加以验证。

(2)公钥的发送。发送者及其开户行必须向接收者提供自己的公钥。提供方法是将他们的 X.509 证书附加在电子支票上。

(3)私钥的存储。为了防止欺诈,客户的私钥需要被安全地存储并能被客户方便地使用。可向客户提供一个智能卡,以实现对私钥的安全存储。

（4）银行本票。银行本票由银行按以下方式发行：发行银行首先产生支票，用其私钥对支票签名，并将证书附加到支票上。接收银行使用发行银行的公钥来解密数字签名。发行银行通过这种方式使接收银行相信，它所接收到的支票的确是由支票上所描述的银行发出的。而且数字签名提供了不可否认性，因为银行本票是由发行银行用其私钥签署的，发行银行对其发出的银行本票不能否认。

（五）电子支票系统

电子支票系统主要包括 Net Bill 系统、Net Cheque 系统和 FSTC 实施的"电子支票项目"等。

1. Net Bill

Net Bill 是由美国匹兹堡的卡内基梅隆大学（Carnegie Mellon）与美国的梅隆银行（Mellon Bank）合作设计开发的一个电子支票系统。它被设计成能够在互联网上传递的文本、图像、软件之类的信息商品。其目的是提高账户转账的效益，使其成为一种顾客只需支付极少的手续费，银行即可提供结算服务的系统。

Net Bill 中的简单业务由客户、商家和中心服务器三方参与。把客户使用的软件简称为支票簿，把中心服务器使用的软件简称为钱柜。商家从钱柜收到客户想买或想卖什么的信息。Net Bill 的业务流程如下。

（1）客户选择欲购买的商品，支票簿向钱柜发出报价要求，钱柜将要求发送给商家。

（2）商家对报价数字签名，并将其返回给钱柜。客户如果决定购买，则通知钱柜，并对其购买要求数字化签名。

（3）钱柜得到客户购买信息的要求，并向家商提出要求。商家用一个随机私钥对以上要求加密，并把加密的结果发送给钱柜。钱柜对加密结果计算一个安全的校验和，并把加密结果发送给客户。

（4）客户收到加密结果后，对加密结果计算一个校验和。把校验、时间戳、购买描述以及最终所接受的价钱打包在一起，形成电子购买订单，并把电子购买订单返回给钱柜。

（5）钱柜收到电子购买订单后，检验其数据的完整性，然后就可安全地转账。钱柜对账目进行核对，并通知商家已完成转账。

（6）商家向钱柜发出一张发票，发票经商家数字化签名，其中含有价钱及用于解密的私钥。

（7）钱柜把发票传递给客户。

（8）客户对商家的加密结果解密。

2. Net Cheque

Net Cheque 系统是 1995 年由南加利福尼亚大学的信息科学研究所（Information Sciences Institute，ISI）开发的，这个系统实现了上述的全部要求。购买者和销售者需要在 Net Cheque 系统有一个账号。为了使系统真正安全，该系统采用了一个 Kereberos

标识和一个口令。为了用支票付款，必须安装某种专门的客户机软件，该软件的功能就像一个支票本，顾客可以使该软件向交易商发送加密了的支票，交易商可以从银行提钱，或在与供应商的交易中使用支票。一个专门的清算账目网络对支票进行验证并给交易商发送一个"OK"消息，然后交易商就可以将商品送出去了。虽然该系统也适合于微付款系统，但是它永远不会真正发展起来。其主要问题是交换证书和给支票进行签名所需的公钥付款基础设施。在 1995 年，还没有出现这样的公钥付款基础设施，而且在同一时间，基于交易的信用卡开始发展起来了。Net Cheque 系统的另一个弱点是它的初始顾客和交易商的基数太小。

系统使用 Kereberos 实现认证，并且中心服务器在认为有必要时，可对所有主要的业务进行跟踪。

Net Cheque 系统在很多方面是模仿普通的支票交易系统的。Kereberos 的主要优点是使用私钥加密，而私钥加密一般都未申请专利。因此，很多好的加密方案可被采用，不必担心侵犯了专利权。

在使用 Kereberos 时，要求每个用户产生一个用于签署支票的票据，而票据常常会出现过期的问题，因此要求有一个更好的在线环境。另一主要问题是 Kereberos 环境仅在两方之间建立安全联系，因此无法使得某人签署的支票可由任何其他人验证。用户 B 不能验证用户 A 对支票的签名，因为票据仅在用户 A 和银行之间建立安全联系。这一问题的解决方法是要求支票的产生者对银行和接收者分别建立两个不同的签名字段。

Ner Cheque 系统利用 Kereberos 标签来产生电子签名，并对支票进行背书。Net Cheque 系统包括支票数额、货币单位、日期、账户号码、收款人、客户签名以及商户和银行的背书等。其中前五项是明文，后几项对于收票行来说是可以验证的。

在签发支票时，用户产生支票的明文部分。用户从 Kereberos 服务器上获得一个标签 T，用它来向银行证实自己的身份，并与银行共同享有一个密钥，再根据支票内容产生一个校验和，并把它放在一个证明器中，生成用户签名。

3. eCheck

FSTC 电子支票 eCheck（Electronic Check）现在正在美国财政部做实验。由于只涉及较少的人工步骤，eCheck 电子支票在从真实世界到虚拟世界的过程中对支票付款系统起到了杠杆的作用。在现在的商业实践中，eCheck 处理技术相对简便。这个电子支票系统十分安全，它可以被所有的有经常账户的银行客户所使用。经常账户在美国确实存在，但在其他地方是否存在还是一个未知数，如在欧洲。电子支票包含与纸支票一样的信息，并且建立在同样的法律框架的基础之上。电子支票可以直接在用户之间进行交换，而且它可以代替今天使用纸支票的所有远程交易。顾客签写电子支票并将它发送给收款人。收款人将电子支票存入银行，得到银行存款，然后，付款人的银行向付款银行结算该电子支票。付款银行使电子支票生效并从顾客的账户中收取支票金额。电子支票提供了可以通过互联网以安全的方式处理银行交易的能力。银行可以自动地验证电子支票的合法性，这样就可以减少所有涉及用户被欺骗的损失。使用金融服务标识语言（Financial Service Markup Language，FSML）、数字签名以及数字证书，可以使系统非常安全。

FSTC 是由美国的银行、大学、企业、研究机构以及政府机关等组合成立的非营利性团体，参加的主要银行有：美洲银行、波士顿银行、曼哈顿银行、化学银行、花旗银行、国家银行等。它以提高美国金融服务业的竞争力为目的。FSTC 推行了一系列电子货币试验项目，其中，最引人注目的当属电子支票项目。该项目的基本内容是，使用密码技术将支票内容（如支付人和支付金额等数据）加密之后，用电子邮件授信进行结算。另外，该项目有关支付的详细数据，例如，对该支票是为哪笔支付而签发的问题进行说明的数据，也可以连同支票一起授信。这一特点可以说是为了实现金融 EDI，对赊销债权的回收状况能够自动核对，而特意设计的内容。

对 eCheck 电子支票项目的系统结构，以及该项目中数据授信的具体方法说明如下。

（1）顾客方信息传递。顾客方应传递以下五个方面的信息：有关支付的详细数据，有关支票内容的数据，对有关支票内容的数据用顾客的私人密钥加密之后得到的顾客的数字签名，对顾客的姓名和公共密钥用顾客开户银行的私人密钥加密之后的"证明书 1"，对顾客开户银行的行名和公共密钥中央机构（如美国联邦储备局等联邦政府机构）的私人密钥加密之后的"证明书 2"等，将它们综合在一起用电子邮件传递给网上商店。

（2）商家对信息的确认。

第一，对来自顾客方的数据进行确认。接收了以上数据的网上商店，首先，用预先保存的公共密钥对"证明书 2"解密，商店就得到顾客开户银行的公共密钥，该公共密钥的正确性是由中央机构保证的；然后，用顾客开户银行的公共密钥对"证明书 1"解密，商店就得到了顾客的公共密钥，该公共密钥的正确性是由顾客的开户银行保证的；进而，使用顾客的公共密钥对顾客的数字签名解密，并对解密的结果与支票内容进行比较，从而可以确认有关支票内容的数据在传递途中是否被篡改过。

第二，对已确认的数据处理之后传递给银行。在上述内容确认无误的基础上，对支票背书并附加数字签名。然后，将从顾客处接收到的数据、本商店对支票的背书以及商店的证明书，用电子邮件传递给本商店的开户银行。

（3）两家银行之间的信息处理。商店的开户银行和顾客的开户银行之间，对支票的内容和数据的合法性进行确认，在确认无误的基础上进行支票的兑现处理，即顾客的开户银行从顾客的活期存款账户支出相应金额，而商店的开户银行则往商店的活期存款账户存入相应金额。

FSTC 的电子支票项目，除了使用数字签名防止信息被篡改之外，为了提高安全性还采用了一些其他措施。例如，顾客和商店均分别持有自己专用的、结构复杂使第三者难以发现其中内容的 IC 卡，该卡内保存着自己的私人密钥。因此，第三者难以对顾客和商店的数字签名以及背书进行伪造。

另外，为了防止商店将受理的顾客数据复制并存储起来，用同一张支票请求第二次、第三次兑现，特意在支票数据中附加对支票签发日期安全保护的"数字时间戳"，并将支票兑现期限设定得适当短。而且，顾客的开户银行还将"支票已支付完结"的信息存储起来，当对方请求兑现时，首先确认该支票是否使用过，保证了电子支票结算的安全性。

四、电子钱包

(一) 电子钱包的产生

电子钱包是电子商务活动中顾客购物常用的一种支付软件，是在小额购物或购买小商品时常用的新式钱包。电子钱包是一种便利、安全、多功能的支付工具，是电子货币的一种主要实现形式。由于它容纳了传统意义上的钱包所包含的信用卡、现金等多种付款方式，所以被称为"电子钱包"。电子钱包是顾客在电子购物活动中常用的一种支付工具，是在小额购物或小商品市场中常用的新式钱包。

英国国民西敏寺银行（National Westminster Bank）开发的电子钱包 Mondex 是世界上最早的电子钱包系统，于 1995 年 7 月首先在有"英国的硅谷"之称的斯温顿（Swindon）试用。起初，它的名声并不那么响亮，不过很快就在斯温顿打开了局面，被广泛应用于超级市场、酒吧、珠宝店、宠物商店、餐饮店、食品店、停车场、电话间和公共交通车辆之中。电子钱包使用起来十分简单，只要把 Mondex 卡插入终端，三秒至五秒之后，卡和收据便从设备付现、付出，一笔交易即告结束，读取器将从 Mondex 卡所有的钱款中扣除掉本次交易的花销。此外，Mondex 卡还大都具有现金货币所具有的诸多属性，如作为商品尺度的属性、储蓄的属性和支付交换的属性，通过专用终端还可将一张卡上的钱转移到另一张卡上，而且，卡内存有的钱一旦用光、遗失或被窃，Mondex 卡内的金钱价值不能重新发行，也就是说，持卡人必须负起管理上的责任。有的卡如被别人拾起照样能用，有的卡写有持卡人的姓名和密码锁功能，只有持卡人才能使用，比现金要安全一些。Mondex 卡损坏时，持卡人就向发行机关申报卡内所剩余额，由发行机关确认后重新制作新卡发还。

使用电子钱包的顾客通常要在有关银行开立账户。在使用电子钱包时，顾客将电子钱包通过电子钱包应用软件安装到电子商务服务系统上，利用电子商务服务系统就可以把自己的各种电子货币或电子金融卡上的数据输入进去。在发生收付款时，若顾客需用电子信用卡付款，如用维萨卡和 Mondex 卡等付款时，顾客只要单击一下相应项目（或相应图标）即可完成。这种电子支付方式称为单击式或点击式支付方式。

在电子钱包内只能装电子货币，即装入电子现金、电子零钱、安全零钱、电子信用卡、在线货币、数字货币等。这些电子支付工具都可以支持单击式支付方式。

在电子商务服务系统中设在电子货币和电子钱包的功能管理模块，叫作电子钱包管理器（Wallet Administration），顾客可以用它来改变保密口令或保密方式，用它来查看自己银行账号上收付往来的电子货币账目、清单和数据。电子商务服务系统中还有电子交易记录器，顾客通过查询记录器，可以了解自己都买了什么物品，购买了多少，也可以把查询结果打印出来。

（二）电子钱包的优势

1. 电子钱包给商家、客户和银行都带来了极大的方便

电子钱包中的钱款以数字的形式被存储，使用时准确无误地被减除。消费者无须在口袋中揣有大量的现钞，也无须跑到自动提款机前去取现。这既减少了携带零钱的不便，又使交易因无须找零而加快了速度。对商业组织而言，付款方直接将电子钱包中的现金或支票发向收款方的电子信箱，并通过网络将电子付款通知单发向银行，银行便可以随即将款项转入收款单位的账户。这一支付过程在数秒间即可完成，不仅使银行简化了手续，而且节约了用户的时间。

2. 电子钱包较现金系统具有更大的可靠性

电子钱包内置密码、证书概要和其他用户个人数据，完全脱离启动装置及中介装置，即使计算机资源丢失或被盗，电子钱包中的信息仍然能够得到保护。

3. 电子钱包给予用户较大的隐私保护

在使用电子钱包时，计算机可以为每个"电子代币"建立随机选择序号，且把此号码隐藏在加密的信息中。这样就没人能清楚地知道到底是谁提取或使用了这些电子现金，从而确保了个人隐私权。

4. 电子钱包有利于降低交易成本和管理费用

电子钱包的问世有效地减少了持有现金的成本，降低了庞大的现金流通费用，节约了各分支机构用于现金管理上的人力、物力和时间。由于电子钱包内设软件程序，所以它可以根据场所的不同而被指定用于各种特殊的用途，再加上卡上的费用是分次输入的，这些均有助于使用者更合理地使用现金。

5. 电子钱包使发行者获利的范围扩大

一旦取得对这种支付媒体的控制，发行者就有机会通过占有其使用权获取专利。它们还可以从消费者和商人手中获得新的费用收入，从集中存入的电子现金中获取利息。通过吸收社会闲散资金来减少资金的滞留和沉淀，在不发行新货币的情况下，充分运用这部分资金，从大范围的投资中获取盈利。

6. 电子钱包有利于银行法定准备金的管理

库存现金的增减引起了法定准备金的变化，从而使银行额外的准备金发生变动。当电子现金发生变化时，仅仅是以一种负债（电子现金账户上的负债）的增减代替另一种负债（存折上负债）的增减。由于库存现金并不发生变化，所以当准备金率相等时，就不会影响法定准备金的总体运作。

7. 电子钱包实现了"一卡走天下"

电子钱包可以获取网络上的商务信息，用于保存财务资料、信息资源及其他个人数据。通过软件设计，电子钱包还可以被广泛地运用于通信、转换以及娱乐系统。电

子钱包这种集支付、消费、转账、储蓄、结算、记录、存贮于一身的优势给顾客带来了极大的方便,真正实现了"一卡走天下"。

(三)电子钱包购物的步骤

(1)客户使用浏览器在商家 Web 主页上查看在线商品,选择要购买的商品。

(2)客户填写订单,包括项目列表、价格、总价、运费、搬运费、税费。

(3)订单可通过电子化方式传递,或由客户的电子购物软件建立。有些在线商城可以让客户与商家协商物品的价格。

(4)顾客确认后,选定用电子钱包付钱,将电子钱包装入系统,单击电子钱包的相应项或电子钱包图标,电子钱包立即打开;然后输入自己的保密口令,在确认是自己的电子钱包后,从中取出一张电子信用卡来付款。

(5)电子商务服务器对此信用卡号码采用某种保密算法计算并加密后,发送到相应的银行中去,同时销售商店收到经过加密的购货账单,销售商店将自己的顾客编码加入电子购货账单后,再转送到电子商务服务器上去。这里,商店对顾客电子信用卡上的号码是看不见的,销售商店无权也无法处理信用卡中的钱款。因此,只能把信用卡送到电子商务服务器上去处理。经过电子商务服务器确认这是一位合法顾客后,将其同时送到信用卡公司和商业银行。在信用卡公司和商业银行之间要进行应收款项与账务往来的电子数据交换及结算处理。信用卡公司将处理请求再送到商业银行请求确认并授权,商业银行确认并授权后送回信用卡公司。

(6)如果经商业银行确认后拒绝并且不予授权,则说明顾客的这张电子信用卡上的钱数不够用或者没有钱,或者已经透支。遭商业银行拒绝后,顾客可以再单击电子钱包的相应选项打开电子钱包,取出另一张电子信用卡,重复上述操作。

(7)如果经商业银行证明这张信用卡有效并授权后,销售商店就可交货。与此同时,销售商店留下整个交易过程中发生往来的财务数据,并且出示一份电子数据发送给顾客。

(8)上述交易成交后,销售商店就按照顾客提供的电子订货单将货物在发送地点交到顾客或其指定的人手中。

至此,电子钱包购物的全过程就完成了。购物过程中间虽经过信用卡公司和商业银行等多次进行身份确认、银行授权、各种财务数据交换和账务往来等,但这些都是在极短的时间内完成的。实际上,从顾客输入订货单开始到拿到销售商店出具的电子收据为止的全过程仅用 5~20 秒的时间。这种电子购物方式十分省事、省力、省时。而且,对于顾客来说,整个购物过程自始至终都是十分安全可靠的。在购物过程中,顾客可以用任何一种浏览器(如 Netscape 浏览器)进行浏览和查看。由于顾客信用卡上的信息别人是看不见的,因此保密性很好,用起来十分安全可靠。另外,有了电子商务服务器的安全保密措施,就可以保证顾客去购物的商店必定是真的,不会是假冒的,从而保证顾客安全可靠地购到货物。

维萨公司在 1996 年亚特兰大奥运会期间，发行了 200 张智能卡（内含的钱数分别为 10 美元、20 美元、50 美元、100 美元），特约商店有 2 300 家，共进行了 20 万次的付款，总计超过 110 万美元。日本也有不少机构早就打算引进电子钱包领域，实验计划一订再订，但一直未能实现，因为日本有着与其他国家不同的独特的金融网络，如要应用电子钱包，日本方面必须投入数万亿日元的巨资对现有的金融网络进行改造。这笔巨额的资金投入，对于如今正在饱受经济危机蹂躏的日本来说，无疑是个沉重的负担。所有这些都表明，围绕电子支付开展的竞争刚刚开始。不过，无论如何，电子钱包毕竟比前几年出现的其他类型的电子货币更胜一筹。

五、电子票据

电子票据在互联网上产生了一个新的服务行业——电子票据服务（Online Billing Service）。客户不用到不同的地点去支付发票，由票据服务经营者利用互联网平台统计好所有的账单，客户在自己的客户端就可以支付所有的账单。这种新技术降低了商业到商业的电子商务交易费用。

美国是当今世界最早使用电子票据的国家，其中发展最为完善的当属电子支票。目前国际上已经有较为成熟的无纸化票据发行交易市场，例如美国的 www.cpmarket.com 就是一个典型的网上发行交易的电子票据市场。英国经过长期的分析也推出了电子票据交易系统。

电子票据简单来说就是以电子方式制作成的票据，并以电子签章取代实体的签名盖章，它包括指定受款人且划平行线的电子支票、委托金融业担当付款的电子本票及金融业者付款的电子票据。交换所依据"电子签章法"的规定，以"票据法"作为法源依据，订定"金融业者参加电子票据交换规约"与"电子票据往来约定书"。票据上各方关系人在法律上的权利义务均十分明确，比现有其他电子付款工具更有保障。

电子票据有以下优点：一是能提高票据业务的透明度和时效性，优化票据业务的管理手段和水平，全程跟踪票据业务办理的各个环节，有利于对票据业务进行汇总统计和实时监测，防范票据业务风险。采用电子票据后，能大大提高银行自身的内控水平和监管机构的监管水平，遏制银行违规承兑、贴现银行承兑汇票等违规行为，减少票据案件的发生。二是推行电子票据能克服纸质票据易遗失、损坏和遭抢劫的缺点。电子票据存储在系统中，可靠的安全认证机制能保证其唯一性、完整性、安全性，降低纸质票据携带和转让的风险。三是能抑制假票、克隆票犯罪。在目前的纸质票据中，票据本身以及签章是鉴别真伪的手段。虽然在票据的纸张和印制过程中应用了很多防伪措施，但是仅凭人工肉眼辨别真伪仍存在很大的困难，一些不法分子利用伪造、变造的票据凭证和签章骗取银行与客户资金的案件时有发生。推行电子票据后，使用经过安全认证的电子数据流和可靠的电子签名，能够抑制假票和克隆票犯罪。四是推行电子票据后，能节省成本，提高票据的标准化水平，简化交易过程，提高交易效率。五是有助于统一的票据市场的形成,促进金融市场的连通和发展。

在欧美等发达国家,商业票据已成为货币市场最重要的组成部分,是重要的金融市场工具,商业票据基本上都是以电子方式发行、流通转让和兑付的。美国不仅通过了《21世纪支票交换法案》,明确了替代支票的法律地位,而且美国商业票据市场的发展也非常迅速,一跃成为当今美国货币市场上最主要的工具之一,目前未清偿商业票据余额达数万亿美元。其他国家,如韩国也于2004年推出了电子票据业务,实现了票据签发、转让、承兑、贴现等业务在线无纸化处理,大大方便了企业客户的资金管理,深受其国内大型集团客户的欢迎,这说明电子票据在实践中具有强大的生命力,具有巨大的发展潜力。

电子商业票据系统是依托网络和计算机技术,接收、登记、转发电子商业票据数据电文,提供与电子商业票据货币给付、资金清算等相关的电子商业票据业务处理服务功能,并提供纸质商业汇票登记查询功能及商业汇票公开报价功能的业务处理平台。

电子商业汇票接入平台及其管理如图5-10所示。

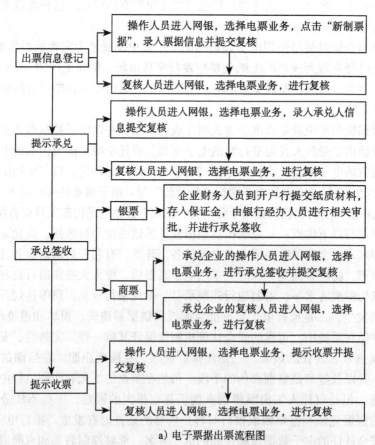

a) 电子票据出票流程图

图5-10 电子商业汇票接入平台及其管理

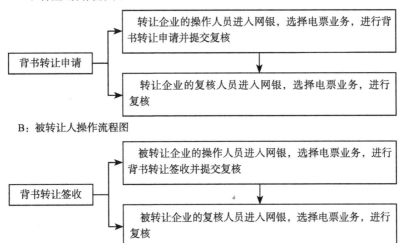

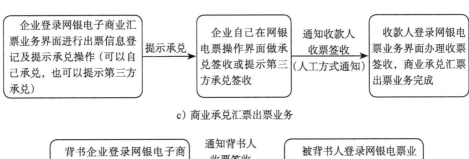

图 5-10 （续）

电子商业汇票系统示意图如图 5-11 所示。

图 5-11 电子商业汇票系统示意图

第三节 电子支付网络与密码系统

电子支付是一种通信频次多、数据量小、实时性要求高、分布面很广的通信行为，因此电子支付的网络平台应是交互型的、安全保密的、可靠的通信平台，必须面向全社会，对所有公众开放。电子支付的网络平台有公共交换电话网（Public

Switched Telephone Network，PSTN)、公用/专用数据网、互联网、EDI 等。最早的网络平台是 PSTN、X.25 和 X.400 网络，后来是 X.435、X.500 等，这些网络的普及面明显跟不上业务发展的需要。现代化大容量的电子支付需要数字化、安全、可靠、快捷的网络平台作为支撑。当前电子支付的网络平台主要是互联网。

一、数据交换的网络模式

（一）电话交换数据网

在中国各地，诸如 POS 机、电话银行等大部分电子支付业务都是基于 PSTN 的，用户入网比较方便灵活，相关技术比较成熟。但随着电子支付用户的大量增多和交易量的大幅度增加，基于模拟电话网的电子支付业务暴露出了一些问题，如交易时间长、"重拨"现象明显、接通率低、可靠性较低、保密性较差、误码率高等。

（二）分组交换数据网

中国已形成了覆盖全国的公用分组交换等数据网络设施，这为建设上乘的电子支付网络打下了物理基础。分组交换数据网（简称分组网）本身非常适合业务量小的实时数据传输，其虚拟电路的灵活设置适用于多台终端同时与银行主机通信，并使扩容变得非常容易；带宽的统计复用消除了原来由中继线争用带来的通信不畅；协议的纠错功能保障了误码率比电话网低很多，使交易数据准确无误地被传递；分组网模式可以与原有的电话网模式兼容，以便分别发挥各自的优势。电话网对散点终端入网较为适用，分组网对较为集中的大商场更能显示出其优势。

数据网在电子支付领域具有固有的安全性能，这不仅仅体现在数据网本身良好的网络拓扑结构和网络管理能力上，虚拟专用网（VPN）、闭合用户群（CUG）、防火墙等技术的广泛应用也为数据网上电子支付的应用提供了有力的保障，可有效防止非法用户的侵入。借助于 VPN，银行可利用公用数据网的条件组成专用的虚拟支付网络，可由自己来管理 VPN 资源。VPN 具有专网安全可靠等特点。分组网上的 CUG 业务是指由若干个用户组成的通信群体，群体内的用户之间可互相通信，本群外的用户无法与内部用户通信，该业务可为电子支付的安全通信提供方便。

分组交换数据网流程图如图 5-12 所示。

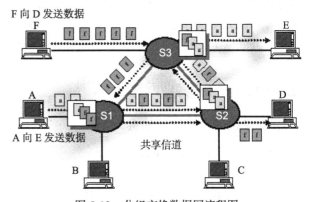

图 5-12　分组交换数据网流程图

二、电子支付的网络平台

(一)电子支付的优秀平台——EDI 系统

EDI 系统实现了商业用户间标准格式文件(如订单、发票等)的通信和交换。在 EDI 系统中,交易信息根据国际标准协议格式化,并通过网络对这些数据进行交换和自动处理,从而有机地将商业交易过程的各个环节(包括海关、运输、银行、商检、税务等部门)连接起来,实现了包括电子支付在内的全部业务自动化,在 EDI 系统平台上进行电子支付具有很大的优越性。

EDI 系统具有一整套成熟的安全技术体系,基于 X.400 和 X.500 系列协议,能够有效地防止信息的丢失、泄密、篡改、假冒、接收的抵赖、拒绝服务等。EDI 消息处理机制在报文处理系统(MHS)的基础上进一步丰富了消息安全服务,突出强调了报文的安全要素。

根据中国的国情,目前可以在 EDI 系统平台上开展电子征收业务(电子缴费、电子征税等),这种方式有着传统申报方式不可替代的优势。在 EDI 系统平台上开展电子征收的难点是开发银行和政府主管部门的管理信息系统(MIS)数据库接口和应用接口。EDI 流程示意图如图 5-13 所示。

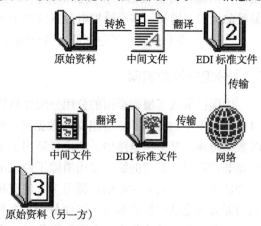

图 5-13 EDI 流程示意图

(二)电子支付的大众化网络平台——互联网

在传统通信网和专用网络上开展电子支付业务,终端和网络本身的技术难以适应业务量的急剧上涨等因素,使用户面很难扩大,并使用户、商家和银行承受了昂贵的通信费用,寻求一种物美价廉的大众化平台成为当务之急,飞速发展的互联网就顺理成章地成为焦点。与此同时,与电子支付相关的技术、标准和实际应用系统不断涌现,在互联网上开展电子支付已成为现代化支付系统的发展趋势。

三、电子支付的专业网络

(一)环球银行金融电信协会网络

1. SWIFT 系统基本情况

环球银行金融电信协会系统是环球银行金融电信协会为实现国际银行间金融业务处理自动化而开发的。它是一个国际银行同业非营利性国际组织,根据协作关系为其成员方的共同利益而组织起来,按比利时的法律制度登记注册,总部设在比利时首都布鲁塞尔。

SWIFT 系统是环球银行金融电信协会组织建设和管理的全球金融电信网络系统。该系统共连接了 139 个国家的 2 945 家银行（1996 年 6 月数据），分别在比利时、美国和荷兰建立了 3 个系统控制中心（System Control Center，SCC）。

2. SWIFT 系统用户的优越性

SWIFT 系统用户接口的主要特点表现为通信速度快、可靠性强、用户利用银行的服务水平高、重新同步等。它采用分层规程体系结构。SWIFT 系统规程被基于开放系统互联（OSI）体系结构的分层规程体系结构替换。每个通过系统的事务作业的逻辑确认，由应用层的逻辑终端提供。

3. SWIFT 系统的功能

SWIFT 系统能为各成员银行提供如下高效率金融业务和日常事务处理服务：客户汇兑、银行汇兑、借/贷通知、借/贷报告、外汇兑换和金融市场认可、收款、货款汇单、银行债券交易、结算报单和支付等。

4. SWIFT 系统的特点

（1）SWIFT 系统可连接全世界五大洲的几乎 4 000 家银行，可以方便地直接与客户沟通、与世界各地办事机构联系。SWIFT 系统的服务项目全天 24 小时都可利用，且不管其地理位置如何。

（2）由于 SWIFT 系统可以成为银行董事会和海外办事机构之间可靠的通信系统，因而使全球性的金库和保险管理系统得到发展。此外，经过 SWIFT 系统所收到的客户财务报表和支付报表，可以作为银行现金管理资料的基础，以增强对客户的服务。

（3）标准化格式能够进行自动化通信处理，避免了各地区银行间的语言及翻译问题。

（4）理论上、技术上和程序上的保密性，保障了 SWIFT 网络的安全，避免了外来的干扰。

（5）SWIFT 系统的实践证明，建立一个满足各成员方共同业务要求的系统，可以使成本降低到最低水平，且安全性和可靠性保持最高。

（6）SWIFT 系统具有较强的检测、检索能力。

5. SWIFT 系统提供的服务

SWIFT 系统可以为其会员单位提供各种快捷、安全的金融服务，主要包括金融数据传输服务、增值处理服务和接口软件支持服务三大类。

6. SWIFT 的组织机构

SWIFT 是一个私营股份公司，股本属各会员银行（Member Bank），董事会为最高权力机构。SWIFT 完全由参加银行按会员资格选举董事会。该董事会负责制定一般政策，占系统总交易量 1.5% 以上的国家或国家集团才有资格被任命为董事会成员。因此，该机构的成员在安排其海外业务活动中起着非常活跃的作用。

SWIFT 的组织成员分为以下三类。

（1）会员银行：在环球银行金融电信协会成员方中，获有外汇业务经营许可权银行的总行,都可以申请成为环球银行金融电信协会中的会员银行,会员银行有董事选举权,当股份达到一定份额后,有董事的被选举权,中国在环球银行金融电信协会组织中的持股数为 201 股,占总股份的 0.23%(1993 年数字)。

(2)附属会员银行(Sub-member Bank):会员银行在境外的全资附属银行或持股份额达 90% 以上的银行可以申请成为环球银行金融电信协会的附属会员银行。

(3)参与者(Participant):世界主要的证券公司、旅游支票公司、电脑公司和国际中心等非金融机构,可以根据需要申请成为环球银行金融电信协会的参与者。目前,中国已有中国银行、中国农业银行、中国工商银行、中国建设银行、交通银行、中信银行和中国投资银行七家中资银行成为环球银行金融电信协会的会员银行,有九家外资银行为附属会员银行。

7. 加入 SWIFT 组织

如同世界上各个大型的、经营国际业务的银行一样,中国所有发生国际结算业务的银行机构都必须加入 SWIFT 组织,以便在这个全球性的自动化网络中取得一个席位,也就在国际银行间的交往中占有了一个位置,在互利中保护自身的利益,从而促进国际结算业务的发展。这已成为形势发展的需要,同时也将是所有产生国际结算业务的银行机构、非金融机构的必由之路。

(二)Fed Wire——美国国家支付网络

美国联邦储备通信系统 Fed Wire(Federal Reserve Communication System)是美国的第一个支付网络。这个通信系统属于美国联邦储备体系(Federal Reserve System)所有,并由其管理。它作为美国国家级的支付系统,用于遍及全美 12 个储备区的 1 万多家成员银行之间的资金转账。它实时处理美国国内大额资金的划拨业务,并逐笔清算资金,每天平均处理的资金及传送证券的金额超过 1 万亿美元,每笔金额平均为 30 万美元。

Fed Wire 的功能齐全,它不仅提供资金调拨处理,还具有清算功能。

(1)资金转账信息:将储备账户余额从一个金融机构划拨到另一个金融机构的户头上。这些资金几乎全是大额资金。

(2)传输美国政府和联邦机构的各种证券交易信息。

(3)传输联邦储备体系的管理信息和调查研究信息。

(4)自动清算业务:在美国,大量采用支票作为支付工具,通过自动清算系统就可使支票支付处理实现电子化。

(5)批量数据传送(Bulk Data):通过 Fed Wire 进行的资金转账过程,是通过联邦储备成员的联邦储备账户实现的。

(三)中国国家金融网

1. 中国国家金融网概述

中国国家金融网(CNFN)从 1995 年开始建立,是在中国人民银行的卫星通信网和全国电子联行系统的基础上连接中央银行及各商业银行、非金融机构的全国性计算机网络系统。利用此系统可为各银行提供方便、快捷、安全的金融服务，为加强中央银行的宏观调控及金融监管提供了信息支持。

2. 中国国家金融网的结构

中国国家金融网由国家处理中心、省市处理中心、县级处理中心三个层次节点构成，分为国家级主干网络和以城市为中心的区域网络两级。以卫星通信网络和邮电部门的公用数据网互相补充、互相备份。

国家级网络是一级处理节点（国家处理中心）与二级处理节点（省市处理中心）之间的广域网络，由中国人民银行卫星通信网和邮电部门 X.25 公用数据传输网共同构成，实行"天""地"互为备份。

区域级网络是二级处理节点（省市处理中心）与三级处理节点（县级处理中心）之间的广域网络，在邮电部门提供的 X.25 公用数据传输网的基础上组建金融虚拟专用网。它使整个金融网对内能覆盖所有的分行并应用于所有的业务，对外能联通 SWIFT 系统，使中国国家金融网融入 SWIFT 系统，实现与世界金融的接轨。

3. 中国国家金融网的功能

中国国家金融网所支持的金融应用系统大致包括同城清算系统、大额支付系统、银行卡授权系统、批量电子支付系统和金融管理系统，包括"快通工程"、向金融系统各部门提供端对端文件、报文件传输服务等。

四、电子支付密码的原理及业务流程

功能分析引导：网络金融各类客户主要安全服务的比较如表 5-1 所示。

表 5-1

客户类型		账务查询	注册账户转账	对外汇款	在线缴费	个人理财	定期存款提前支取	网上购物	网上证券	网上汇市	网上黄金	网上保险
静态密码客户	存折版	√	×	×	×	×	×	×	×	×	×	×
	自助注册	√	√	×	×	×	×	×	√	×	√	√
	柜面注册	√	√	√ 额度受限	√ 额度受限	×	×	√ 额度受限	√	√	√	√
电子银行口令卡客户		√	√	√ 额度受限	√ 额度受限	×	√	√ 额度受限	√	√	√	√
U 盾客户		√	√	√	√	√	√	√	√	√	√	√

网络金融 U 盾、电子银行口令卡、静态密码的适用客户、特点、安全机制及价格的比较如表 5-2 所示。

表 5-2

类型	适用客户	特点	安全机制	价格
U盾	所有网银客户	● 安全级别最高 ● 资金交易没有额度限制 ● 可以获得全部网上银行服务	● 基于硬件的数字签名 ● 1 024 位非对称密钥加密 ● 证书密码保护 ● 网银登录密码保护	58～60元
电子银行口令卡	没有申请U盾的网银客户、电话银行客户及手机银行（WAP）客户	● 安全级别较高 ● 对外汇款、网上缴费、网上购物有额度限制 ● 不能获得个人理财服务	● 动态密码，随机产生 ● 网银、电话、手机银行（WAP）登录密码保护	2元/张（现免费）
静态密码	网上自助注册或没有申请U盾、电子银行口令卡的客户	● 安全级别一般 ● 服务功能和交易额度都有限制 ● 客户需要有较高的安全意识，能确保密码等敏感信息不被窃取	● 登录密码、支付密码双重密码保护	免费

电子银行口令卡是网上银行为满足广大用户的要求，综合考虑安全性与成本因素而推出的一款安全工具。具体而言，U盾、电子银行口令卡与静态密码在安全性、方便性和价格等方面具有不同的特点，如表 5-1 和表 5-2 所示。

电子支付密码又称为电子印鉴，是一种先进的防伪及身份识别技术，目前已被广泛应用于银行支票防伪、同城实时清算等系统中。

电子支付密码器外形如电子计算器，是一种小巧、便于携带的小型设备。当用户要开具票据时，只要在电子支付密码器上输入票据的号码、日期、金额等要素，电子支付密码器就会计算出一串数字并且显示出来，用户将这串数字抄写在票据上交给银行，银行将票据上的同样的要素输入计算机，并且根据用户账号找到相对应的用户预留密钥，然后执行与电子支付密码器相同的加密计算，将计算出的结果与票据上的数字串进行比较就可以知道票据的真伪。

这里通过支付密码在中国人民银行同城票据实时清算系统中的应用来说明电子支付密码系统的基本原理。中国人民银行同城票据实时清算系统要实现的目标是：收款行在收到一张客户签发的结算票据时，不管该票据的付款行是否与收款行在同一系统、同一行处，系统都能通过计算机网络系统使该票据的合法性和真伪得到付款行认证，使得票据实现实时抵用。显然，为实现上述目标，建立一个可靠的计算机网络系统是必不可少的；另一个重要问题是解决在付款行没有票据实物的情况下如何验证其真伪。

（一）支付密码系统实现的基本原理

支付密码系统实现的基本原理是：用户在银行开设账户的同时，配备一个支付密码器，银行在支付密码器中设置了与银行校验机数据库中一致的加密算法和密钥。用户在日常开具兑付票据时，将票据上的票据种类、票据号码、账号、签发日期、金额诸要素输入到支付密码器中，计算出一组数字密码即支付密码，并抄录或打印在票据上表明签发人的身份。票据受理银行收到票据时，把票据的诸要素和支付密码输入到计算机中，并迅速传送到该用户的开户银行的校验计算机中，进行正确性和合法性校验，将校验结果送回受理银行，若结果正确则立即进行自动转账或兑付。为了便于管理，银行将设立专人和使用专用管理软件对支付密码器的发放、回收、挂失、解挂、冻结、解冻及用户的预留密码进行有序管理。完整的支付密码系统由电子支付密码器、银行校验卡、银行校验辅助软件、银行管理软件等部分组成。

(二) 支付密码系统的业务流程

1. 客户申请使用支付密码器

根据客户的申请，经开户行审核后，对发放给客户的支付密码器进行初始化，由开户行支付密码校验机的校验卡将加密算法参数、密码器程序解密密钥、密码器浮动调用参数等公有参数和开户账号设置在密码器内，并产生银行账户密钥注入支付密码器，客户在支付密码器中预留密钥并上送支付密码校验机的校验卡。

2. 客户签发结算票据

客户签发结算票据时，将票据的诸要素输入支付密码器，由支付密码器计算出该票据的支付密码，将支付密码填写在结算票据的特定位置。

3. 支付密码的认证

受理行受理该结算票据后，将票据的诸要素及支付密码输入计算机，计算机将所有输入要素送交该结算票据的开户行票据校验机，进行票据的真伪核验，并返回票据的核验结果。

五、电子支付密码系统的模式

在使用电子支付密码系统方面，各银行针对自身的实际情况，建立了不同的应用模式，主要有下列几种。

(一) 密码签模式

由银行按照支票号码、用户账号等参数进行一次加密计算得到一组支付密码，并将其打印出来交给用户。在使用时，用户将这些支付密码抄写到支票上即可。其优点是简单，成本低；缺点是防伪能力差。

(二) 单一的电子支付密码器

这种模式已经具备了典型的电子支付密码器应用的各种要素。用户使用电子支付密码器，输入支票号码、金额、日期等要素，将电子支付密码器计算出的结果抄写到支票上，然后由银行执行同样的运算以验证真伪。

在这种模式中，用户的预留密钥以及加密算法均存放于电子支付密码器中。由于成本和工艺技术的限制，电子支付密码器本身的安全防卫能力有限，这些核心机密能够被掌握一定技术的人获得。如果用户密钥甚至银行的加密算法失密，其后果不堪设想。

这种使用单一的电子支付密码器模式应用得比较广泛，但随着技术的不断发展，并且由于其自身潜在的不安全性，它必然会被一种更安全、更方便的应用模式替代。

(三) 使用 IC 卡的电子支付密码器

IC 卡也称智能卡，是 20 世纪 70 年代末开始兴起的一种先进的存储技术。在一张名片大小的卡片内安装一小片集成电路，这片电路能够存储数据，进行复杂的数学计算，其功能相当于一台超小型的计算机。具备运算能力的 IC 卡也称为 CPU 卡。

在使用 IC 卡的电子支付密码器模式中，我们采用了双重加密手段。由于 IC 卡具有强大的加密计算能力和堡垒式的防止非授权访问能力，我们使用 IC 卡的加密运算功能对电子支付密码器计算出的结果进行第二次加密计算。可以看出，即使电子支付密码器的用户密钥以及银行加密算法被攻破，犯罪分子仍然无法获得所有的核心机密数据，也无法达到伪造支票数据的目的。而想要攻破 IC 卡的安全防卫体系，从现有的技术能力来看，需要付出的代价是非常高的。

随着现代电子技术的不断进步，IC 卡的成本迅速下降，高成本已经不再是 IC 卡电子支付密码器推广使用的主要障碍。IC 卡电子支付密码器代表了电子支付密码系统的发展方向。

案例 5-3

资金实时清算网络系统

1. 资金实时清算网络系统的结构

资金实时清算网络系统的设计本着先进性、开放性和代表性的原则，采用客户/服务器体系结构，使用先进的系统平台、面向对象的开发方法和可视化的开发工具，使目标系统具有广泛的代表性和扩展能力。

该系统按照中国人民银行总行金融区域网建设规范的要求，建立金融地面区域网络系统，作为银行电子化的通用网络平台，系统与各交换网点对公系统对接，进行同城票据实时清算业务，与市中国人民银行会计核算系统对接，实时控制各网点，防止透支情况的发生。同时该系统与中国人民银行账户管理系统连接，实现对全市企业账户的统一管理和监督，将全国电子联行网络与同城网络对接，将中国人民银行电子联行的业务扩展到专业行的业务网点，实现异地资金实时清算，在网点和清算中心使用数字签名和认证等安全手段（公钥加密算法，即 RSA 算法），保证电子票据在银行网点和清算中心间的传递安全可靠。

系统网络由若干局域网通过广域网连接构成，是一个以中国人民银行为中心的星型结构。网点之间的资金流动均通过中国人民银行清算中心审查、记账和转发，中国人民银行清算中心对专业行的业务进行监督和管理，在城市中国人民银行和专业行业务网点分别建立中心局域网与网点局域网，所有局域网均通过公用数据网（X.25）相连，形成金融地面区域网，如图5-14所示。

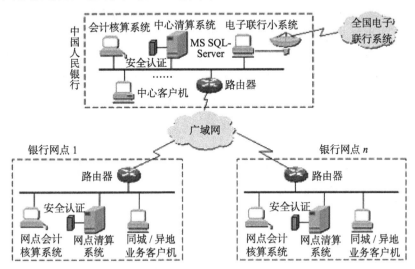

图 5-14　资金实时清算网络系统结构

中国大多数城市的资金清算均是以票据交换的方式进行的，城市中的大多数业务网点都各自运行着独立的会计核算系统（对公系统），各银行的业务网点参加票据交换，都是按凭证进行业务处理的，只有在规模较大的地方使用票据清分机清分票据，电子化的主要工作是用计算机辅助进行分类、汇总等处理，仍是一种以票据交换为主线的人机并行的批量处理方式。大量的手工票据处理造成了电子联行存在的"天上三秒，地上三天"问题。

资金实时清算网络系统的建立实现了实时清算，缩短了结算时间，同城资金当天抵用，解决异地资金电子联行存在的"天上三秒，地上三天"问题，提供了行之有效的解决方案。

2. 资金实时清算网络系统的特点

资金实时清算网络系统建立在以中国人民银行为中心的金融区域网上，实现同城清算、电子联行和会计核算的网络一体化。系统从业务设计和技术实现上具有如下特点（见图5-15）。

（1）该系统建立在对银行业务深入理解和分析的基础上。系统以中国人民银行为中心，各清算网点在中国人民银行的统一管理下，进行日常业务的登录、提出和提入交易、查询、对账与日结等操作。对每笔业务，各清算网点实时向中国人民银行清算中心提出，中心实时记账和转发，实现实时清算，杜绝透支。同时，该系统与中国人民银行的账户管理系统连接，对全市账户统一管理并向各网点复制，保证清算提出、提入账户的正确有效。

（2）该系统建立了与各清算网点的会计核算系统和中国人民银行国库业务系统的接口，成功地实现了与全国电子联行系统的天地对接，将全国电子联行系统通过金融区域网延伸到专业行的业务网点，实现异地资金的实时清算。而且，由于各银行网点间的资金往来数据都汇集到中国人民银行，对这些数据的历史档案建立的统计分析和查询功能，为中国人民银行进行金融的宏观决策和管理提供依据。

（3）该系统的技术实现建立在微软的网络操作系统（Windows NT）、数据库系统（MS SQL-Server）和开发工具（Visual Basic）之上，先进的系统平台和开发工具为系统的成功提供了保证。系统采用客户/服务器（Client/Server）结构和面向对象的开发方法，从而具有充分的灵活性和扩展能力。

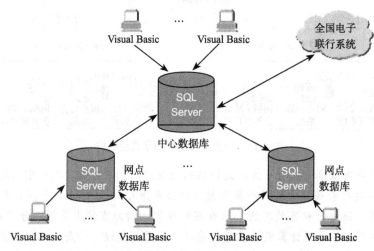

图 5-15　资金实时清算网络系统应用结构示意图

第四节　电子支付系统的发展

一、中国现代化支付系统的建设

（一）中国发展电子支付系统的客观环境

电子商务时代需要创新的支付方式，电子货币的支付方式将适应社会的进步而不断发展。目前，多种网上支付系统都在研究和试验中。

由于电子商务与网上支付的相互依存关系，中国网上支付必须有一个逐步发展和适应的过程，当前重要的是为其发展创造良好的客观环境，其中包括以下几方面的内容。

1. 建立全国统一的金融认证中心

为保证网上支付的安全性，实现交易各方身份的确认和不可否认，建立安全认证体系已成当务之急。配合首都电子商务工程的展开，经中国人民银行发起成立了"金融系统电子商务联络与研究小组"。经该小组反复讨论认为：金融系统建立统一的安全认证中心不仅是必要的，而且是可行的，并于 2000 年 1 月由中国人民银行和全国 12 家商业银行共同成立了"金融认证中心工程项目小组"。

2. 确定网上支付、数字签名的法律依据

在正式立法之前，采取过渡措施，使电子商务和网上支付先行启动，在启动中积累经验，有利于立法准确、全面。《合同法》确定了电子合同与纸合同的同等效力，为电子商务扫清了一个基本障碍。目前网上支付的最大法律障碍是电子凭证和数字签名尚不能作为支付指令的法律依据，以及还没有确认金融认证中心的性质、地位、作用权威认定。中国银行在电子银行章程中规定"数字签名是银行为客户履行支付的唯一依据"，不失为一项有效的过渡措施；在首都电子商务工程中，在北京市仲裁委员会及专家的帮助下，将制定会员自律性质的首都电子商城管理办法，确定电子合同、认证中心、数字签名等在这一范围内的协约作用；金融认证中心建成后，由中国人民银行颁布管理办法，除明确中心的性质、作用、业务范围以及各方的责任和义务外，对认证及数字签名在网上支付的作用加以确认，以解决电子支付的法律问题。

3. 研究制定网上支付的标准

网上支付有两个最基本的要求，即安全和方便。SET 协议是互联网支付协议，它以复杂性的代价换来风险的降低和全球银行卡支付标准的统一，由此带来的方便是不可估量的。同时，网上支付不应是各银行的孤立行为，跨行支付是未来需要解决的。在发展电子商务时，B2C 带来交易量，而 B2B 带来更大的交易额和效益。但支持 B2B 交易方式又缺乏成熟与权威的标准，因此除了银行卡支付外，其他形式的网上支付尚难开展。

（二）中国现代化支付系统

现代化支付系统包括上下两个层次的系统：上层系统是商业银行面对广大银行客户，为客户提供高质量支付服务的金融服务系统。这层系统是商业银行与客户之间、客户与客户之间的资金往来清算和结算系统。下层系统则是中央银行为商业银行提供支付清算服务，完成商业银行之间、中央银行与商业银行之间支付活动的最终资金清算系统。中国人民银行目前正在集中建设商业银行跨行支付的清算和结算服务系统，即现代化支付系统中的上层系统，该系统被命名为中国现代化支付系统（CNAPS）。

CNAPS 的业务系统主要包括五个支付应用系统，即处理银行间大额资金转账的大额实时支付系统（HVPS）、处理银行间大量小额支付业务的小额批量支付系统（BEPS）、处理大量同城纸票支付业务的同城清算系统、银行卡授信系统和证券登记簿记系统。

大额实时支付系统是中国现代化支付系统的子系统之一，主要完成同城或异地跨行资金实时转账，该系统实时清算跨行资金，是世界上最先进的现代化支付系统之一。系统具有逐笔处理业务、全额清算资金、实时到账的特点。目前该系统能够处理交由付款人开户银行处理的汇兑业务、委托收款、托收承付划回业务、国库资金汇划（贷记）、电子联行汇兑业务和银行间同业拆借等业务。

小额批量支付系统是中国现代化支付系统的子系统之一，主要处理跨系统同城、异地电子和异地纸张截留的借记以及每笔金额在规定起点以下的贷记业务。该系统批量传送支付指令，定时轧差清算，可以处理大业务量、小金额的支付业务，为实现缴费一本通、代付工资等业务提供支付平台。

（三）中国现代化支付系统的功能

1. 支持跨行支付清算

商业银行总行及其分行与所在地支付系统的城市处理中心连接，通过支付系统提供的开放的业务处理路径，实现跨行支付业务的快捷、安全、方便处理，并有利于实现其最终清算。

2. 支持货币政策的实施

中国人民银行公开市场操作业务系统与支付系统连接，实现中央银行公开市场操作业务资金的即时转账，系统还能支持对商业银行法定存款准备金的管理。

3. 支持货币市场的资金清算

中央债券综合业务系统与支付系统联系，实现债券交易的"钱券对付"，即DVP清算，外汇交易的人民币资金和同业拆借市场的资金拆借，也可通过支付系统办理资金的快速划分和清算。

4. 适度集中管理清算账户

中国现代化支付系统对清算账户的设置采取"物理上集中摆放，逻辑上分散管理"，即全国各商业银行在中国人民银行当地分支行开设的所有清算账户，物理上均在全国处理中心存储和处理资金清算，逻辑上仍由中国人民银行当地分支行进行处理。这一做法提高了支付系统处理资金清算的效率，便于中央银行对商业银行流动性的集中监管和金融市场资金清算的即时转账。同时这一做法适应了商业银行会计业务处理逐步集中的需求，符合支付系统的国际发展趋势。

5. 有利于商业银行流动性管理

商业银行总行及其分行可以通过支付系统实时监控本机构及辖署各机构清算账户的变动情况，并灵活地进行头寸调度，提高资金使用效率。系统还提供日间透支、自动质押回购等功能，为商业银行提供紧急融资服务，提高商业银行的支付能力。

6. 具有较强的支付风险防范和控制机制

支付系统采用了大额支付实时清算、小额支付净额清算、不足支付排队处理的方式，为防止隔夜透支，系统设置了清算窗口时间，用于头寸不足的银行在清算窗口时间筹措资金。支付系统还设置了头寸预警功能，清算账户达到余额警戒线时，系统自动报警，中央银行可根据管理的需求对清算账户实施必要的控制等。此外，系统还具有支付清算信息和异常支付监测等功能。

（四）中国现代化支付系统的层次结构

中国现代化支付系统是三层结构，分别由国家处理中心（NPC），城市处理中心（CCPC）和前置机⊖组成；NPC、CCPC 和前置机内部的各服务器与控制台均通过局域网相连；NPC 与 CCPC 通过支付系统骨干网相连，CCPC 与各前置机通过城域网相连。

（五）中国混合支付体系的发展

混合支付体系是电子支付与票据支付同时存在，向完全的电子支付系统发展的过渡阶段的支付体系。它是金融业为降低成本和在竞争中取胜而采用现代电信技术处理传统票据，进行金融创新的业务活动过程。

混合支付体系以票据存在为条件，以电子脉冲为主要手段，因此，混合支付体系是由票据支付体系演变为与现代电子技术和手工相结合的支付体系。混合支付体系并不是手工操作和电子传输的简单并行，其中的"混合"二字含有衔接、结合和融合的意思。

2009 年 12 月中国第二代支付系统和中央银行会计核算数据集中系统（ACS）建设启动。与第一代人民币跨行支付系统相比，第二代支付系统能为银行业金融机构提供灵活的接入方式、清算模式和更加全面的流动性风险管理手段，能实现网上银行互联，支撑新兴电子支付的业务处理和人民币跨境支付结算，实现本外币交易的对等支付结算。同时，系统还将具备健全的备份功能和强大的信息管理与数据存储功能。ACS 将实现中央银行会计数据的高度集中、信息数据的网络化传输和共享，支持金融机构提高资金管理水平，为其提供多元化的服务。同时，系统还具备健全完善的灾难备份功能。第二代支付系统的网上银行互联应用系统于 2010 年 6 月底上线运行，第二代支付系统的其他应用系统和 ACS 于 2011 年 6 月底上线运行。

案例 5-4
电子商业票据系统总体结构

电子商业票据系统总体结构如图 5-16 所示。

电子商业票据系统包括电子商业汇票业务处理功能模块、纸质商业汇票登记及查询功能模块和商业汇票转贴现公开报价功能模块。电子商业汇票业务处理功能模块作为电子商业票据系统的核心模块，与商业银行行内系统及现代支付系统连接，并在将来可以根据需要，与中国人民银行再贴现系统及中国人民银行征信系统连接。纸质商业汇票登记及查询功能模块和商业汇票转贴现公开报价功能模块是电子商业票据系统的辅助模块，分别向相关银行提供纸质商业汇票登记、查询和银行间商业汇票公开报价的服务。

⊖ 前置机为各外围应用系统提供与 CNAPS 连接的通道，如商业银行前置机、TRCS（EIS 转换中心）等。

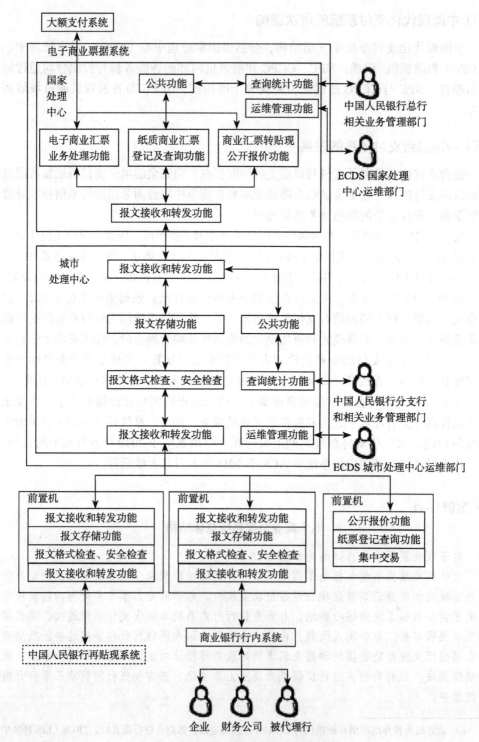

图 5-16 电子商业票据系统总体结构

电子商业票据系统全面采用大额支付系统的行名、行号。电子商业票据系统是大额支付系统的无户特许参与者。商业银行申请变更或撤销大额支付系统的行号，必须同时指定电子商业票据系统的承接行。中国人民银行同时审批行号变更和承接关系，清算总中心负责在系统中建立承接人与被承接人之间的映射关系。

电子商业票据业务参与者通过商业银行行内系统发送、接收电子商业票据业务数据信息，并办理与电子商业票据相关的业务。为确保电子商业票据业务处理的实时性，各银行与电子商业票据处理功能模块应通过直连方式进行连接。

考虑到财务公司通过代理银行接入本系统的情况，电子商业汇票业务处理功能模块接收其通过开户行发来的特定业务和向其开户行发送特定业务。电子商业汇票业务处理功能模块以业务参与者标志识别不同业务参与者的身份，直接接入电子商业汇票业务处理功能模块的商业银行负责审核业务参与者身份的真实性。

电子商业票据系统的运营机构作为支付系统的无户特许参与者，按照现代化支付系统接口规范与支付系统进行连接，以实现资金清算、业务收费、支付信息统计和票据信用管理等不同功能。其中，与电子商业票据业务相关的资金清算由电子商业汇票业务处理功能模块提交大额支付系统进行处理。

电子商业汇票业务处理功能模块可根据中央银行再贴现管理部门要求，以数据接口方式与再贴现系统连接，以满足中央银行再贴现管理部门作为电子商业票据系统业务参与者处理与其相关再贴现业务的需求。该模块包括查询、签收、审定并完成再贴现资金结算等具体事务。

各商业银行经批准，可以成为商业汇票转贴现公开报价功能模块和纸质商业汇票登记及查询功能模块的用户。商业银行可以以直连方式接入这两个功能模块，也可通过前置机以间连方式接入这两个功能模块。

二、第三方电子支付盈利模式创新

新经济时代的到来，推动了企业竞合关系的出现，企业竞争演变为产业链竞争，在一系列的变化面前，企业应该以竞合理念作为企业文化基础，积极探索经营创新的模式，建立市场定位新理论，确立市场定位的取向和维度，基于竞合构建市场定位框架，并锁定企业在产业链中的角色。

（一）竞合产生的条件

竞合产生的条件主要包括产业的交易成本、产业的市场、产品差异性、产业技术变化速度和商业知识与经营知识隐性程度等方面。

（1）交易成本。竞争性合作均是有代价的，如果市场的交易成本过高，同时合作各方内部的协调成本比较低，则经济活动应该在合作各方内部进行。如果市场的交易成本足够低，经济活动就应该通过市场进行。

（2）产业的市场。产业的市场要足够大，并且要具有诱人的增长空间，只有这样才有可能把饼做大。

（3）产品差异性。产品差异性越大，越有可能出现合作。

（4）产业技术变化速度。产业技术变化速度越快、越具有不确定性，同业合作的可能性越大。

（5）商业知识与经营知识隐性程度。行业内商业知识与经营知识的隐性程度越高，出现合作的可能性越大。

（二）竞合的内涵

1. 合作实现多方共赢

在电子支付领域，经过多年的竞争，银行和企业逐渐明确了各自的角色与定位。银行专注做资金清算与支付，企业专注做客户的管理与服务，银行和企业优势互补。银行和企业在各自行业内部竞争，有利于形成别具特色的细分市场。例如，中国工商银行主要针对城镇居民和大中小企业提供服务，中国农业银行主要针对农村乡镇的农户和乡镇企业提供服务，中国银行主要针对外贸企业及涉外交往的用户提供服务，支付宝主要针对中小商品客户提供服务，汇付天下主要针对运输领域客户提供服务等，从而形成银行与银行、企业与企业、银行与企业的优势相互补充。

在电子支付过程中银行与企业在支付工具和客户服务方面是产品（服务）互补的，通过合作可以达到共赢。如今的第三方电子支付供应商通过细分市场，在各自的领域搭建支付平台，并与银行联盟在第三方电子支付领域独领风骚。今天的市场特点决定了无论多么强势的银行或企业都不可能独占支付市场，也不可能完全消灭竞争对手。美国企业界有句名言："如果你不能战胜对手就加入到他们中间"，电子支付平台就是银行与银行、企业与企业、银行与企业用合作理念创建的竞合盈利模式。

2. 竞争确立合作者在产业链中的角色与定位

在产业链内部参与竞争的各方通过竞争确立各自在产品（服务）、技术或资源等方面独特的优势或行业，在竞争中形成优势互补的合作，例如在电子支付产业链中的银行与企业。参与竞争的各方以不同的优势或行业，在同一产业链中扮演着不同的角色，也确立了各自的市场定位。在共建竞合盈利模式的过程中，合作是一种关系存在，是在产权独立基础上的合作，因此合作的各方自主性较大，他们都有各自的客户群和利益取向，即使在共同客户群中也会有不同的利益取向。利益取向不同会在合作企业之间引发竞争，适度的竞争使合作各方在市场中确立不同的细分市场，形成企业的核心竞争力，大家都在做自己最擅长的事，是良性的竞争，它能调动企业的自主性，通过企业之间的资源整合，更好地达到共赢目标。但也有恶性的竞争，如果合作各方的理念出现偏差，定位发生冲突，将合作理解成合并，追求做大而全、小而全的霸业，在整合摩擦中导致为争夺领导权或控制权而钩心斗角，最终破坏合作，共赢就成了共输。归根到底，产业链内的企业以合作为主，在行业或细分市场方面以竞争为主,也就是竞争确立角色与定位,合作共创盈利。

3. 价值创造中的贡献度决定在价值分配中的话语权

在银行与第三方电子支付供应商构筑的电子支付产业链中,由于银行与企业在产业链中的位置和在价值创造过程中的贡献不同,其费率就不同。我认为,银行在资金清算方面扮演主角,其话语权大于企业(见图 5-17);而企业在客户服务方面扮演主角,其在增值费率方面的话语权大于银行等。

纵轴(资金清算方面代表银行)表示银行的数量及其在价值创造中的贡献度。

$$Y = \{y_1, y_2, y_3, \cdots, y_n\}$$
$$AY = \{a_1y_1 + a_2y_2 + a_3y_3 + \cdots + a_ny_n\}$$

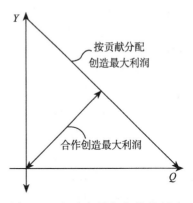

图 5-17 电子支付各方价值创造与分配关系

其中,Y 代表银行的数量,A 代表银行在价值创造中的权重,AY 代表银行在价值创造中的贡献度,y_i 代表某个银行,a_i 代表某个银行在价值创造中的权重,a_iy_i 代表某个银行在价值创造中的贡献度。

横轴(资金清算方面代表企业,即交易商和第三方电子支付供应商)表示企业的数量及其在价值创造中的贡献度。

$$Q = \{q_1, q_2, q_3, \cdots, q_n\}, BQ = \{b_1q_1 + b_2q_2 + b_3q_3 + \cdots + b_nq_n\}$$

其中,Q 代表企业的数量,B 代表企业在价值创造中的权重,BQ 代表企业在价值创造中的贡献度,q_i 代表某个企业,b_i 代表某个企业在价值创造中的权重,b_iq_i 代表某个企业在价值创造中的贡献度。

总之,在电子支付竞合盈利模式的建设过程中,银行与企业在支付产业链中的合作首先要解决角色问题,也就是通过竞争选择并确立具体行业,找到合作的结合部。银行与银行、企业与企业要在行业内部通过竞争确立市场定位,也就是通过竞争不断完善市场细分,形成自己的核心竞争力。

(三) 竞合盈利模式

新经济时代的到来,推动了企业竞合关系的研究与实践,企业逐渐以竞合理念作为企业文化基础,企业竞争由产品竞争演变为产业链的竞争,积极探索创新的盈利模式,以竞合盈利模式构建市场框架,并锁定企业在产业链中的角色与定位。下面以电子支付为例介绍竞合盈利模式。

1. 差异化决定合作各方在产业链中的角色与定位

利用竞争性合作策略共建竞合盈利模式的条件是所创盈利模式与参与者在产业链方面有密切的关联性,这是合作的动机和基础,同时共建竞合盈利模式要求参与者在市场的定位方面具有一定差异性。例如,在电子支付领域,银行定位在以资金清算为主业，企业定位在以客户服务为主业，而在不同行业内部针对不同服务对象提供的服务也存在差异，如中国工商银行主要针对城镇居民和大中小企业提供服务，中国农业银行主要针对农村乡镇的农户和乡镇企业提供服务，中国银行主要针对外贸企业及涉外交往的用户提供服务等。电子支付供应商呈现出的差异性主要体现在服务对象、盈利模式和产品内容等方面。

易观发布《中国第三方支付互联网支付市场季度监测报告 2017 年第 1 季度》，数据显示，2017 年第 1 季度中国第三方支付互联网支付市场交易规模为 55 848.31 亿元人民币，环比增长 6.96%。宝付持续深耕电子商务、互联网金融行业，特别是在消费金融行业内的市场拓展，使得其第 1 季度的市场份额持续上升，跃升至 3.17%，环比上涨 73%，行业排名第八。

第三方互联网支付市场竞争格局略有调整，支付宝以 34.71% 继续保持在线支付市场第一名；银联电子支付位列第二，市场份额达到为 22.44%；腾讯金融以 15.37% 的市场份额位列第三。前三家机构共占据互联网支付行业交易量的 72.52%。

在中国电子支付领域，除各类银行以外还有 50 多家有一定规模的第三方电子支付供应商，但比较有特色的只有十几家。无论是银行还是企业，同质化竞争比较明显，第三方电子支付供应商提供的产品和服务差异不明显，市场份额差异主要是因盈利模式和企业背景不同而形成的，现阶段第三方电子支付企业已经在积极策划市场细分，力争培养自己在某一个领域里的核心竞争力。

（1）支付宝。支付宝依托阿里巴巴电子商务网站和部分免费提供支付服务而赢得了庞大的客户群，使其交易支付额度占绝对优势，财付通与支付宝相同。支付宝服务的商家已经涵盖了虚拟游戏、数码通信、商业服务、机票等行业。支付宝还将进一步拓展服装、电子、机械、家居、文化等在内的几乎所有已应用电子商务的产业领域。支付宝目前在第三方电子支付行业排位老大，但其做大而全的策略很难维持，缺乏差异化的核心竞争力，一旦免费服务受到政策限制，其业务将会迅速下滑。支付宝应该将中小商品交易支付作为主业，同时做好相关的增值服务。

（2）银联电子支付。银联电子支付致力于银行卡受理环境的建设和银行卡业务的推广。银联电子支付将先进的支付科技与专业的金融服务紧密结合起来，通过业务创新形成多元化的支付服务体系，为广大持卡人和各类商户提供安全、方便、快捷的银行卡支付及资金结算服务，为网上购物、金融、民航、旅游、彩票、移动通信等行业提供先进的支付系统解决方案。银联电子支付主业定位比较准确，但是市场细化不够深入，更有拓展其他市场的欲望，力求大而全，梦想做电子支付行业的老大。银联电子支付应该做自己最擅长的事，把银行卡受理环境的建设和银行卡业务的推广做好，同时做好相关的增值服务。

（3）财付通。财付通的核心业务是帮助在互联网上进行交易的双方完成支付和收款。增值服务有个人用户账户的充值、提现、支付和交易管理，为企业用户提供支付清算服务和辅助营销服务等。为方便用户使用财付通出售自己的商品，财付通开发的商家工具为财付通交易按钮、网站集成财付通等。财付通服务的对象主要是互联网的客户群，它正在将现有的客户群进一步细化，但腾讯的梦想是努力构筑一个"大而全"的互联网王国。财付通应该将其服务对象锁定在游戏、教育、咨询、文化娱乐等行业，同时做好相关的增值服务。

（4）快钱公司。快钱公司推出的支付产品主要有人民币支付、外卡支付、神州行支付、代缴/收费业务、VPOS服务、集团账户管理等众多支付产品，支持互联网、手机、电话和POS机等多种终端，满足各类企业和个人的不同支付需求。集团账户管理系统可以帮助总公司对子公司账户进行明细和余额查询；如经特殊授权，还可以实时划拨集团内相关成员在快钱账户内的资金，提高企业管理水平与资金使用效率。快钱在服务对象上的差异不明显，但其对客户提供的金融与通信支付服务解决方案很有优势，应将其作为发展的主业，也就是以金融与通信支付服务平台开发为主业，同时做好相关的增值服务。

（5）汇付天下。汇付天下所提供的支付服务主要体现在网上支付接入业务、跨行汇款业务和个人理财业务。汇付天下成熟的支付接入业务和跨行汇款业务可以提供虚拟账户的充值和取款服务，它的个人理财业务实际上是互联网支付的一项基于金融理财产品的支付应用。我认为，汇付天下在服务对象上的差异也不明显，但其对客户提供的支付服务解决方案有优势，应专注于网上支付接入、跨行汇款平台的技术开发与服务，也就是以支付平台开发为主业，同时做好相关的增值服务，例如网上个人理财平台开发等。

（6）环迅支付。环迅支付集成了银行卡支付、IPS账户支付及电话支付等几大主流功能，并自主研发了包括酒店预定通、票务通等在内的新产品，为消费者、商户、企业和金融机构提供全方位、立体化的优质服务，通过数十个特色频道集中推广环迅IPS开展的各类市场活动，以及为众多商户提供商品展示平台。我认为，环迅支付的服务对象差异不明显，需要进一步市场细化，明确取舍。环迅支付应做专注于支付平台的技术服务，例如，以酒店、票务等领域的支付平台开发为主业，同时做好相关的增值服务。

综上所述，银行与企业应根据客户的需求变化在产品方面提供差异化的产品，形成银行与企业独有的核心竞争力。例如，汇付天下应专注在支付平台开发上，为不断完善信用卡还款、转账、汇款支付提供技术支持；环讯支付应在完善市场细分的基础上完善酒店预定通、票务通等产品的功能，并为商户提供商品展示平台；快钱公司应专注开发集团账户管理系统，并将客户的应用产品集成于第三方电子支付供应商平台内，为企业管理提供技术支持与服务，增加第三方电子支付供应商的用户粘性。另外，第三方电子支付供应商应不断扩展服务的范围，为浏览器、即时通信（IM）、网络视频、网络下载、社区等拥有较大用户群体的企业提供个人应用产品。例如，淘宝、财付通等服务商，可以充分发挥高粘性个人用户的规模优势，开发个人金融工具等产品，集成于"旺旺"和"QQ"上，以迅速占领个人用户市场。

由此可见，银行与企业在产品差异性发展方面的空间很大，关键是要积极开展技术创新、服务创新、管理创新，挖掘潜在的客户，拓展更多的新市场。

2. 市场细分打造合作者各自的核心竞争力

电子支付在欧美国家比较盛行。美国几乎 100% 的电子商务客户都选用在线方式进行支付。无论是银行还是第三方电子支付供应商、移动运营商、固网运营商，他们共同担负着引导用户消费观念，挖掘和培养电子支付客户群体，拓展电子支付市场的任务。也就是通过市场细分挖掘和培养客户群，打造合作者各自的核心竞争力和可持续发展能力。因此，作为第三方电子支付市场上的竞争者，在市场细分的问题上拥有着共同的利益。

市场细分是银行与企业把握客户需求、挖掘潜在需求的重要手段。

由此可见，市场细分对于银行和企业都有着广阔的空间，关键是银行与企业要密切合作，创新服务，挖掘潜在客户，通过市场细分挖掘和培养客户，打造合作者各自的核心竞争力。

3. 整合优质资源提升服务水平与质量

中国电子支付领域里有"三驾马车"，它们是网上电子支付、移动支付和固定电话支付。其中网上电子支付占据主导地位，拥有最大的客户群和市场营运规模，移动支付、固定电话支付等新兴的支付方式各具特色。"三驾马车"在功能、客户群等方面有较大的重合。移动运营商、固定电话支付运营商正在积极备战，将与阿里巴巴、财付通等网上电子支付供应商展开激烈的竞争，电子支付市场或将面临重新洗牌，它们通过竞争重新确立市场定位和在产业链中的角色。

整合电子支付资源是指将各种电子支付方式有机地结合起来，从而更好地满足用户在不同情况下的需求，达到"1+1>2"的效果。通过整合有利于提供多元化的电子支付服务，满足客户的个性化需求，同时也有利于挖掘潜在的客户与需求，为客户提供更多的增值服务；另外，可能促使非活跃用户向活跃用户转变。

例如，可以将移动支付与网上电子支付结合起来，搭建一个新的统一的电子支付系统。目前，支付宝、首信易支付等网上电子支付平台，已经推出支持手机号码和使用 E-mail 登录网上电子支付平台的支付模式，从而将手机支付同网上电子支付结合起来。可以预见，在 5G 时代的无线互联网门户和手机商城等业务中，这一支付模式将为用户提供更大的便利，有利于拓展电子支付的应用范围和市场发展空间。2016 年网络支付用户规模为 4.74 亿人，同比增长 14.01%，而移动用户规模已达 4.69 亿人，同比增长 31.17%，近四年来移动支付使用率逐年提高，2016 年已达到 64.90%，与当年的网络支付使用率相当，可见移动支付成为人们越来越频繁使用的网络支付模式。现在银行、移动运营商、第三方在线支付厂商在手机支付市场上都已经形成了一些有着各自特色的服务模式，合作各方既有竞争也有合作，关系较为复杂。

（1）银行主推"手机银行"模式。"手机银行"是金融机构与移动运营商合作，将用户的手机号码和银行卡号等支付账号绑定，通过手机短信、手机 WAP 上网等移动通信技术传递支付账号等交易信息。

（2）移动运营商主推"手机钱包"模式。"手机钱包"模式是指用户可以以预存的手机话费进行消费。移动运营商会先为用户提供支付账号，用户预先存入费用并从该账户中支付费用，或者运营商通过 SIM 卡和 STK 卡直接从用户的话费中扣除移动支付交易费用。"手机钱包"能方便地买车票、电影票、景点门票，但其消费额受限于用户"话费总额"，当前还不适合用于支付大额消费。

（3）第三方支付无线支付模式。第三方支付无线支付是指利用互联网第三方支付平台，借助手机的移动上网功能实现随时随地的无线支付，例如淘宝的"手机支付宝"软件就能够让用户在手机上进行淘宝购物的相关支付事项。

综上所述，传统互联网支付与创新的移动支付模式各具特色，2016 年中国互联网支付交易规模约为 20.02 万亿元，同比增速达到 68.76%，但随着移动互联网对传统互联网替代作用的增强，传统互联网支付增速将逐步下降，预计到 2019 年传统互联网支付规模将仅占 14.8%，而移动支付规模将高达 85.2%。

4. 用竞合盈利模式打造电子支付平台的核心竞争力

用竞合盈利模式创建的电子支付平台，体现着银行与企业优势互补而形成的整体竞争力。中国目前的资金清算市场和客户资源市场处在无序竞争的时期，竞争产生的对立，导致资源的浪费和内耗的加剧。如果我们以新的合作理念，营造银行和企业在市场中遥相呼应、优势互补、合作共建的氛围，二者将会在和谐竞争的环境中实现共赢。

过去银行和第三方电子支付供应商在市场竞争中不是寻找差异化的竞争，而是在同质化的竞争中推行打折风，使电子支付行业的利润越来越低，危及整个电子支付市场的稳定。另外，第三方电子支付行业进入门槛低，一些不具备条件的企业盲目跟进，导致新增的第三方电子支付供应商在经营能力和资金实力方面参差不齐，第三方电子支付市场出现无序竞争的局面。今天银行与企业整合优质资源，合作共建电子支付盈利模式，可以促使同质化的恶性竞争走向差异化的良性竞争，实现银行与企业共赢，推动中国经济又好又快地发展。

合作的结果是搭建多赢的平台，竞争的结果是在多赢的环境里形成科学合理的分工机制。创新盈利模式的经典是竞合盈利模式，竞合盈利模式在不同的领域中表现为不同的特色鲜明的具体模式，而这种模式也要与时俱进，要随着市场的变化不断创新变化。

银行与企业通过竞争确立在盈利模式中的角色，差异性决定银行与企业在电子支付产业链上的定位，以市场细分培养合作各方的核心竞争力，整合优质资源提升服务水平与质量，以竞争性合作策略打造第三方电子支付盈利模式的核心价值。

本章关键词

电子支付系统　电子支付工具　密码系统　中国现代化支付系统

本章小结

本章在介绍电子支付系统的基础上,分析了电子支付工具的类型及其功能与流程,围绕支付安全问题分析了支付网络模式及其密码系统,最后分析了中国电子支付发展的趋势与第三方电子支付盈利模式创新的策略。

本章思考题

1. 分析电子支付系统的结构、标准和功能。
2. 分析电子支付工具的性能与优缺点,谈谈你对电子支付工具的展望。
3. 分析电子支付系统的网络平台与加密特点。
4. 分析中国现代化支付系统的特点,谈谈你对中国现代化支付系统的展望。
5. 联系实际谈谈你对第三方电子支付盈利模式创新的理解。

第六章

网络金融产品营销管理

教学要求

1. 掌握网络金融的组织架构和经营策略。
2. 熟悉网络金融产品的营销内容。
3. 熟悉网络金融品牌的经营内容。
4. 了解知识管理在信息化时代的意义。
5. 熟悉网上市场调研的特点。

网络时代的金融活动在全球范围内在空间上连续、时间上继起。全球金融网络的建立,使各国的金融市场连为一体,金融活动越来越摆脱国界的限制,制约经济的地理空间因素逐渐消失,网络金融市场有了空间上的统一性。例如以全球电子交易系统(Globex)为中心的网络金融市场,能够全天候地进行金融交易,配置全球经济资源。

网络金融的经营模式以互联网为依托,注重知识资产的深度开发,以金融产品的多样化和个性化为目标,通过竞合实现金融服务的开拓和深化,包括网上支付、存取和转账、利率结算、信贷和托收、证券投资、办理保险、外汇交易、个人理财、信息咨询等服务。网络金融要可持续发展,首先应争取客户,并且与客户建立和谐互信的关系。利用互联网及其数据挖掘工具,收集客户信息,分析客户需求变化规律,发现潜在的客户群,推出增值产品或服务,提升金融企业的竞争能力。

【知识扩展】登录网址:http://www.boc.cn/.

第一节 网络金融组织架构

一、网络金融平台组织架构

信息化企业的新型组织结构同传统组织结构的比较如表6-1所示。

表 6-1 信息化企业的新型组织结构同传统组织结构的比较

项目	传统组织结构	新型组织结构
组织结构的基本模式	职能式	有机式
结构形式特征	金字塔式	扁平式、团队式、虚拟式
组织活动特征	稳定、重复、单一	灵活、自主、分散、协作
主要结构单元	职能部门	团队、团队网络
分工	高度分工和专业化	分工程度低、提倡适应性和通才
权力的集中程度	高度集中、注重权威	高度分散、强调自主创造
管理层次	多	少
中间管理层	庞大臃肿	精简
管理范围	窄	宽
信息流向	纵向为主	纵向、横向兼备
部门间的关系	缺乏沟通、协调难	沟通容易、重视沟通
协调方式	靠规章制度和权力等级	通过网络灵活协调

参考大型系统外包的组织架构模式以及服务平台的业务特点，设计网络金融平台组织架构和职能。

(一) 信息中心

信息中心（可以服务外包）是负责组织及运用各种资源，全方位保障核心业务系统、数据备份以及有关系统安全、稳定、高效持续运行的技术部门。其职责主要有：根据网络金融运营管理目标，合理配置资源、科学管理调度，指定运营质量目标并根据目标组织实施工作计划。信息中心保证各类设备的正常运行，确保业务系统安全、稳定、高效、持续运行；负责网络金融平台信息交互系统、数据备份系统的运行监控、日常事务处理及相应维护工作，以及网络金融平台验收测试和业务部门上线前验证测试；负责业务系统、备份系统的广域网和专业网、办公局域网以及各类网络设备的正常运行与维护，为网络金融平台和客户提供网络技术支持。信息中心各组的职责分工如下。

1. 综合组

综合组负责制订机构内的各类工作计划；检查和监督各部门的业务运行、业务管理的开展情况与计划的执行情况；协助各部门对员工进行岗位业绩考核；负责制定各项内部管理制度，统筹网上金融业务、运行等技术方面的管理制度和操作规范；负责编制运行、值班调度计划，协助完成新模块和版本的上线、测试或系统升级、更新工作；建立并管理各部门的各类技术文件、合同、手册、运行日志等资料档案以及印章管理、办公设备管理；管理、维护各类办公电子设备，负责对外联络协调与后勤保障工作；负责信息中心环境安全的检查与督促、门禁管理，及时发现、预警、解决安全保卫方面的问题。

2. 网络组

网络组根据网络金融平台建设规划和运行工作计划，负责制定网络维护方面的技术规范和使用管理制度，编写网络维护日志；根据网络技术的发展趋势，研究网络架构的改良，对现行网络架构进行定期评估；负责业务系统、备份系统的网络运行，网络设备和网管系统的日常维护与故障处理，制订应急工作计划，为网络金融平台和客户提供网络技术支持；负责网络 IP 地址分配，以及各网络节点的网络设备如路由器、交换机、防火墙等的配置和安装；负责网络系统的扩容及方案，并组织实施；负责生产、业务数据的统计分析，整理，保管网络维护日志、各类技术方案和配置文档。

3. 系统维护组

系统维护组根据网络金融平台运行系统建设规划和系统维护工作计划，负责制定系统维护方面的技术规范和管理制度，编写系统维护日志；负责主机系统、存储系统、数据库和中间积案的安装、升级与日常维护；观察、记录、分析、汇报并处理主机系统运行中出现的问题，编写运行分析报告；负责保管、使用、更换主机系统和网络所有节点的超级用户及数据库用户口令；负责主机操作系统、存储系统、数据库系统和中间件的配置、安装和相应的版本升级，对上述系统进行性能检测与分析、制订系统升级和改造方案；负责制订主机系统、存储系统、数据库系统发生故障后的系统切换以及应急工作计划。

4. 设备保障组

设备保障组根据网络金融平台运行系统建设规划，负责制订设备使用、维护方面的技术规范、健全制度以及设备保障工作计划，编写设备运行、维护日志；负责设备的验收、定期预检和故障检测工作；负责高低压、变配电系统和柴油发电机组以及不间断电源、技防专用空调系统的日常运行和维护；记录、分析、汇报并处理动力及场地设备使用中出现的各种问题，及时查找、排除设备隐患和管理漏洞，保障业务安全运行；负责制订设备故障应急工作计划，定期开展演练并在必要时组织实施。

5. 运行保障组

运行保障组根据建设规划和工作计划，负责制定应用系统运行方面的各类操作规范与管理规范制度，编写运行监控工作计划和运行日志；负责应用系统、平台的日常运行监控、运行事务处理以及相应的维护工作，编写业务分析、预测报告；负责应用系统的安装上线、升级，以及系统版本、用户口令、环境控制参数、各类业务运行技术资料的管理；负责用户验收测试和入网机构上线前的验证测试工作，对入网机构的各项参数进行配置；记录、处理与分析系统问题，对发现的运行故障或安全隐患及时跟踪、记录和汇报；协助解决应用系统用户在实际操作过程中遇到的问题。

6. 安全组

安全组根据网络金融平台运行系统建设规划，负责制定安全管理方面的技术规范，例如操作系统数据库的基准安全要求等，制订使用管理制度以及安全管理工作计划，编写安全管理工作日志；负责制定并组织实施安全策略，检查、监督信息中心各个部门和岗位的技术安全措施执行落实情况；定期执行安全漏洞扫描工作，及时发现、跟踪安全事件，查找、排除安全隐患和漏洞，全方位保障业务运行系统的安全；负责版本控制，防范病毒入侵，组织补丁测试，管理用户口令和权限，使用、维护安全管理系统（密钥系统、注册认证系统、安全管理平台等）；记录、分析、汇报并处理主机系统运行中出现的安全问题，编写技术安全情况分析报告；配合内部和外部审计、检查机构进行安全审查工作。

7. 员工与客户支持组

员工与客户支持组按照首问负责原则，接听、处理来自员工与客户的服务台电话，协助联络运行小组查找、解决员工与客户的疑问；负责调查、收集员工与客户的满意度反馈，并报告给信息中心领导。

（二）研发中心

研发中心（可以技术外包）负责对网络金融平台的开发和后续功能增强、扩展工作。

1. 需求规范组

需求规范组订立系统开发流程管理规范与制度，组织需求的讨论、评价与更改，书写系统需求说明书；与产品研发组商讨开发的方案及可行性，完成概要设计，跟踪需求开发的完成情况。

2. 产品研发组

产品研发组设计技术方案，对达成一致的概要审计进行技术上的细化，形成详细设计并整理成正式技术文档；根据各种计算机语言的编码规范，负责编码编制、代码检查；完成数据字典以及数据库结构的设计，确定数据命名规范，执行数据容量分析；计划并执行单元测试等内部测试并完成测试报告，保障开发质量。

3. 独立测试组

独立测试组执行独立的代码规范检查和系统功能测试并完成测试报告；协助业务机构编写用户验收测试案例，根据业务的要求搭建用户测试环境，并协助业务执行功能验收测试；完成系统性能、容量、压力测试，并准备测试报告且跟踪缺陷。

4. 系统支持组

系统支持组负责研发中心的网络架构的布置和网络设备的管理，负责研发使用设备的管理，负责研发文档的整理、归档和读取访问控制，定期执行系统开发流程的评审。

5. 服务咨询组

服务咨询组负责安排各部门的资源分配和使用咨询或培训，处理来自各部门的服务台电话以及满意度调查与统计分析。

（三）综合管理部

综合管理部相当于网络金融机构的后勤支持部门。

1. 人力资源组

人力资源组负责人员的招聘和解聘、劳动合同的管理、档案管理、薪酬福利管理、个税统计代缴、年度员工考核结果统计等事务。

2. 行政组

行政组负责网络金融机构人员差旅安排、办公用品和耗材的采购与领用、办公区域的清洁等支持事务。

3. 采购组

采购组根据信息中心、研发中心的需求和技术规格要求,负责大型设备、软硬件系统购置的询价、比价和采购任务;负责制定网络金融机构采购流程与审批制度,并保存采购文档。

(四)财务管理部

1. 成本与定价分析组

成本与定价分析组负责网络金融平台业务成本的估算、监控和调整成本计划的工作;核算业务项目的预计成本与实际成本,完成分析报告并上报领导;根据利润指标制订收费、定价策略,核准业务收费的审批报告;负责编写财务分析及经济活动分析报告;组织经济行动分析会,总结经验,找出经营活动中产生的问题,提出改进意见和建议;同时提出经济报警和风险控制措施。

2. 计划与报表组

计划与报表组组织编制网络金融季度、半年度、年度成本、利润、资金、费用等有关的财务指标计划;定期检查、监督、考核计划的执行情况,结合经营实际,及时调整和控制计划的实施;负责制定网络金融财务、会计核算管理制度;建立健全网络金融财务管理、会计核算、稽核审计等有关制度,督促各项制度的实施和执行;根据业务部门领导的要求统计各类财务报表,并负责对外财务报表的检查和报送。

3. 账务处理组

账务处理组负责网络金融经营业务(例如存贷、支付、代理、增值、内部营运等)账务的记账、复核、凭证制作、归档等工作。

4. 资金管理组

资金管理组负责网络金融机构之间的资金缴拨,办理现金收支和结算业务,及时登记现金和存款日记账,保管库存现金,保管好有关印章、空白收据、空白支票;跟踪客户付款计划,提请业务负责人催款;根据网络金融机构付款计划,做好资金预算,并合理安排头寸的投融资活动。

(五)战略规划部

1. 战略组

战略组收集国内外同行业先进企业资料,总结先进经营理念、管理体制、管理方法,提高内部管理水平,为网络金融平台提高核心竞争力、加快技术创新提供建设性意见;把握国家宏观经济政策,把握客户和潜在客户企业行业的发展动态,分析、评估其对网络金融业务发展的影响;负责制定网络金融中长期发展战略;管理和维护网络金融的技术专利、知识产权等无形资产,对网络金融品牌进行统一协调管理;根据战略规划的要求,组织和策划与国内外合作者的战略合作;根据网络金融战略规划,研究收购兼并、策略联盟、参股经营等资本运作方式的可行性。

2. 风控组

风控组掌握监管机构的新制度的发布,分析业务经营的潜在风险及其对战略规划的影响,并定期汇报给管理层;负责对战略投资、合作项目的考察、评估、运作中各个环节的风险监督控制。

(六) 商务部

1. 个人组与企业组

个人组与企业组分别负责不同类型的客户,参与制订网络金融的营销战略和营销计划并在批准后执行实施;密切联系客户,掌握客户基本情况和动态,建立健全客户档案,妥善保管客户合同;进行售前、售中、售后服务,及时解决和上报客户投诉;负责与客户进行商务谈判以及合同的签订工作,追踪业务的完成情况以及应收款项的收集。

2. 法务组

法务组负责合同条款的审阅,针对客户纠纷提出法律处理意见。

二、网络金融平台成本分析

网络金融平台建设必须从成本效益出发,分析其是否具备盈利的能力,以及其收费是否可能被客户接受。根据行业的特性,服务平台必须是一个具有技术专利、可维持持续开发的平台,其成本主要有以下几个要素:基础建设投资成本,设备投资、更新和升级换代的成本,技术研究、产品开发成本,运营成本,管理与支持人员成本,营销成本和网络金融平台外包成本。

(一) 基础建设投资成本

基础建设主要指信息中心及其灾备中心的所有外围设备的建设。机房的建设成本主要由三个方面构成:土地、土建、机电设备。

(二) 设备投资、更新和升级换代的成本

设备即指IT设备,包括各类网络设备(交换机、路由器、防火墙等)、服务器、存储器、机柜等,这将根据公司的业务量逐步投入购买。网络设备和IT硬件设备一

般按五年折旧。维护成本包括网络带宽的租用费用（客户与信息中心之间专线的租用费用由客户承担）、硬件设备的外部维护费用，一般购买的硬件在头三年都属于免费维护期。

(三) 技术研究、产品开发成本

技术研究、产品开发成本主要包括产品原型建立时的纯开发成本、后续功能改进的成本，以及根据客户要求实行客户化时投入的研发成本。它主要涉及研发设备和专利产品的购买成本、购买外部技术人员服务的成本以及自身研发人员的薪资成本。

(四) 运营成本

运营成本主要指信息中心的人力成本、资源开销等。人力成本包括信息中心的所有维护支持人员的报酬，资源开销中比例较大的是电力成本。资源开销的比例会随着信息中心设备的密度有所变化，每平方米耗电约为 600～1 000 瓦。资源开销一般占营运成本的 30%～50%。

(五) 管理与支持人员成本

管理与支持人员成本根据管理与支持人员的人数来估算，而管理与支持人员的人数根据研发中心和信息中心专业人员的比例来配置。

(六) 营销成本

营销成本包括客户维护与公关支出、营销人员数量与薪酬等。

(七) 网络金融平台外包成本

如果金融机构经过比较分析后决定将网络金融平台技术外包，以上前五项成本可以算外包服务费替代建设费。外包前期由于需要外包服务商对现有平台进行定制化改造，需要支付初期改造费，之后每年支付固定费用，付费的标准根据平台预计的交易量及其所需要消耗的系统资源分档付费。

三、网络金融应用软件管理

信息化软件可以分为两大类：企业资源计划（ERP）软件系与协同软件系。其中，ERP 软件系包括财务软件、物流软件、客户关系管理软件、人力资源软件、库存软件，甚至各种行业性业务管理软件等，其作用主要是实现业务管理。协同软件系包括协同办公自动化（OA）软件、绩效管理软件、网络软件、门户软件、IM 软件、邮件等，其作用主要是实现行为管理。

网络金融应用软件管理分四个阶段：软件选型、软件推广、软件深化应用、软件实施。软件选型与软件实施是软件厂商能协助或者提供的服务；软件推广与软件深化应用不属于软件生产范畴，而属于管理咨询范畴，应该由金融企业负责。

（一）软件选型

软件选型主要分以下几个步骤：第一步，知己，即真实地把握自身的软件需求。软件需求一般包括两个层面，其一是管理需求；其二是业务实现需求。在这两个需求中，管理需求把握起来比较困难，需要与高层管理者做深入全面的探讨，因为这是软件项目最核心的需求；业务实现需求把握起来相对比较容易，也是最现实、最常见的需求。第二步，知彼，即全面地了解相关厂商及其软件产品的优势和特点。这一步必须在第一步顺利完成的基础上实施才会更有效，否则容易造成盲目选型，从而被软件厂商引导而偏离自身需求及项目目标。第三步，商务，即软件选型的最后一步，与合适的厂商进行商务谈判、签订合约。

（二）软件推广

在软件推广过程中，单纯的强压推广最多只能起到短期表面效应，很容易让人们产生抵触心理。从长远的角度看，软件推广需要的是培养人们对软件的好感，并引导人们产生使用的习惯，所以，适当地策划一些激励性质的事件是一种行之有效的手段。

（三）软件深化应用

软件深化应用的关键是建立完善的企业制度以及执行体系，通过制度约束员工的行为，体制保障制度的权威。

（四）软件实施

1. 正确理解二次开发的意义

初期最核心的工作是迅速普及使用。如果软件的使用率不高，功能再强大也是摆设，所以，应重视软件使用技术，而不是强调二次开发。一个新软件就是一种新的工作模式，如果在1~2个月内没能迅速推广应用，哪怕仅仅是几个最简单的功能，后期要想再次推广都将付出更大的成本。

2. 团队上下共同努力、协调推广

软件项目的执行主体一般是信息主管或者办公室主任，而不是"主管"，所以，软件项目执行负责人需要确保团队上下共同努力、协调推广。

3. 加强及时沟通机制在使用中化解问题

大多数软件实施遇到的困难都是使用者对流程本身不清楚，在实施阶段不要过

于要求厂商给出全面的流程搭建要求，而是根据自身情况，先上一部分简单的基础模块，而后在实际应用中逐步添加新的模块，在使用中使软件的功能不断地完善。

第二节　网络金融产品营销策略

一、网络金融产品成本领先策略

所谓成本领先策略，是指企业力争以最低的总成本取得行业中的领先地位，按照这一策略思想来实施。它要求企业利用先进的设备以提高生产率，同时加强管理、降低成本。总之，企业要采用各种措施来降低经营总成本。该策略主要定位于低成本客户，服务这些客户要比服务其他客户花费得少，这些低成本客户将成为企业的目标客户。

对虚拟网络金融而言营业成本低，这是虚拟网络金融最突出的特点。但是虚拟网络金融没有方便客户的分支营业网点，没有自己的 ATM 机，很难将客户从传统的银行吸引过来，只有推出令顾客足够感兴趣的负债产品，给予顾客较高的利息或收取较低的手续费才可达到目的。虚拟网络金融为了获得较高的相对市场份额或其他优势，在起初需要很高的购买先进设备的前期投资、激进的定价和承受最初的亏损，以夺取市场份额。高市场份额又可进而带来采购的经济性，从而使成本进一步降低。一旦赢得成本领先地位，企业所获得的较高利润又可以对新设备、现代化设施进行投资，以维护成本上的领先地位。这是大多数虚拟网络金融采用的经营策略。成本领先策略以给予顾客高回报作为代价，换取客户在网点、ATM 机、服务等方面做出一定让步。

二、网络金融产品开发策略

电子商务时代的市场规则不再是"大吃小"，而是"快胜慢"。网络金融要适应不断变化的市场条件和客户需求，必须在产品开发中保持领先地位。

（一）产品设计开发在明确目标市场的基础上做到研究一代、生产一代、上市一代

保持产品开发的领先性和可持续性。银行要维护自身的竞争优势，保持产品的"差异性"，进而保持对客户的持续吸引力，就必须在产品开发上适度超前。客户特别是批发业务客户在金融产品的使用上具有较强的路径依赖（Path Dependence），产品的超前开发将有利于维护现有客户群，保持客户关系的稳定性，使已有的客户关系不断增值；同时，不断推陈出新，也将树立企业在创新方面良好的市场形象，吸引更多的新客户。

(二) 产品综合化和专业化策略

产品综合化和专业化策略是指提供综合化的产品(如兼营银行、证券和保险业务),使客户在一个网站上满足尽可能多的金融需求;提供专业化产品,通过品牌效应,满足客户对量身定制的专业化产品的需求。这两类策略并无优劣之分,如何取舍取决于企业网络金融的市场定位。定位于大众化市场的银行应采取前者,通过扩大总业务量获取收益;以高收入阶层为目标市场的银行则应在专业化增值服务上多下功夫,通过专业化服务,提高单个客户关系的含金量。

(三) 参与产品标准和市场规则的制定

在与同业展开激烈竞争的同时,网络金融企业应积极参与同业合作,共同制定行业性产品标准和业务规则,通过把实践成果确立为市场标准,有利于扩大产品的市场空间,提高企业的声誉。

三、网络金融产品品牌经营管理策略

品牌经营管理策略包括品牌的创立、运用与保护的完整过程。品牌资源被视为一种能力的差异化。

优秀的品牌可以吸引到优秀的合作伙伴,可以让员工乐业、社会安居。通过品牌与各个利益相关者实现有效的沟通,可支持企业达到战略目标,花旗银行就做到了这一点。花旗银行无论在亚洲还是全世界都是一个卓越的品牌。花旗人认为一个好的品牌应能转化为顾客的体验,进一步推动品牌的发展,应能让企业员工永远为它自豪;客户关系和员工关系对推动品牌建设至关重要。建立品牌不能光靠广告,广告可以提高知名度,但来自员工和客户的尊敬对一个好的品牌来说更为重要。

1997年招商银行创建"一网通"网上银行,并把它作为核心品牌来打造,同时以此作为整合品牌的平台,搭载了包含个人银行、企业银行、信用卡、网上支付、证券、外汇和网上商城等在内的各种产品和服务。招商银行的"一网通"成了中国最具知名度的网上银行品牌。

网络金融差异化可以归结为价格差异化、产品差异化。

(一) 价格差异化

价格差异化是指同一产品或服务具有不同的价格。这是因为顾客具有各种各样的偏好,对同一种商品的规格、时间长短、价格具有不同的要求。

(二) 产品差异化

花旗银行作为历史悠久、实力雄厚的老牌银行,更多地表现为推出综合性产品。综合性产品就是把几种商品捆绑形成一个综合性账户,根据综合性账户中各种存款余额的大小来确定一定的优惠利率，减免一定的手续费。这是各家网络金融企业，尤其是由传统银行发展而设立的网络金融企业，在激烈的竞争中经常使用的一种策略。花旗银行凭借着雄厚的实力，根据顾客的不同需求提供多种多样有利息收入的存款账户，其账户与客户在花旗银行的其他产品相结合，根据客户的使用次数，给予不同的利息、收费。

花旗银行的基本活期存款是不付利息的，如果单独使用，每月要收取一定的费用，开取支票数量也限制在一定的范围内。但是，特殊活期存款、花旗存款、全能存款、花旗金存款四种存款品种满足了顾客对投资、理财、养老计划的综合需求。花旗银行把客户的分期贷款、房屋贷款、理财和养老等账户放在一起综合管理，根据客户在花旗银行的存款、贷款、投资等累计金额收取不同的费用，给予不同的优惠。以上四种活期存款账户，满足不同客户的需求。这是花旗银行在虚拟网络金融提供高利息的背景下，利用自身跨业经营的优势推出的综合性产品，扩大了收入，同时形成了与其他银行有差别的品牌。

四、网络金融产品客户集中化策略

企业通过深入了解顾客的具体需求更好地为某特定目标市场服务。目标市场可以是一个特定的购买群体或某一地区。实施客户集中化策略的前提是，与那些目标市场广泛的其他公司相比，企业可以更有效地服务于范围狭窄的目标市场。其结果是企业通过更好地满足顾客需求，在狭小的目标市场实施差异化策略或成本领先策略。

信息化时代客户集中化管理的最佳模式就是建立客户服务中心及其数据库。

(一) 建立客户服务中心

传统银行一般是根据业务来划分部门的，如存款部、贷款部、投资理财部。客户为了办理业务必须到各个柜台去，这样一方面造成银行的人力、资源重复浪费；另一方面耗费了客户大量的时间及精力。同时，银行也无法根据客户的情况提供有差别的服务。网络时代的信息技术大量运用于银行是银行业强化服务功能、注重服务竞争的市场策略，使银行的信息技术发展逐渐转向顾客服务型信息处理系统的应用，各家网络金融企业纷纷建立客户服务中心。

(二) 建立客户数据库

客户服务中心是建立在客户数据库的基础上的。客户数据库是面向主题的、集成的、及时的、稳定的、可组装的、不同时间的数据集合，用以支持经营管理活动中的决策过程。面向主题是指数据库内的信息是按主题进行组织的，使银行可以从不同层面进行分析决策；集成是指经过系统加工、汇总和整理数据库内的信息，而不是从各个业务处理系统中简单地抽取出来；及时是指数据信息能通过系统及时、自动地处理后进入数据库；稳定是指数据进入仓库后将被长期保留，以便于银行分析、统计；可组装是指数据库中的子数据库可根据实际需要灵活组合。

网络金融机构首先收集客户的资料，一方面，从客户办理各项业务时获得，包括收入、年龄、子女及其年龄、生日等家庭资料；另一方面，向各种信息公司购买。在美国有提供各种客户资料的信息公司，这形成了客户数据库的源数据库。网络金融企业在源数据库的基础上，通过市场细分进一步整理源数据库，建立面向主题的子客户数据库，并运用数据挖掘技术对各个子客户数据库进行整理、分析，就是通过智能软件整理复杂的数据，建立客户数据模型及利润分析模型，清楚地知道每一个客户或产品为银行带来的利润。这样，银行将可以方便地调用各个"主题"型数据库，更好地向客户推销，如调用处于50～60岁、收入较高的客户，看其是否购买了本行的养老产品，如果没有则可以通过互联网向其推销。对于并不存在业务专利制度的银行业来说，客户资料是最宝贵的资产。通过对客户资料的积累、整理及分析，银行可以加深对客户金融服务需求的认识和理解，更能有针对性地加强同客户之间的联系，增强客户的信任感；向客户提供所需的金融产品，提高客户在银行服务过程中的满足感，稳定银行的客户群体。有效的客户信息管理服务系统，具备强大的客户信息分析功能，能够为银行的市场分析、客户需求体验设计、市场营销策略的制定提供有力的技术支持，提供高附加值的服务。

（三）提供"量身定制"式的服务

在传统银行中，业务咨询、投资理财等需要充分的信息交流及反馈，而互动式的网络则为客户提供了便利，使得银行对每个顾客进行"一对一"式服务不仅成为可能，而且将成为普遍流行的方式。如美国西北银行、美国第一银行及美国合众银行等银行使用的自动业务终端系统——SBS（Strategic Banking System），可以使顾客、银行柜员同时看着画面交谈，大大加强了顾客与银行之间的亲切感。

利用自动业务终端系统，银行柜员可以及时找到银行与顾客往来的资料，根据顾客的要求在屏幕上展示相应的金融商品介绍，计算出各种交易条件，向顾客提供购买建议。

实践证明，客户服务中心型的组织结构及工作方式能够减少劳动力成本，并且实现了资源共享，更好地赢得客户的忠诚。美国第一银行花了数亿美元，投资23个信息技术项目，重组再造信息系统，其中企业客户信息和活期存款账户管理子系统，就集中20多人，用2年时间，花了5 000多万美元。美联银行斥巨资于1995年在夏洛特市建成大型客户信息中心（Customer Information Center，CIC），有1万多名员工在客户信息中心工作（全行有7万余人）。美国的美洲银行、花旗银行，英国的国民西敏寺银行、标准渣打银行，德国的德累斯顿银行等都纷纷建立了客户数据库，集中设计、开发和办理客户的金融服务，为客户提供全面、广泛的服务。

总之，随着网络化时代的来临，无论是纯网络金融企业还是传统银行设立的网络金融平台，不管历史长短、实力如何，都必须根据自身的特点来制定适当的竞争策略，建立客户数据仓库，有针对性地向客户推销产品。这就是在信息技术高度发达的今天，银行业借助互联网，开设网络金融平台采用的经营策略。也只有这样才能在未来的银行竞争中立于不败之地。

（四）完善个人信用制度及其管理

1. IC 卡身份证

中国应该全面发行 IC 卡身份证，即每个人都将持有一张 IC 卡身份证，并以此为基础建立 IC 卡身份证信息查询体系和信用查询体系。查询者可以通过互联网，对个人 IC 卡身份证的真实性，当事人是否正在被司法机关传讯等信息进行确认。

公民使用身份证信息查询系统应分为法定使用与非法定使用。法定使用身份证信息查询系统主要是指公民必须尽义务进行身份证信息查询。非法定使用是指公民出于保护自身安全的需要，进行的身份证信息查询。

未经当事人的许可，当事人的个人档案隐私资料是不允许查询的。

2. 个人信用制度的创建

（1）美国的信用局和信用报告制度。美国的信用局已经形成了一个巨大的产业和覆盖全国以及海外的分支机构。三大信用局艾奎法克斯、益博睿和环联形成鼎立之势，联合分布在全美国的 1 000 多家地方信用局，收集了美国 1.8 亿成年人的信用资料，每年出售 6 亿多份消费者信用报告，每月进行 20 多亿份信用数据的处理工作。它们是美国私营部门中数据处理最密集的行业，每年的营业额超过百亿美元。美国的信用局早已占领加拿大的信用报告业务市场，并且在欧洲、南美的主要国家拓展业务。随着中国经济融入国际大市场，美国的信用局和中国的合作也在加强。

信用局向消费者本人或者法律规定的合法机构和个人提供信用报告。信用报告包括四个方面的内容：个人识别信息，除通常的个人信息外，还包括社会保险号，工作、职务以及雇主信息；公共记录信息，包括个人破产记录、法院诉讼判决记录、税务扣押记录和财产判决记录；个人信用信息，包括每个信用账户的开始日期，信用额度和贷款数量、余额，每月偿还额，以及过去 7 年的贷款偿还情况；查询记录，包括查询人的名字以及查询目的。

信用局提供信用报告是有偿服务。单独的一份信用报告收费 8 美元，三大信用局合并的信用报告收费 29.95 美元。如果客户要每季度得到一份个人信用情况变动的报告，就要付出 49.95 美元。

（2）个人信用评估——信用分。信用局本身并不进行资料的评估，更不参与信贷的决策。因此金融机构还必须有一整套个人信用的评估机制。在信用报告的基础上，对借款人的还款意愿和还款能力进行风险评估，评估借款人的"三 C"，即品德（Character）、能力（Capacity）以及抵押品（Collateral）。美国个人信用评估的核心是信用分的评定，即信用评分。当美国人试图到银行开立个人账户、安装电话、签发个人支票、申请信用卡、购买汽车或房产、寻找工作或者提升职务时，在计算机里根据专门的信用模型，将支持和反映他的资料折算出一个数字——信用分。

第一，信用分的实质。信用分不仅决定借款人是否能如愿以偿，而且还会决定他要付出的代价。信用分越高，表示他的风险越低，享受的利率也就越优惠。信用分是动态的数字，实质上是消费者在某一特定时刻信用风险的写照。当个人的经济状况、社会地位和信用发生变化，相应的材料就会存入信用局的数据库，并在个人的信用报告中得到反映，个人的信用分也就随之改变。

第二，信用违约行为的衡量。为了评估消费者的个人信用情况，估计消费者偿还信贷的可能性，信用分模型重点针对信用违约行为，它从三个角度来衡量信用违约行为对信用分的影响。

时间：违约的发生时间，违约事件越近对信用分的影响越大。

程度：违约的严重程度，拖欠债务 90 天比拖欠 60 天的后果严重。

频率：违约的发生次数，次数越多，扣分越多。

第三，信用分的计算。信用评分利用信用报告和申请书以及社会公共记录的材料，根据借款人的信用历史进行综合评判。信用评分使用的五类信用资料按重要程度依次排列为：①个人破产记录、扣押抵押品、拖欠债务、迟付借款；②未偿还债务；③信用历史的长短；④一年来新贷款申请的查询次数；⑤使用的信贷类型。

信用分的计算根据消费者个人的整个信用状况，不是由一个或几个因素决定的，而是由有利材料和不利记录共同决定的。信用评分给各种指标赋予不同的值，经过加权合计而成。

第四，信用分的种类。美国法律规定，种族、宗教、性别、婚姻和国籍不可作为信用分的计算依据。

美国有多种信用分的计算方法，可以从不同的角度划分信用分的种类，或者根据用途，或者根据主要数据来源划分。一般把信用分分为三种：信用局信用分、普通信用分、定制信用分。FICO⊖信用分是最常用的一种普通信用分。由于美国三大信用局都使用 FICO 信用分，每一份信用报告上都附有 FICO 信用分，以致 FICO 信用分成为信用分的代名词。

3. 建立中国社会信用体系的设想

信用可以解释为"诚实、不欺，遵守诺言"。它是指建立在授信人对受信人的信任的基础上、使后者无须付现即可获得商品、服务和货币的能力。社会信用体系一般包括国家信用、银行信用、企业信用、个人信用四个方面。

中国人民银行在全国 334 个地级市建立全国信贷信用等级系统和相应的数据中心，进行全国个人信用体系建设的论证工作。同时，上海个人信用联合征集系统搜集

⊖ Fair Isaac Company，20 世纪 50 年代一位数学家比尔·费尔（Bill Fair）和一位工程师厄尔·艾萨克（Earl Isaac）发明的一个信用分的统计模型。

240万人的信用卡、消费贷款等信息,采取国际通行的第三方征信(即成立股份有限公司进行市场化运作),在对个人信用情况进行记录的同时还给予评价,并应当事人要求出具相关评价报告。北京、江苏等地则以工商行政管理信息为基础数据,对企业"重合同、守信用"的良好行为以及失信行为给予公示,但系统本身不对企业信用进行评价。

(1)建立中国社会信用体系的总体架构。第一,组织保障:初期应以政府指导为主,待较为成熟后再逐渐过渡为市场化的运作模式。社会信用体系的主体应是开展信用服务工作的社会中介机构,但应该从中国实际出发,初期可以将建立和营运分开,先由政府出面来组织,等整个系统运作成熟之后,再脱钩或移交给独立的公司进行企业化管理。根据各国的经验,社会信用体系在建立初期都是亏损的,大约在5年之后才能开始盈利,此后才会利润丰厚;由于缺乏支持,企业性质的征信公司很难从有关部门得到所需的征信数据;企业和银行的信用消费意识不强,需求不旺;更重要的是,中国不可能再用150年的时间让信用市场自发成熟起来,因为日趋激烈的国内、国际市场竞争形势都不允许我们这样做。

第二,组织框架:设计社会信用体系的组织框架可分为五级。第一级,建立全国社会信用建设领导小组或部级会议机制,办公室可设国家在经济贸易委员会,负责制定标准、规划、政策,组织协调;第二级,政府部门和银行层面,由中国人民银行、工商部门分别负责个人和企业信用体系的建立;第三级,具体的征信中心;第四级,中介组织层面;第五级,企业和个人层面。

第三,基本原则:统一规划,统一信用编码,统一技术标准,整体推进。要做好通盘考虑,既要看到它的道德意义,也要看到它的经济和政治意义;既要考虑它的整体结构、运作体制,也要考虑它的各个细节、操作程序;既要预测可能遇到的实际问题,也要预测它可能遇到的政策困惑;既要顾及它的效率性,也要顾及它的公正性。从现在开始不应当允许各地搞试点,银行卡各自为政的教训值得吸取,但在统一的规划和标准出台以后可以而且必须循序渐进、分步实施;加快立法,以法律而不仅仅是政策来推动整个工程的实施。

(2)营造社会信用的法律支持环境。信用是市场经济的基础,法制是信用的保障。美国基本信用管理的相关法律共有16项,包括公平信用报告法、平等信用机会法、公平债务催收作业法、公平信用结账法、诚实租借法、信用卡发行及公平信用和贷记卡公开法、电子资金转账法等,形成了一个完整的规范社会信用体系的法律体系,构成了美国国家信用管理体系正常运转的法律环境,使政府、企业、银行、各类中介服务机构都能依照法律进行定位和活动。

借鉴国外的成熟经验,中国从一开始就必须使社会信用体系在法律法规的框架范围内合理运作、规范操作、健康发展。相关的法规可以包括以下几种。

第一,社会信用信息法,用以规范个人和企业信用资料等征信数据的采集、披露和使用程序,避免由于征信数据的部门垄断,而导致不公开、不透明现象的发生,避免因缺乏管理而造成的重复建设和恶性竞争，同时保护个人隐私和商业秘密。

第二，个人信用数据库和企业信用数据库的统一编码与相关标准。

第三，咨询机构、评估机构、担保机构、风险投资基金等信用中介行业的管理法规，对中小企业信用担保机构、社会资信评估机构、风险投资基金和风险投资公司，给予相应的税收优惠。

第四，对不讲信用行为的监督和惩治法规。

在诉讼审判方面，提高诉讼效率，降低诉讼成本，保证司法公正；大力加强对审判结果和行政执法内容的执行工作，维护法律的权威，使债权人的合法权益切实受到法律的保护，使违法违约、侵犯他人权益者依法受到法律的制裁。

加快企业、个人征信数据的开放与信用数据库的建立。

（3）中国信用体系设计。狭义的信用体系，是指以独立中介机构为主体，在法律允许的范围内通过收集和分析企业及个人的信用资料，为社会提供相应的信用信息服务。从美国、日本等国的经验看，结合中国实际情况，社会信用体系建设可分为以下三个层次推进。

第一，成立一个高层次的领导协调机构，办公室可设在国家经济贸易委员会。它负责制定政策标准、征信业务发展模式、指标体系和业务管理方法，研究起草、建立健全信用记录及公布制度，并探索经济全球化环境下实现信用公开与保护商业秘密等的具体措施。

第二，工商行政管理部门牵头建立企业信用体系。企业信用联合征信系统包括经营状况、资本实力、产品质量、品牌及企业完税、年检、法人行为、债务纠纷等信息，由工商部门成立遍布全国的"全国企业信用征信中心"及分支机构，以企业登记号码为信用统一编码，以工商行政管理部门掌握的企业户口数据库为基础平台，充分发挥工商登记数据库、企业登记年检系统、信贷登记咨询系统、中小企业信用担保体系等现有系统的作用，再整合银行、技监、税务、海关、保险、公安、法院及相关社团单位的企业信用数据，通过微机联网建立企业信用档案，逐步形成覆盖全社会的企业信用信息记录、采集、披露、评价、监督机制。

第三，中国人民银行牵头建立个人信用体系。成立"全国个人信用征信中心"及分支机构，新执行的公民身份证号与社会保险合一的18位身份证号码经过技术处理后，可以考虑作为个人信用记录号码，实行一卡终身制。个人信用管理系统包括个人上学、入伍、就业开业、缴费贷款、保险、炒股、购房、救济、纳税、诉讼、罚判等生活和经济活动信息。个人可以通过信用方式获得支付能力进行消费、投资和经营，前提是这个人从出生开始的所有经济活动，如入学、求职、失业、保险、贷款、还债等均有记录，每个公民不管怎样自由随意地迁移流动，都始终带着一个终身无法伪造的社会安全号码。政府部门、银行、公司、客户都可以用这个号码查询公民的信用记录。

第三节 网络金融产品营销

一、网络金融产品营销概述

（一）网络金融产品营销的内涵

1. 网络金融产品营销的概念

网络金融产品营销是指网络金融机构以市场为导向，通过有效营销手段的组合，以可盈利的金融产品满足客户的要求，实现其盈利目标的一种管理活动。

网络金融产品营销是一个动态的过程，它以满足客户现实需求和潜在需求为目的。网络金融产品营销的方法主要是营销手段的组合，具体包括：网络金融产品的开发、调研、信息沟通、分销、定价以及业务活动等，并使它们相互作用，以最协调的状态来满足客户的需要，从而实现网络金融企业的盈利目标。网络金融处于国民经济的枢纽地位，所以，其利益目标的定位在考虑自身盈利目标的同时，还应统筹兼顾国家和社会的长远利益。

网络金融产品营销的程序为：市场调研、营销分析、市场目标择定、组合营销策略、组织和控制营销过程。

2. 网络金融产品营销的理念

（1）电子时空观，即在网络化社会的可变性和没有物理距离的时空观，它反映人们生活和工作基础是对信息的需求。

（2）信息传播模式的创新。在信息网络化的情况下，信息的传播和大众传媒的工作模式都会有较大的变化。这些变化主要表现在三个方面：第一，双向的信息传播模式；第二，推拉互动的信息供需模式；第三，多媒体信息传播模式。

（3）对市场性质的重新认识。在网络时代客户和银行间的交流更直接面对面，引起了市场性质的变化。这些变化主要表现在三个方面：第一，网络金融产品和消费者直接在网上进行交易；第二，市场多样化、个性化和实时化；第三，市场细分的多样化。

（4）消费观念的新变化。在网络化的条件下，消费者概念和消费者行为都发生了很大的变化。网络化时代的消费者在需求方面的变化主要表现为：第一，需求与行为个性化；第二，大范围的选择和理性的购买。

3. 网络金融产品营销的特点

（1）网络金融产品营销无形化，即书写电子化和传递数据化；网络金融产品经营规模不受场地、时间限制；网络金融产品高度电子化、数字化。

（2）网络金融产品营销个性化，是指为了使 Web 站点或 E-mail 适应不同年龄、不同地点的客户的需要，网络金融企业必须收集有关客户的数据，以利于进行一对一的营销。网络金融产品营销个性化技术分为两种，一种是共同筛选技术，它把客户的习惯、爱好加以比较，以确定其需要；另一种是神经网络匹配技术，其功能是识别复杂数据中的隐含模式。金融产品和客户间的相关性可以通过客户与银行交谈得出，从而使银行能够推出个性化的金融产品。如果个性化服务在网络营销中全面推行,将能够开创网络营销的新天地,能够改变金融产品研究、运行的全部运作过程。

(3)网络金融产品营销低成本化:即没有网点租金、较低的营销成本和较低的结算成本。

(4)网络金融产品营销标准化,即金融产品信息标准化、金融产品交易标准化、金融市场建设标准化、金融市场监督标准化。

(二)网络金融产品营销的层次

(1)网络金融企业上网宣传。
(2)网络金融企业网上市场调研。
(3)网络金融企业网络分销支持。
(4)网络金融企业网上直接联系。
(5)网络金融企业网络营销集成。

(三)网络金融企业开展营销的基础工作

(1)网络金融产品营销的环境开发。
(2)提高客户的访问率。
(3)网络金融企业的网页设计。

二、网络金融业务市场营销

网络金融业务市场营销是网络金融营销活动的重要组成部分,其基本思想和主要手段基于市场营销理论,同时又立足于信息社会及网络经济高度开放和高度共享的全新经济模式,反映了新经济背景下的经济哲学。

网络金融服务公司市场营销战略的选择主要来源于对实际市场地位、市场驾驭能力和市场发展机会的充分认识与理解,在此基础上为了实现服务平台的营销战略而对营销方案进行有针对性的规划设计。

根据业务经营和发展的具体需要,市场营销方案具有很多类型,针对不同的客户,营销方案的内容不同,即使面对同一客户,在不同的时间阶段、不同的经营环境下,营销的内容也存在差异,主要要做好以下几个方面的工作。

(一)明确网络金融业务营销活动的目标

为了实现网络金融业务营销战略,要确定向谁营销、营销什么和何时营销等问题。第一是市场目标,确定面向哪些细分市场、哪些层次的客户。第二是发展目标,确定通过营销活动要达到什么效果,实现哪些目的。第三是时间目标,确定实施方案的总体时间计划和分段进度。

(二)强化网络金融业务营销活动的组织

网络金融业务营销作为先进的金融服务手段和先进的市场经营理念的结合,是一项复杂和系统的工程,产品功能的设计、营销活动的组织和实施都需要公司内部不同部门及各级机构的参与与配合。因此,灵活的营销组织系统是有效实施营销活动的基础环节。

(三)培养网络金融业务营销队伍

网络金融业务营销队伍是开展营销活动的基础力量。服务平台营销队伍的构成不仅包括网络金融业务专职营销人员,还应包括成员银行所有与客户、市场有接触的人员。

(四)网络金融业务的营销手段

通常可采用的营销手段有:品牌包装、价格促销、报纸、杂志、电视、电台等传统传媒广告,宣传、网站、电话、短信等现代传媒广告,灯箱、路牌、车体等户外广告,新闻报道、记者采访等软性广告,组织和参加公益活动、赛会冠名等公共关系活动。

三、网络金融业务的客户维护

著名管理大师彼得·德鲁克(Peter Drucker)在谈到客户关系时强调:"企业经营的真谛是获得并留住顾客。"网络金融业务的成功需要有效地维护客户关系,服务平台也不例外。

案例 6-1

2015 年中国网上银行发展现状和变动趋势[①]

1. 银行网点现状

据统计,2014 年 17 家大银行中只有中国工商银行的网点数量出现了减少,其他 16 家银行的网点数量都出现了不同程度的增加,如表 6-2 所示。

表 6-2　2014 年中国 17 家银行网点和柜员数量

序号	银行	2014 年网点数(个)	比上年增加(个)	2014 年柜员人数(人)	比上年增加(人)
1	中国工商银行	16 758	−128	121 228	−12 024
2	北京银行	323	58	1 798	263
3	光大银行	859	90	9 703	1 671

---

① 中国产业信息网发布。

(续)

序号	银行	2014 年网点数（个）	比上年增加（个）	2014 年柜员人数（人）	比上年增加（人）
4	广发银行	687	26	3 814	221
5	华夏银行	590	52	3 988	245
6	中国建设银行	14 709	100	112 751	-2 851
7	交通银行	2 785	95	21 703	-1 363
8	中国民生银行	982	166	5 492	526
9	南京银行	129	12	1 263	329
10	中国农业银行	23 361	74	—	—
11	平安银行	620	92	5 073	193
12	浦发银行	1 295	380	6 850	421
13	兴业银行	908	108	8 324	569
14	邮储银行	39 962	255	44 479	-3 494
15	招商银行	1 284	236	6 490	421
16	中国银行	10 693	11	70 365	-2 535
17	中信银行	1 216	143	8 558	0

2. 网上银行交易规模

2014 年中国网上银行交易规模达到 1 304.4 万亿元，增长率为 40.2%，较 2013 年的 24.6% 有一定幅度的提升；截至 2014 年年底，个人网银用户达 3.82 亿人，占整体网民规模比例达到 58.9%；企业网银用户达到 1 729.5 万户，同比增长 27.7%。网上银行经过多年的发展已积累起较为稳定的用户群，庞大的电子银行用户为银行业拓展电子商务市场奠定了坚实的基础，发展电子商务及互联网金融等创新业务将成为电子银行交易规模增长的主要动力，如图 6-1 所示。

图 6-1　2009～2014 年中国网上银行交易规模

电子商务、互联网金融及网络经济的增强，有利于促进网上银行的稳定发展，网上银行交易规模仍能保持平稳的增长态势。

现在网上理财作为传统理财的创新，因其快熟、便捷、透明的理财方式而得到了快速的增长，各种理财工具和平台也不断地产生。货币基金、保险理财、银行理财、票据理财、P2P 理财、众筹、互联网货币、金融门户等各种金融理财产品应运而生。

随着网上理财的快速发展，人们对网上理财有了新的认识。以后网上理财依托着互联网的发展或将成为人们的主要理财方式。

客户维护工作是网络金融业务客户关系管理体系中的重要组成部分，必须遵循客户关系管理的基本要求，并结合服务平台自身的经验特点来开展，其措施主要有以下几个方面。

（一）与客户建立高效快捷的联系纽带

网络金融业务的在线特点，使得网络金融企业与客户的交互性和客户的自我服务性大大增强，带来的结果是对客户信息的收集变得越来越方便，而客户对产品需求的个性化，既是重大的机遇，也是严峻的挑战。

建立网络金融服务中心是一种行之有效的方式，其任务是为客户提供解决问题的方法，并尽可能使客户与平台的接触过程非常愉快。该平台要组织好数据包的管理和利用，对客户的邮件、留言等信息进行归档和筛选。尽量在恰当的时间进行反馈，同时鼓励自助服务，方便客户有效地利用网络信息。

（二）做好网络金融产品的实时追踪

既要保持老客户、吸引新客户，又要及时倾听客户的意见反馈。网络金融的特点决定了用户的转换成本低，即用户可以相对容易地实现在不同产品平台之间的转换，为此，平台需要主动地对其产品进行实时追踪、及时调整，获得并保留客户。产品的实时追踪包含向客户提供金融产品、提供辅助性服务、进行客户满意度追踪、处理客户投诉等多个环节。

网络金融服务平台可以通过自动化管理工具来实现产品的追踪，可以对各种数据进行相应的整合、分析和判断，对基于 Web 服务器的各种信息进行即时处理，进而形成及时的客户交易行为分析等。

（三）提供对客户的附加利益

网络的便捷在为网络金融服务的发展创造优良土壤的同时，也使这个领域内的竞争变得日趋激烈。在向客户提供常规产品的基础上，网络金融业务提供者还应注意提供使用这些产品的附加利益，致力于为客户创造更多的价值。

产品开发和员工培训至关重要。一方面，要以客户需要为出发点，丰富和创新网上金融产品，例如将占用银行规模大量资源的传统业务尽可能地纳入到网上金融产品体系中，使客户通过使用网络金融平台就可以方便地办理多种业务，并从便捷性角度考虑改善操作流程，最大限度地为客户提供便利；另一方面，要保证客户能够及时得到业务和技术的支持，在第一时间解决客户使用中遇到的问题，否则客户使用网上金融产品的积极性将大大降低。

(四) 网络金融业务提供者要引导客户的消费行为

客户维护的最终目标是提供利润,引导客户去尝试和使用新的网络金融产品是开拓新的利润增长点的有效途径。比较常见的方式是采用形式多样的促销手段吸引和鼓励客户使用网络金融产品。例如,从开设电子银行账户的客户中选取一定比例的客户给予奖励,对使用网上银行产品的客户给予资费上的优惠或折扣,对经常使用某项产品的客户给予一定额度的积分等。

四、网络金融产品的设计与开发

(一) 网络金融产品的性质

网络金融企业经营的金融产品大多属于虚拟化、数字化产品,而且金融服务的载体也基本虚拟化和数字化。所以,其性质表现为:①服务性;②抽象性、同一性和价格一致性;③流通性、流动性和风险性。

(二) 网络金融产品的生命周期

网络金融产品从进入金融市场到最后被淘汰的全过程,是网络金融产品的生命周期。网络金融产品的生命周期可划分为四个阶段,即产品导入期、市场成长期、市场成熟期和市场衰退期。

(1) 产品导入期的营销。第一,高价格和高促销策略,即以高价格配合大量促销,大张旗鼓地推销广告活动登上市场,吸引客户的注意。采取这样的策略可先声夺人,迅速占领市场。在市场上具有潜在的需求量,金融产品新颖而有特色,客户求新心理强烈的情况下,采用此策略比较容易奏效。

第二,可选择性渗透策略,即以适当的高价位、低促销活动推出新的金融产品上市的策略。在金融市场规模较小,同业竞争威胁不大,可供客户选择的金融产品品种较少的情况下,采取适当的高价格、低促销策略比较容易被市场所接受。

第三,低价格和低促销策略,即以低价位、低促销的方式进入市场,推出新的金融产品的策略。低价位可促使市场很快接受该产品,迅速打开市场局面;低促销可以节约推销广告费用。但是本策略适用的条件是该金融产品的市场规模较大,价格弹性高,促销弹性小,并且本产品已为众多的客户所急需。

第四,密集性渗透策略,即以低价位和高促销来推出新的金融产品,以最快的速度进行市场渗透和提高市场占有率的策略。采用此策略的前提条件是该类金融产品市场规模较大,同业竞争又非常激烈,客户对本产品的优质内涵不太了解等。

(2) 市场成长期的营销。根据客户需求和市场信息,不断完善网络金融产品质量,开拓网络金融产品的种类和用途;重新评价营销渠道策略,巩固原有渠道,开辟新的市场,建立新的网点,扩大网络金融产品销售;加强促销管理,增进客户对本网络金融产品的信赖,争取新客户,做好服务定位;选择适当的时机调整价格,争取更多的客户。在成长期内，网络金融企业面临着金融产品的高利润率和高市场占有率的双重压力，在营销策略的选择上，二者在短时期内会使网络金融企业存在侧重点不同的选择，但归根结底，二者是相辅相成、相得益彰的。

（3）市场成熟期的营销。市场改革策略，也称为市场多元化策略，是开发新的市场和开发新的客户的策略；产品改革策略，即提高产品质量、为客户提供新的用途、进行重新包装、产品重新进行市场定位等，它可视为产品再推出；营销组合改革策略，是指通过改变定价、销售的"渠道"和促销方式来加强服务，延长产品的成长期和成熟期，它一般是通过改变一个因素或几个因素的配套关系，来刺激或扩大客户的购买率，扩大产品销售和消费的线路。

（4）市场衰退期的营销。集中策略，是指将全部的营销、促销手段集中到最有利的市场上，以获得尽可能多的利润；持续策略，是指保持原有的细分市场，待适当的时机停止本产品的经营而退出市场的策略；回旋策略，是指网络金融企业大规模削减金融产品的营销费用，以增加眼前利润为重心的营销策略。

（三）网络金融产品的创新

（1）风险转移型金融创新。
（2）流动性增强型金融创新。
（3）债权债务型的金融创新。

（四）网络金融新产品的设计开发

（1）网络金融企业挖掘客户需要。
（2）网络金融企业扩张型开发。
（3）网络金融企业差异型开发。
（4）网络金融企业提高金融产品竞争力。

（五）客户价值分析

（1）优质客户的挖掘与培养，即利用新产品或有特色的服务强化现有关系的价值，吸引和留住这类客户。
（2）降低一般客户的服务成本。

五、网络金融产品的营销分析

（一）网络金融产品的营销环境

互联网的市场营销环境和现实的市场营销环境共同构成了网络金融产品营销活动的二元环境。现实的市场营销环境分为宏观环境和微观环境。宏观环境包括经济环境、政治法律环境、人口环境、文化环境和技术环境；而微观环境包括网络金融企业的客户、社会公众、同业竞争对手等。

(二)网络金融产品营销调研和市场预测

1. 网络金融产品营销调研

（1）网络金融产品营销信息系统。所谓网络金融产品营销信息系统，是指由人、机器和程序共同组成，有计划地收集、分析和提供信息，为网络金融产品营销决策服务的一组程序和方法。它是由网络金融产品营销内部报告系统、网络金融产品营销情报系统、网络金融产品营销研究系统和网络金融产品营销分析系统四个子系统组成的。

（2）网络金融产品市场营销研究。网络金融产品市场营销研究是指网络金融企业通过系统地收集、分析有关客户需求和金融产品信息，并据此确认、界定网络金融产品营销机会，决定、改进和评估网络金融产品营销行为，控制网络金融产品营销绩效的活动。

网络金融产品市场营销研究的范围主要包括：网络金融发展趋势研究，即短期预测、长期预测、国内市场和国际市场的潜在需要量与市场占有率分析；网络金融产品研究，即新金融产品的开发研究、现有金融产品的纵深研究、同业竞争者产品的比较研究；网络金融产品价格研究，即利率分析、利润分析、利率弹性分析、需求分析和同业竞争者产品的利率分析；网络金融产品营销渠道分析，即营销渠道业绩分析、网络渠道分析、地区渠道分布分析和国际营销渠道分析；网络金融产品促销分析，即储户动机分析、媒体分析。

（3）网络金融产品市场调研。第一，利用电子邮件或者来客登记簿询问访问者进行调研；第二，通过免费服务要求访问者注册；第三，对访问者提供物质奖励；第四，在网络金融企业站点上进行市场调研。

2. 网络金融产品市场预测

（1）网络金融产品需求预测。网络金融产品需求预测是指在一定时期和一定区域内，客户对某种网络金融产品的需求量。这个需求量表现为客户群体对本网络金融产品的购买总数量。

（2）网络金融产品价格预测。网络金融产品价格表现为利率、有价证券价格和费用等形式。

(三)网络金融产品的市场定位

1. 网络金融产品的市场细分

（1）网络金融产品市场细分的程序。网络金融产品的市场细分是指网络金融企业把整个金融市场的客户，按一个或几个标准因素加以区分，使区分后的各客户群体带有相同的需求倾向特征的行为。

（2）网络金融产品市场细分的标准。它是指影响客户需求，并使需求产生差异性的诸因素，其中主要有地理因素、人口因素、心理因素等。一个理想的网络金融细分市场可依据一个因素确定,也可以依据一组因素共同确定。

(3)网络金融产品市场细分的特点。网络金融产品细分市场是一个互动性的市场、虚拟性的市场、全球性的市场、全天候的市场。

(4)网络金融产品市场细分的原则。确定性,即指细分出来的网络金融市场具有共同特征、类似行业、明晰的市场范围等有关资料,网络金融企业根据这些资料,可将细分后的市场进行一定的评价界定;可行性,即指网络金融企业目标市场的获利性及其开发的程度;有效性,即指不同的细分市场,对银行采用不同市场策略组合所具有的不同反应程度;稳定性,即指网络金融市场细分必须在一定时期内保持相对稳定,以便金融企业制定较长期的市场策略。

2. 网络金融企业的目标市场定位

网络金融企业进行目标市场定位的第一项工作就是要对细分市场进行评价和分析,根据评价盈利潜量原则,对各个网络金融细分市场的规模、增长率、细分市场结构吸引力、网络金融企业经营目标以及网络金融企业所具有的资金源进行评价分析,然后确定出最适宜作为网络金融企业目标市场的细分市场。

(四)网络金融企业营销战略

网络金融企业营销战略是指网络金融企业运用科学的理论和方法,系统分析主、客观条件,在获得大量信息、掌握市场运作规程和市场机制作用的基础上,对较长时间内重大的、带有全局性的、根本性的营销问题进行运筹和谋划。

1. 制定网络金融企业营销战略的基础

制定网络金融企业营销战略的基础是网络金融企业的外部环境,网络金融企业的内部能力、优势和劣势,网络金融企业计划执行者的才干,社会对网络金融企业的需求和期望。网络金融企业只有在这四个基础上做出宏观分析,才能制定出适合本企业的营销战略。

2. 网络金融企业营销战略的作用

(1)网络金融企业营销战略有助于网络金融企业实现负债和资产的优化配置管理,可使网络金融企业的营销管理达到扬长避短的目的。

(2)网络金融企业营销战略有助于网络金融企业充分地利用各种有效信息,大大提高网络金融企业决策的精确度。

六、网络金融产品营销渠道开发

(一)网络金融产品营销渠道的职能与类型

网络金融产品营销渠道的基本职能是根据客户的不同需要,将金融产品进行有效的组织和传送,从而转换成有意义的产品组合。

网络金融产品的营销渠道分为软性虚拟渠道和硬性渠道。

（1）软性虚拟渠道是指由于金融业务和金融产品的电子化、网络化，金融产品的组织和传送完全通过网络化、数字化的电子渠道完成，这样的渠道称为软性虚拟渠道。

（2）硬性渠道是指网络金融企业在最便利客户的地方设置的分支机构。

（二）网络金融产品营销渠道策略

（1）密集型营销渠道策略是指网络金融企业根据自己的能力和社会基础，广泛而切实地设立分销"网点"，使其构成一个网络，提高金融产品的销售量，从而获得较大利润。

（2）长短型营销渠道策略是由长型营销渠道策略和短型营销渠道策略组合而成的，其中短型营销渠道策略是专门针对时空距离较近、客户较为集中、对金融产品需求量大、品种繁多，并随时需要进行技术指导和便利型服务的情况而制定的。

（3）交叉选择型营销渠道策略融汇了密集型营销渠道策略和长短型营销渠道策略，并根据区域特点、科技进步程度、客户特征、金融产品的特点、网络金融企业的资金能力等具体情况，有选择地交叉使用密集型营销渠道策略和长短型营销渠道策略，集各种营销渠道的优势进行营销。

（4）专营型营销渠道策略是指网络金融企业设立专门营销的单独渠道，经营特定的金融产品的策略。

（5）推拉型营销渠道策略包括推型营销渠道策略和拉型营销渠道策略。其中推型营销渠道策略是指网络金融企业建立起一支专门的营销队伍，具有密集的网络、错落有致的长短型渠道，具有较强的资信能力，在推销新产品时适用的策略。拉型营销渠道策略是指网络金融企业利用大量的、广泛的、有影响的宣传工具和网络广告来激发客户对金融产品的兴趣，引起客户的需求，从而扩大金融产品销售的策略。

（三）网络金融产品营销渠道选择

1. 网络金融产品营销渠道选择的依据

网络金融产品营销渠道的选择是网络金融产品营销活动和占领市场的内核基础，在理论上，渠道选择是以经济学和社会学为依据，阐明营销活动在时间和空间上的分配；在营销上，渠道选择是以保证预期经营目标的实现为依据。在市场竞争日益激烈的条件下，网络金融企业进行的营销渠道选择，不仅限于数量规模的选择，地点和空间的选择也十分重要。

2. 影响网络金融产品营销渠道选择的因素

（1）网络金融产品的特征。

（2）网络金融市场因素和客户特征。

（3）网络金融企业的规模、信息、科技因素。

（4）网络金融产品营销技术水平。

（5）网络金融产品现有营销渠道的可用性。

（6）政策因素。

总之，具体影响网络金融产品营销渠道选择的因素，涉及社会发展的方方面面，它不仅涉及地理便利因素、经济发展水平、科技发展水平，还涉及金融意识、金融理念、网络意识等因素。

3. 网络金融产品营销渠道选择模型

（1）双变量模型。因变量只依赖唯一的解释变量，即双变量法。其具体内容是运用网络技术来帮助网络金融企业进行营销渠道的选择。

（2）空间模型。空间模型一般先预测潜力区域，再预测区域内的市场占有率。

（3）回归模型。回归模型包括一元回归技术模型和多元回归技术模型。

七、网络金融产品定价

（一）网络金融产品定价的主要因素

1. 网络金融产品的定价目标

网络金融产品的定价目标是网络金融企业通过对自己所经营的金融产品和业务制定相应水平的价格，凭借价格产生的效用达到预期的目的。定价目标是网络金融产品营销目标体系中的具体目标之一，网络金融企业的经营目标一旦确定，定价目标作为网络金融产品营销组合目标，必须服从于网络金融产品营销的总目标，同时也要和其他营销目标相协调。网络金融企业的定价目标，根据网络金融企业经营条件的不同，大致可分为以下几种。

（1）追求利润最大化。

（2）扩大市场占有份额。

（3）维护网络金融企业形象。

2. 影响网络金融产品定价的主要因素

（1）成本费用。网络金融企业的成本主要包括各种费用支出、利息支出，具体涵盖利息支出、固定资产折旧费、手续费支出、业务宣传费、业务招待费、外汇金银买卖损失、提取各种准备金、其他支出等。

（2）网络金融产品和业务的销售量。

（3）消费者对网络金融产品的价值判断。

（4）网络金融产品的生命周期。

（5）同类网络金融产品和业务的竞争状况，即网络金融企业在定价时，必须考虑处于不同竞争地位上的网络金融企业，需采取怎样的价格策略。若网络金融企业在同类金融产品中，处于市场领先者的地位，则网络金融企业在定价时，首先考虑的是稳定价格并略微优惠的定价策略，以此来保持领先地位，稳定市场。若网络金融企业处于挑战者地位，则网络金融企业在定价时，要从定位服务上发起价格挑战，从而跻身市场领先者的行列。若该网络金融企业处于市场追随者的行列，则其在定价时，必须要参考其他网络金融企业的定价。

(二) 网络金融产品定价的策略和方法

1. 网络金融产品定价的策略
（1）成本定价策略。
（2）需求定价策略。
（3）竞争定价策略。
（4）个性化定价策略。

2. 网络金融产品定价的方法
（1）成本定价法。

第一是成本加成法，即网络金融企业按总成本加上预期的利润回报率来定价的方法。一般有两种计算方法，一是根据单个金融产品的平均成本进行加成计算，二是先预计出网络金融企业能够达成的销售量，再给予加成定价。

方法1：

$$单位金融产品的价格 = \frac{单位金融产品}{完全成本} \times (1+利润回报率)$$

方法2：

$$单位金融产品的价格 = \frac{(总成本 + 利润目标回报总额)}{金融产品销售量}$$

本方法简单易行，可预计利润。但此方法的灵活性比较差，缺乏弹性，如果在金融市场竞争较为激烈、营销环境不太稳定的条件下，采用此方法制定的价格较难适应环境的变化。

第二是损益平衡定价法，即网络金融企业首先找出本企业的盈亏临界点应达到的业务量，再进行保本分析，并加以定价的方法。其数学模型是：

$$y = ax - b$$

其中，y 表示利润，a 表示收付利差，x 表示资产、负债业务量，b 表示总费用。

令 $y=0$（盈亏平衡点、保本点），即 $ax-b=0$，则有：

$$x = \frac{b}{a}（说明保本业务量等于固定成本除以收付利差）$$

由 $ax-b=0$
↓
$ax=b$
↓

$$a = \frac{y}{x}（金融产品的目标利润价格）$$

损益平衡定价法的优点是简单易行，能为网络金融企业提供可以接受，并能获得目标利润的最低价格参考。但是根据网络金融企业的基本盈亏平衡业务量制定的价格，恰好忽略了价格是影响业务量的重要因素这个问题。若在损益平衡定价法的基础上，加入一个需求函数因素，借助需求曲线，将价格和资产负债业务量综合加以考虑，从而使所定价格利于实现预期业务量和利润目标，这个方法就是需求定价法。

（2）需求定价法。第一是市场渗透定价法，第二是市场撇脂定价法。

（3）竞争定价法。

(三) 网络金融产品的定价案例

1. 网络金融企业存款类负债性金融产品的定价

（1）抽样选取有代表性的客户，分析客户存款余额的变动和各种交易数目。

（2）评价和审查这些抽样出来的典型客户，进一步界定其代表性和可靠性。

（3）根据本银行和所经营存款类负债金融产品的目标市场与细分市场的具体情况，选择定价方法。

（4）根据定价方法，列出定价要素。

（5）具体测定各种定价要素的变化，以及对整个收入规模和目标利润的影响程度。

（6）具体测定各种定价要素中对总收入影响最大的要素。

（7）建立具体的模型，最后定价。

网络金融企业对存款类负债性金融产品的定价，无论采取哪种具体的定价方法，都必须综合考虑国家的经济发展水平、金融形势、金融市场的竞争状况、货币市场的资金供求状况等因素，并根据中央银行的货币政策、网络金融企业的预期目标来进行。

2. 网络金融企业贷款类资产性金融产品的定价

网络金融企业对贷款类资产性金融产品的定价目标是保证网络金融企业取得预期的收益率。其定价过程包括考虑所发放的贷款类资产性金融产品的预期收入、提供的资金成本、管理和收贷费用、风险等级的评定及风险基金的计提等因素。

没有一个贷款定价模式适用于所有的网络金融企业贷款类资产性金融产品。网络金融企业可根据不同的贷款类资产性金融产品，选择不同的模式以确定贷款价格。贷款类资产性金融产品的定价基本模式为：

$$税前产权资产预期收益率 = \frac{贷款收益 - 贷款费用}{应摊产权资本}$$

其中：

$$贷款收益 = 贷款利率收益 + 贷款管理费用$$
$$贷款费用 = 借款者使用的非银行股本资金的成本（存款和借入款成本）$$
$$+ 办理贷款手续费用 + 监督审查使用费 + 收贷费用$$

应摊产权资本 = 网络金融全部产权资本对贷款类资产金融产品的比率 × 未偿清贷款余额

上述项目的具体内容包括：贷款类资产性金融产品的收益来自利息和管理手续费。应收利息等于所发生的贷款金额乘以该笔贷款利息率。对于不同风险等级的贷款的利息，网络金融企业要根据具体情况，根据不同等级的风险度，在基本利率的基础上计收。

贷款费用包括筹集资金的成本、借款者使用的非存款性资金费用、各种信用评估费用、财产估价费用等。网络金融企业贷款的筹资成本通常以网络金融企业的内部资金划拨率、借款者使用的网络金融企业资金净额来估价。借款者使用的资金净额是该借款者未归还贷款金额中除了借款者可动用的存款以外的余额。

网络金融企业的贷款类资产性金融产品的定价模式除了上述的基本定价模式外，还有许多具体的方法，两种主要的贷款类资产性金融产品定价模式为：第一，优惠加数和优惠乘数模式；第二，利差定价模式。

八、网络金融品牌经营

案例 6-2

2015 上半年中国五大国有银行"人民关注度"发布，中国农业银行领跑，中国建设银行垫底，如图 6-2 所示。

中国五大国有银行——中国工商银行、中国农业银行、中国银行、中国建设银行和交通银行，业务涵盖面广泛且多元，代表着中国金融界最雄厚的资本和实力。为了报道 2015 年上半年五大行在《人民日报》和人民网上的受关注程度，特别推出五大行"人民关注度"，即提取上半年以来，五大行出现在《人民日报》和人民网新闻标题上的次数，如中国银行人民关注度 = "中行"出现次数 + "中国银行"出现次数，以此来直观反映"五大行"在权威媒体上的曝光度。

从 2015 年上半年五大行"人民关注度"对比图和趋势图中可以看出，中国农业银行"人民关注度"为 188 次，居 2015 年上半年首位。中国工商银行为 155 次，位列第二位，而中国建设银行仅为 84 次，居最末位。此外，交通银行指数为 97 次，以 13 次的微弱优势领先于中国建设银行，与中国农业银行有较大差距。

中国银行、中国工商银行、中国建设银行以及交通银行在年报公布期间，"人民关注度"都有不同程度的攀升，达到上半年最高点或者次高点。虽然银行业净利润增速如预期一般有所放缓，但是整体来看，银行赚钱能力依然强悍。2014 年，工、建、农、中、交五大行净利润总计为 9 273.07 亿元，平均日均赚 25.4 亿元。

但是，信息化时代市场竞争日益激烈，"酒香也怕巷子深"。建立和维护良好品牌形象是五大国有银行保持战略性领先的关键，提高媒体上的曝光度也无疑是重要的一环。

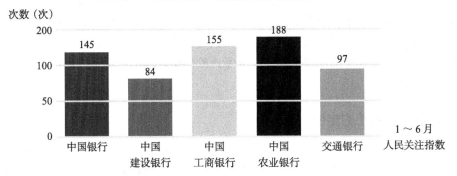

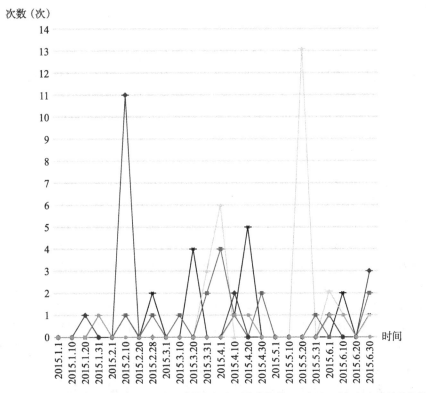

图 6-2　2015 上半年中国五大国有银行"人民关注度"

市场竞争实质上就是品牌的竞争，一流的品牌意味着高市场占有率、高附加值和高利润率。是否拥有自己的强势品牌、知名品牌，是衡量一个企业发展成熟与否的基本尺度，是判断一个企业综合实力强弱的基本标准。成功的网络金融品牌可以使金融机构的服务以品牌的方式，通过网络媒体得到更加广泛的传播，从而提高商业银行的附加值。网络金融业务的品牌营销要充分考虑到网络环境的特殊性，以针对性的营销策略进行推进。

(一) 网络金融品牌的定位

定位是令企业的产品与众不同，形成核心竞争力。定位也是让品牌在消费者的心中占据最有利的位置，使品牌成为某个类别或某种特性的代表品牌。这样当消费者产生相关需求时，便会将定位品牌作为首选，也就是说这个品牌占据了这个定位。

在网络时代，商业银行的竞争将进入更加严酷的环境，而商业银行的产品（服务）本身具有相当大的趋同性，容易被模仿。在网络环境中，商业银行的经营模式完全透明，对手可以对此进行全方位的分析，并采取跟踪策略，模仿的例子不胜枚举。商业银行网络产品的创新在某种程度上就是网络金融服务形式的创新，要争取更多的网络用户的认知、肯定、忠诚，必须针对性地开发满足其需求的服务。网络金融产品品牌应该是针对特定的网络金融产品而开发的，必须保证其具有明确的定位，进入合适的细分市场。网络金融品牌可以根据产品的类别定位，也可面向顾客群体细分定位。

(二) 网络金融品牌的传播

在网络时代，品牌的认知度取决于品牌的传播力度。传统商业银行的品牌效应并非可以对其网络金融品牌产生同样的影响，招商银行的网络金融品牌传播效果要远远超过其传统品牌。网络金融品牌的传播可以通过传统的传播媒体进行，也可以利用网络媒体传播。网络金融品牌的创建需要强有力的传播渠道，除了利用商业银行网站本身的传播力度以外，还应该建立一个综合的传播体系来保证传播的效果与质量。网络金融品牌的传播还应该结合电子邮件、网络公共关系、广告与赞助活动、内部局域网和用户内部网进行。网络金融品牌可以借助广告的方式进行传播，利用其他网站进行邦纳（Banner）交换链接和传统金融企业的广告传播进行捆绑等。单独利用传统广告媒体传播网络金融品牌是可行的，电子邮件的针对性传播是一种经济高效的品牌传播手段，使网络金融品牌和用户进行零距离沟通，当然使用这种方法应该注意营销礼仪及营销道德，避免触犯有关法规和引起用户反感。网络金融品牌的建立和传播必须注重企业内部的传播，没有共享信息和共识的达成就无法建立有效的网络金融品牌。网络公共关系是借助网络的交互手段进行的双向沟通活动，建立网络金融品牌需要这种信息的沟通与交流，必须保证这个沟通平台的运行和通畅。用户内部网是指企业将一部分局域网开辟给用户，使他们可以与企业内部进行联系，使用户成为企业的一部分，作为服务型的网络金融企业，应该重视这种沟通。

(三）网络金融品牌的维护

商业银行之间的市场竞争实质上是消费者的争夺，而消费者忠诚是商业银行品牌营销追求的理想境界。品牌是一种无形资产，可以为品牌拥有者带来巨大的利润，但是品牌资产是以消费者的行为忠诚为重点的。品牌无疑是一种资产，但真正的资产乃是消费者对品牌的忠诚。网络金融品牌如果缺乏消费者的忠诚，很少甚至没有用户的访问及使用，网络金融品牌的生命力也就失去了。消费者对银行品牌的忠诚度来自其在品牌消费过程中对服务满意度的积累，网络金融业务的满意度取决于商业银行业务的完整性、方便性、安全性、创新性、形象性等多个方面。一个精心维护的网络金融品牌才能为商业银行带来竞争力。

(四）网络金融品牌的产品创新

网上银行要创造出有生命力的品牌，必须坚持金融创新。通过金融创新不仅要实现金融产品、服务、管理的创新，同时还应对品牌进行创新，实现品牌延伸，赋予品牌新价值，使品牌保持活力和新鲜感。只有以客户为导向，设计出附加值高、特色鲜明的创新品牌，才能保持旺盛的生命力，提高网络金融的持久竞争力。网络金融在网络业务领域具有广阔的前景，坚持网络金融产品创新、顾客创新，才能保持网络金融品牌的生命力。网络金融在业务方面已经出现趋同化倾向，这容易使网络金融品牌失去个性化，从而失去竞争活力。必须保持对网络金融业务的创新，不断充实内容，提高用户满意度，保持竞争的领先优势，使网络金融企业永远充满活力。中国的网络金融由于政策的限制，还没有出现虚拟银行，个性化的网络金融服务品牌还很稀缺。网络金融提供的都是商业银行的常规业务，这就导致了网络金融品牌趋同现象严重，不利于建立独立的网络金融品牌形象。类似 eloan.com，esure.com 这样业务色彩独立的网络金融品牌的出现还有待时日。但是，随着政策的逐步放开，中国网络金融发展的前景越发明朗，网络金融业务的发展必须依靠创新来实现。网络金融的创新具体可以体现到品牌方面，通过品牌创新，不断开发网络金融的产品，或者网络金融的个性化服务。未来中国的商业银行竞争中，网络金融品牌竞争将扮演重要角色。

(五）网络金融品牌的网络公关

公共关系在传统营销环境中已经发挥了重要的作用，成功唤醒可靠的第三方的兴趣。无形的公共关系有无穷的力量和实力来改变人的行为，增加品牌知名度。过去，公关活动采用的一般手法是举办活动、举办发布会、派发宣传资料等。现在，一切皆可以通过网络来实现，而且传播范围更加广泛，传播时间灵活，更重要的是成本的大幅度降低。公关就是需要不停地和公众保持接触，进行有价值的沟通。网络时代每一个人都知道交流的重要性，一个组织需要不停地与公众进行对话，同时公众也在不停地谈论这个组织。公关组织必须能够适应通过互联网来进行沟通，网络金融必须利用网络公关来提升网络金融品牌形象，善于利用网络公关资源。网络公关工具是与用户进行沟通的渠道，基础网络工具是最常被使用的，如网络媒体指南。网络金融的网站上不应该仅仅设置不同的业务功能按钮，一份及时更新的网络简报可以拉近与公众的距离。现在流媒体的作用越来越突出，利用 RSS 能够使用户进行个性化新闻设置，在第一时间获知网络金融的信息。互动功能是公众自助解决问题的途径，收集其利用信息能够获知客户的真正需求和内心话语，FAQs 的设置必须考虑到其公关职能，留言板千万不要设置自动回复功能，这会使企业失去聆听用户的第一心声的机会，同时，在第一时间回复提问也是提升品牌形象的关键。

客户关系管理已经成为网络金融企业管理客户信息的有效工具。CRM 是一种应用于管理客户关系资源的软件系统，通过建立客户数据库，企业可以分析客户的行为，从而获得有利的客户行为参数，为企业决策提供依据。网络公关可以有效地改善网络金融与客户的关系，与客户建立良好的固定关系。通过对客户资源的分析，量身定做客户关系管理方案，评价客户终身价值（LTV），使网络金融品牌的忠诚度最大限度地得到提升。

第四节　金融企业知识管理

一、信息化时代金融企业经营管理创新

(一) 金融企业经营管理新理论

21 世纪网络金融发展的趋势之一就是智慧资本成为金融业发展的灵魂，金融业的知识含量愈来愈高。中国银行业在与国际大银行的竞争中，要立于不败之地，不仅取决于各家银行投入运营过程中的人、财、物等有形资产，而且取决于银行研究开发并以快捷的方式将研究成果融入网络金融产品的能力。决定银行业竞争优势的关键因素，将从传统的机构网点数量、存贷款业务规模等转为对金融知识开发、创新与有效运用的程度。为此，中国金融业应不断提高管理的知识含量与知识内容，加强知识管理势在必行。

知识管理是在应用操作的基础上发展起来的，它经历了数据收集、信息挖掘和知识发现三个过程。知识不仅仅是被动地收集数据，或者将信息按某种既定的方式排列以便于搜索，而且包含了金融行业在实践中总结出来的行之有效的工作方法和步骤。通常情况下，这些知识往往存在于雇员的头脑中，不一定转化为文件或数据。通过网络金融在同一个信息平台上共享的手段，可以有效地达到员工之间的经验分享和自我学习，这样也不会随着人员的变动而发生知识的流失。对于一个银行来说，内部知识网的建设将比互联网更加有序和有效，因为企业可以利用管理规范防止垃圾信息的输入，可以界定范围，保证信息的专业性，可以设定商业规则，将金融业务规范和金融

知识融为一体。

知识管理作为知识经济时代出现的新兴管理思想，与战略管理、人力资源、财务、行政、市场、研究与开发等管理领域具有千丝万缕的联系。对于金融企业来说，知识管理能够帮助金融企业解决很多实际的问题。除了通常所说的把显形的知识收集、保存和整理起来，为金融企业的管理和决策服务以外，更为重要的是，知识管理可以把存在于人们大脑中的、难以表述的知识也以某种方式储存保留。

知识管理是企业的一套整体解决方案，这套解决方案包括知识管理观念、知识管理战略、知识型的组织结构、知识管理制度和知识管理模板与表格等。在此基础上，知识管理将知识管理制度流程化、信息化，将知识管理表格和模板界面化、程序化，将企业知识分类化、数据库化，在考虑与其他现有系统集成的基础上，开发或购买相应知识管理软件，建设企业的知识管理系统。

（二）中国金融业如何推进知识管理

结合中国金融企业的经营管理现状，在推进知识管理方面应注意以下几个问题。

（1）塑造良好的金融企业知识管理环境。一般而言，知识管理最好在具有一定企业文化基础的金融企业进行。首先，企业文化所形成的一种自然而然地共享知识的行为环境是开展知识管理的基本条件。其次，企业领导者对知识管理的领悟有多深直接关系到知识管理的有效性。

（2）构建知识管理的技术平台。通常以 IT 支持的管理平台硬件差别并不大，而对现有知识资源的识别、鉴定、整合和优化等方面的能力，以及在确定目标的前提下对软件的引进或升级的策略如何，则是形成竞争力差异的主要因素。

（3）知识管理的实施不能脱离实际。金融企业管理者只有把知识当作一种金融企业资产来管理、利用、创造和投资，才会对知识的管理变得积极和敏锐，并热情参与。管理者应当关心知识管理对金融业务创新的作用，重视它与业务的结合，把它融于金融企业运营的过程当中。

二、金融企业知识管理的主要内容

（1）金融企业知识管理的基础建设：数据库、知识库、多库协调系统、网络等基本技术手段以及人与人之间的各种联系渠道等。

（2）金融企业业务流程的重组：即使金融企业的知识资源更加合理地在知识链上形成畅通无阻的知识流，让每一个员工在获取与业务有关知识的同时，都能为企业贡献自己的知识、经验和专长。

（3）金融企业知识管理的方法：内容管理、文件管理、记录管理、通信管理等。

（4）知识的传递、获取和检索：如建立知识分布图、电子文档、光盘、DVD 及网上传输、打印，智能客体检索、多策略获取、多模式获取和检索、多方法和多层次获取和检索、网络搜索工具等。

（5）知识的共享和评测：如建立一种良好的企业文化，激励员工参与知识共享，设立知识总管首席知识官（CKO），促进知识的转换，建立知识产生效益的评测条例等。

三、金融企业知识库的建立

（一）金融企业知识库的主要内容

知识库并没有什么固定的模式，而是要根据组织的具体情况来确定。金融企业知识库应尽可能包含所有与企业有关的信息和知识，使知识库真正成为信息源和知识库。

金融企业的内部知识库建立在企业的内部网络上，由安装在服务器上的一组软件构成。其主要内容包括：企业的人力资源状况、企业内每个职位需要的技能和评价方法、企业内各部门的内部资料、企业历史上发生的重大事件等历史资料、企业客户的所有信息、企业的主要竞争对手及合作伙伴的详细资料、企业内部研究人员的研究文献和研究报告。建立一个最好方法资料库，让每个人都能在此分享其他人的经验。这样可以大幅度降低问题重复出现的概率，新产品产出的速度可以提高两倍左右。

知识库的内容是生动活泼的，一切应以服务于组织的成长为原则。知识库里知识的分类非常重要，关键就是要开发出一套分类方案，可以在不同的数据库之间工作。

（二）企业知识库系统的功能和特性

（1）集成性。信息化时代的企业必须及时掌握各种信息，具有集成性的系统有利于实现企业全部信息的集成和处理。例如多地点、多场所经营，跨国经营，可通过互联网/内部网将不同部门、不同区域的信息集成起来，及时了解企业内部、资源渠道、市场营销、经济动态、客户需求以及竞争对手的最新信息，并进行分析处理，快速做出反应，紧跟市场变化并创造市场。

（2）决策支持功能。信息化时代的大众消费观将成为企业推出产品的首要驱动因素，金融企业必须利用集成的信息紧跟市场的变化，快速做出各种决策，如经营战略决策、投资决策、价格决策、财务决策、产品组合决策、产品成本决策等，使企业多、快、好、省地推出市场最需要的产品，并以最畅通的渠道提交到市场，尽快完成资本循环。因此决策支持系统将为企业"运筹帷幄、决胜千里"提供有效的服务。

（三）企业知识库的作用

通过建立知识库，可以积累和保存信息和知识资产，加快内部信息和知识的流通，实现组织内部知识的共享。

（1）知识库有利于信息和知识的有序化。建立知识库，必定要对原有的信息和知识做一次大规模的收集和整理，按照一定的方法进行分类保存，并提供相应的检索手段。经过这样一番处理，大量隐含知识被编码化和数字化，信息和知识便从原来的混乱状态变得有序化。这样就方便了信息和知识的检索，并为有效使用打下了基础。

（2）知识库有利于加快知识和信息的流动，有利于知识共享与交流。知识和信息实现了有序化，其寻找和利用时间大大减少，加快了流动。另外，由于在企业的内部网上可以开设一些时事、新闻性质的栏目，使企业内外发生的事能够迅速传遍整个企业，这就使人们获得新信息和新知识的速度大大加快。

（3）知识库有利于实现组织的协作与沟通。例如，企业员工在工作中解决了一个难题或发现了处理某件事的更好方法后，可以把这个建议提交给一个由专家组成的评审小组。评审小组对这些建议进行审核，把最好的建议存入知识库。建议中注明建议者的姓名，以保证提交建议的质量，并提升员工提交建议的积极性。

（4）知识库可以帮助企业实现对客户知识的有效管理。企业客户服务部门的信息管理一直是比较复杂的工作，一般老的客户经理拥有很多宝贵的信息，但随着他们客户的转变或工作的调动，这些信息和知识便会流失。因此，企业知识库的一个重要内容就是将客户的所有信息进行保存，以方便新的业务人员随时利用。

四、金融企业数据挖掘

（一）数据挖掘技术

数据挖掘就是从大量的、不完全的、有噪声的、模糊的、随机的实际应用数据中，提取隐含在其中的、人们事先不知道的，但又是潜在有用的信息和知识的过程。这个定义包括好几层含义：数据源必须是真实的、大量的、含噪声的；发现的是用户感兴趣的知识；发现的知识要可接受、可理解、可运用。

发现知识的方法可以是数学的，也可以是非数学的；可以是演绎的，也可以是归纳的。发现的知识可以被用于信息管理、查询优化、决策支持和过程控制等，还可以被用于数据自身的维护。因此，数据挖掘是一门交叉学科，它把人们对数据的应用从低层次的简单查询，提升到从数据中挖掘知识，提供决策支持。在这种需求牵引下，不同领域的研究者，尤其是数据库技术、人工智能技术、数理统计、可视化技术、并行计算等方面的学者和工程技术人员，投身到数据挖掘这一新兴的研究领域，形成新的技术热点。

数据挖掘是一种新的信息处理技术，其主要特点是对数据库中的大量业务数据进行抽取、转换、分析和其他模型化处理，从中提取辅助决策的关键性数据。

数据挖掘可以描述为：按企业既定业务目标，对大量的企业数据进行探索和分析，揭示隐藏的、未知的或验证已知的规律性，并进一步将其模型化的先进有效的方法。数据挖掘是在没有明确假设的前提下去挖掘信息、发现知识。数据挖掘所得到的信息应具有未知、有效和实用三个特征。未知的信息是指该信息是预先未曾预料到的，即数据挖掘是要发现那些不能靠直觉发现的信息或知识，甚至是违背直觉的信息或知识，挖掘出的信息越是出乎意料，就可能越有价值。

（二）数据挖掘技术在金融企业中的应用

金融企业需要搜集和处理大量数据，对这些数据进行分析，发现其数据模式及特征，然后可能发现某个客户、消费群体或组织的金融和商业兴趣，并可观察金融市场的变化趋势。金融企业的利润和风险是共存的。为了保证实现最大利润和最小风险的目标，必须对账户进行科学的分析和归类，并进行信用评估。用户的行为会随着时间而变化。分析客户整个生命周期的费用和收入就可以看出谁是最具创利潜能的。根据市场的某一部分进行定制能够发现最终用户并将市场定位于这些用户。数据挖掘工具为金融企业提供了获取此类信息的途径。金融企业使用数据挖掘工具，根据客户的消费模式预测何时为客户提供何种产品。

中国金融业基本完成了电子化，需要进一步信息化，最终知识化。电子化使金融业告别手工记录和纸张文档，它是信息化的基础。而信息化则是通过数据集中仓储和分析，系统地把数据转化为有用的信息并支持管理决策，它的进一步发展是知识化。知识化就是指利用数据挖掘等知识发现工具，系统地从信息中发现具有普遍或长远意义的规律（知识）并优化管理决策。

金融业是一个信息密集型行业，涉及大量的数字和符号的储存、处理与传送。由于利率、汇率和股价的频繁变动，金融业所提供的服务有极高的"时间价值"。由此可见，金融业是最适合推行知识管理与数据挖掘技术的行业，是典型的知识密集型行业。数据仓库以及数据挖掘等知识发现技术在金融业大有用武之地。运用知识发现技术可以提供金融商务智能和支持一对一的客户关系管理，并在此基础上不断创新，开发出新产品，满足客户日益增长的多种需求，从而保持金融业的长期可持续发展。

本章关键词

组织架构　营销策略　产品设计与开发　知识管理

本章小结

本章以企业营销的组织架构、营销策略为基础，提出了网络金融品牌建设的产品设计与开发、品牌经营与知识管理的数据挖掘应用。

本章思考题

1. 举例说明你所理解的网络金融组织架构和经营策略。
2. 举例说明你所理解的网络金融产品营销。
3. 联系实际谈谈你对网络金融品牌经营的理解或体会。
4. 联系实际谈谈知识管理在信息化时代的意义。

第七章 网络金融风险管理与监督

教学要求

1. 熟悉网络金融风险的基本特征和管理方法。
2. 熟悉网络金融监管的内容与措施。
3. 了解网络金融的法律、法规现状。

案例引导：风险管理系统

1. ERS 的主要特点

风险管理系统（ERS）的主要特点是搭建灵活的信用架构；建立统一和客观的信用审批流程；建立量化客观的风险评估机制；提供基于不同行业的多种评估模型；加强工作流程管理，使企业信用改革深化；减少书面工作，加快回复时间；提供客户的现金流信息，关注流动性风险；分析整体的客户信用质量及风险暴露程度；监控客户群体，提供风险预警信息及时控制风险等。

2. ERS 的功能

（1）全面的客户信用信息数据仓库。

（2）强大的客户群体分析功能。

（3）完善的财务分析功能。

3. ERS 系统架构

ERS 系统架构如图 7-1 所示。

网络金融的崛起对传统的金融监管目标、模式与手段、分业经营与分业监管的格局、商业银行内部风险管理体系等形成了冲击。完善与网络金融相关的法律和法规，提高网络金融的技术水平，充分考虑网上银行业务的风险，建立统一监管模式，是促进网络金融健康发展的基本保障。

网络金融在发展的过程中要求国家主管部门应该加强金融监管的国际合作，提高对网上银行的监管效率，加强监管体制改革，走协同监管的道路，建立并完善网络金融的法律法规，规范网络金融的经营行为，建立一流的监管技术装备和高素质人才库，夯实网络金融发展的基础，坚持与时俱进的原则，及时完善和补充监管内容，为网络金融业的发展保驾护航。

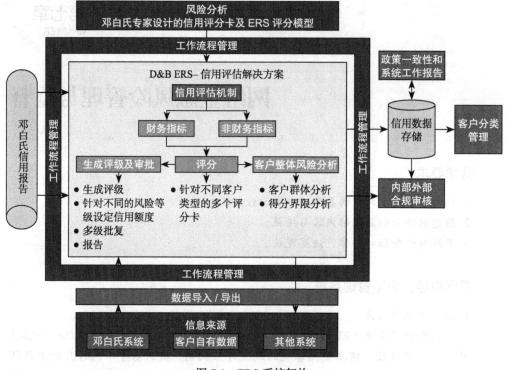

图 7-1 ERS 系统架构

【知识扩展】登录网址：www.cbrc.gov.cn/index.html。

第一节 网络金融的风险管理

一、网络金融机构的基本风险

从业务技术角度分析，网络金融机构的基本风险包括两类，即基于信息技术投资导致的系统风险和基于虚拟金融服务品种形成的业务风险。虚拟金融服务的生成方式不同，也会形成不同的网络金融机构风险。网络金融的风险特征有：金融风险扩散速度加快，金融风险监管难度提高，金融风险"交叉传染"的可能性增加，金融危机的突发性和破坏性加大。

（一）网络金融机构的系统风险

网络金融是在全球电子信息系统的基础上运行的金融服务形式，因此，全球电子信息系统安全是网络金融机构最为重要的系统安全。网上银行间的电子化支付清算系统和跨国电子货币交易，在发达国家国内每日汇划的日处理件数可以达到几百万甚至上千万件。大部分引发信息系统灾难事件的风险是可以通过加强数据中心基础设施建设及运维管理来消除或减轻影响的。因此，对于业务持续性要求较高的行业、机构来说，应建设高可用数据中心（包括业务中心和灾备中心）基础设施，加强数据中心的运维管理，以保证信息系统的安全可靠运行，保障业务持续运营。

银行业信息系统风险主要表现如下。

1. 内外网络任何一方风险所导致

一个国家国内金融网络的故障，往往会影响到全球金融网络的正常运行。所以，清算系统的国际化，大大提高了网络金融国际结算的系统风险。网络金融机构的计算机系统停机、磁盘列阵破坏等不确定性因素，会形成网络金融机构的系统风险。网络金融机构的系统风险不仅会给网络金融企业带来直接的经济损失，而且会影响到网络金融企业的形象和客户对金融企业的信任。

2. 内外网络的人为攻击

网络金融机构容易受到来自网络内部和网络外部的数字攻击，因此，网络金融机构一般都设计有多层安全系统，以保护网络金融虚拟金融柜台的平稳运行。来自网络金融系统外部的正常客户或非法入侵者在与网络金融机构的业务交往中，可能将各种电脑病毒带入网络金融机构的电脑系统，造成主机或软件的失灵。

3. 专业人员非法盗窃

网络金融机构内部的某些职员利用他们的职业优势，可能有目的地获取客户的私人资料，利用客户的账户进行各种风险投资，将交易风险直接转嫁到客户身上；也可能窜改或盗窃电子货币，让客户蒙受损失，或者制造各种假电子货币，使网络金融机构蒙受损失。因此，提高安全系统检测伪造电子货币的能力是网络金融机构控制金融业经营风险的重要内容之一。

4. 网络建设方案在设计上的缺陷

网络金融机构要开展金融业务必须选择一种适用的技术解决方案，但是所选择的方案本身在设计上可能会出现缺陷或被错误操作的风险。在与客户的信息传输中，如果网络金融机构使用的系统与客户终端的软件互相不兼容，那么，就存在着传输中断或传输速度降低的可能。

5. 业务外包导致的风险

出于对降低网络金融机构运营成本的考虑，网络金融机构往往依赖于外部市场的服务支持，如聘请外部的专家系统来实现、支持和操作各种网上业务活动，这种做法使网络金融业务暴露在可能出现的操作风险中。外部的技术支持者可能并不具备满足网络金融业务的能力，也可能因为外部的专家系统自身的财务困难而终止提供服务，这样，将对网络金融机构提供高质量的服务构成风险。

6. 设备陈旧导致的风险

网络技术的快速进步使网络金融机构处于原有信息网络陈旧过时的风险之中。如果及时更新电子货币和网络金融客户的软件,需要做大量的系统和管理上的改进。而且,在互联网上向客户提供更新软件的网站经常被黑客侵入,软件被非法修改,存在客户私人信息泄密的可能。网络金融机构及其客户都将承受这种不确定性带来的系统风险。

在网络金融机构的系统风险中,最具有技术性的风险是网络金融信息技术选择失误的风险。网络金融机构选择哪一种技术解决方案,该方案是否存在一种潜在的系统风险,这些因素都有可能导致网络金融企业面临巨大的技术机会损失,甚至蒙受巨大的商业机会损失。

(二) 网络金融机构的业务风险

1. 操作风险

操作风险是指因系统重大缺陷而导致潜在损失的可能性。操作风险可能来自网络金融机构客户的疏忽,也可能来自网络金融机构安全系统和其产品的设计缺陷及操作失误。操作风险主要涉及网络金融机构账户的授权使用、网络金融机构的风险管理系统、网络金融机构与其他金融机构和客户间的信息交流、真假电子货币的识别等。

2. 市场信号风险

市场信号风险是指由于信息非对称导致的网络金融机构所面临的不利选择和道德风险引发的业务风险。例如,由于网络金融机构无法在网上鉴别客户的风险水平而处于不利的选择地位,网上客户利用他们的隐蔽信息和隐蔽行动做出对自己有利但损害网络金融机构利益的决策,以及不利的公众评价使网络金融机构丧失客户和资金来源的风险等。

3. 信誉风险

信誉风险是指网络金融机构提供的虚拟金融服务产品不能满足公众所预期的要求,且在社会上产生广泛的不良反应时,形成的网络金融机构信誉风险。或者,网络金融机构的安全系统曾经遭到破坏,无论这种破坏的原因是来自内部还是来自外部,都会使社会公众对网络金融机构的商业能力产生怀疑。网络金融机构的信誉风险可能使网络金融机构与客户无法建立良好的关系。

信誉风险主要源自网络金融机构自身,以及除网络金融机构和客户以外的第三者。信誉风险可能源自网络金融机构自身出现巨额损失,网络金融机构的支付系统出现安全问题,或者社会公众对网络金融机构的交易能力失去信心。

4. 法律风险

法律风险来源于违反相关法律规定、规章和制度,以及在网上交易中没有遵守有关权利义务的规定。网络金融业务牵涉到的商业法律,包括消费者权益保护法、财务披露制度、隐私保护法、知识产权保护法和货币发行制度等。

（三）网络金融的其他风险

1. 流动性风险

流动性风险是指资产在到期时不能无损失变现的风险。当网络金融机构没有足够的资金满足客户的兑现电子货币或结算要求时，就会面临流动性风险。一般情况下，网络金融机构常常会因为流动性风险而恶性循环地陷入信誉风险中。

2. 利率风险

利率风险是指网络金融机构因利率变动而蒙受损失的可能性。提供电子货币的网络金融机构因为利率的不利变动，其资产相对于负债可能会发生贬值，网络金融机构因此将承担相当高的利率风险。

3. 市场风险

市场风险是指市场价格变动，网络金融机构因资产负债表各项目头寸不一样而蒙受损失的可能性，如外汇汇率变动所带来的汇率风险即为市场风险的一种。此外，国际市场主要商品价格的变动，及主要国际结算货币发行国的经济状况等因素，也构成网络金融机构的市场风险。

二、网络金融机构风险管理

银行现有网络的主要风险特点表现如下：部分业务部门因其业务需要，通过拨号或专线连接网络，未加任何保护措施；管理网络连接外部网络的部分机器，可以直接通过管理网络访问业务主机；主机系统启用了 TCP/IP 协议，而 IP 协议的不安全性对整个主机系统的安全造成威胁；由于前置机 IP 与主机通信，从而使得其风险加大；部分 Unix 系统的主机处于未保护状态，或没有加任何安全配置；部分拨号网络没有加认证，管理网络与业务网络的合并过程也存在不少风险因素；统一的 IP 骨干网存在一定的安全问题，内部人员的安全意识及管理是一个风险因素；管理网络和业务网络中都存在着不少的外部出口，连接到相关业务单位。网络金融系统风险主要有：网络金融的系统网络与外部网络的接口（包括与互联网、中央银行、大客户等），网络金融的系统网络与主机网络的接口，网络金融的系统网络与管理网络的接口，内部网络访问网络金融系统的接入点，网络金融系统的多个重要系统平台（包括 Web 服务器、DB 服务器、业务主机等），Web 服务器的 Web 应用也是一个风险点。

（一）风险管理的基本方法

1. 评估风险

评估风险是一个不断进行的过程，通常包括三个步骤。第一，通过分析来识别风险，管理人员应该对风险做出合理的、防御性的判断，包括风险对金融企业的影响（包含最大可能的影响）和这类事件发生的可能性。第二，高级管理人员在对特定问题发生时金融企业能够承受的损失进行评估的基础上，确定金融企业的风险承受能力。第三，金融企业管理人员可以将银行的风险承受能力与风险大小评估相比较，以确定风险暴露是否在金融企业的承受能力范围之内。

2. 管理和控制风险

在对风险和金融企业的风险承受能力进行评估之后，金融企业管理人员应该采取合理的步骤来管理和控制风险。

（1）金融企业的安全策略和措施。安全性是用来保护数据和操作过程的完整性、真实性和可靠性的系统、应用与内部控制的组合。恰当的安全性依赖于针对金融企业内部运行及外部通信的安全策略和安全措施。安全策略和措施可以限制对网络金融机构和电子货币系统的外部攻击与内部攻击的风险，以及源自安全性破坏的信誉风险。

（2）金融企业的内部交流。如果高级管理人员把网络金融机构和电子货币运作如何支持本金融企业的整体目标告诉关键职员，那么操作风险、信誉风险、法律风险和其他风险就能够得到管理和控制。同时，技术人员应该明确地告诉高级管理人员系统是如何设计的，以及系统的强度和弱点。这些过程可以降低由于系统设计不完善而带来的操作风险，由于系统不能如期运作而令客户不满所造成的信誉风险、信用风险以及流动性风险。

（3）金融企业的评估和升级。在大范围地推广产品和服务之前，对其进行评估将有助于减少操作风险和信誉风险。测试是查看设备和系统能否有效地运作，以及是否达到了预期的结果。试点计划或原型将有助于开发新的应用。通过定期地检查现有硬件和软件的状况，也可以减少系统降速或崩溃的风险。

（4）金融企业的外包。金融企业界中的一种发展趋势就是金融企业在战略上注重核心能力，并依赖具有某种专长的外方。尽管这种安排可以带来诸如成本降低和规模经济的效益，但是外包并不能解除金融企业控制风险的最终责任。因此，金融企业应该采取适当的措施以减少由于依赖外部服务提供商而带来的风险。外包安排意味着金融企业与服务提供商共享敏感数据，通过检查服务提供商来保护敏感数据的策略和程序，金融企业的管理部门应该评估服务提供商保障安全的能力，评估其安全性是否达到了内部运作的安全等级。

（5）金融企业的信息披露和客户培训。信息披露和客户培训将有助于金融企业减少法律风险和信誉风险。信息披露和客户培训计划将有助于金融企业遵守消费者保护法和隐私权法。

（6）金融企业的应急计划。在提供网络金融和电子货币服务的过程中，金融企业通过制订应急计划来建立对服务中断事件的处理方法，从而可以限制内部处理中断、服务或产品传送中断的风险。该计划包括数据恢复、替代性的数据处理能力、紧急备用人员和客户服务支持，并且应当定期测试备份系统，以确保其持续有效性。

3. 监控风险

监控是风险管理过程的一个重要方面。对于网络金融企业来说，其特点就是可能随着创新的发展而快速变化。监控的两个要素就是系统测试和审计。

4. 跨国界风险的管理

金融企业和监管者必须注意对源自跨国界金融企业的操作风险、信誉风险、法律风险和其他风险进行评估、控制与监控。金融企业为不同国家市场中的客户提供服务时需要了解各国的法律要求，要对各国用户对其产品的预期做出评价。

高级管理人员应该确保现行的信贷扩展和流动性管理机制已经考虑到了来自跨国活动的潜在困难。金融企业需要评估国家风险，并制订因国外经济或政治气候问题而使服务中断的应急计划。在强制国外服务提供商履行义务方面，金融企业也面临着困难。当金融企业依赖国外的服务提供商时，本国监管部门要逐个评估跨国服务提供商的信息准入问题，并考虑其活动情况。

(二) 电子货币风险管理

1. 电子货币风险

电子货币是开放网络上的支付工具，它所带来的欺诈风险、运行风险和法律风险与传统的支付工具不同，这些风险给支付系统和金融企业带来了新的不确定性。

（1）欺诈风险。欺诈风险是危害电子货币支付系统安全的最突出的风险。电子货币支付命令的发出、接收和资金的传送都是在开放网络上进行的，开放网络的最大特点就是资源共享，即在网络上传递的电子信息除当事人外，其他第三方也可观察或截取。电子货币的欺诈风险指的是不法分子（黑客）非法闯入网络，攻击在网络上传输的支付数据和信息，使得支付数据和信息在中途被拦截、删改、错漏，给使用电子货币进行交易的真实当事人带来经济损失。电子货币欺诈风险产生的原因有以下几方面：一是电子货币支付系统网络存在漏洞；二是电子货币支付系统的软件开发使用的计算机语言安全性不高，应用系统的安全级别设计不严密，使得"黑客"能闯入系统进行欺诈活动，而且，有的数据库管理系统，"黑客"非法入侵后不留痕迹，无法查证；三是缺少严格的安全管理措施，缺乏专职的支付系统管理人员，系统操作人员技术水平低，监控措施不到位，都可能给"黑客"留下可乘之机。

（2）运行风险。电子货币是一种特殊的网络产品，必须借助于有形的网络设备和无形的计算机运行程序才能实现流通。开放网络的设备和程序极其复杂，任何一个环节的故障都可能对电子货币支付系统造成威胁，如设备受损、程序错误、传输错误等都会引起电子支付命令执行失败或支付信息失效、失误和遗失，这就是电子货币的运行风险。运行风险产生的原因是多方面的：一是自然灾害和环境因素的影响；二是电子货币支付系统设备的选择、安装、使用、维护过程中会出现各种设备质量不稳定、设备老化、性能下降、保养不当、操作失误等引起的故障，造成支付系统整体安全性、可靠性下降；三是计算机病毒的攻击，计算机病毒干扰和破坏电子货币支付系统的正常运行功能或数据，有的造成的损失很大，甚至使整个支付系统瘫痪；四是在开放网络上，不同品牌的电子支付网络（如 Mondex、Cyber Coin、eCash 等）进行信息交换，当两种品牌的网络互不兼容、互不配备时，也将使得电子货币的支付命令运行失败或失效。

（3）法律风险。电子货币的使用引发出法律风险，表现为电子货币支付的法律依据欠缺和不完善。由于电子货币是一种新型的、目前正随着网络技术的创新而不断发展的支付工具，所以目前关于电子支付的规范、政策和法规还很欠缺，电子货币支付相关方（消费者、商家、支付网络的运行中心、成员银行等）的权利和义务的界定不清晰、不准确。当支付过程中发生问题和争端时，难以运用适用的法律解决问题，而且关于电子支付争端的历史判例较少，即使诉诸法庭，法庭也难寻先例以借鉴，从而增加了判决的难度。

2. 防范电子货币风险的对策

防范电子货币风险是一项技术性强、涉及面广的工作，不仅与计算机网络系统有关，还与电子货币应用的环境、人员素质、法制建设等有关。

（1）为了保证电子货币支付系统中支付信息的保密性、正确性、完整性和可靠性，需要在网络上建立具有保护功能、检测手段、攻击反应和事故恢复能力的完善的安全保障体系。这里涉及的安全技术有：一是虚拟专用网，即指在电子货币的两个支付系统间建立的专用网络，适合于电子数据交换，只要支付双方取得一致还可在网络中使用较复杂的专用加密和认证技术，以提高支付的安全性。二是加密技术，即采用数学方法对原始的支付信息再组织，使得加密后在网络上公开传输的支付信息对于非法接收者来说成为无意义的文字，而对于合法接收者，因为其掌握了正确的密钥，可以通过解密过程得到原始信息，这样可以防止除合法接收者之外的人获取系统中机密的支付信息。目前的加密系统有对称的密钥加密系统（DES）和非对称的密钥加密系统（RSA）。三是认证技术，认证是为了防止非法分子对电子货币支付系统的主动攻击的一种重要技术，在 SET 协议的工作流程中最主要的环节就是认证，现在认证也被引入到 SSL 体系之中。四是防火墙技术，防火墙是在内部网和外部网之间的界面上构造的保护层，并强制所有连接必须经过此保护层，在此进行检查和连接，只有授权的支付信息才能通过。防火墙技术可以防止非法入侵，并对网络访问进行记录和统计，当发生可疑事项，防火墙还能够报警并提供网络是否受监测和攻击的详细信息。

（2）建立严格的安全管理制度，加强内部控制：一是防止系统设备的故障使电子货币产生运行风险；二是加强电子支付应用软件系统的安全、可靠性管理；三是完善安全防范措施；四是建立业务操作管理制度和权限制约原则；五是建立健全电子支付安全管理组织制度。

（3）完善关于电子支付的法律法规和制度安排。

三、第三方电子支付风险管理

第三方支付主体作为非银行机构从事支付业务，意味着法律上的某种突破。

很多第三方支付平台客观上已经具备了银行的某些特征，被当作不受管制的银行。第三方机构开立支付结算账户，提供支付结算服务，实际已突破了现有诸多特许经营的限制，它们可能为非法转移资金和套现提供便利，形成潜在的金融风险。作为IT与金融的融合，第三方支付它不仅面临着传统的金融风险，还面临着其特有的风险，即便是传统风险，在网络金融的条件下也有着自身特点。

第三方支付风险的根本原因是电子货币与政治地理之间的脱节，数字化世界中，许多关于金融控制的假设都不再成立，货币发行的多元化、违法手段的隐蔽化、用户人群的随机化，使得金融风险多样化，而且难以控制。从第三方支付业务流程分析可以看出，第三方支付连接着现实的金融世界与虚拟的金融世界，是整个金融体系的组成部分，其所提供的货币支付、资金结算、虚拟货币发行等业务必然会对现实金融体系造成冲击。第三方支付对现实金融体系的影响主要集中在两个方面：虚拟货币发行与在途资金占用。

（一）虚拟货币发行

虚拟货币目前尚不是货币，但其货币化冲动及对现实金融体系的影响必须得到关注。沉淀资金的占用问题不仅是民法上的所有权问题，还应考虑对整个金融体系资金循环的影响。

虚拟货币是由私人机构发行的"货币"，它的主要功能是代替货币定义中现金的流通，对金融体系的影响主要集中在以下几个方面。

（1）第三方支付事实上从事着金融业务，影响着现实金融体系，法律应明确规定其主体性质为非银行金融机构，从而将之纳入到金融监管体系之中，同时，因其性质的复合性，所以，应同时明确各监管机构的监管职责范围。

（2）第三方支付基于虚拟网络，许多关于金融控制的假设都不再成立，货币发行多元化、违法手段隐蔽化、用户人群随机化，使得金融风险多样化、复杂化，而且难以控制。

（3）在第三方支付竭力摆脱银行依附的斗争中，发行虚拟货币主动向社会公众吸收资金是一种不可遏制的集体冲动。在现有规模下，虚拟货币的流通受限，它具有货币功能，尚不是真正的货币，但已对现实金融体系产生了冲击。

（4）Q币等虚拟货币商家可无限发行，虚拟货币代替人民币成为网上交易的一般等价物，必会冲击中国的金融秩序，泛滥的后果不堪设想。虚拟货币可以购买游戏装备等虚拟物品，还可以用来为杀毒软件付费、购物、为快男投票等。这些还只是官方公布的途径，私底下，有人用它发起赌博，有人囤积它们低买高卖，如网上"倒爷"起到了网上钱庄的作用，在一定程度上实现了虚拟货币与人民币之间的双向流通，某些虚拟货币已经具有了黑市货币性质。虚拟货币正在替代人民币的某些功能，但它并不由中央银行发行，也没有被政府监管。

(二) 在途资金占用

作为一个有资金流动的支付系统，第三方支付系统中存在着在途资金，并且由于第三方支付系统支付流程的独特性，其在途资金呈现出了不同的特点。在银行支付系统中，在途资金的产生来自银行业务处理的异步以及周转环节，并且其产生可以通过一定的手段尽量避免，而在第三方支付系统中，支付流程是资金先由买方到第三方平台，等支付平台得到买方确认授权付款或到一定时间默认付款后，再经第三方平台转手给收款方，这样的支付流程就决定了支付资金无论如何都会在第三方支付平台做一定时间的支付停留成为在途资金，从而使支付系统本身受到一定程度的影响，进而延伸出以下几个问题。

（1）影响第三方支付系统的支付效率。在途资金存在着价值，第三方支付系统的参与者更多的情况是第三方支付平台本身会采取一定的手段使自身成为在途资金的极大化受益者，从而影响资金的周转进而影响支付系统的支付效率。

（2）产生资金流动性风险。更多的情况是卖方的流动性问题，如某商家使用某一第三方支付平台作为自身的中介支付，他需要一定的周期才能得到他所出售商品的货款，考虑到其他因素，如业务量加大，他可能会面临着流动性支付问题。

（3）可能引发信用风险。在途资金量的加大使得第三方支付平台本身面临一定的信用风险，第三方支付平台如果出现破产情况，债务怎样赎回，赎回的风险应该由谁来承担尚不明确。随着电子商务的发展，第三方支付平台将日益被人们所接受使用，业务量增大并由此带来的在途资金量也会日益加大，而这种加大无法通过类似在银行支付体系中采取某种控制进行缓解。现实中的第三方支付平台属于非金融机构，有些是有限责任公司的性质，即使是附属于某些著名的网站，第三方支付平台也存在一个资质问题，资金放在平台上是不是安全，许多网上支付公司的在途资金已经远远大于它的注册资金，通过何种方式确保在途资金安全需引起各方关注。

（4）买方按交易监管要求将款项转入到第三方支付平台，此时产生了资金的所有权、支配权以及相应利息分配问题。除支付宝等少数几个并不直接经手和管理来往资金而是将其存放在专用账户外，其他公司大多代行银行职能，可直接支配交易款项，这就可能出现不受有关部门的监管，越权调用交易资金的风险。

（5）用户可能通过制造虚假交易而利用在途资金，实现资金非法转移、信用卡套现、洗钱等违法犯罪活动。

🌐 案例 7-1

Audit Information Management System：商业银行稽核信息管理系统

1. 功能简介

稽核信息管理系统包括风险评级、稽核项目管理、抽样管理、非现场稽核、内部管理、报表管理、综合信息管理等模块的内容。该系统引入了风险评级、稽核项目管理等许多目前国外大银行的先进的管理方式与方法。

2. 流程处理

图 7-2 以风险评级的流程处理为例，描述了评级的数据来源及其与各模块的相互关系。在操作上，文档一般经过草稿—提交审批—正式提交的流转过程，文档设置不同的安全级别，稽核人员按机构及职务获得相应不同的读写文档的权限。

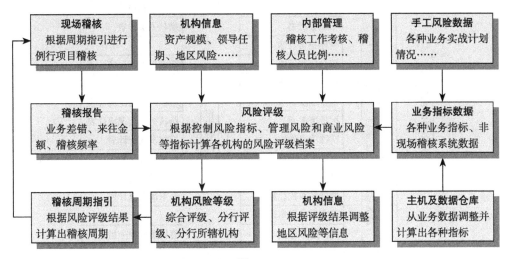

图 7-2

3. 系统设计

系统设计以机构人员的设置作为基础，实现了系统的安全性和可扩展性。系统所覆盖的内容相当广泛，几乎涉及了稽核业务和管理活动的所有领域，图 7-3 的系统框架图简要地描述了系统的总体功能的分类情况。

4. 功能特点

（1）系统功能基本覆盖了商业银行稽核工作的各种业务处理情况。

（2）采用大集中的处理模式，加强了上级稽核部门的管理力度，实现严格的数据安全控制和方便的信息共享。

（3）使用机构人员参数设置和文档级别的设置，利用 ACL 及读者域的技术实现灵活和安全的权限控制。

（4）使用 OLE 技术动态生成各种报表，方便快捷地生成各种 Lotus Components 和 Excel 统计报表。

（5）风险评级基础数据的采集使用了 Domino/Notes 所提供的 DECS（Domino 企业连接服务）、Notes SQL 等企业集成工具，实现了系统与数据仓库之间的批量数据交换。

5. 成功案例

中国银行广东省分行全辖。

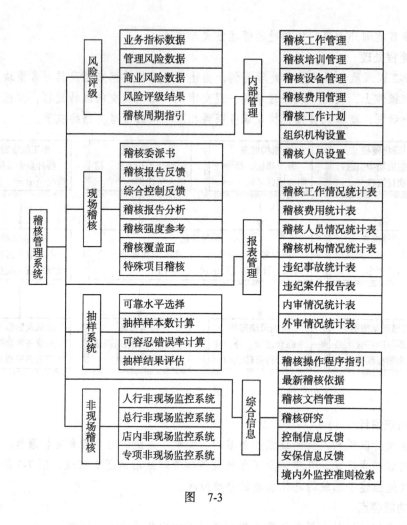

图 7-3

第二节 网络金融的监督管理

一、网络金融的监督制度

(一) 网络金融监督制度的概念

监督分为狭义的监督与广义的监督。狭义的监督是指有监督权的主体依据一定的规则和程序对特定主体及其行为进行的检查、监测、督促活动。广义的监督包括狭义的管理与狭义的监督。我们所说的监督一般是指狭义的监督。

网络金融监督制度是国家监督制度体系的重要组成部分，是指有关规范和调整涉及网络金融检查、监测和督促活动方面的制度。

(二) 网络金融监督制度的特点

网络金融监督制度是整个国家监督制度体系的重要组成部分。与其他管理体制及监督制度相比，网络金融监督制度具有自己的特色。这些特色主要表现在如下方面。

1. 管理监督主体的多元性

（1）从管理主体来看，由于金融业务本身的综合化、网络金融的无国界性以及业务功能化等特点，网络金融的管理主体呈现出多样化甚至国际化特点，即网络金融的管理主体不仅包括本国的中央银行、专门的监管部门等管理主体，而且包括外国的中央银行、专门的监管部门等管理主体，甚至还包括区域性乃至全球性的管理主体（包括国际清算银行、WTO、欧盟的中央银行）。

（2）从监督主体来看，管理监督主体出现了多元化监督主体并存的格局。这具体表现在：从地域范围上看，这种监督主体包括本国的监督主体、外国的监督主体甚至是国际性的监督主体；从性质上看，可以有国家权力机关的监督、国家行政机关的监督、执政党的监督、群众的监督等。基于网络金融监管主体多元化乃至国际化的特点，网络金融的管理体制及监督制度在设计时必须注意：第一是相关国家应确立自己专门的、适当的主管部门，以便进行相对集中的、有效的管理与监督；第二是注意在多个管理主体、监督主体之间实现合理分工与有效协调，否则就会出现无人管理监督或争相管理监督的冲突局面，从而导致网络金融管理监督失效、失灵的后果。

2. 管理监督的内容多重性

"多重性"是指实行全方位、全过程、全天候、全部手段的管理监督。"全方位"是指对网络金融的方方面面进行相应的管理监督。"全过程、全天候"是指对网络金融进行连续的、不间断的、全天24小时的管理监督。"全部手段"是指综合运用技术、经济、法律、道德、文化等多种方式、方法对网络金融进行管理监督。"四全性"无疑是网络金融特殊性要求的必然结果。

二、国际组织网络金融监督制度

(一) 巴塞尔银行监管委员会的网络金融监督制度

随着网络金融的出现，有关网络金融的监管问题显得日益突出，巴塞尔银行监管委员会发布了一系列有关网络金融的文件。其中主要有：1998年发布的《电子银行和电子货币活动的风险管理》，其主要内容是：在对电子银行、电子货币进行界定的基础上，明确划分并详细列举了电子银行与电子货币所存在的操作性风险、声誉风险、法律风险、信用风险、流动性风险、利率风险、市场风险，提出通过评估风险、管理与控制风险、监测风险来进行风险管理。2000年发布《电子银行集团成立及白皮书》，其主要内容是：涉及跨境电子银行业务的监管问题（例如境内机构向境外消费者提供银行服务，境外机构通过设立实体、取得许可或不设立实体、取得许可的方式在境内提供银行服务)、电子银行风险监管问题(包括对战略与商业风险、操作风险、声誉风险、法律风险、信用风险、流动性风险、市场风险、外汇风险的管理)。2001年、2003年先后发布了《电子银行风险管理原则》,其主要内容是规定了电子银行风险管理的14条原则,即对电子银行活动进行有效监管的原则,建立全面安全控制程序的原则,建立针对外购等第三方的全面适当的勤勉与监管程序的原则,对电子银行客户的身份进行鉴定的原则,对电子银行交易守约负责的原则,采取适当措施以确保责任划分的原则,电子银行系统、数据库与应用程序上的适当授权控制原则,电子银行交易、记录与信息的完整性原则,对电子交易建立明确的审计跟踪的原则,关键银行信息的保密原则,电子银行服务的适当披露原则,客户信息的隐私原则,确保电子银行系统与服务可用性的能力,商业连贯性与偶然事故规划的原则,意外事故规划的原则。2002年、2003年先后发布《跨境电子银行活动的监管》,其主要内容是:在对跨境电子银行活动进行界定的基础上,规定了跨境电子银行活动的风险管理,分别划分了母国与东道国的监督角色、责任,认为母国应承担根本性监管责任,而东道国在决定对外国跨境电子银行活动进行监管时应考虑本国是否存在监管利益。

(二) 欧盟网络金融监督制度

网络金融出现以后,一种新变化主要表现为建立了欧洲中央银行,同时制定了一些网络金融监督制度方面的新规则。

欧盟在20世纪初期相继制定了一些有关网络金融监督制度的新规则。这些新规则可以分成两类:一类是专门针对网络金融监督制度的规则,例如2000年发布的《电子货币机构指令》。另一类是涉及网络金融监督制度的规则,包括涉及所有银行的规则和涉及网络交易的规则。属于前者的有:1995年12月生效的《投资服务指令》(给予非银行性质的欧盟联合投资公司以同等的在各成员方通行的权利),1995年12月生效的《资本充足性指令》(对银行和投资公司设立了共同的资本要求,《信用机构重组和清算指令》《存款保险计划指令》《银行业综合指令》《第一银行业指令》和《第二银行业指令》已经被并入《银行业综合指令》)。属于后者的有:1995年10月的《个人数据处理过程及个人数据自由流转过程中个人隐私保护指令》,1996年3月的《数据库法律保护指令》,1997年4月的《欧洲电子商务提案》,1997年12月的《电信部门中个人数据处理和个人隐私保护指令》,1999年1月的《欧盟促进安全使用互联网的行动计划》,1999年12月的《电子签名指令》,2000年6月的《电子商务指令》,2001年5月的《信息社会服务中的信息与司法合作公约》,2001年11月的《网络犯罪公约》,2002年3月的《电子通信网络服务的共同管制框架指令》《电子通信网络服务许可指令》《电子通信网络和相关设施的接入和互联指令》《电子通信网络服务的普遍服务及用户权利指令》,2002年4月的《欧盟顶级域名执行规则》,2002年5月的《电子增值服务适用附加增值税安排指令》,2002年7月的《隐私权与电子通信指令》,2003年1月28日的《电子欧洲2005行动计划》,2004年3月的《欧洲网络与信息安全机构设置规则》等。其中,《电子商务指令》不允许成员方对互联网电子商务活动主张任何优先权要求,要求互联网服务提供商(ISP)必须提供自己的成立地址和企业组织形式方面的信息,取消任何对电子格式合同的履行所造成的障碍。《电子签名指令》的主要目的之一是保护在电子商务中使用电子签名的消费者。《数据库法律保护指令》为数据管理建立了总原则。这些总原则是,数据必须公平和合法地拥有,为专门的、明确的和合法的目的而收集,而且不能用与这些目的不符的方法进行再加工处理。为了历史的、统计的和科学的目的对数据进行再加工处理。假若成员方能提供适当的安全措施,不能认为与前述目的不符。如果数据需要收集和/或进一步加工处理,要准确和在必要之处保持更新。禁止个人信息流出欧盟到其他辖区,除非其他辖区有同样的强有力的数据保护法律。

(三) OECD 网络金融监督制度

新变化主要体现在出台了一些有关网络金融监督制度方面的新规则。1998 年 10 月出台了《全球电子商务行动计划》《全球网络个人隐私权保护宣言》和《电子商务:税务政策框架条件》。该宣言指出,通过保证数据的秘密性、完整性、实用性和通过为这些数据提供鉴别与认可机制,密码系统是安全使用信息技术的有效性工具。2001 年 11 月 23 日,欧洲理事会在匈牙利布达佩斯召开的网络犯罪大会上举行了网络犯罪公约的开放签署仪式。2004 年 1 月 18 日立陶宛国正式批准,满足了其生效要件,由欧洲理事会主导的网络犯罪公约于 2004 年 7 月 1 日正式生效,成为全球第一个针对网络犯罪而成立的国际公约。公约创建了一个全天候的"协作网络",可以在缔约国进行 24 小时不间断的情报交流及相关协助,这无疑将对有效打击网上银行犯罪提供信息支持和制度保障。

《消费者保护准则》认为,鉴于全球电子商务的挑战,现行消费者保护法必须重新审议,在需要的地方必须修改,以确保消费者能够获得他们在传统市场所享有的相同的保护水平。2002 年 7 月《经合组织信息系统与网络安全准则》发布,2003 年 6 月经合组织在跨国界特别是互联网商务欺诈行为中保护消费者准则发布。

三、网络金融监管措施

(一) 网络金融监管内容

对网络金融的监管包括:网络金融的域名注册监管、网络金融的金融服务程式和真实性监管、网络金融的记录交易稽核监管、网络金融的"通道密匙"及密匙变形约定监管、网络金融服务的国界阻断监管、网络金融的系统安全与责任分摊监管、网络金融的金融犯罪监管、网络金融的前瞻性立法监管。

金融监管当局对网络金融机构的监管,主要体现在对网络金融机构推出的虚拟金融服务的价格进行监管。政府对网络金融机构的监管可以分为两个层次,一是企业级的监管,即针对金融企业提供的网络金融服务进行监管;二是行业级的监管,即针对网络金融机构对国家金融安全和其他管理领域形成的影响进行监管。

1. 企业级的监管内容

在实际的操作中,现阶段政府监管当局对网络金融机构的监管,不在网络金融机构提供的虚拟金融服务价格上,而在七个带有全局性的具体问题上,包括加密技术及制度、电子签名技术及制度、公共钥匙基础设施(PKI)、税收中立制度、标准化、保护消费者权益,以及隐私及知识产权保护。

金融监管当局对网络金融业务的监管可以划分为三个层次:一是对网络金融机构安全性能的监管,包括对公共钥匙基础设施、加密技术及制度和电子签名技术及制度的监管等。二是向企业和各级政府部门提供电子商务和网络金融的国内及国际标准化框架和税收中立制度,对网络金融的标准化水平进行监管,以实现全国各金融企业之间电子信息的互联互通。对网上交易采取税收中立政策,免征网上交易税,促进电子商务的发展。三是对消费者的权益进行监管,避免网络金融机构利用自身的隐蔽行动优势向消费者推销不合格的服务或低质量、高风险的金融产品,损害消费者利益。其中主要包括保护消费者的隐私权及维护知识产权在网络中不会受到侵犯,同时,也广泛地保护网上交易的消费者权益。为此,监管部门需要向企业和消费者权益保护组织提供保护网上交易消费者的非强制性商业指导规则。

网络金融机构的网上广告是金融监管当局的主要监管内容之一,目的是保护网络金融的消费者不会被网上虚假广告欺骗。

2. 行业级的监管内容

网络金融的行业级监管内容包括以下几方面。

(1)评估与监管网络金融机构对国家金融风险和金融安全,乃至国家经济安全的影响,即评估网络金融机构风险对国家金融风险形成的影响及其程度,确定金融监管当局对网络金融机构各种虚拟金融服务品种的监管内容。

(2)对网络金融机构系统风险的监管,包括对产生系统风险的各种环境及技术条件的监管,特别是对系统安全性的监管。

(3)对借用网络金融方式进行非法避税、洗黑钱等行为的监管。

(二)网络金融监管措施

金融监管当局对网络金融机构的监管,主要包括三个方面,即完善法律和司法制度,制定相应的行业性激励机制,以及不断形成创造性且具有替代效应的实施手段。

1. 完善法律和司法制度

完善法律和司法制度有两层含义,一是建立和健全各种相关的网络金融机构法律及管制措施,二是形成确保这些法律及管制措施得以执行的执法系统。

(1)网络金融产业市场准入条件、范围和程序是由监管主体依照法律规定而确定的,其具体运作及监管也是由监管主体负责的。这样,网上银行产业的门槛和基点受制于网络金融监督制度。

（2）网上银行的具体经营、服务与管理活动由网络金融监管主体负责监管。网络金融产业的具体经营业绩、安全与发展状况、风险防范与客户利益保护，受制于网络金融监督制度的实际效果。

（3）网上银行产业能否退出，其退出的具体条件和程序如何，其退出的责任和后果如何，由网络金融监管主体负责监管。网络金融监督制度建设状态决定着网络金融产业的退出状态。

（4）网络金融产业的利益协调、纠纷处理直接受制于网络金融监督制度。

有什么样的网络金融监督制度，就会有什么样的网络金融产业利益协调机制与纠纷处理机制。所以，搞好网络金融监督制度建设，有利于发展网络金融产业。

中国国内网络金融机构采用的是类似会员守则这样的协议来约束客户的行为。网络金融机构首先向客户说明其权利和义务，以及与银行的关系，协议的签署以客户自愿为原则，这种协议没有真正的法律约束力。中国已经在新的《合同法》中承认电子合同与纸张式的书面合同具有同等的法律效力，数字签名的技术问题已经解决，以及相应的制度已经建立，数字签名与在纸张上签名具有同等的法律效力。美国和新加坡等国家明文规定数字签名与手写签名具有同等的法律约束力，从而使当地的虚拟金融服务市场得到一个被法律有效保护的发展空间，并不断创造出新的虚拟金融产品。对于网络金融机构的破产、合同执行情况、市场信誉、资产负债情况和反欺诈行为等方面，政府制定的网络金融法或管制条例可以起到一定的作用。在政府制定的各种法律及管制措施中，对违规的网络金融机构的惩罚莫过于在互联网上公布其"劣迹"，这将是管制当局对违规网络金融机构的最高惩罚之一。

2. 制定相应的行业性激励机制

网络金融机构形成的虚拟金融服务市场是一个部分信息非对称的市场，金融监管当局难以把握网络金融机构的风险水平。按照信息经济学激励机制设计原理，金融监管当局不是努力去了解网络金融机构在做什么，而是通过政策选择努力诱惑网络金融机构去做什么。诱惑的基本原理是成本选择。例如，监管当局希望网络金融机构不能在现阶段推出某种金融产品时，在制定的监管政策中就需要包含这样的成本选择结果，即网络金融机构在现阶段推出该金融产品的成本高于它不推出该金融产品的成本，或者说，让网络金融机构在现阶段推出该金融产品的收益，不如不推出该金融产品的收益。在这种情况下，监管当局不用担心网络金融机构会利用它们的隐蔽信息来欺骗监管人员。

3. 不断形成创造性且具有替代效应的实施手段

以法律制度做保障，以有效的激励机制为基础，监管当局可以比较有效地达到监管目标。如果能够在此措施的基础上，再加上不断形成创造性且具有替代效应的实施手段，将会使金融监管当局对网络金融机构的监管效果更好。

金融监管当局可以创造出多种监管方式，如在网络上采取"制定规则，然后警察巡逻抽查"的方式,对网络金融机构的运行状况进行抽查,一旦"抓"到,则按照规则"重罚";或者要求网络金融机构定期通过电子邮件向监管当局发送"汇报"文件,或者监管当局随机对网站进行抽样调查等。无论哪种监管方式,都需要围绕一个中心问题来设计,那就是针对网络市场上的信息非对称问题来设计。从传统的柜台式金融服务,到电子化的 ATM 和 POS 金融服务,到互联网上的虚拟金融服务,都需要有不断创造的信息披露方法来维持有效的信息监管。网络金融监管的一个基本观念是通过制度的安排使网络金融机构"自觉地"在被监管的平台上履行职能并确保履约。监管当局可以充分利用经济体系中各个利益集团之间的矛盾创造出多种有效的监管效果。例如,利用网络金融机构之间的竞争者地位对其他的竞争者进行监管,利用消费者集团对网络金融机构的服务质量及价格进行监管,利用独立的市场调查公司或会计咨询公司对网络金融机构的服务进行监管,等等。

四、跨国网上银行监管

(一) 各国政府对网上银行的监管

各国政府对网上银行的监管主要分为以下两个层次。

一个是企业级的监管,即针对金融企业提供的网上银行服务进行监管。

一个是行业级的监管,即针对网上银行对国家金融安全和其他管理领域形成的影响进行监管。

政府对网上银行的监管方式主要有市场准入、业务扩展的管制和日常检查与信息报告。大多数国家都对设立网上银行有明确的要求,需要申报批准。其主要包括:注册资本或银行规模、技术协议安全审查报告、办公场所与网络设备标准、网络揭示与处置规划、业务范围与计划、交易纪录保存方式与期限、责任界定与处置措施等。

(二) 业务扩展的监管

业务扩展的监管主要包括两个方面的内容。

(1) 业务范围。除了基本的支付业务外,是否允许经营存贷款、保险、证券、信托投资以及非金融业务、联合经营等业务。

(2) 对纯网上银行是否允许其建立分支或代理机构等。监管当局一般都要求网上银行接受日常检查,除资本充足率、流动性等以外,还包括交易系统的完全性、客户资料的保密与隐私权的保护、电子记录的准确性和完整性等检查,并要求网上银行建立相关信息资料,独立评估报告备案制度。

(三) 国外对网上银行的监管

国外对网上银行的监管形成了美国和欧洲两种模式。

美国监管当局对网上银行采取了审慎宽松的政策,基本上通过补充新的法律、法规使原有的监管规则适应网络电子环境,因而,在监管政策、执照申请、消费保护等方面,网上银行与传统银行的要求比较相似。欧洲对网上银行的监管,采取的办法较新,其监管目标主要有两点:一是提供一个清晰、透明的法律环境;二是坚持适度审慎和保护消费者的原则。

欧洲中央银行要求其成员方采取一致性的监管原则,欧盟各国国内的监管机构负责监管统一标准的实施。它要求成员方对网上银行业务的监管保持一致,承担认可电子交易合同的义务,并将建立在"注册国和业务发生国"基础上的监管规则,替换为"起始国"规则,以达到增强监管合作、提高监管效率和适时监控网上银行风险的目的。

(四) 风险控制软件和模型

风险控制软件和模型包括:风险价值模型、信用计量法等。

(1) 风险部。该部门主要负责制订银行的整体风险政策、风险控制方案和手段,监控全行及各部门的风险状况,协调并解决可能出现的系统风险问题。该部门是网上银行风险控制的总阀门。

(2) 合规部。该部门主要负责保证全行的业务操作符合现行的各种法律、法规、条例及内部规定,并监督上述法规的贯彻和执行;实时监听业务电话,检查发送的业务电子邮件;监察职员的培训情况并协调制定培训课程;处理和协调客户的投诉;与行业组织和监管机构交往。

(3) 内审部。该部门的某些职能,如合规审计,与合规部有交叉、重复之处。两者的重要区别是,内审部负责银行的全面审计并侧重在财务方面。

(4) 软件程序风险控制。在英国,对网络的风险除了内部风险部门实行实时监控外,电脑操作程序的设计也具有风险控制功能。这种电脑软件程序风险控制系统,在西方国家银行的信用风险控制中发挥了重要作用。

(5) 通过外部信用机构控制风险。在整个网上银行风险控制过程中,电脑软件系统发挥了重要的作用,社会资信咨询公司在网上银行的信用风险控制中也功不可没。它通过各种渠道收集个人和公司的信息资料,对信用历史、消费习惯、地址、评级等进行加工处理,向社会提供服务,并使之成为商业银行控制信用风险的重要工具和手段之一。

(6) 监管机构对风险的控制。网上银行与其他商业银行一样,要定期向监管机构和其他金融自律机构提交金融监管报表,这就形成了另一道金融风险防范和控制防线。

五、中国金融监管信息系统

(一) 中国金融监管信息系统的总体规划

中国金融监管信息系统建设是指制定中国金融监管信息系统的总体发展规划,以专门的监管信息系统领导机构,对金融科技部门、各监管专业司局和有关科研院所就监管信息系统的基本业务需求、关键技术需求、系统的框架结构、应该遵循的各种标准、监管数据的采集体系（包括数据采集的内容、方式、方法和途径）、监管信息的管理以及建设监管信息系统所涉及的政策、法规、制度、资金等重大问题进行系统、科学的规划，以保证各监管分（子）系统之间的有机集成和监管信息的有效共享。

总结发达国家金融监管信息系统建设的经验和教训，结合中国金融监管的实际，并充分考虑国际金融发展趋势可能对未来金融监管所带来的影响，如金融业的混业经营、IT 在金融业应用所进行的业务创新以及金融监管的最终有效形式——实时监管等。

（二）建立完善的数据采集体系

完善的数据采集体系是金融监管信息系统的重要基础和主要组成部分，也是进行有效监管的前提条件。应该在分析发达国家金融监管信息系统建设经验的基础上，结合中国的金融管理体制和具体情况，制定严格的监管数据采集内容与格式、采集方式与方法、采集渠道，以及保证监管数据真实性的措施。

（三）研究和开发金融风险评测模型

发达国家金融监管信息系统采用完善的风险评测模型对各类金融风险进行有效的分析、预警和预测。是否具有完善的风险评测模型已经成为衡量一个金融监管信息系统质量的重要指标之一，也是金融监管信息系统发展的基本方向。

进入 20 世纪 90 年代中期，特别是亚洲金融危机爆发以来，发达国家的金融监管当局十分重视风险评测模型的开发，利用金融工程方法和统计分析方法、人工智能技术、神经网络技术等，开发各种风险评测模型，对金融机构的各类风险进行分析、预警和预测，有效地发现了大量潜在的金融风险，提高了金融监管的准确性。中国应重视对金融风险评测模型的研究和开发，以提高金融监管的准确性、科学性和有效性。

（四）建立地区网络金融系统的评价监测体系

地区网络金融系统的跨银行开放式的构架和以金融信息服务为主的模式，更应强调安全和可靠，为此必须建立评价监测体系，各银行资源子网要加强内部的安全管理，采取有效的安全防范技术，以保证全地区金融网真正实现全天候和高可靠的服务。

网络金融系统的评价监测体系主要实现两方面的功能：其一是对隶属于各银行系统的资源子网的运行情况，以及其为地区网络金融系统做出的贡献进行统计和评价；其二是对地区网络金融系统通信子网的运行进行实时监测和性能评估。

案例 7-2

金融风险管理应用平台

电商数据（中国）公司与惠普公司联合推出 HP/INTELLGENT FIRM BUILDER

金融风险监管应用软件平台（Financial Risk Management Builder），其集数据元管理组件技术、服务器集群技术和商业智能（BI）技术于一体，提供直接、可靠、智能的金融风险管理应用平台，如图 7-4 所示。

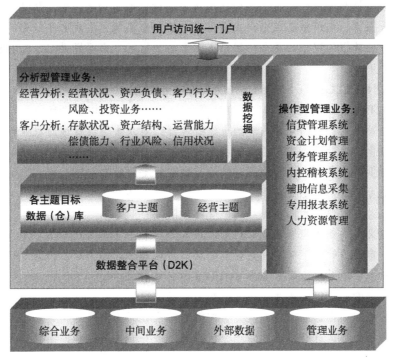

图　7-4

1. HP/INTELLGENT FIRM BUILDER 的设计原则

（1）实现横纵数据的无限制交换。系统提供各种物理环境下的远程数据采集和管理，数据传输快速及时，可完成物理位置遍布全国乃至世界各地的管理部门、被管理部门及其分支机构之间的数据协同处理，及时有效地掌握金融风险动态。

（2）高效完备的数据整合。基础版和专业版通过不同的数据整合产品来实现整合被管理对象的各类联机业务系统的数据。系统能适应各种异构环境下的数据源，确保数据来源真实可靠，利于加强风险管理，为消除营私舞弊，防范和化解管理风险提供可靠的数据依据。

（3）统一数据结构，实现数据永久共享。系统数据结构与业务无关，可以按照风险管理信息单元的最基本要素建立统一的数据存储结构，使数据的存储和组织不再依赖于具体的报表形式，从而实现数据与应用程序之间的独立性和数据的永久共享性。

（4）灵活性、适应性和可扩展性。自定义业务管理规则和历史管理机制，使系统能够管理机构、管理业务内容和管理报表格式要求的变化。同时为适应中国式报表结构复杂、形式灵活的特点，系统专门提供功能强大的任意格式报表的可视化设计工具。

（5）提供多维分析和展现。针对金融业面向客户服务的特点，系统从时间和空间、广度和深度进行不同角度、不同层面、多维度的数据分析，以提供表格和图形等方式展现数据与分析结果，并可进行数据的定制钻取。

（6）安全性和易用性保证。对处理的数据进行标准的加密处理，从硬件网络、操作系统、数据库、应用系统四个层次提供可靠的安全机制，坚决防止数据的非法篡改和窃取，保证数据的完整和安全。用户访问界面根据用户需要提供 C/S 和 B/S 两种模式，易学易用。

2. HP/INTELLGENT FIRM BUILDER 的主要功能

HP/INTELLGENT FIRM BUILDER 通过业务管理和机构管理定义，实现针对不同类型的金融企业、不同业务内容的上级管理部门对众多下级管理对象业务数据的电子化、网络化、自动化收集和监督管理，并利用商业智能分析技术，为金融企业各级管理部门提供风险发现、风险化解以及经营战略制定的数据支持。

本系统可实现以下主要功能。

（1）定义各管理层次的组织结构、管理权限。

（2）定义各类业务内容及业务规则。

（3）制定数据管理策略，构建各管理层面向风险管理等主题的数据（仓）库。

（4）对被管理对象的联机业务（OLTP）数据进行整合。

（5）各类管理部门的灵活动态报表处理功能。

（6）管理部门根据业务规则检查各被管理对象数据的合理性和有效性。

（7）对相关数据进行汇总和多维分析，并以多种方式展现和挖掘数据，发现和预示潜在风险。

（8）对被管理对象的业绩进行综合评价，对风险进行评估和预警。

3. HP/INTELLGENT FIRM BUILDER 的组件构成及典型应用物理结构

HP/INTELLGENT FIRM BUILDER 根据金融企业规模，分别采用基础版和专业版两种方式构成金融风险管理平台。两种平台组件的构成仅技术实现手段不同，都提供完备的组件功能。

（1）HP/INTELLGENT FIRM BUILDER 主要由以下组件组成。第一，业务内容定义，针对金融企业数据管理内容，完成各层次的业务数据库创建和管理。第二，机构管理定义，针对金融企业组织机构，定义数据管理规则、访问权限以及系统配置。第三，报表管理中心，提供功能强大的任意格式报表可视化设计/填写上报工具。第四，管理业务构造，针对金融行业特点，通过组件化技术，提供快速管理业务系统构造服务。第五，数据整合工具，按照管理部门定义的管理主题和时间要求，整合被管理对象的业务数据库并存储数据到中央数据库，适应各种异构数据源。第六，风险分析专家，数据的多维度分析和丰富的图形显示功能，及时发现金融风险，并对管理风险进行评估，同时可提供辅助经营决策数据支持。

HP/INTELLGENT FIRM BUILDER 包括以下两大部分。

经营分析：经营状况分析、资产负债分析、客户行为分析、风险分析、投资业务分析。

客户分析：存款状况、资产结构、运营能力、偿债能力、行业风险、贷款比例分析。

（2）HP/INTELLGENT FIRM BUILDER 的典型应用物理结构如图 7-5 所示。

（3）HP/INTELLGENT FIRM BUILDER 产品。

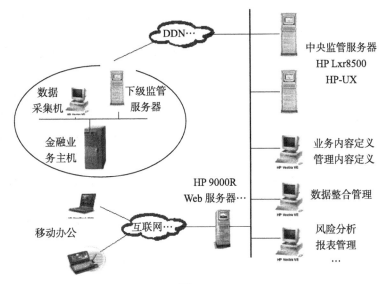

图　7-5

第一，HP/INTELLGENT FIRM BUILDER 基础版——FIRM BUILDER ONE。

针对小规模金融企业提供风险管理、业务经营决策数据支持。

支持硬件平台：PC 服务的小规模数据。

支持操作系统：Windows 9x、NT Server/Workstation、Windows 2000。

支持数据库：各种桌面数据库，如 Sybase SQL AnyWhere 及主流关系数据库。

第二，HP/INTELLGENT FIRM BUILDER 专业版。

针对中大规模金融企业、政府监管机构，采用先进的数据整合、数据仓库技术提供金融风险管理数据服务。

支持硬件平台：Web 服务器、HP 应用服务器、HP 数据（仓）库服务器、PC 工作站。

支持操作系统：Windows 9x、NT Server/Workstation、Windows 2000、HP-UX。

支持数据库：DB2、Oracle、Sybase、Informix、SQL Server 等。

（4）HP/INTELLGENT FIRM BUILDER 的适用领域。

第一，金融监管职能部门以及大型集团企业的数据监管：中央银行及其分支机构、商业银行总部及其分支机构、证监会及其分支机构、保监会及其分支机构、保险公司总部及其分支机构、证券公司总部及其分支机构、大型企业集团总部及其分公司。

第二，中小规模金融企业的内部数据监管（FIRM BUILDER ONE）：小规模城市商业银行、农村信用联社、中小型企业。

第三，各级各类政府机构：国家财政部及其分支机构、税务总局及其分支机构、经委、计委等。

4. 银行业解决方案

本系统实现从总行到分行、支行到分理处的层层监督；适应于数据大集中或分布式数据的管理模式，无论哪级监管都能及时方便地提供分析决策数据，同时也为中国人民银行监管各商业银行提供有效的数据来源。监管的内容包括资金计划监管、信贷监管、风险监管、行政管理、财务管理，及时提供各种监管和分析数据的查询，方便输出各类报表，提供风险预警。

按照统一数据采集、统一监管平台的思想，系统针对中央银行主线的监管可以通过 FIRM BUILDER 的管理中心设置形成"双线四级"的监管模式。系统在构造中心针对中国人民银行对各商业银行的监管内容进行监管指标、监管报表、监管频度等定义，在中国人民银行各下级行和被监管的商业银行进行监管数据采集、汇总、上报，并可以在任意级别对所辖范围内的商业银行的上报数据进行分析、监管指标预警、经营风险排队以及指标趋势预测。

商业银行的内部监控则采用树型结构，实现总行、分行、支行、营业部的逐级监管。我们根据商业银行的业务开展现状及对未来发展的展望，提出建立商业银行智能管理信息平台的思想，基于此思想，对 FIRM BUILDER 进行客户化改造，完成大部分对管理业务的监督需求，如针对各行不同时期的管理重点，设置内控指标，完成统计信息及少量业务信息的逐级采集、上报、汇总、统计分析、预警等功能，并实现初级层次上的辅助决策支持。

对银行业的监管，主要表现在以下方面。

（1）有效采集基础监管数据，建立完整统一的风险监管基础数据库。

（2）通过数据整合，建立以客户为中心的基础数据收集方式，从而为建立客户经理管理平台提供基础数据。

（3）通过按照一定频度对基础数据进行分析，有效掌握业务变化情况，以便调整业务经营方式。

（4）通过对所辖不同支行或者营业网点的比较，科学配置资源，提高劳动生产率。

（5）建立常规汇总、分析、预警、预测模板，为管理人员业务工作提供支持。

（6）通过收集基础数据，进行科学预测，为领导决策提供依据。

（7）通过监管平台的应用，及时发现存在的问题，进行重点监控和整改，防患于未然。

5. 证券业解决方案

本系统可为证券公司及下属机构的监控提供解决方案，并符合中国人民银行及证监会的多级监管方式。监管的内容包括交易指标的监管、异常情况报警、历史数据监管。本系统可提供对深圳、上海交易所的数据标准的支持，提供各类客户数量、成交量及资金的走势等数据，提供各种监督统计分析方式。系统安全、方便、稳定。

与中央银行的"双线四级"监管类似，FIRM BUILDER 可以实现证监会的双线多级监管体系，同时还为证券公司总部提供了对各下属证券营业部的实时监控系统解决方案。

（1）接通任何一个下属营业部，可在总部实时监察该营业部的交易情况：实时综合交易指标（实时委托/成交金额）、满足设定条件的任何一笔交易数据、异常情况并报警、自营交易数据等。

（2）查询任何一个营业部的历史数据，包括异常情况历史记录、自营交易历史记录、满足设定条件的任一笔历史交易等。

（3）以图表的方式直观形象地反映任何一个营业部历史数据的纵向分析结果：综合交易指标走势、各类客户数量比重、各类客户成交量、成交金额比重与走势、各种交易方式成交数量、成交金额比重与走势、资金情况走势。

（4）以图表方式表示营业部间历史数据的横向比较：综合交易指标比较、客户情况比较、交易方式比较、资金情况比较。

（5）有效监控营业部客户保证金管理情况。

（6）建立证券公司资产负债情况分析模型，有效进行数据展现，为领导决策提供依据。

6. 保险行业解决方案

保险行业针对监管机构（保监会及其分支机构）和运营机构（保险公司）应可以实现双线多级风险监管，以及保险公司内部的树状逐级监管。

保险行业包括业务行为监管以及财务监管两个方面。前者完成登记和查询各类业务相关信息，建立对保险公司日常检查的登记管理。日常检查的内容包括：资本金或者营运资金是否真实、充足（作为财务监管的评价结论），是否超业务范围经营，是否违章、违法经营，业务经营状况是否良好（作为财务监管的评价结论），营业场所和安全设施是否符合要求，建立内部各类管理控制制度情况等。

后者完成资本金监管、资产/负债及其比例监管、偿付能力监管、资金运用监管四大类，同时还可以建立其他各类相关的财务报表管理，如损益表、利润表等及其在此基础上的分析。财务监管的基础数据来源为各级保险公司，根据公司规模可以选用专用数据整合产品（如 D2K）完成数据整合，并在此基础上进行各类数据分析、信息发现，防范运营风险，提高保险公司的总体运营能力。

第三节　网络金融的法律法规

一、网上银行法律风险

（一）网上银行的法律风险识别与管理

网上银行面临的法律风险，实际上属于没有任何法律调整，或者现有法律不明确造成的风险。

网上银行出现以后，许多领域都是全新的，法律规则还是一片空白，现有法律是否适用，程度如何，当事人都不太清楚。在这种情况下，当事人一方面可能不愿意从事这样的活动，另一方面也可能在出现争执以后，谁也说服不了谁，解决不了问题。

网上银行还面临洗钱、客户隐私权、网络交易等其他方面的法律风险，所有这些法律风险的存在，都要求银行在从事新的网上银行业务时必须认真检查和识别。

(二) 网上银行的法律风险控制

1. 身份确认问题

对于电话银行、手机银行或是网上银行交易，银行都面临客户身份确认的问题。对银行而言，身份确认要解决交易合同是否确实是真实客户签订的问题。它包括：银行和客户之间用什么方法确认彼此的身份，在这些方法失败时，谁承担失败带来的损失，以及人们是否可以对上述问题进行约定。

2. 损失承担问题

网上银行业务中的损失是由多方面的原因造成的，包括银行的过错、客户的过错、第三方的过错以及不可抗力造成的损失。对于各种损失如何承担，关系到银行、客户等关系人的利益以及电子银行业务的发展。

3. 举证责任和证据形式问题

在诉讼中，对于网上银行与普通消费者之间的电子交易纠纷，法院可能会将主要的举证责任加在银行一方。这是因为，在传统银行业务模式中，交易双方通过打印的存折、客户填制的纸质单据等证明交易的内容，这些证据除银行留存外，大部分都有交客户收持的正本。但在电子银行的交易中，交易数据都储存在银行的服务器中，客户手中不掌握任何交易数据的备份。由于电子数据易于篡改，被投机者利用的可能性相当大。数据只储存在银行，交易过程的记录完全由银行制作掌握，银行在交易中处于绝对优势地位，因此举证责任往往要由银行承担。这种以交易行为的特殊性为由，改变举证责任的做法，在1999年最高法院公报第1期公布的期货交易判例中被承认。因此，如果网上银行在设计业务操作方案时，对业务流程的记录不能满足法院对记录完整性和可靠性的要求，银行就可能被迫承担全部的确认风险。这就对银行数据管理的要求更为严格，如银行管理上有疏漏，就有可能被法院判定有管理上的过错。因此，在网上银行纠纷中银行应注意保全相关证据资料。如电话银行业务，除录音资料外，每日电脑打印的日结单，以及银行定期向客户发出的信函、传真等书面材料，在处理电话银行纠纷中都发挥着重要的作用。但是在证据的证明力上，就证据的来源而言，由双方确认的证据证明力要强于单方提供的证据，如银行提供给客户的单据的证明力要强于银行自己提供的底单。《最高法院关于民事经济审判方式改革问题的若干规定》第二十一条规定，对于证据，仅有本人陈述的，其主张不予支持。另外，在证据的外在形式上，根据民事诉讼法及最高法院的司法解释，非原件的书证、物证不能单独作为定案证据。由于网上银行交易数据记录完全由银行自行制作,在严格的意义上,这些记录应被归入本人陈述一类,这对网上银行纠纷中的证据证明力有很大影响。

4. 网上银行业务中法律风险的防范和化解

网上银行对于法律风险的防范和化解可以通过以下几种手段进行。

（1）客户资格的准入。客户资格的准入是网上银行业务风险控制的第一道防线。例如,银行在办理信用卡业务时,对持卡人的条件进行规定,并对其资信情况进行调查,符合条件的方可办理信用卡。对电话银行的客户在信用、收入、经济活动等方面附加合理的限制条件,只有满足这些条件才能成为电话银行客户。中国工商银行手机银行业务管理办法规定：申请手机银行的客户,首先应当拥有中国工商银行发行的信用卡,同时必须是本地移动电话的用户。对客户资格进行限制,一方面可以掌握客户的资料,培养优质客户群体；另一方面在一定程度上可以防止客户欺诈。

（2）合同约定。金融企业为完成网上银行服务,需要同用户、网络服务商、服务设施的硬件与软件提供商进行交易,对于所述的法律风险,银行可以通过一系列的合同将其分摊出去。如在手机银行业务中,银行与移动通信公司签订合作协议,因移动网络故障造成的损失,由移动通信公司分担；银行与 SIM 卡制造商签订保密协议,对由于 SIM 卡制造商的原因,使用户交易密码失窃造成的损失,由制造商分担；银行与用户签订使用协议,对因用户使用不当造成的损失,由用户本人分担等。同样,在网上银行业务中,银行要与网络硬软件供应商、网络安全认证机构、电子商务特约商户、用户签订一系列的协议,分摊业务中的风险和损失。网上银行业务中的协议大多是银行拟制的,有的由当事人协商确定条款,有的则是网上银行制定的格式合同。《合同法》为防止一方当事人滥用交易优势订立不合理的合同,规定了若干限制性条款。例如,规定因故意或者重大过失造成对方财产损失的,免责条款无效；免责或限制责任的格式条款不提示说明的,免除己方责任、加重对方责任或排除对方主要义务的无效等。所以网上银行在拟定合同文本时,一方面要分摊风险,另一方面也要注意条款的公平性和合法性。

（3）公开交易规则。网上银行业务是一项技术性较强的业务,用户在使用网上银行的时候,对一些交易环节及应注意的事项并不十分明确,银行作为交易的主体,承担告知的义务,这一点类似于《消费者权益保护法》中确定的消费者有知悉的权利,服务提供者有告知的义务。一般网上银行应告知如下内容：网上银行提供的服务内容、网上银行和用户的责任、电子交易记录的确认和领取方法、信用卡丢失的补救方法、误操作的纠正方法、系统安全的措施等。网上银行在与用户签约时可用书面的形式说明交易规则。例如,在中国工商银行手机银行业务中,用户在签订《使用合约》时,银行发给用户《使用手册》,用户按照手册设置各种功能。网上银行也可以采取其他方式,例如公开演示、在互联网上公开说明和介绍等。但这些方式应当符合如下条件：真正地公开,充分说明业务内容及操作方法,能够被用户所理解。

（4）证据保全。在网上银行业务中,银行将面临主要的举证责任,虽然银行单方面的举证在证据效力上存在一定瑕疵，但网上银行业务无纸化的特点，决定了银行的电子记录及打印的某些单据，将成为重要的证据。例如，在电话银行业务中，银行除了保全语音资料、信息处理过程以外，对每日计算机打印的日结单，以及定期向客户发出的对账单等书面材料也应妥善保存。在网上银行业务中，银行应保存好交易过程的全部电子记录，以便在纠纷中处于主动地位。银行在保全证据中，考虑到诉讼时效问题，这些资料的保存时间，按照民事诉讼法的有关规定，至少在两年以上。由于《合同法》规定：数据电文与传统书面合同具有同等法律效力，一旦发生纠纷，数据电文同样具有法律上认可的证据效力。对此，网上银行应该高度重视计算机及其他机器设备的运用、维护及管理，建立健全有关规章制度，加强管理，明确保存和管理电子数据的有关措施，采取适当方式，妥善保存各类电子数据信息；加强员工技术培训，避免操作失误，防止因数据丢失致使银行的权利得不到法律保护。

（5）强化管理。网上银行业务能否顺利、快速地发展，减少业务纠纷，很大程度上取决于该业务的安全保密工作是否到位。做好安全保密工作，一方面要采用先进的技术手段，加强网络传输过程中的加密、解密，设置严密的安全防火墙；另一方面则是要加强网上银行内部的管理，对业务管理人员应进行保密工作的训练，并设计合理的数据管理岗位，专人、专岗，做到管理人员之间互相制约、互相监督。通过强化管理，将由于内部管理人员故意或过失造成的损失降低到最低点。

（三）信用卡业务的法律风险及防范

1. 信用卡业务法律风险的种类

（1）持卡人的原因产生的风险：持卡人信用变化的风险、持卡人的恶意透支风险。

（2）发卡机构的管理风险：员工管理风险、技术风险。

（3）特约商户的操作风险：特约商户在受理信用卡时，应严格按照有关的规章制度办事，否则将会形成一定的风险。发卡机构应当加强对特约商户的管理，对特约商户因故意或过失违反受理协议中约定的义务的行为予以重视，及时纠正。

（4）不法分子的诈骗风险：不法分子诈骗风险是指不法分子以非法占有为目的，用虚构事实或隐瞒真相的方法，利用信用卡的各种功能，骗取特约商户或发卡银行的款项而形成的风险。

2. 信用卡业务风险的防范措施

（1）对持卡人信用风险的防范。

第一是严格资信审查，即必须设定科学有效的资信评估指标，并随着形势的发展做适当的调整和补充。对个人申请人应设定收入水平、支出水平、家庭财产月现金流量及变现量、主要持卡用途等指标。对单位申请人除现有评估指标外，增设财务状况、资信状况、诉讼情况、发展前景等指标。同时对资信评估指标进行量化处理，不同指标设定不同分值，并根据分值的高低确定申领人的不同资信等级，对不同等级的申领人授予不同的信用额度。

第二是采用科学的资信审查方法，避免审查流于形式，除书面核实、电话访问方式外，还可通过其他间接方式，如核对其保险资料等方式，对申领人的资信状况进行审查。

第三是建立持卡人信用档案，尤其对透支频繁、收入水平较低、职业不稳定，且还款能力差的持卡人进行跟踪监督，一旦发现其信用状况恶化，立即采取降低授信额度、止付、取消用卡资格等办法防范可能出现的风险。

第四是由于各地经济发展水平、各行业在各地的发展状况、各种所有制性质的经济成分发展程度等因素的不同，各地对较高收入阶层的界定也不相同，因此，在资信评估上，应给予各金融企业一定的自主权。

（2）特约商户操作风险的防范。

（3）发卡机构内部管理风险的防范。

（4）信用卡诈骗风险的防范。

第一是提高信用卡的制作水平，增强信用卡的安全性和保密性。国外的信用卡发卡机构普遍采取了现代高科技防伪技术制作信用卡，使信用卡的诈骗率大大降低。例如，发卡机构可以采取一些安全措施，如采用保密性较强的水印磁条或全息磁条，采用防伪性较高的防涂签名，推广彩照卡及IC智能卡等。

第二是进行业务技能培训，提高一线员工的素质。信用卡是高风险的金融业务，因此，对一线员工要从思想上强化其风险防范意识，克服其工作马虎、大意的心理，杜绝人为因素造成的操作失误；要提高其业务素质，严格执行操作程序，严守操作规程。在业务操作中做到卡上姓名、性别与持卡人、持卡人身份证相一致，单据签名与卡背面签名相一致，卡、证、单核对相符，不给犯罪分子以可乘之机。此外，发卡机构应严格管理，妥善保管空白信用卡及有关单据，以免遗失或被盗，堵塞管理漏洞。

第三是加强信用卡业务的电子化建设。信用卡业务的诈骗风险很大程度上与电子化建设滞后有关。在信用卡业务迅猛发展的今天，对信用卡业务的电子化建设要重点在电脑联网、通信设施建设等方面投入。

第四是建立信用卡风险岗位监督制约机制。发卡机构的稽核部门应不定期地对信用卡风险岗位进行检查，查出问题及时整改。同时，对特约商户要定期检查，对发现有诈骗行为的商户，应坚决予以撤销，决不姑息迁就。

二、网上银行国际立法概况

(一) 网上银行相关国际法律法规现状

1. 安全套接层协议

SSL协议是由网景公司研制的一种对计算机之间整个会话过程进行加密的安全通信协议，采用公开密匙和私有密匙两种方法进行网络安全管理。SSL协议能够对信用卡和客户私人信息提供较为安全的保护。

2. 安全电子交易协议

1997年12月，维萨和万事达公司联合开发了SET协议。SET协议的目的是为了解决用户、企业和银行之间通过信用卡支付的交易安全性，保证支付信息的机密、支付过程的完整、商户和持卡人的身份合法，以及简洁的可操作性等。其核心技术包括公开密匙加密、电子数字签名、电子信封和电子安全证书等。

3. 身份证认证的CA体系

CA是英文Certificate Authority的缩写，译为"认证中心"。CA在电子商务中的显赫地位基本上是由电子商务的主流协议——SET协议确定的。在SET协议中，CA被定义为一组权威的资格认证机构。CA通过在线或离线方式对申请加入者进行资格审查，对合乎条件的（真实可信、有信用的）申请者发放数字化的证书。CA是与具体交易行为无关的第三方机构或组织，交易范围越广泛，所需的CA权威性就越高，反过来也一样。在具体措施上，网上银行的CA认证机制只安装在客户的个人计算机上，即使信用卡遗失了，第三方也无法用它进行网上购物，除非第三方窃取了客户的信用卡号和密码，然而，发生这种情况的概率是极小的。

4.《电子商务示范法》

《电子商务示范法》由联合国国际贸易法委员会于1996年通过，是用于在商业活动方面使用的一项资料。作为国际组织制定的统一规则，它必然对各国的国内法产生重要影响。该示范法还明确规定，对本法做出解释时，应考虑到其国际渊源以及促进其统一适用和遵守诚信的必要性。

5.《全球电子商务纲要》

1997年，克林顿总统颁布了美国政府的电子商务政策，称为《全球电子商务纲要》，其中将法律作为一个重要部分。法律部分包括的内容有：在互联网上开展商务活动的"统一商务法规"，知识产权的保护，个人隐私安全，欧盟电子商务行动方案。

1998年10月，OECD成员方部长和来自非OECD成员方、消费者以及社会利益团体的代表聚集渥太华，共同商讨促进全球电子商务发展的计划。会议体现了在努力实现全球电子商务行动计划方面的进展。电子商务本质上是全球性的，因此所有电子商务的政策和行动必须有利于全球性发展。通过此次会议，OECD成员方政府认识到了政府间协作的重要性，认识到了与工商界、劳工界和消费者合作开发以及应用电子商务的重要性。同时，他们一致认为在促进全球电子商务的发展方面具有四个十分重要的主题：建立用户和消费者的信任，建立数字化市场的基本规则，加强电子商务的信息基础结构，充分受益。

电子商务行动计划一方面明确指出了电子商务会提出许多需要政府干预的重要公共政策问题，另一方面要求政府在某些问题上采取"放手"政策，以鼓励建设基础设施上的公平竞争。政府政策干预在知识产权保护、税务和消除壁垒等方面是必要的，但在个人隐私和有害内容等问题上，商业界的解决方案，例如自律和技术工具等，比立法方式更有利。

(二) 电子资金划拨的国际立法现状

1. 电子资金划拨的立法现状

1978 年 11 月，美国国会制定了《电子资金划拨法》来调控小额电子资金划拨，这主要是为了保护自然人在电子资金划拨中的权益而制定的。它要求提供电子资金划拨的银行公开其与客户之间的有关权利义务、正常操作程序和错误更正程序，要求银行必须根据客户的支付指令正确、及时地执行资金划拨，银行如不履行义务，必须赔偿客户由此遭受到的损失。该法还规定了银行和客户在发生未经授权划拨的情况下的风险分担问题，规定客户如遵守一定的守则，金融机构便分担一部分损失；反之，全部损失由客户承担。

1989 年 8 月，美国"统一州法委员会"针对商业性电子资金转移制定了《统一商法典》第 4A 编（UCC 4A），来调控大额商业性电子资金划拨，但又不仅限于电子资金划拨这一种方式。目前，美国《统一商法典》已成为美国管辖大额电子资金划拨最重要的法律。《统一商法典》第 4A 编对进行电子资金划拨的银行的责任进行了限制。在接受了支付指令的银行没有执行划拨、错误执行划拨或延迟划拨的情况下，支付指令人有权要求银行偿还所指令支付的资金的本金和利息，银行不对间接损失承担责任，其责任仅限于资金划拨的费用及被指令划拨的资金的利息。

对于未经授权的资金划拨，发送人应对其支付命令的金额负责，除非发送人证明了三项事实：它遵循了发送人与接收银行间检测错误的支付命令的安全程序；接收银行没有遵循安全程序；如果接收银行遵循了安全程序，错误本来是能够检测出来的。不能证明三项事实中的任何一项，将导致发送人承担损失，银行有权要求客户支付所划拨的资金。如果银行和客户之间没有建立合理的身份认证程序，则根据代理法等其他法律原则进行调整。

随着跨国电子资金划拨日益普遍，联合国国际贸易法委员会根据美国《统一商法典》第 4A 编，制定了有助于减少各国相关电子支付法令的差异的《国际贷记划拨示范法》。事实上，不论是美国的《电子资金划拨法》《统一商法典》第 4A 编，还是联合国国际贸易法委员会制定的《国际贷记划拨示范法》，都不很完善，远没有达到其他法律的标准；但它们毕竟对当事人的权利义务关系、未经授权划拨等做出了规定，一旦出了问题能够依据法律来判定当事人的风险责任。

2. 电子资金划拨的主体界定

无论是传统的资金划拨，还是电子资金划拨，其主要作用都是保证交易安全、顺利，因此调整电子资金划拨的法律原则与传统的资金划拨一样，都是鼓励交易。在法律关系方面，由于添加了新技术元素，电子资金划拨的当事人及其权利义务要比传统的资金划拨复杂得多。

从电子资金划拨的整个过程来看，电子资金划拨主要有下列三种当事人：指令人、被指令人和收款人。其中，指令人和收款人比较好理解，他们就相当于传统资金划拨中的付款人和收款人，而指令人同时又是整个电子资金划拨活动的开端，由他发出第一项资金划拨指令，后面一系列被指令人都是按他的意思来进行的。被指令人则体现了电子资金划拨的复杂性。通常传统资金划拨只在一两家银行之间进行，被指令人就只有那一两家银行。在电子资金划拨中，银行间划拨变得频繁，除了付款人银行和收款人银行以外，还有中介银行和银行间清算组织。作为整个资金划拨的中间传递环节，它们可能不存在，也可能不止一个，它们充当的是付款人银行和收款人银行的被指令人。电子资金划拨进行的过程，就是指令人签发支付命令、被指令人接受支付命令与执行支付命令的过程。至于我们前面提到的计算机制造商、通信线路提供商和电力公司等，只是与资金划拨有关的当事人，仅限于被涉及，而不属于电子资金划拨活动本身的当事人。

指令人的权利是要求被指令人按照指令的时间及时将指定金额的资金划拨给指定的收款人。如果被指令人没有履行或没有完全履行义务，指令人有权要求被指令人赔偿因此造成的损失，这也是被指令人的义务。同时，指令人的义务是向被指令人支付划拨资金及费用，被指令人有权要求指令人支付要划拨的资金和费用。指令人与被指令人的义务产生于被指令人接受指令人的支付命令时。一旦被指令人接受指令人的支付命令，支付命令的指令人与被指令人就都受支付命令的约束，承担相应的义务并享有相应的权利。收款人则纯粹是一个被动的主体，他只有接受资金的权利而没有任何义务，实际并不属于电子资金划拨的当事人。

指令人与被指令人之间永远是合同上的法律关系，且每一个当事人都只与其直接指令人与被指令人有合同关系，换言之，如果指令是由于当事人的非直接被指令人的过错而没有履行、延迟履行或不适当履行，指令人无权向直接责任人主张权利，而只能向自己的直接被指令人要求赔偿，依此类推。对于付款人和收款人来说，他们之间并不是划拨意义上的合同关系，而是基于电子资金划拨的基础关系，他们之间的权利义务关系不在电子资金划拨中体现。

电子资金划拨的法律特性非常特殊，它与票据一样具有无因性，即无论电子资金划拨的基础法律关系是否合法有效，资金一经支付就是有效的，收款人对所收到的资金享有完整的权利。电子资金划拨中的支付不可撤销，付款人或第三人不能要求撤销已经完成的电子资金划拨，只能依据其基础法律关系向收款人主张权利，哪怕是犯罪分子利用电子资金进行洗钱活动，也不能否定电子资金划拨本身的有效性。这主要是出于对维护交易安全、简化法律关系的考虑。因为电子资金划拨涉及的当事人众多，如果由于基础关系的效力问题导致电子资金划拨无效，就将牵动整个划拨活动的所有当事人，则各方当事人的法律关系需要重新确定。这无疑增加了法律关系的复杂性和纠纷解决的成本，显然与支持电子交易活动的法律原则背道而驰。

（三）美国的电子资金划拨法律

1. 美国联邦电子资金划拨法概述

1976年为了促进电子资金结算系统有秩序地发展，以及制定行政、立法措施，议会通过并建立了电子资金划拨全国委员会（National Commission on Electronic Fund Transfers），并开始运作。该委员会于 1977 年完成的最终报告中，特别对确定电子资金移动中消费者的权利及义务做了明确的界定，并提出了立法的一系列措施。

据此，议会于 1978 年，以对联邦消费者信用保护法追加内容的形式，制定了联邦电子资金划拨法。

（1）法律适用范围。联邦电子资金划拨法是以由电子终端机、电话相关设备、计算机以及磁性存储设备等进行的电子资金移动为对象而立法的。该法律并不局限于银行 POS 机、ATM 机、电话支付系统、自动转账系统等具体的对象，出于对将来技术创新的预见，对电子资金移动从法律上做了界定。

（2）主要内容。法律的主要内容大体可以分为：事前的程序（事前明示、事前授权转账的程序等）、事后的程序（交付记录、解决出错的程序等），以及金融机构与消费者之间的责任分担规则（即"50 美元规则"）等。现将这些项目的主要内容概括如下：第一，事前明示。对消费者的责任、权利，以及出错时的解决程序等交易条件，金融机构有义务在交易开始前明确指示。此外，交易条件的变更，必须在交易开始的 21 日前用书面形式将内容通知对方。第二，事前授权转账。自动转账中，由消费者授予的权限只能用书面形式确定，该书面的副本必须交给消费者，消费者有停止支付权。另外，转账金额有变更时，必须事前通知消费者。第三，交付记录。所有的电子资金移动的书面记录（不包括根据电话的支付），必须在用终端机支付时交给消费者，并有义务定期向消费者提交有关中间计算报告书。第四，解决出错。接到消费者的出错通知时，金融机构必须在一定时间内调查，并报告结果。另外，假如有错误发生，金融机构必须包括支付利息在内迅速订正错误。第五，无权限交易和消费者的责任。当出现不享有权限的第三者与金融机构发生交易（无权限交易）时，假如消费者有过失，对此即使金融机构已经证实，但在一定条件下，消费者负担的受害额被限定于 50 美元（即 50 美元规则，根据情况也有被限定于 500 美元）。第六，金融机构的责任。已经证实金融机构确实尽到了妥善管理及充分注意的义务的情况除外，金融机构对资金移动的欠妥处理等直接原因造成的所有损害，金融机构对消费者负全部责任。

（3）50 美元规则的具体内容。第一，消费者发现现金卡等电子资金移动的使用工具丢失、被盗之后，在两个营业日终了之前，将该情况通知金融机构的情况下，消费者对受害的负担额限定在 50 美元以内（50 美元与实际发生的无权限交易额中，取数额小者），对于该数据以上的金额，消费者不负责任。第二，在两个营业日之后通知的情况下，消费者对受害的负担额限定在 500 美元以内（500 美元与实际发生的无权限交易额，取数额小者）。其中，消费者在收到中间计算报告书后 60 日内，对于该报告书记载的无权限交易，未向银行指出的情况下，满 60 日之后，该无权限交易由消费者负无限责任。在联邦电子资金划拨法制定时，金融机构一方主张采用与支票同样的过失标准。对此，消费者一方认为金融机构有优越的法律手段，使用暧昧的过失标准会给消费者带来极不利的结果，因此，主张与消费者信用保护法的有关贷款真实性规定中信用卡丢失的情况一样，不管无权限交易的原因如何，消费者负担的受害额限制在 50 美元以内。第三，法律采纳了消费者一方的主张，即信用卡的责任负担方式采用联邦电子资金划拨法。所谓 50 美元的金额，并未明确指出其根据，不过，在美国一般来说，这个数额对于消费者既不太严也不太松，是能够承受的合适金额。当初强烈反对的金融机构一方，后来也承认了这个规则。关于限定消费者的责任金额有其负面效果，例如，指使熟人支取大量现金，而自己将此作为丢失现金卡逃避责任等恶意使用的案例时有发生，对此，金融机构采取了一些防范措施，譬如，限制 1 天内的最高支取额，或者要求客户设定复杂的密码等。

（4）联邦电子资金划拨法具有的私法效力。关于该法律具有的私法效力，在该法律第 914 条做了以下规定："消费者与他人之间的书面及其他形式的任何契约中，不得包括能够决定放弃由本法赋予的消费者权利或由本法设定的诉讼原因的规定。但是，本条规定并不禁止以下情况：通过书面及其他形式的协议，规定比本法赋予的内容更广泛的消费者权利及援助手段，或者给予消费者更大的保护措施，以及消费者在争议或诉讼过程中可以自行放弃权利等。"该法律的全部规定是强行规定，缔结与此抵触的契约，法律不予承认。此外，还有追究包括惩罚性的损害赔偿责任在内的、有关民事责任以及刑事责任的条款（第 915 条、第 916 条）。但是，该法作为联邦法，允许州法中存在比该法对保护消费者权益更有利的规定，实际上，有的州法在制定时，已经做出了比联邦电子资金划拨法更有利于消费者的规定。

2. 美国 UCC 4A 概述

（1）制定统一新支付法典的尝试。联邦电子资金划拨法是以保护客户在广泛使用的电子资金移动中的切身利益为出发点的，始终是以个人消费者为服务对象的零售银行领域的立法。关于银行与银行之间、银行与企业之间的大额资金支付，依然依据银行与银行间、银行与企业客户间的契约进行。

另外，银行间跨行联网清算系统、票据交换所跨行支付系统（Clearing House Interbank Payment System，CHIPS）等，也制定了各种各样的内部规定，尽管 Fed Wire（FRB 运营的大额美元清算系统）根据联邦储备法第 16 条的规定，制定了联邦储备体系理事会条例 J 的 B 篇（Subpart B），但是，这些内容未必充分，这一法律冲突仍需要得到良好的协调解决。

（2）《统一商法典》第 4A 编的制定。第一，背景。统一新支付法典第三草案虽然被否决了，但是，由于 1978 年制定的联邦电子资金划拨法中，未涉及关于进行大额资金支付的电报转账（Wire Transfer）的法律问题，所以，美国又决定进行有关这方面的立法工作。通过 Fed Wire、CHIPS 进行的大额电子资金移动中，金融机构与客户之间的契约有许多不完备之处，因此，即使在金融机构中，要求对大额电报转账立法的呼声也相当强烈。因此，1985 年统一州法全国委员会成立了属下的"关于电子支付法修改委员会"，决定在《统一商法典》中，增加一章即"第 4A 编"，对企业与金融机构之间即法人之间通过电子支付网络进行的大额资金转账中，当事者之间的权利、义务关系从法律上予以明确规定，随后正式开始立法工作。第二，主要内容及特征。《统一商法典》第 4A 编可称作 UCC 4A，1989 年 8 月被统一州法全国委员会采纳，决定推荐给所有的州作为各州的州法使用。但获得所有州的议会通过需要若干年的时间，不过，在纽约、加利福尼亚等主要的州，作为州法已经被州议会采纳。

另外，运营 CHIPS 的纽约票据交换所协会，在该系统的规则中，把增加了 UCC 4A 的纽约州法指定为基本法。同时，FRB 于 1991 年 1 月，采用 UCC 4A 作为规定利用 Fed Wire 进行资金移动的当事人责任、义务的法律依据。

UCC 4A 考虑到大额资金移动的特点，一是高额的，当事者是企业和金融机构；二是速度极快的；三是以极低的价格提供服务等，所以决定将规定有关当事者间的风险（损失）分配作为主要目的之一。其具体的内容特征是：规定了作为支付指令指向的银行，对接受指令的结果具有的权利、义务关系，接受前不承担义务；关于由无权限交易带来的损害，银行对支付指令的确认已经使用了交易上合理的安全手段（例如，认为采用了合适的密码技术确认方式等）的情况下，客户对该无权限交易要负责任；由延误资金入账带来的损失，赔偿的范围限定于资金移动费用、因不恰当的处理发生的附加费用以及利息，对损失产生的结果不负赔偿责任（即结果损害除外）；在划拨未完成的情况下，付款银行原则上对划拨委托人负有连利息返还划拨资金的义务。

（四）关于电子资金划拨立法的国际进展

1. 资金返还义务

所谓资金返还义务，通常称作资金返还保证，示范法采用了这一概念，规定在划拨尚未完成时，作为付款银行不论有无故意或过失，作为原则，对于划拨委托人，有连利息在内返还划拨资金的义务。这点不能因当事者的协议而变更，是根本的强行规定，银行因为该划拨会带来明显的风险，对支付指令不能接受的情况除外，付款银行不能免除返还划拨资金的义务。

2. 对延误利息的损害赔偿责任

出现延误划拨时，对于该延误负有责任的银行，对收款人负担赔偿责任的范围，除去银行有故意或过失的情况，只限于延误期间对于支付指令金额的利息，对于损失带来的结果（即结果损害）的赔偿责任除外。

3. 关于无权限交易损害的责任

关于无权限交易造成的损害问题，在结算中，如果采用了银行与客户之间预先协议的安全手段，银行一方对电子报文送来的支付指令，在确认了客户授权的真实性之后，承诺了该支付指令的情况下，即使支付指令是无权限的，客户也必须对因此造成的损害承担责任。

示范法与条约不同，是给各国立法当局提供国内立法依据而制定和通过的。因此，是否作为国内的法律而立法，则由各国政府确认或决定。

(五) 中国网上银行相关法律法规状况

1. 中国国内网上银行法规建设的起步

中国国内网上银行采用的基本上是类似会员守则这样的协议来约束客户的行为的管理办法。网上银行首先向客户说明其权利和义务，以及与银行的关系，协议的签署以客户自愿为原则，这种协议没有真正的法律约束力。因此，一旦出现纠纷，只要诉诸法律，就增加了网上银行的市场风险程度。此外，在网上银行的系统风险依然很高的情况下，缺乏相应的法律保护，意味着将银行、客户及运营网络的第三方都置于风险之中，进一步增加了执法的难度。由于网上银行在中国还处于起步阶段，缺乏专门的网上银行立法，对于网上交易权利与义务的规定散见于《刑法》《民法》及《计算机信息系统安全保护条例》等传统法律中。

2. 中国国内网上银行法规建设的发展

中国已经在新的《合同法》中承认电子合同与纸张式的书面合同具有同等的法律效力，但是，数字签名的技术问题及相应的制度还没有解决或建立起来。这样，按照现有中国的法律制度，数字签名不具有法律效力，还必须在纸张上签名才具有法律效力。然而，美国和新加坡等国家已经明文规定数字签名与手写签名具有同等的法律约束力，从而使当地的虚拟金融服务市场得到一个被法律有效保护的发展空间，并不断创造出新的虚拟金融产品。

对网上银行的破产、合同执行情况、市场信誉、银行资产负债情况和反欺诈行为等方面，政府制定的网上银行法或管制条例可以起到一定的作用，但是，有效的网络信息市场上的信息披露制度能够将各种可能诉诸法律的事件降低到相当低的水平。因此，在政府制定的各种法律及管制措施中，对违规的网上银行的惩罚莫过于在互联网上公布其"劣迹"，这将是管制当局对违规网上银行的最高惩罚之一。

中国《刑法》第二百八十五条、第二百八十六条就是对侵入计算机信息系统、破坏计算机信息系统功能、破坏计算机资料（程序）、制作（传播）计算机病毒等罪行的法律规定，这两条都是1997年《刑法》增加的内容。第285条指的是："违反国家规定，侵入国家事务、国防建设、尖端科学技术领域的计算机信息系统的，处三年以下有期徒刑或者拘役。"该罪属于行为犯罪，主观上必须是故意的，客观上是采用非法跟踪、解密等手段侵入重要领域的计算机信息系统。《中华人民共和国计算机信息网络国际联网管理暂行规定实施办法》第十八条规定，不得在网络上散发恶意信息，冒用他人名义发出信息，侵犯他人隐私。《计算机信息网络国际联网安全保护管理办法》第七条规定："用户的通信自由和通信秘密受法律保护。任何单位和个人不得违反法律规定，利用国际联网侵犯用户的通信自由和通信秘密。"上述这些规定无疑为保护网络隐私权奠定了法律基础，但缺乏明确具体的规定，不便于实际操作。

1996年，中国人民银行制定并颁布了《信用卡业务管理办法》，1999年在此基础上又颁布了《银行卡业务管理办法》。1997年中国人民银行制定并颁布了《中国金融集成电路（IC）卡规范1.0版》，2005年在此基础上又颁布了《中国集成电路（IC）卡规范 2.0 版》。2001 年，为规范网上银行业务，中国人民银行又制定了《网上银行业务管理办法》。

2004 年 8 月 28 日，第十届全国人大常委会第十一次会议表决通过了《电子签名法》。这部法律规定，可靠的电子签名与手写签名或者盖章具有同等的法律效力。《电子签名法》的通过，标志着中国首部"真正意义上的信息化法律"正式诞生，已于 2005 年 4 月 1 日起施行。电子签名是指数据电文中以电子形式所含、所附用于识别签名人身份并表明签名人认可其中内容的数据。通俗点说，电子签名就是通过密码技术对电子文档进行的电子形式的签名，并非书面签名的数字图像化，它类似于手写签名或印章，也可以说它就是电子印章。

法律规定，在电子商务交易中，双方使用电子签名时，往往需要由第三方对电子签名人的身份进行认证，向交易对方提供信誉保证，这个第三方一般被称为电子认证服务机构。电子认证服务机构从事相关业务，需要经过国家主管部门的许可。

法律规定，电子签名必须同时符合"电子签名制作数据用于电子签名时，属于电子签名人专有""签署时电子签名制作数据仅由电子签名人控制""签署后对电子签名的任何改动能够被发现""签署后对数据电文内容和形式的任何改动能够被发现"等几种条件，才能被视为可靠的电子签名。法律还规定，当事人可以选择使用符合其约定的可靠条件的电子签名。

为保护电子签名人的合法权益，法律规定，伪造、冒用、盗用他人的电子签名，构成犯罪的，依法追究刑事责任；给他人造成损失的，依法承担相应的民事责任。

这部法律规定，电子签名人或者电子签名依赖方因依据电子认证服务提供者提供的电子签名认证服务从事民事活动遭受损失，电子认证服务提供者不能证明自己无过错的，电子认证服务提供者承担赔偿责任。法律还规定，未经许可提供电子认证服务的，由国务院信息产业主管部门责令停止违法行为；有违法所得的，没收违法所得；违法所得三十万元以上的，处违法所得一倍以上三倍以下的罚款；没有违法所得或者违法所得不足三十万元的，处十万元以上三十万元以下的罚款。

《电子签名法》规定，涉及停止供水、供热、供气、供电等公用事业服务的文书，如果采用电子签名、数据电文，并不适用于这部法律的调整范围，可能不具有法律效力。另外，"涉及婚姻、收养、继承等人身关系的""涉及土地、房屋等不动产权益转让的"，也不适用于这部法律的调整范围。

随着这部法律的出台和实施，电子签名将获得与传统手写签名和盖章同等的法律效力，意味着在网上通行有了"身份证"。专家认为，这部法律将对中国电子商务、电子政务的发展起到极其重要的促进作用。

随着中国加入 WTO 以及金融业的逐步对外开放，越来越多的外国银行及其他金融机构将加盟中国市场，无论从金融机构监管还是从规范金融市场的角度出发，均需要一套完备的金融法律制度，银行保密法的制定和完善无疑是极为关键的。

2010 年 6 月 21 日，中国人民银行正式对外颁布《非金融机构支付服务管理办法》，并于 2010 年 9 月 1 日起施行。该办法明确规定，非金融机构提供支付服务，应当依据《非金融机构支付服务管理办法》规定取得支付业务许可证，成为支付机构，支付机构依法接受中央银行的监督管理。2010 年 12 月 1 日，中国人民银行发布《非金融机构支付服务管理办法实施细则》，并于 12 月公布首批 17 家第三方支付企业名单。至 2011 年 12 月 22 日，已有 101 家企业获第三方支付资格。

2012 年 01 月 5 日，中国人民银行起草《支付机构互联网支付业务管理办法（征求意见稿）》，并向社会公开征求意见。飞机票、火车票先后执行实名制，互联网支付账户的实名制规定是中国人民银行意见稿中的重心。中国人民银行发布的《支付机构互联网支付业务管理办法（征求意见稿）》中明确规定：支付机构需对客户身份信息的真实性负责；支付机构不得为客户开立匿名、假名支付账户；个人客户申请开立支付账户时，支付机构应登记客户的姓名、性别、国籍、职业、联系方式以及客户有效身份证件的种类、号码和有效期限等身份信息，并对客户基本身份信息的真实性进行审核。

第四节　互联网脱媒金融给监管带来巨大挑战

一、非法集资的风险

根据《最高人民法院关于审理非法集资刑事案件具体应用法律若干问题的解释》第一条，非法集资应当同时满足四个条件，①未经有关部门依法批准或者借用合法经营的形式吸收资金；②通过媒体、推介会、传单、手机短信等途径向社会公开宣传；③承诺在一定期限内以货币、实物、股权等方式还本付息或者给付回报；④向社会公众即社会不特定对象吸收资金。从形式上看，众筹平台这种运营模式未获得法律上的认可，通过互联网向社会公开推介，并确实承诺在一定期限内给以回报（募捐制众筹除外）。其中，股权制众筹平台以股权方式回报给出资者，奖励制众筹平台主要以物质回报的方式，借贷制众筹平台以资金回馈方式回报给出资者，且均公开面对社会公众。所以，单从这一条文来讲，众筹平台的运营模式与非法集资的构成要件相吻合。

但是，除了要考虑众筹平台是否符合"非法集资"的形式要件，还要深入考察众筹平台是否符合对"非法集资"犯罪定性的实质要件。《最高人民法院关于审理非法集资刑事案件具体应用法律若干问题的解释》的立法目的中写道"为依法惩治非法吸收公众存款、集资诈骗等非法集资犯罪活动，根据刑法有关规定，现就审理此类刑事案件具体应用法律的若干问题解释如下"。可见，该司法解释的出台是为了惩治非法吸收公众存款、集资诈骗等犯罪活动，是为了维护中国社会主义市场经济的健康发展。反观众筹平台，其运营目的包括鼓励支持创新、发展公益事业及盈利。良性发展的众筹平台并不会对中国市场经济产生负面影响，不符合非法集资犯罪的实质要件，但也要严防不法分子以众筹平台或者众筹项目骗取项目支持者和出资人资金的行为。

二、代持股的风险

凭证式和会籍式众筹的出资者一般都在数百人乃至数千人。部分股权式融资平台的众筹项目以融资为目的吸收公众的资金，投资者为有限责任公司的股东，但《公司法》第二十四条规定，"有限责任公司由五十个以下股东出资设立"。那么，众筹项目所吸收的公众股东人数不得超过五十人。如果超出，未注册成立的不能被注册为有限责任公司；已经注册成立的，超出部分的出资者不能被工商部门记录在股东名册中享受股东权利。目前在中国，绝大部分对股权式众筹项目有兴趣的出资者只愿意提供少量的闲置资金来进行投资，故将股东人数限制在五十人以内，将导致无法募集足够数额款项来进行公司运作的后果。因此，在现实情况中，许多众筹项目发起者为了能够募集足够多的资金成立有限责任公司，普遍采取对出资者建议采取代持股的方式来规避《公司法》关于股东人数的限制。采用代持股的方式虽然在形式上不违反法律规定，但在立法精神上并不鼓励这种方式。当显名股东与隐名股东之间发生股东利益认定相关的争端时，由于显名股东是记录在股东名册上的股东，因此除非有充足的证据证明隐名股东的主张，一般会倾向于对显名股东的权益进行保护。所以这种代持股的方式可能会导致广大众筹项目出资者的权益受到侵害。

三、知识产权权益受到侵犯的风险（盗版投机的存在）

奖励制众筹平台成立的主要目的之一在于挖掘创意、鼓励创新，其上线众筹项目的发起者的主要目的在于实现其创意，贩卖其创意，而出资者的投资出发点在于支持创意、购买新颖的产品。但是发布在奖励制众筹平台的众筹项目大都是还未申请专利权的半成品创意，故不能依知识产权相关法律保护其权益。与此同时，几个月的众筹项目预热期给了盗版商"充分的"剽窃时间。所以从保护知识产权利益的角度出发，许多众筹项目的发起者只向公众展示其创意的部分细节。连带下来，具有出资意愿的创新爱好者由于无法看到项目全貌而无法对产品形成整体、全面的印象，也就大大降低了其投资兴趣和投资热情。所以中国知识产权相关法律法规在创新性众筹项目方面的缺失降低了创意发布者的创新积极性，也使众筹项目出资人对创新项目的支持力度大打折扣，严重限制了众筹行业的发展。

四、非标准化风险

众筹在国内正处于刚刚兴起的阶段，发展不成熟，没有建立一个行业的标准。目前，虽然各家众筹网站基本已建立起各自模式化的流程和标准，用于项目的申请和审核，但项目能否上线最终还是依某一团队的经验判断。项目的风险、金额设定、信用评级基本取决于平台方，存在可操作的弹性空间，而不同团队能力良莠不齐，对风控、操作的把握也各异，像"众贷网"一样由于经验不足导致失败，给出资者造成损失的案例并不少见。

五、欺诈行为

当下多数出资参与者对众筹项目的收益形式和风险点还缺乏必要的了解。五花八门的众筹项目非常吸引众人的目光，一些可能的欺诈行为也会打出高收益的"噱头"。由于众筹参与的门槛相对较低，出资金额小，其中的风险更容易被忽略，造成损失后也更难追讨。

六、法律、监管机制不完善

由于众筹刚刚兴起，国内缺乏针对它的相关法律条文和相应的监管监督机制，相应的众筹平台自身也缺乏管理经验。因此，众筹在未来的发展，一方面，要完善他律，可通过严格众筹网站平台方的准入和审核，营造相对安全和公平竞争的市场环境，引入第三方资金托管机构，降低众筹平台资金预留、挪用和沉淀的风险；另一方面，平台方要加强自律，负起对上线项目进行严格线下考核和客观评估的责任，建立项目发行人披露制度，推动众筹标准化进程。众筹平台还需加强对募投资金的监控，并对出资人进行明确的风险提示，防止普通出资者在非理性情况下做出错误选择。没有规矩，不成方圆。众筹业未来持续发展，规范将是关键。

本章关键词

风险管理　监督管理　法律法规

本章小结

本章以网络金融风险管理、监督管理和法律法规为重点分析业界的现状与趋势，同时分析互联网脱媒金融带来的挑战和亟待解决的问题。

本章思考题

1. 举例分析网络金融风险管理措施，并就如何防范和化解风险谈谈你的设想。
2. 举例分析网络金融监管的措施，并就如何加强网络金融监管更有效谈谈你的设想。

第八章 网络安全管理

教学要求

1. 了解防火墙技术的特点与类型。
2. 了解数字加密技术的特点与方法。
3. 了解身份认证技术分析的方法与应用。
4. 了解金融认证中心的设计特征与实现条件。
5. 熟悉金融业务网络安全管理的内容与模型。

【知识扩展】登录网址：http://www.isccc.gov.cn/.

第一节 信息安全概述

一、网络信息安全的含义

网络信息既有存储于网络节点上的信息资源，即静态信息，又有传播于网络节点间的信息，即动态信息。这些信息中有些是开放的，如广告、公共信息等，有些是保密的，如私人间的通信、政府及军事部门的机密、商业机密等。

网络信息安全一般是指网络信息的机密性（Confidentiality）、完整性（Integrity）、可用性（Availability）及真实性（Authenticity）。网络信息的机密性是指网络信息的内容不会被未授权的第三者所知。网络信息的完整性是指信息在存储或传输时不被修改、破坏，不出现信息包的丢失、乱序等，即不能被未授权的第三者修改。信息的完整性是信息安全的基本要求，破坏信息的完整性是影响信息安全的常用手段。当前，运行于互联网上的协议（如 TCP/IP 协议），能够确保信息在数据包级别的完整性，即做到了传输过程中不丢信息包，不重复接收信息包，但无法制止未授权第三者对信息包内部的修改。网络信息的可用性包括对静态信息的可得到和可操作性及对动态信息内容的可见性。网络信息的真实性是指信息的可信度，主要是指对信息所有者或发送者的身份的确认。

后来美国计算机安全专家又提出了一种新的安全框架，包括机密性、完整性、可用性、真实性、实用性（Utility）、占有性（Possession），即在原来的基础上增加了实用性、占有性。网络信息的实用性是指信息加密密钥不可丢失（不是泄密），丢失了密钥的信息也就丢失了信息的实用性，成为垃圾。网络信息的占有性是指存储信息的节点、磁盘等信息载体被盗用，导致对信息的占用权的丧失。保护信息占有性的方法有使用版权、专利、商业秘密性，提供物理和逻辑的存取限制方法，维护和检查有关盗窃文件的审计记录、使用标签等。

二、攻击互联网络类型

对互联网络的攻击包括对静态数据的攻击和对动态数据的攻击两种形式。

（一）对静态数据的攻击

对静态数据的攻击主要有以下三种。

（1）口令猜测：通过穷举方式搜索口令空间，逐一测试，得到口令，进而非法入侵系统。

（2）IP地址欺骗：攻击者伪装成源自一台内部主机的一个外部地点传送信息包，这些信息包中包含有内部系统的源IP地址，冒名他人，窃取信息。

（3）指定路由：发送方指定一信息包到达目的站点的路由，而这条路由是经过精心设计的、绕过设有安全控制的路由。

（二）对动态信息的攻击

根据对动态信息的攻击形式不同，可以将攻击分为被动攻击和主动攻击两种形式。

1. 被动攻击

被动攻击主要是指攻击者监听网络上传递的信息流，从而获取信息的内容，或仅仅希望得到信息流的长度、传输频率等数据，称为流量分析（Traffic Analysis）。

2. 主动攻击

主动攻击是指攻击者通过有选择地修改、删除、延迟、乱序、复制、插入数据流或数据流的一部分以达到其非法目的。主动攻击可以归纳为中断、篡改、伪造三种。中断是指阻断由发送方到接收方的信息流，使接收方无法得到该信息，这是针对信息可用性的攻击。篡改是指攻击者修改、破坏由发送方到接收方的信息流，使接收方得到错误的信息，从而破坏信息的完整性。伪造是针对信息的真实性的攻击，攻击者或者是首先记录一段发送方与接收方之间的信息流，然后在适当时间向接收方或发送方重放（Playback）这段信息；或者是完全伪造一段信息流，冒充接收方可信任的第三方，向接收方发送。

三、网络安全系统的功能

网络安全系统应有如下的功能。

（1）身份识别：身份识别是安全系统应具备的最基本功能。这是验证通信双方身份的有效手段，用户向其系统请求服务时，要出示自己的身份证明，例如输入用户名和密码。而系统应具备查验用户的身份证明的能力，对于用户的输入，能够明确判别该输入是否来自合法用户。

（2）存取权限控制：其基本任务是防止非法用户进入系统及防止合法用户对系统资源的非法使用。在开放系统中，对网上资源的使用应制定一些规定：一是定义哪些用户可以访问哪些资源，二是定义可以访问的用户各自具备的读、写、操作等权限。

（3）数字签名：即通过一定的机制如公钥加密算法（RSA）等，使信息接收方能够做出"该信息是来自某一数据源且只可能来自该数据源"的判断。

（4）保护数据完整性：即通过一定的机制如加入消息摘要等，以发现信息是否被非法修改，避免用户或主机被伪信息欺骗。

（5）审计追踪：即通过记录日志、对一些有关信息统计等手段，使系统在出现安全问题时能够追查原因。

（6）密钥管理：信息加密是保障信息安全的重要途径，以密文方式在相对安全的信道上传递信息，可以让用户比较放心地使用网络，如果密钥泄露或居心不良者通过积累大量密文而增加密文的破译机会，都会对通信安全造成威胁。因此，对密钥的产生、存储、传递和定期更换进行有效的控制而引入密钥管理机制，增加网络的安全性和抗攻击性也是非常重要的。

四、网络信息安全常用技术

安全技术主要包括鉴别服务、访问控制服务、机密性服务、不可否认服务等。鉴别服务是对交易方的身份进行鉴别，为身份的真实性提供保证；访问控制服务通过授权对使用资源的方式进行控制，防止非授权使用资源或控制资源，有助于保证交易信息的机密性、完整性和可控性；机密性服务的目标是为网络金融参与者信息在存储、处理和传输过程中提供机密性保证，防止信息被泄露给非授权信息获得者；不可否认服务针对合法用户的威胁，为交易的双方提供不可否认的证据，来解决因否认而产生的争议。

各种网络金融安全服务都是通过安全技术来实现的。网络金融使用的主要安全技术包括加密、数字签名、电子证书、电子信封和双重签名等。

(一) 加密技术

加密技术是网络金融采取的基本安全措施,交易方可根据需要在信息交换的阶段使用。加密技术分为两类,即对称加密和非对称加密。

1. 对称加密

在对称加密方法中,采用相同的加密算法并只交换共享的专用密钥(加密和解密都使用相同的密钥)。如果进行通信的交易方能够确保专用密钥在密钥交换阶段未曾泄露,那么机密性和报文完整性就可以通过这种加密方法加密机密信息和通过随着报文一起发送报文摘要或报文散列值来实现。因此,对称加密技术存在着在通信的交易方之间确保密钥安全交换的问题。此外,对称加密方式无法鉴别交易发起方或交易最终方。数据加密标准(DES)由美国国家标准局提出,是广泛采用的对称加密算法,主要应用于银行业中的 EFT 领域。DES 算法的密钥长度为 56 位。

2. 非对称加密

在非对称加密体系中,密钥被分解为一对,即公开密钥或专用密钥。公开密钥(加密密钥)通过非保密方式向他人公开,而专用密钥(解密密钥)加以保存。公开密钥用于对机密信息的加密,专用密钥则用于对加密信息的解密。专用密钥只能由生成密钥对的交易方掌握,公开密钥可广泛发布,但它只对应于生成该密钥的交易方。交易甲方生成一对密钥,公布公开密钥;交易乙方得到该公开密钥,使用该密钥对机密信息进行加密,然后发送给交易甲方;交易甲方再用自己保存的专用密钥对加密后的信息进行解密。交易方只能用其专用密钥解密由其公开密钥加密后的任何信息。RSA 算法是非对称加密领域内最为著名的算法。

(二) 数字签名

数字签名是非对称加密技术的一类应用。它的主要方式是:报文发送方从报文文本中生成一个 128 位的散列值(或报文摘要),并用自己的专用密钥对这个散列值进行加密,形成发送方的数字签名;然后,这个数字签名将作为报文的附件和报文一起发送给报文的接收方;报文接收方首先从接收到的原始报文中计算出 128 位的散列值(或报文摘要),接着再用发送方的公开密钥来对报文附加的数字签名进行解密。如果两个散列值相同,那么接收方就能确认该数字签名是发送方的。通过数字签名能够实现对原始报文的鉴别,并使其具有不可否认性。

ISO/IEC JTC1 已经起草有关的国际标准规范。该标准的题目是"信息技术安全技术带附件的数字签名方案",它由概述和基于身份的机制两部分构成。

(三) 电子证书

数字签名是基于非对称加密技术的,存在两个明显的问题:第一,如何保证公开密钥的持有者是真实的;第二,大规模网络环境下公开密钥的产生、分发和管理。

由此，认证中心（CA）应运而生，它是提供身份验证的第三方机构，由一个或多个用户信任的组织实体构成。CA 核实某个用户的真实身份以后，签发一份报文给该用户，以此作为网上证明身份的依据。这个报文称为电子证书，包括唯一标识证书所有者（即交易方）的名称、唯一标识证书签发者的名称、证书所有者的公开密钥、证书签发者的数字签名、证书的有效期及证书的序列号等。电子证书能够起到标识交易方的作用，是网络金融广泛采用的技术之一。常用的证书有持卡人证书、商家证书、支付网关证书、银行证书和发卡机构证书等。微软公司的 IE 浏览器和网景公司的 Navigator 浏览器都提供了电子证书功能作为身份鉴别的手段。

（四）电子信封

电子信封是为了解决传送更换密钥问题而产生的技术，它结合了对称加密和非对称加密技术的各自优点。发送方使用随机产生的对称密钥加密数据，然后将生成的密文和密钥本身一起用接收方的公开密钥加密（称为电子信封）并发送；接收方先用自己的专用密钥解密电子信封，得到对称密钥，然后使用对称密钥解密数据。这样就保证了每次传送数据都可由发送方选定不同的对称密钥。

（五）双重签名

在实际商务活动中经常出现这种情形，即持卡人给商家发送订货信息和自己的付款账户信息，但不愿让商家看到自己的付款账户信息，也不愿让处理商家付款信息的第三方看到订货信息。在网络金融中要能做到这点，需使用双重签名技术。持卡人将发给商家的信息（报文 1）和发给第三方的信息（报文 2）分别生成报文摘要 1 和报文摘要 2，合在一起生成报文摘要 3，并签名；然后，将报文 1、报文摘要 2 和报文摘要 3 发送给商家，将报文 2、报文摘要 1 和报文摘要 3 发送给第三方；接收者根据收到的报文生成报文摘要，再与收到的报文摘要合在一起，比较结合后的报文摘要和收到的报文摘要 3，确定持卡人的身份和信息是否被修改过。双重签名解决了三方参加电子交易过程中的安全通信问题。

五、网络信息安全法律保护

一个人可以不上网，但是他的合法权益被他人通过互联网侵犯却是有可能的，因此，加强与互联网相关的立法建设非常重要。

加强信息系统安全研究、建设的统一管理，将其纳入到有序化、规范化、法制化的轨道上来。互联网世界是人类现实世界的延伸，是对现实社会的虚拟，因此，现实社会中大多数的法律条款还是适用于互联网的。互联网是信息传播的一种工具，是一种新兴的媒体，各种法律在互联网上同样适用，有关互联网的运行规则应和其他媒体一样必须遵守国家法律的规定，任何违法行为都要受到法律的制裁。

在互联网这个虚拟的世界里，如同现实世界一样，没有绝对自由，如果网络失去规则，那么自由也就无从说起，这一点已经被无数的事实所证明。

六、网络信息安全管理

信息安全问题说到底，首先是一个管理问题。

（一）人员安全与日常操作管理

常言道"三分技术，七分管理"，安全方案的实现离不开管理，人员是管理的核心。人员管理除了技术层次的要求（例如学历、个人技能、工作经验等），还应有安全性要求，保证从事网络信息工作的人员都应有良好的品质和可靠的工作动机，不能有任何犯罪记录和不良嗜好。对工作人员要有一套完整的管理措施，它包括人员筛选录用政策、上网和离职控制、安全教育、安全检查等一系列制度。

（二）系统连续性管理

采用系统备份、恢复策略，满足系统业务连续不间断的要求，避免由于自然灾难、事故、设备的损坏和恶意的破坏行为带来系统不停顿服务功能的丧失。

（三）按程序操作

内部网络的不安全主要体现在对网络的违规使用，如越权使用某些业务，查看、修改机密文件或数据库等，同时包括一些对计算机系统或网络的恶意攻击。

七、网络信息安全展望

随着网络的发展、技术的进步，网络安全面临的挑战也在增大。一方面，对网络的攻击方式层出不穷：1996年报道的攻击方式有400种，1997年达到1 000种，1998年即达到4 000种，两年间增加了十倍。攻击方式的增加意味着对网络威胁的增大。随着硬件技术和并行技术的发展，计算机的计算能力迅速提高，原来认为安全的加密方式有可能失效，如1994年4月26日，人们用计算机破译了RSA发明人17年前提出的数学难题：一个129位数字中包含的一条密语，而在问题提出时预测该问题用计算机需要850万年才能分解成功。所以，针对安全通信措施的攻击在不断取得进展，如1990年6月20日美国科学家找到了155位大数因子的分解方法，使美国的加密体制受到威胁。另一方面，网络应用范围的不断扩大，使人们对网络依赖的程度增强，网络的破坏造成的损失和混乱比以往任何时候都大。因此对网络信息安全保护提出了更高的要求，也使网络信息安全学科的地位越发显得重要，网络信息安全必然随着网络应用的发展而不断发展。

第二节 防火墙的配置

一、防火墙技术概述

防火墙是指设置在不同网络或网络安全域之间的一系列部件的组合。防火墙安全保障技术主要是为了保护与互联网相连的企业内部网络或单独节点。在逻辑上它是一个限制器，也是一个分析器，能有效地监控内部网和互联网之间的活动，保证内部网络的安全。

（一）系统设计

防火墙系统的总体结构模型由五大模块组成（见图 8-1）。

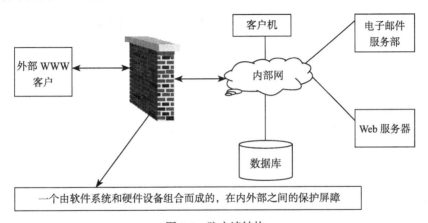

图 8-1 防火墙结构

（1）NAT 模块依据一定的规则，对所有出入的数据包进行源地址与目的地址识别，并将由内向外的数据包中源地址替换成一个真实地址，而将由外向内的数据包中的目的地址替换成相应的虚拟地址。

（2）集中访问控制（CAC）模块负责响应所有指定的由外向内的服务访问，实施安全的鉴别，为合法用户建立相应的连接，并将这一连接的相关信息传递给 NAT 模块，保证在后续的报文传输时直接转发而无须控制模块干预。

（3）临时访问端口表及连接控制（TLTC）模块通过监视外向型连接的端口数据动态维护一张临时端口表，记录所有由内向外连接的源与目的端口信息，根据此表及预先配置好的协议集，由连接控制模块决定哪些连接是允许的而哪些是不允许的，即根据所制定的规则（安全政策）禁止相应的由外向内发起的连接，以防止攻击者利用网关允许的由内向外的访问协议类型做反向的连接访问。

由于本模块所实现的功能实际上仍属于 IP 包过滤的范畴，因此，它有可能与 NAT 模块所设定的过滤规则相冲突。基于这一原因，在系统总体设计中，本模块属于可选部分,将在实际操作时根据需要来安装或激活。

(4) 内部 DNS 和外部 DNS 模块分别为 NAT 模块机能所需的 Split DNS 系统中的内部域名服务器和外部域名服务器,是 NAT 网关不可缺少的辅助部分。Split DNS 系统的主要目的在于解决由于 NAT 模块对内外部网的地址屏蔽所造成的内外部域名解析不一致的问题。内部网的域名解析由内部 DNS 模块负责,外部网针对内部网的域名解析由外部 DNS 模块负责,两者间的数据同步通过内部通信机制完成。

(二) 模块功能

(1) NAT 模块。NAT 模块是本系统的核心部分,而且只有本模块与网络层有关,因此,这一部分应和 Unix 系统本身的网络层处理部分紧密结合在一起,或对其直接进行修改。本模块进一步可细分为包交换子模块、数据包头替换子模块、规则处理子模块、连接记录子模块、真实地址分配子模块及传输层过滤子模块。

(2) CAC 模块。集中访问控制模块可进一步细分为用户鉴别子模块、连接中继子模块及用户数据库。用户鉴别子模块主要负责与客户通过一种可信的安全机制交换各种身份鉴别信息,根据内部的用户数据库,识别出合法的用户,并根据用户预先被赋予的权限决定后续的连接形式。

(3) Split DNS 系统。内部 DNS 和外部 DNS 模块可以利用现有的 DNS 服务程序,如 BIND (Berkley Internet Name Domain) 软件包,通过与 NAT 模块不断交互,维持域名与地址对应关系的同步,维护两个动态的内部 DNS 数据库和外部 DNS 数据库来实现,既达到了总体的设计目标,又保持了对其他服务的透明性。

二、防火墙的安全性分析

防火墙对网络的安全起到了一定的保护作用,但并非万无一失。

(一) 正确选用、合理配置防火墙

防火墙作为网络安全的一种防护手段,有多种实现方式。建立合理的防护系统,配置有效的防火墙应遵循这样四个基本步骤:风险分析,需求分析,确立安全政策,选择准确的防护手段,并使之与安全政策保持一致。

多数防火墙的设立没有或很少进行充分的风险分析和需求分析,而只是根据不很完备的安全政策选择了一种似乎能"满足"需要的防火墙,这样的防火墙能否"防火"还是个问题。

(二) 正确评估防火墙的失效状态

评估防火墙性能如何及能否起到安全防护作用,不仅要看它的工作是否正常,能否阻挡或捕捉到恶意攻击和非法访问的蛛丝马迹,而且要看一旦防火墙被攻破,它的

状态如何。按级别来分，它应有这样四种状态：未受伤害能够继续正常工作；关闭并重新启动，同时恢复到正常工作状态；关闭并禁止所有的数据通行；关闭并允许所有的数据通行。

前两种状态比较理想，而第四种最不安全。但是许多防火墙由于没有条件进行失效状态测试和验证，无法确定其失效状态等级，因此网络必然存在安全隐患。

（三）对防火墙进行动态维护

防火墙安装和投入使用后，并非万事大吉。要想充分发挥它的安全防护作用，必须对它进行跟踪和维护，要与商家保持密切的联系，时刻注视商家的动态。因为商家一旦发现其产品存在安全漏洞，就会尽快发布补救（Patch）产品，此时应尽快确认真伪（防止特洛伊木马等病毒），并对防火墙软件进行更新。

（四）对防火墙进行测试验证

防火墙能否起到防护作用，最根本、最有效的证明方法是对其进行测试，甚至站在"黑客"的角度采用各种手段对防火墙进行攻击，然而具体执行时难度较大。

（1）防火墙性能测试目前还是一种很新的技术，尚无正式出版刊物，可用的工具和软件更是寥寥无几。美国 ISS 公司提供有防火墙性能测试的工具软件。

（2）防火墙测试技术尚不先进，与防火墙设计并非完全吻合，使得测试工作难以达到既定的效果。

（五）非法攻击防火墙的基本"招数"

通常情况下，有效的攻击都是从相关的子网进行的。因为这些网址得到了防火墙的信赖，虽说成功与否尚取决于机遇等其他因素，但对攻击者而言很值得一试。其可能的攻击过程如下。

防火墙以 IP 地址作为鉴别是否允许数据包通过的条件，而这恰恰是实施攻击的突破口。许多防火墙软件无法识别数据包到底来自哪个网络接口，因此攻击者无须表明进攻数据包的真正来源，只需伪装 IP 地址，取得目标的信任，使其认为来自网络内部即可。IP 地址欺骗攻击正是基于这类防火墙对 IP 地址缺乏识别和验证的机制。

通常主机 A 与主机 B 的 TCP 连接（中间有或无防火墙）是通过主机 A 向主机 B 提出请求建立起来的，而其间 A 和 B 的确认仅仅根据由主机 A 产生并经主机 B 验证的初始序列号（ISN）。其具体分三个步骤：主机 A 产生它的 ISN，传送给主机 B，请求建立连接；B 接收到来自 A 的带有 SYN 标志的 ISN 后，将自己本身的 ISN 连同应答信息 ACK 一同返回给 A；A 再将 B 传送来的 ISN 及应答信息 ACK 返回给 B。至此，正常情况下，主机 A 与主机 B 的 TCP 连接就建立起来了。

IP 地址欺骗攻击的第一步是切断可信赖主机。这样可以使用 TCP 淹没攻击（TCP Syn Flood Attack），使得信赖主机处于"自顾不暇"的忙碌状态，相当于被切断，这时目标主机会认为信赖主机出现了故障，只能发出无法建立连接的 RST 包而无暇顾及其他。

攻击者最关心的是猜测目标主机的 ISN。为此，可以利用 SMTP 的端口，通常它是开放的，邮件能够通过这个端口，与目标主机打开一个 TCP 连接，因而得到它的 ISN。在此有效期间，重复这一过程若干次，以便能够猜测和确定 ISN 的产生和变化规律，这样就可以使用被切断的可信赖主机的 IP 地址向目标主机发出连接请求。请求发出后，目标主机会认为它是 TCP 连接的请求者，从而给信赖主机发送响应（包括 SYN），而信赖主机目前仍忙于处理淹没攻击产生的"合法"请求，因此目标主机不能得到来自信赖主机的响应。现在攻击者发出回答响应，并连同预测的目标主机的 ISN 一同发给目标主机。随着不断地纠正预测的 ISN，攻击者最终会与目标主机建立一个会晤。通过这种方式，攻击者以合法用户的身份登录到目标主机而不需进一步的确认。如果反复试验使得目标主机能够接收对网络的 ROOT 登录，那么就可以完全控制整个网络。

综上所述，防火墙安全防护面临威胁的几个主要原因有：SOCK 的错误配置，不适当的安全政策，强力攻击，允许匿名的 FTP 协议，允许 TFTP 协议，允许远端登录（Rlogin）命令，允许 X-Windows 或 Open Windows，端口映射，可加载的 NFS 协议，允许 Win95/NT 文件共享，Open 端口。

破坏防火墙的另一种方式是攻击与干扰相结合，也就是在攻击期间使防火墙始终处于繁忙的状态。防火墙过分繁忙有时会导致它忘记履行安全防护的职能，处于失效状态。

防火墙可能被内部攻击。因为安装了防火墙后，随意访问被严格禁止了，这样内部人员无法在闲暇时间通过 Telnet 浏览邮件或使用 FTP 向外发送信息，个别人会对防火墙不满进而可能攻击它、破坏它，期望回到从前的状态。

防火墙的安全防护性能依赖的因素很多。防火墙并非万能，它最多只能防护经过其本身的非法访问和攻击，而对不经防火墙的访问和攻击则无能为力。从技术来讲，绕过防火墙进入网络并非不可能。

大多数防火墙都是基于路由器的数据包分组过滤类型的，防护能力差，存在各种网络外部或网络内部攻击防火墙的技术手段。

三、防火墙基本类型

实现防火墙的技术包括四大类：网络级防火墙（也叫包过滤型防火墙）、应用级网关、电路级网关和规则检查防火墙。

（一）网络级防火墙

网络级防火墙简洁、速度快、费用低，并且对用户透明，但是对网络的保护很有限，因为它只检查地址和端口，对网络更高协议层的信息无理解能力。

（二）应用级网关

应用级网关能够检查进出的数据包，通过网关复制传递数据，防止在受信任服务器和客户机与不受信任的主机间直接建立联系。应用级网关能够理解应用层上的协议，能够做复杂一些的访问控制，并做精细的注册和稽核。但每一种协议需要相应的代理软件，使用时工作量大，效率不如网络级防火墙。

（三）电路级网关

电路级网关用来监控受信任的客户或服务器与不受信任的主机间的 TCP 握手信息，这样来决定该会话（Session）是否合法，电路级网关是在 OSI 模型中会话层上过滤数据包，这样比包过滤防火墙要高二层。

（四）规则检查防火墙

规则检查防火墙虽然集成前三者的特点，但是不同于应用级网关的是，它并不打破客户机/服务机模式来分析应用层的数据，它允许受信任的客户机和不受信任的主机建立直接连接。规则检查防火墙不依靠与应用层有关的代理，而是依靠某种算法来识别进出的应用层数据，这些算法通过已知合法数据包的模式来比较进出数据包，这样从理论上就能比应用级网关在过滤数据包上更有效。

四、防火墙配置

防火墙配置有三种：Dual-homed 方式、Screened-host 方式和 Screened-subnet 方式。Dual-homed 方式最简单。Dual-homed Gateway 放置在两个网络之间，这个 Dual-homed Gateway 又称为 Bastion Host。这种结构成本低，但是它有单点失败的问题。这种结构没有增加网络安全的自我防卫能力，而它往往是受"黑客"攻击的首选目标，它自己一旦被攻破，整个网络也就暴露了。

Screened-host 方式中的 Screening Router 为保护 Bastion Host 的安全建立了一道屏障。它将所有进入的信息先送往 Bastion Host，并且只接受来自 Bastion Host 的数据作为出去的数据。这种结构依赖 Screening Router 和 Bastion Host，只要有一个失败，整个网络就暴露了。

Screened-subnet 包含两个 Screening Router 和两个 Bastion Host。在公共网络和私有网络之间构成了一个隔离网，称为"停火区"（DMZ，即 Demilitarized Zone），

Bastion Host 放置在"停火区"内。这种结构安全性好,只有当两个安全单元被破坏后,网络才被暴露,但是成本也很昂贵。

五、防火墙安全措施

各种防火墙的安全性能不尽相同。这里仅介绍一些一般防火墙的常用安全措施。

(一)防电子欺骗术

防电子欺骗术功能是保证数据包的 IP 地址与网关接口相符,防止通过修改 IP 地址的方法进行非授权访问。还应对可疑信息进行鉴别,并向网络管理员报警。

(二)网络地址转移

网络地址转移是对互联网隐藏内部地址,防止内部地址公开。这一功能可以克服 IP 寻址方式的诸多限制,完善内部寻址模式。把未注册 IP 地址映射成合法地址,就可以对互联网进行访问。

(三)开放式结构设计

开放式结构设计使得防火墙与相关应用程序和外部用户数据库的连接相当容易,典型的应用程序连接有财务软件包、病毒扫描、登录分析等。

(四)路由器安全管理程序

路由器安全管理程序为 Bay 公司和思科公司的路由器提供集中管理与访问列表控制。

防火墙技术的致命弱点在于数据在防火墙之间的更新是一个难题,如果延迟太久将无法支持实时服务请求。额外的管理负担是另外一个弱点。此外,防火墙采用滤波技术,滤波通常使网络的性能降低 50% 以上,如果为了改善网络性能而购置高速路由器,又会大大提高经济预算。一个普通路由器不足 4 000 美元,而一个高速路由器的价格可能在 20 000 美元以上,这使得滤波器无法广泛应用。而且,只装有滤波器往往还不足以保证安全,尤其无法防止防火墙内侧的攻击。因此,防火墙技术往往只作为辅助安全策略。

第三节 数字加密技术

一、数字签名

在计算机网络中传送的报文是由数字签名来证明其真实性的。数字签名的特点有:

第一，接收者能够核实发送者对报文的签名；第二，发送者事后不能抵赖对报文的签名；第三，接收者不能伪造对报文的签名；第四，一般采用公开密钥算法实现数字签名。

(一) 数字签名

文件的数字签名过程实际上是通过一个哈希函数（Hashing Function）来实现的。哈希函数将需要传送的文件转化为一组具有固定长度（128位或160位）的单向Hash值，形成报文摘要，如图8-2所示。

发送方用自己的私有密钥对报文摘要进行加密，然后将其与原始的报文附加在一起，即合称为数字签名。

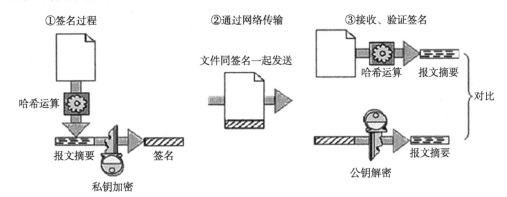

图 8-2　数字签名流程

(二) 认证的层次结构

认证的层次结构如图8-3所示。

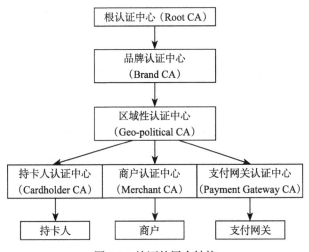

图 8-3　认证的层次结构

(三)带有数字签名和数字证书的加密系统

带有数字签名和数字证书的加密系统如图 8-4 所示。

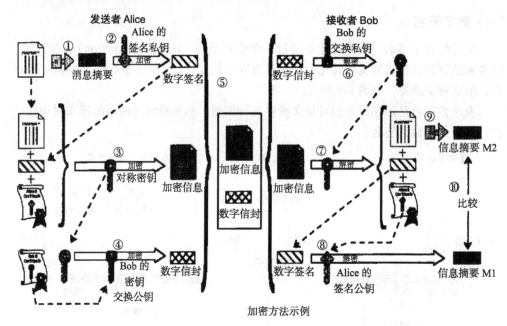

图 8-4 带有数字签名和数字证书的加密系统

二、数据加密技术

(一)公开密钥框架

公开密钥框架(Public Key Infrastructure,PKI)是一种网络基础设施,其目标是向网络用户和应用程序提供公开密钥的管理服务。为了使用户在不可靠的网络环境中获得真实的公开密钥,PKI 引入公认可信的第三方;同时为了避免在线查询集中存放的公开密钥产生的性能瓶颈,PKI 引入电子证书。可信的第三方是 PKI 的核心部件,正是由于它的中继,系统中任意两个实体才能建立安全联系(见图 8-5)。

用户 A 拥有两个对应的密钥;用其中一个加密,只有另一个能够解密,两者一一对应;用户 A 将其中一个私下保存(私钥),另一个公开发布(公钥);如果 B 想发送秘密信息给 A,B 获得 A 的公钥;B 使用该公钥加密信息发送给 A;A 使用自己的私钥解密信息。

公钥加密的问题如下(见图 8-6)。

(1)公钥加解密对速度敏感:大数幂运算,因此非常慢,软件、公钥算法比对称密钥算法慢 100 多倍(硬件可能慢 1 000 倍)。

(2)公钥加密长信息速度慢,而对称密钥算法非常快。

（3）结合公钥算法和对称密钥算法，使用对称密钥与公开密钥的优点：对称密钥快速而强健；公开密钥易于密钥交换。

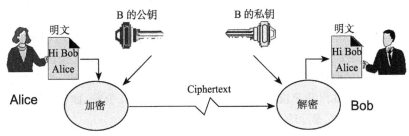

- A 发送机密信息给 B，知道只有 B 可以解密
- A 用 B 的公钥加密（公开）
- B 使用自己的私钥解密（保密）

图 8-5　公钥算法——加密模式

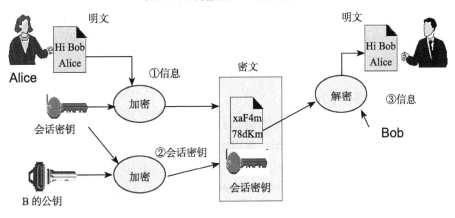

- 产生一个一次性对称密钥——会话密钥
- 用会话密钥加密信息
- 最后用接收者的公钥加密会话密钥——因为它很短

图 8-6　组合对称密钥和公开密钥

（二）数据加密方法

在所有的加密算法中最简单的一种就是"置换表"算法，这种算法也能很好地达到加密的需要。每一个数据段（总是一个字节）对应着"置换表"中的一个偏移量，偏移量所对应的值就输出成为加密后的文件。加密程序和解密程序都需要一个这样的"置换表"。对这种"置换表"方式的一个改进就是使用两个或者更多的"置换表"，这些表都是基于数据流中字节的位置，或者基于数据流本身。这时，破译变得更加困难，因为黑客必须正确地做几次变换。通过使用更多的"置换表"，并且按伪随机的方式使用每个表，这种改进的加密方法已经变得很难破译。

（三）基于公钥的加密算法

一个好的加密算法的重要特点之一是具有这种能力：可以指定一个密码或密钥，并用它来加密明文，不同的密码或密钥产生不同的密文。这又分为两种方式：对称密钥算法和非对称密钥算法。所谓对称密钥算法就是加密、解密都使用相同的密钥，非对称密钥算法就是加密、解密使用不同的密钥。非常著名的 PGP 公钥加密以及 RSA 加密算法都是非对称加密算法。加密密钥，即公钥，与解密密钥，即私钥，非常不同。从数学理论上讲，几乎没有真正不可逆的算法存在。RSA 加密算法使用了两个非常大的素数来产生公钥和私钥。

即使从一个公钥中通过因数分解可以得到私钥，但这个运算所包含的计算量是非常巨大的，以至于在现实中是不可行的。加密算法本身也是很慢的，这使得使用 RSA 加密算法加密大量的数据变得有些不可行，这就使得一些现实中的加密算法都基于 RSA 加密算法。PGP 算法（以及大多数基于 RSA 加密算法的加密方法）使用公钥来加密一个对称加密算法的密钥，然后再利用一个快速的对称加密算法来加密数据。这个对称算法的密钥是随机产生的，是保密的，因此，得到这个密钥的唯一方法就是使用私钥来解密。

（四）一个崭新的多步加密算法

使用一系列的数字（例如 128 位密钥），来产生一个可重复但高度随机化的伪随机数字序列。一次使用 256 个表项，使用随机数字序列来产生密码转表，如图 8-7 和图 8-8 所示。

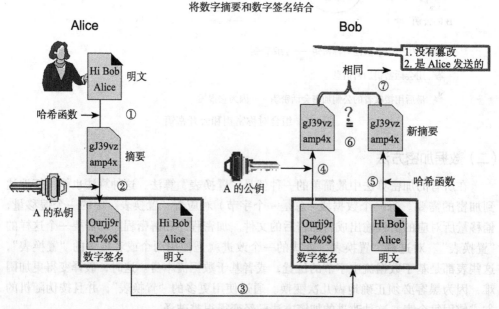

图 8-7　数字摘要与数字签名结合

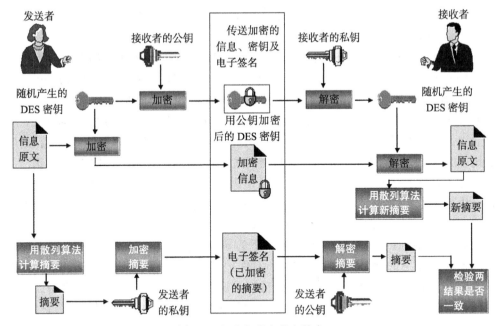

图 8-8 加密与数字签名结合

把 256 个随机数放在一个矩阵中，然后对它们进行排序，使用这样一种方式（我们要记住最初的位置）利用最初的位置来产生一个表，随意排序的表，表中的数字在 0～255 之间。如果不是很明白如何做，就可以不管它。但是，下面也提供了一些原码使我们明白是如何来做的。

现在，产生了一个具体的 256 字节的表。让这个随机数产生器接着产生这个表中的其余的数，以至于每个表是不同的。下一步，使用"Shotgun Technique"技术来产生解码表。基本上，如果 a 映射到 b，那么 b 一定可以映射到 a，所以 $b[a(n)] = n$（n 是一个在 0～255 之间的数）。在一个循环中赋值，使用一个 256 字节的解码表，它对应于上一步产生的 256 字节的加密表。

三、中国金融 IC 卡密钥管理

（一）密钥的类型

根据密钥级别的不同，在密钥管理系统中的密钥可分为三大类：公共密钥、分行专有密钥、管理密钥。

（1）公共密钥是指由中国人民银行总行生成的全国消费主密钥和各商业银行总行生成的行内公共密钥，安全存放在各总行的母卡中。全国消费主密钥是由中国人民银行总行生成和维护的公共密钥，简称为 GPK。中国人民银行通过其一级密钥管理系统向各二级密钥管理系统分散，用于金融 IC 卡的消费／取现交易。

（2）分行专有密钥由商业银行地区分行生成和维护，安全存放在分行的母卡中。分行生成其他交易使用的主密钥，包括部分IC卡片的维护密钥。

在金融IC卡应用中，分行专有的普通密钥有7种，分别用于圈存、圈提、修改密码和PIN维护等操作。如圈存主密钥（MLK）、圈提主密钥（MULK）、修改主密钥（MUK）、签名主密钥（MTK）、重装PIN主密钥（MRPK）、解锁PIN主密钥（MPUK）、应用维护主密钥（MAMK）。分行还可以选择生成其他应用的主密钥。

（3）管理密钥分为认证密钥和保护密钥。认证密钥用于对卡片做外部认证，出厂密钥、洗卡密钥、认证密钥是位于卡片密钥文件同一位置的卡片不同阶段的密钥，一般记为ADMK。认证密钥还包括出厂认证密钥（PRDK）、密钥卡管理主密钥、分行密钥卡认证密钥、PSAM卡认证密钥等。保护密钥（传输密钥）是用来对主密钥进行加密保护，输入到卡片或输出到另一张卡片。保护密钥分为导入密钥和导出密钥两种。

导入密钥保存在金融IC卡标准应用下的导入密钥文件中，导出密钥保存在金融IC卡标准应用下的导出密钥文件中。所有保护密钥都用外层的认证密钥加密保护进入卡片，保护密钥也称传输密钥。传输密钥被传递给下一级机构或安全设备，下一级机构利用该密钥进行主密钥的导出，传递密钥可以通过卡片也可以通过信封传递，如分行发卡传递密钥TK1。三级密钥系统中有些密钥是由一级、二级密钥系统产生、传递而来的，在传递过程中必须经过一定的运算，这个过程称为密钥的分散。

（二）密钥的分散

中国人民银行总行生成的主密钥是消费/取现主密钥，称为根密钥，标志为GPK。分行生成和使用的密钥称为主密钥或称为分行专有密钥，标志为MPK。用户卡使用的经过主密钥分散的密钥称为用户卡密钥，标志为DPK。用户卡交易过程中使用的过程密钥标志为SPK。由GPK到MPK、DPK的过程就是密钥的分散过程。

1. 公共密钥的分散

中国人民银行总行将消费/取现根密钥（GPK）根据各商业银行特征号和中国人民银行中心支行地区号进行分散，传递给二级密钥机构。各商业银行总行的二级密钥机构根据地区分行号、中国人民银行二级密钥机构根据各商业银行特征号进行分散，生成三级密钥系统的分行消费/取现主密钥（MPK）。分散过程标志为MPK=DIVERSIFY（GPK，IPI）。各商业银行分行的其他专有密钥由分行独立生成。

（1）中国人民银行总行将消费/取现根密钥（GPK）根据各商业银行特征号进行分散。

（2）中国人民银行总行将消费/取现根密钥（GPK）根据中国人民银行中心支行地区号进行分散。

（3）各商业银行总行的二级密钥机构根据地区分行号进行分散。

（4）中国人民银行二级密钥机构根据各商业银行特征号进行分散。

2. 用户卡密钥的分散

用户卡的消费/取现密钥（DPK）用分行的消费/取现主密钥（MPK）根据卡片应

用序列号（ASN）分散生成，即 DPK=DIVERSIFY（MPK，ASN）。用户卡的其他密钥 DLK、DTK、DULK、DUK、DRPK、DPUK、DAMK 用相应的分行专有密钥 MLK、MTK、MULK、MUK、MRPK、MPUK、MAMK 分散生成。消费/取现过程密钥（SPK）由用户卡中的消费/取现密钥生成，标志为 SPK=SESSION（DPK，DATA）。

3. 密钥的传递

在不同级别的密钥管理系统中，密钥用密钥卡来承载。密钥卡保证密钥在总行密钥管理系统内、总行和分行、分行和用户卡之间进行安全的传递。

密钥的传递过程就是密钥卡密钥的导入和导出过程。

导入密钥文件里存放着导入密钥，导入密钥用来对输入的主密钥密文进行解密，导出密钥文件里存放着导出密钥，导出密钥用来对输出的主密钥进行加密。进入导入密钥文件的导入密钥和进入导出密钥文件的导出密钥必须用管理密钥文件的管理密钥加密。

主密钥进入主密钥文件必须用导入密钥加密，导出主密钥时，卡片会用导出密钥对该主密钥加密。为了保证主密钥正确无误地写入，密文需要附加签名段，签名的算法根据金融 IC 卡规范中定义的安全报文格式。

卡片中预设有计数器，限制主密钥的导出次数，同时卡片受 PIN 保护。

（三）密钥卡的生成

密钥管理系统用于生成各种主密钥，制作各种密钥卡。下面以三级密钥系统为基础，介绍密钥卡的生成和控制。

（1）生成分行专有密钥。密钥生成系统由密钥生成卡来实现其算法，主密钥生成卡相当于一个密钥生成器，由主管人员输入种子 A 和种子 B，主密钥生成卡便会产生一些"强度较高"的主密钥作为分行专有的主密钥。同样的种子对不同的主密钥生成卡产生的主密钥是不一样的，主密钥生成卡、种子 A 和种子 B 应该分开安全保存。

密钥系统在生成银行主密钥的时候，每个主密钥会生成多个版本和多个索引。以用户卡的使用期为 10 年计，若每个版本的使用期为 2 年，则密钥系统会生成五个版本的主密钥保存在母卡 A 和母卡 B 中，每一个版本密钥的使用周期为 2 年。在发卡母卡、用户卡中只有其中一个版本的密钥，是当前使用周期内的密钥版本，每 2 年更新一次。总控卡的主密钥由分行母卡 A 和分行母卡 B 导入，它含有分行的全部密钥。总控卡用于生成系统其他控制卡，由总控员掌握，该主密钥有输出次数控制。

（2）将密钥导入二级密钥机构提供的发卡母卡中，合并消费/取现根密钥 MPK，形成分行发卡母卡。

分行发卡母卡是由二级密钥管理中心发行的，一般不能导出，只能由总控卡和操作员卡一起，将本行生成的其他专有密钥的某一个版本注入发卡母卡。发卡员利用分行发卡母卡和分行发卡控制卡来发行用户卡。

用户卡的密钥由发卡系统导入，其密钥由发卡母卡上的主密钥分散而成。

（3）生成 PSAM 控制卡和 HSAM 控制卡。总控卡和操作员卡一起，导出 HSAM 控制卡和 PSAM 控制卡。HSAM 控制卡、PSAM 控制卡是总控卡的子卡。总控员持有 HSAM 控制卡，将密钥导入加密机，HSAM 控制卡的主密钥只能导出一次；操作员持有 PSAM 控制卡，将分行的 MPK 导入 PSAM 控制卡，PSAM 控制卡的主密钥导出次数和 PSAM 控制卡卡数有关。

加密机和 PSAM 控制卡中则存在多个版本的密钥，这样它可以对不同版本的用户卡进行交易密钥效验。

（四）密钥的更换

在实际运行的过程中，IC 卡密钥的安全相当重要。为保证密钥的可靠性，发卡母卡的密钥每两年更换一个版本，同时用户卡每隔两年必须做展期交易，已验证用户卡的密钥版本是否在有效期内。

为保证银行密钥的安全，在金融 IC 卡交易系统中，密码的校验都通过加密机来进行。密码是存放在加密机中的，如果因意外因素导致密钥泄露，必须更换已泄露的交易主密钥。为保证已经发出的用户卡在更换交易主密钥后能继续使用，密钥管理系统采用了交易密钥多个索引的办法。对于每一个版本的每一个密钥，其实也有多组，由多个索引值来区分。对某一个版本的一个用户卡，每一个交易密钥有多个索引。正常时使用第一个索引的密钥，异常情况下（如密钥泄露）启用下一个索引。此机制保证在异常情况下更换密钥时，不需收回已发出的用户卡，而只需将应用系统（包括 PSAM）中的密钥更新为新的索引。

密钥管理系统是金融 IC 卡管理的核心部分。随着中国人民银行总行在北京、上海、长沙等地金融 IC 卡试点工作的开展，各地的三级密钥系统将逐渐建立，IC 卡密钥的安全体系也会更加完善。

第四节　身份认证技术

一、身份认证方法

根据被认证方赖以证明身份的秘密信息的不同，身份认证可以分为两大类：基于秘密信息的身份认证方法和基于物理安全性的身份认证方法。

（一）基于秘密信息的身份认证方法

1. 口令核对

鉴别用户身份最常见也是最简单的方法就是口令核对法。系统为每一个合法用户建立一个用户名/口令对，当用户登录系统或使用某项功能时，提示用户输入自己的用户名和口令，系统通过核对用户输入的用户名、口令与系统内已有的合法用户的用户名/口令对(这些用户名/口令对在系统内是加密存储的)是否匹配,如与某一项用户名/口令对匹配,则该用户的身份得到了认证。

2. 单向认证

如果通信的双方只需要一方被另一方鉴别身份,这样的认证过程就是一种单向认证,前面提到的口令核对法实际上也可以算是一种单向认证,只是这种简单的单向认证还没有与密钥分发相结合。

与密钥分发相结合的单向认证主要有两类方案:一类采用对称密钥加密体制,需要一个可信赖的第三方——通常称为密钥分发中心(KDC)或认证服务器(Authentication Server,AS),由这个第三方来实现通信双方的身份认证和密钥分发;另一类采用非对称密钥加密体制,无须第三方参与。

3. 双向认证

在双向认证过程中,通信双方需要互相认证鉴别各自的身份,然后交换会话密钥,双向认证的典型方案是 Needham/Schroeder 协议。

4. 身份的零知识证明

零知识证明是这样一种技术,被认证方 P 掌握某些秘密信息,P 想设法让认证方 V 相信他确实掌握那些信息,但又不想让 V 也知道那些信息(如果连 V 都不知道那些秘密信息,第三者想盗取那些信息当然就更难了)。

被认证方 P 掌握的秘密信息可以是某些长期没有解决的猜想问题的证明,如费马最后定理、图的三色问题,也可以是缺乏有效算法的难题解法,如大数因式分解等。信息的本质是可以验证的,即可通过具体的步骤来检测它的正确性。

(二) 基于物理安全性的身份认证方法

基于生物学信息的方案包括基于指纹识别的身份认证、基于声音识别的身份认证以及近来流行的基于虹膜识别的身份认证等。

基于智能卡的身份认证机制在认证时认证方要求一个硬件——智能卡(智能卡中存有秘密信息,通常是一个随机数),只有持卡人才能被认证。这样可以有效地防止口令猜测,但又有了一个严重的缺陷:系统只认卡不认人,而智能卡可能丢失,拾到或窃得智能卡的人将很容易假冒原持卡人的身份。

为解决丢卡的问题,可以综合前面提到的两类方法,即认证方既要求用户输入一个口令,又要求智能卡。这样,既不担心卡的丢失(只要口令没有泄漏),又不担心口令的泄漏(只要卡没有丢)。

案例 8-1

富华恒安 SF2000BIO 生物认证系统

常用的生物识别技术主要是通过可测量的身体或行为等特征对某人的身份进行自

动比对识别的技术。用于生物识别的生物特征有掌形、指纹、脸形、虹膜、瞳孔、脉搏等，行为特征有签名、声音、按键力度等。针对这些人体的特征，已经发展了掌形识别、指纹识别、面部识别、声音识别、签名识别、虹膜识别等多种生物识别技术。

通常生物识别的过程有以下四个步骤（见图8-9）。

（1）生物数据的采集——将人体的生物特征通过采集器进行采集后，提取特征的数字化处理。

（2）生成模板——将特征数据存入模板。

（3）比对——同新的指纹样本进行比较。

（4）生成结果——提供比较的结果是不是与本人的模板相同的结果。

图 8-9　生物识别流程图

富华恒安 SF2000BIO 生物认证系统业务流程如图 8-10 所示，它具备以下主要的特点。

第一，在业务流程中的任意时点，均可以方便地嵌入生物认证方式。

第二，由于可将生物数据及认证在独立的服务器认证中管理，所以数据维护方便快捷。

第三，可在 B/S 结构中通过移动终端随时随地进行生物认证，可广泛地应用于客户基于 Web 开发的业务系统。

第四，可方便地保存日志文件，有效地进行查询。并可与 Windows 系统相结合进行用户的权限设置。

第五，提供标准的 API 函数，可以方便快捷地与多种应用系统及客户业务系统进行无缝连接。

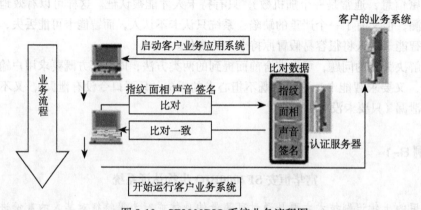

图 8-10　SF2000BIO 系统业务流程图

二、身份认证应用

（一）Kerberos 认证服务

Kerberos 是一种受托的第三方认证服务（Trusted Third-party Authentication Service），它是建立在尼达姆（Needham）和施罗德（Schroeder）提出的模型基础上的，Kerberos 要求信任第三方——即 Kerberos 认证服务器（AS）。Kerberos 把网络划分成安全域，称为区域（Realms），每个区域有自己的认证服务器并实现自己的安全策略。

在每个区域内的认证过程是这样的：Kerberos 为客户和服务器提供证明自己身份的票（Ticket）以及双方安全通信的会话密钥（Session Key）。除客户第一次获得的初始票（Initial Ticket）是由 Kerberos 认证服务器签发外，其他票是由发票服务器（Ticket-granting Server，TGS）签发的，一个票可以使用多次直至过期。

（二）HTTP 中的身份认证

HTTP1.0 中提供了一个基于口令的基本认证方法，目前，所有的 Web 服务器都可以通过"基本身份认证"支持访问控制。当用户请求某个页面或运行某个 CGI 程序时，被访问对象所在目录下有访问控制文件（如 NCSA 用 .haaccess 文件）规定哪些用户可以访问该目录，Web 服务器读取该访问控制文件，从中获得访问控制信息并要求客户方提交用户名/口令组合，浏览器将用户输入的用户名和口令对经过一定的编码（一般是 Base64 方式），传给服务方，在检验了用户身份和口令后，服务方才发送回所请求的页面或执行 CGI 程序。可见，HTTP1.0 采用的是前面讲述过的明文传输的口令核对方式（传输过程中尽管进行了编码，但并没有加密），这当然是很不安全的。

为了增加安全性，用户可以选择使用 SSL 协议建立加密信道后，再采用基本身份认证方式进行身份认证，当然，SSL 协议中也有自己的更完善的身份认证机制。

HTTP 1.1 在身份认证上，针对基本认证方式以明文传输口令这一最大弱点，补充了摘要认证方法，不再传递口令的明文，而是将口令经过散列函数变换以后传输它的摘要。使用摘要认证攻击者再也不能截获口令，他最多只能进行重放攻击，而且被限定在很短时间内，并只能用于同样的访问请求。尽管如此，摘要认证仍然不够安全，与基本认证一样，容易受到中间者攻击，如一个恶意的或被破坏的代理可能将服务方的摘要认证回答换成基本认证回答，从而窃得口令。

为 HTTP 提供更安全的认证方式需要与 Kerberos 服务相结合，如 CMU 的 Minotaur 方案是结合特别的 MIME 类型和 Plugin 程序实现的。

（三）IP 协议中的身份认证

由于 IP 协议在网络层，无法理解更高层的信息，所以 IP 协议中的身份认证实际不可能是基于用户的身份认证，而是基于 IP 地址的身份认证。

案例 8-2

活体指纹识别与安全认证系统

1. 系统简介

活体指纹识别与安全认证系统是基于互联网和内部网的金融营业监督及风险防范系统，即身份识别与认证系统。该系统是天诚盛业以中间件技术和活体指纹自动识别技术为核心，根据国内金融、证券等交易安全需要而开发的用于身份认证的中间件系统。

该系统具有 OS 无关性和数据库无关性，可应用于银行、证券交易、网上银行及电子商务等领域的网络与信息安全的防范，是一项利用人体生物特征保障信息安全的有效措施。从生物活体识别与认证技术的发展来看，指纹识别具有多方面的优势，与虹膜识别技术等相比，更容易为民众所接受，简便易用，尤其在中国指纹技术更具发展潜力。指纹识别技术可免除计算机用户记忆过多的数字口令或 PIN，以及注销授权等诸多麻烦，能有效制止非法行为的发生，达到监督金融行为、防范金融风险、防止金融犯罪的目的。

2. 系统架构图

活体指纹识别与安全认证系统架构图如图 8-11 所示。

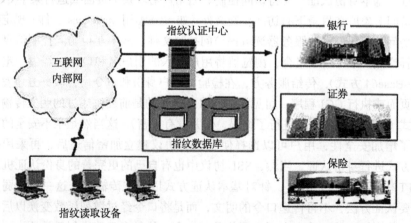

图 8-11 活体指纹识别与安全认证系统架构图

客户在办理存取款、股票买卖等交易时，在指纹采集设备上获取到指纹后，通过互联网或企业内部网与指纹认证中心对指纹信息进行处理和识别，以验证用户身份的合法性。

3. 软件框架

活体指纹识别与安全认证系统软件框架图如图 8-12 所示。

第一，该系统软件分三层：数据表示层、业务处理层和数据库操作层。

第二，数据表示层有公共接口用于和其他外部处理衔接，从外部接收数据（包括指纹），送交业务处理层；业务处理层完成外部数据的处理及指纹特征的抽取，并与数据库中保存的原有指纹特征进行对比；数据库操作层将对比结果存储在数据库中。

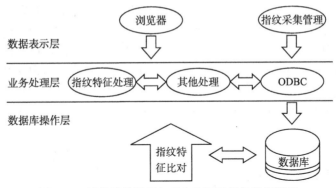

图 8-12　活体指纹识别与安全认证系统软件框架图

项目产品的主要技术性能指标与国内、国外同类产品先进指标的比较，主要技术性能与技术指标如表 8-1 所示。

表 8-1

项目	数据	项目	数据
采集图像分辨率	500dpi	拒识率	<1%
有效采集图像面积	17mm×12mm	允许旋转角度	任意
图像灰度	256 级	允许平移	±5mm
识别时间	小于 0.5 秒	工作温度	0～50℃
识别正确率	99.999%	工作湿度	20～80℃

与国内同类产品相比，天诚盛业公司这套系统识别率高、拒识率低、速度快，储户可以以任意角度来按指纹，对指纹质量的要求进一步降低。与美国相比，在主要技术性能指标上赶上美国。

三、安全柜员管理系统

(一) 业务需求

根据计算机安全必需的品质（如完整性、私密性、不可窃取、不可伪造、不可抵赖、实用等），众多分散在网络中的末端设备和操作员对于计算机安全带来了新的挑战，网络主机将面临诸多严重威胁。

(二) 设计方案

IC 卡密码签名认证安全柜员管理系统由安全柜员信息管理和发卡系统、安全柜员终端验证和联机处理系统两大部分组成。

1. 安全柜员信息管理和发卡系统

安全柜员信息管理和发卡系统主要完成对柜员和复核员登录、发卡、安全审计等管理。

（1）功能：柜员信息管理，包括柜员信息的录入、增加、删除、修改、密码管理；柜员卡管理，包括发卡、挂失、解挂、回收、改密、解锁、PIN 初始化等；复核员卡管理，包括发卡、挂失、解挂、回收、改密、PIN 初始化等；密钥管理，包括 PIN 密钥和 MAC 密钥的录入、修改；安全审计，包括柜员卡数据装载、查询（按姓名、柜员号、卡号、时间）和统计；系统管理，系统操作员管理（增、删、改）。

（2）卡片设计：柜员卡（选用带 CPU 的 2～4KB 的 IC 卡），储存基本信息（卡号、柜员号、柜员密码、内部认证码）、安全密钥（PIN、MAC）、流水（进入时间、退出时间），复核员卡（磁卡），存储卡号、密码（加密）、内部认证码。

2. 安全柜员终端验证和联机处理系统

（1）验证设计：终端离线验证，柜员卡对柜员的验证（验证柜员号和 PIN）；终端联机验证，储蓄所主机（前置机）对柜员和柜员卡的验证（验证柜员号、密码内部验证码）；联机通信加密处理，终端读取 PIN、MAC 等参与主机通信加密的运算，并对主机数据库进行相应的设计。

（2）终端及一体化键盘兼容性设计：兼容实达、新大陆、WYSE 的终端一体化键盘。

（3）一体化键盘和终端操作指令：IC 卡上电、IC 卡读写、IC 卡下电命令（用终端 ESC 命令）。磁卡读写命令，终端上锁和解锁命令。

3. 安全特性设计和分析

（1）操作员的密码、内部认证码只存放在 IC 卡中及主机数据库，并以加密方式存储。

（2）内部认证码是唯一的、不公开的，只有卡和人都在时才能起动金融服务系统的功能。

（3）IC 卡内部文件系统和操作系统具有不可伪造性，采用《中国金融集成电路（IC）卡规范》，数据可保存 10 年以上。

（4）对密码、内部认证码的加密采用双重 DES 算法：密钥的处理，16 次有密钥参与的运算。

（5）操作员和主机之间内部认证码的用户认证机制。

第五节　金融认证中心

一、认证中心概述

（1）证书。SET 协议中主要的证书是持卡人证书和商家证书。

持卡人证书是支付卡的一种电子化的表示。持卡人证书不包括账号和终止日期信息，而是用单向哈希算法根据账号和截止日期生成的一个码，如果知道账号、截止日期、密码值即可导出这个码值，反之不行。

（2）CA持卡人可从公开媒体上获得商家的公开密钥，但持卡人无法确定商家不是冒充的（有信誉），于是持卡人请求CA对商家认证。CA对商家进行调查、验证和鉴别后，将包含商家公开密钥的证书经过数字签名传给持卡人。同样，商家也可对持卡人进行验证。

CA的主要功能包括：接收注册请求，处理、批准/拒绝请求，颁发证书。

（3）证书的树形验证结构。在双方通信时，通过出示由某个CA签发的证书来证明自己的身份，如果对签发证书的CA本身不信任，则可验证CA的身份，依次类推，一直到公认的权威CA处，就可确信证书的有效性。每一个证书与签发证书的实体的签名证书关联。SET证书正是通过信任层次来逐级验证的。例如，C的证书是由B的CA签发的，而B的证书又是由A的CA签发的，A是权威的机构，通常称为根CA。验证到了根CA处，就可确信C的证书是合法的。

二、基本概念

（一）数字证书

数字证书是一种数字标识，可以说是互联网上的安全护照。数字证书提供的是网络上的身份证明。数字证书拥有者可以将其证书提供给其他人、Web站点及网络资源，以证实他的合法身份，并且与对方建立加密的、可信的通信。例如用户可以通过浏览器使用证书与Web服务器建立SSL会话，使浏览器与服务器之间相互验证身份，另外用户也可以使用数字证书发送加密和签名的电子邮件。

数字证书的基本内容（见图8-13、图8-14和图8-15）：一份电子文件，可供辨识个人或团体的身份。

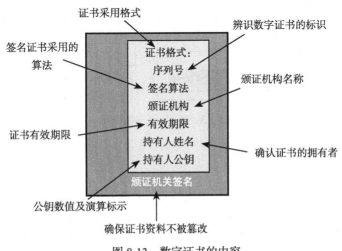

图8-13　数字证书的内容

数字证书载有以下相关信息：姓名、地址、公司、职称、电话号码等，载有持有人的公开密钥，由受托第三方公证或使生效；发证方；发证机构，所有数字记录资料均由 CA 以数字方式签名，CA 的签名可防止篡改证书上的任何资料。

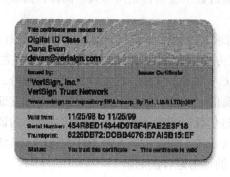

电子身份证
- 特别的密码文件
- 防篡改的身份标识和签名
由认证中心（CA）签发
- 公开或自有的组织
用户信息与私钥的绑定
证书有效期
证书包含的内容
- 用户的公钥
- 用户的姓名、地址等个人信息
- 证书的有效期和序列号
- 证书签发者的姓名等

图 8-14　数字证书的标示

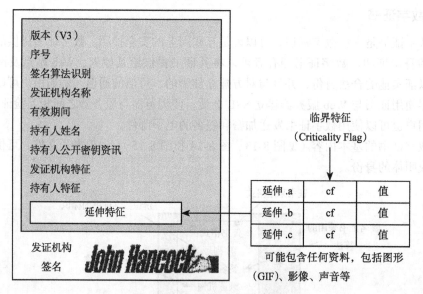

图 8-15　X.509 V3 证书的内容

（二）认证中心

认证中心作为受信任的第三方，负责产生、分配并管理用户的数字证书，承担着 PKI 中公钥合法性检验的责任。认证中心为用户发放一个数字证书，并且对证书进行数字签名，使得攻击者不能伪造和篡改证书，如图 8-16、图 8-17 和图 8-18 所示。

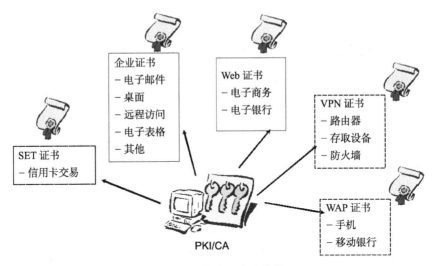

图 8-16　数字证书的分类

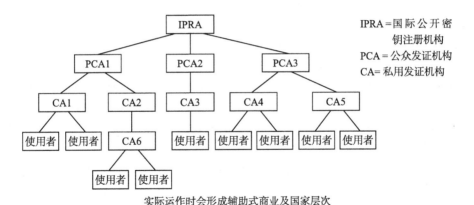

实际运作时会形成辅助式商业及国家层次

图 8-17　数字证书发证机构层次

证书等级

- 明确"处理"，电子邮件地址
- 经本地资料库验证

- 真实姓名、真实地址、所在地、电子邮件地址
- 经过"可信任的"资料库验证

- 真实姓名、真实地址、所在地、电子邮件地址
- 经过"可信任的"资料库验证
- 经当面验证、有公证书

图 8-18　数字证书的等级

三、认证中心设计

(一) 认证中心的结构

认证中心中的服务器包括安全服务器、登记中心服务器、CA服务器以及轻量目录访问协议（Lightweight Directory Access Protocol，LDAP）服务器，人员包括用户、登记中心操作员以及CA操作员，如图8-19所示。

(二) 组成部分

（1）用户。用户使用浏览器访问安全服务器，申请数字证书，之后到登记中心注册，出示有效证件。认证中心为用户发行证书以后，用户根据登记中心发来的邮件到安全服务器上下载自己的数字证书。

（2）操作员。操作员的数字证书需要转化成.p12的格式，通过硬拷贝的方式嵌入到登记中心操作员的浏览器中。安全服务器的数字证书和私钥也需要传输给安全服务器中。CA服务器是整个结构中最为重要的部分，存有CA的私钥以及发行证书的脚本文件，出于安全的考虑，将CA服务器与其他服务器隔离，任何通信采用人工干预的方式，确保认证中心的安全。

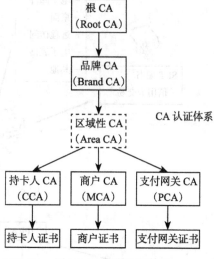

图8-19　数字认证体系

登记中心操作员使用浏览器访问登记中心服务器，服务器需要对操作员进行身份认证，操作员向服务器出示CA颁发的.p12格式的证书，服务器根据配置文件检查操作员的数字证书，如果证书合法，则与对方建立SSL通信。操作员的人数可以根据实际情况而定。

(三) 设计思路

1. 证书申请流程

用户使用浏览器通过互联网访问安全服务器，下载CA的数字证书，申请数字证书。然后登记中心对用户进行身份检查，认可后便批准用户的证书申请，之后操作员对证书申请表进行数字签名，并将申请及其签名一起提交给CA服务器。

CA操作员获得登记中心操作员签发的证书申请，发行证书或者拒绝发行证书，然后将证书通过硬拷贝的方式传输给登记中心服务器。登记中心服务器得到用户的证书以后，将用户的一些公开信息和证书放到LDAP服务器上提供目录浏览服务，并且通过电子邮件的方式通知用户从安全服务器上下载证书。用户根据邮件的提示到指定网址下载自己的数字证书，而其他用户可以通过LDAP服务器获得他的数字证书。

2. 证书撤销列表（Certificate Revocation List，CRL）的管理

用户向特定的操作员（仅负责 CRL 的管理）发一份加密签名的邮件，申明自己希望撤销证书。操作员打开邮件，填写 CRL 注册表，并且进行数字签名，提交给 CA，CA 操作员验证登记中心操作员的数字签名，批准用户撤销证书，并且更新 CRL，然后 CA 将不同格式的 CRL 输出给登记中心，公布到安全服务器上，这样其他人可以通过访问服务器得到 CRL。

四、认证中心实现

（一）证书的申请

1. 用户申请

用户首先下载 CA 的证书，然后在证书的申请过程中使用 SSL 的方式与服务器建立连接，用户填写个人信息，浏览器生成私钥和公钥对，将私钥保存在客户端特定文件中，并且要求用口令保护私钥，同时将公钥和个人信息提交给安全服务器。安全服务器将用户的申请信息传送给登记中心服务器。

2. 登记中心同意申请

用户与登记中心人员联系，证明自己的真实身份，或者请求代理人与登记中心联系。登记中心操作员利用自己的浏览器与登记中心服务器建立 SSL 安全通信，该服务器需要对操作员进行严格的身份认证，包括操作员的数字证书、IP 地址，为了进一步保证安全性，可以设置固定的访问时间。

操作员首先查看目前系统中的申请人员，从列表中找出相应的用户，点击用户名，核对用户信息，并且可以进行适当修改，如果操作员同意用户申请证书请求，必须对证书申请信息进行数字签名。操作员有权利拒绝用户的申请。

操作员与服务器之间的所有通信都采用加密和签名，具有安全性、抗否认性，保证了系统的安全性和有效性。

3. CA 发行证书

登记中心通过硬拷贝的方式向 CA 传输用户的证书申请与操作员的数字签名，CA 操作员查看用户的详细信息，并且验证操作员的数字签名，如果签名验证通过，则同意用户的证书请求，颁发证书，然后 CA 将证书输出。如果 CA 操作员发现签名不正确，则拒绝证书申请。

CA 颁发的数字证书中包含关于用户及 CA 自身的各种信息，如能唯一标识用户的姓名及其他标识信息、个人的 E-mail 地址、证书持有者的公钥。公钥用于为证书持有者加密敏感信息，如签发个人证书的认证机构的名称、个人证书的序列号、个人证书的有效期（证书有效起止日期）、提示。

4. 登记中心转发证书

登记中心操作员从 CA 处得到新的证书，首先将证书输出到 LDAP 服务器以提供

目录浏览服务,最后操作员向用户发送一封电子邮件,通知用户证书已经发行成功,把用户的证书序列号告诉用户,让他到指定的网址去下载自己的数字证书,并且告诉用户如何使用安全服务器上的 LDAP 配置,让用户修改浏览器的客户端配置文件,以便访问 LDAP 服务器,获得他人的数字证书。

5. 用户获取数字证书

用户使用申请证书时的浏览器到指定的网址,键入自己的证书序列号,服务器要求用户必须使用申请证书时的浏览器,因为浏览器需要用该证书相应的私钥去验证数字证书。只有保存了相应私钥的浏览器才能成功下载用户的数字证书。

这时用户打开浏览器的安全属性,就可以发现自己已经拥有了 CA 颁发的数字证书,可以利用该数字证书与其他人以及 Web 服务器(拥有相同 CA 颁发的证书)使用加密、数字签名进行通信。

(二)证书的撤销过程

CA 产品架构如图 8-20 所示。

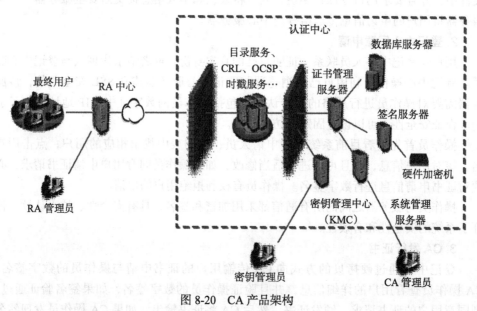

图 8-20 CA 产品架构

1. 由用户提出申请

用户向登记中心操作员发送一封经签名、加密的邮件,声明自己自愿撤销证书。

2. 登记中心同意证书撤销

操作员键入用户的序列号,对请求进行数字签名。

3. CA 撤销证书

CA 查询证书撤销请求列表,选出其中的一个,验证操作员的数字签名,如果正确的话,则同意用户的证书撤销申请,同时更新 CRL 列表,然后将 CRL 以多种格式输出。

4. 登记中心转发证书撤销列表

操作员导入 CRL，以多种不同的格式将 CRL 公布于众。

5. 其他用户得到 CRL

用户浏览安全服务器，下载或浏览 CRL。

五、中国金融认证中心

(一) 概述

中国金融认证中心（CFCA）是由中国人民银行牵头，12家商业银行（工、农、中、建、交、中信、光大、华夏、招商、广发、深发、民生）联合共建的，拥有 SET CA 与 Non-SET CA 两个系统，这两个系统都是基于 PKI 机制构建的。其中，加拿大 Entrust 公司的 Non-SET CA 系统，是国内外业界公认的、用途最广的、具有世界领先水平的 CA 系统。因此，它保证了 CFCA 在电子商务中成为权威的、可信赖的及安全认证的第三方，如图 8-21 所示。

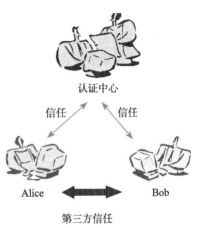

图 8-21 第三方 CA 认证

(二) 电子商务 B2B 模式的典型应用

1. 网上购物

B2B 模式的网上购物，是指企业对企业和企业对事业单位之间的网上活动，有人也将政府采购（B2G）归类到 B2B 应用模式中。B2B 电子商务的特点是支付金额大，安全性要求高，缺乏相关的法律做保障，目前，一般采用仲裁作为依据。

CFCA 的 PKI Non-SET 系统所发的 Direct 证书，即企业级证书（也称高级证书）支持 B2B 网上购物的应用模式。

B2B 模式网上购物涉及企业、商家、银行各实体之间的数据流程关系。其中购物的用户，可能是企业或事业单位，它要具有一台 Web 服务器，装有 Direct Client 软件，即通常称作客户端的代理软件（Proxy）。其作用是负责与 Web 服务器代理软件之间建立安全通信，提供对客户端和服务器端的安全和密钥管理功能，它检测浏览器发出的给服务器的高强度的通信信息，是专为服务器代理软件提供的加密和签名信息。在企业用户端要下载 CFCA 的根证书，同时还应装有企业级（高级）Direct 证书，它们以 Epf 文件格式存放。其中商家是大型供应商企业，具有一台 Web 服务器，装 Direct Server 软件，即通常所说的服务器代理软件。其作用是负责与客户端建立安全通信，进行双方认证，接受并处理客户端的信息；支持客户端与服务器端的在线自动 CRL 检查；具有完善的密钥和证书的管理功能。在商家的服务器端装有 CFCA 的根证书及企业级（高级）Direct 证书，它们以 Epf 文件格式存放。其中银行为中介服务，提供支付结算功能。在传统的银行信息网络前端设置一台支付服务器（Payment Server）。其作用是将商家传送来的信息，经过通信格式的转换，转变成为传统银行对公交易的通信格式，并与银行客户信息数据库连接，完成划转账任务。银行支付服务器必须装有 CFCA 根证书及企业级证书（高级证书），并以 Epf 文件格式存放。其中，CFCA 为权威的、可信任的、公正的第三方机构，它为电子商务各方实体发放证书，并提供证书的 CRL 在线自动查询，解决交易中有争议的问题。

B2B 模式的具体交易流程为：企业客户在下载 CFCA 根证书及装好企业级证书后，可访问商家的 Web 主页；用户浏览并选择欲购物品，填好订单及支付账号；商家将客户端的支付交易请求，传送到银行支付服务器；银行支付服务器进行交易处理；银行支付服务器将这笔交易中的扣款转账信息返送给商家；商家的 Web 服务器把交易成功的信息显示给用户，表示支付已接受。

该系统的特点是：具有双方认证性；有完整的密钥和证书的生命周期管理系统；对用户而言具有易用性和透明性；客户端、服务器端自动进行 CRL 查询；强大的密码机制，具有很高的安全性；双重密钥对机制，支持不可否认性。

2. 网上银行

B2B 模式的网上银行，是指传统的银行对公业务转移到网上进行，主要面向客户的交易双方。其特点是金额大，安全性要求高。它与上述 B2B 网上购物不同，网上购物涉及的是三方交易，实际上完成了两个 B2B 交易。而网上银行是端对端交易，即客户对银行，只涉及交易双方。其中用户是企业级用户，它具有一台服务器，装有 Direct Client 软件。其作用是与 Web 服务器之间建立安全会话以处理敏感信息；装有 CFCA 的根证书及 Direct 企业级证书，以 Epf 文件格式存放。

另一方是银行，在传统银行业务信息系统前，放一台网上银行应用服务器（Web 服务器），装有 Direct Server 软件。与 Direct Client 软件实现安全通信，具有密钥和证书管理功能，提供双方透明的高强度加密、双方认证机制以及交易双方的数字签名，具有不可否认性。Web 服务器装有 CFCA 的根证书及 Direct 企业级（高级）证书，以 Epf 文件格式存放。此外，在 Web 服务器中还装有与传统银行信息系统相连的应用接口程序。应用接口程序将客户端传送的报文进行解密，然后转换成银行传统对公业务交易的报文格式，通过各种应用接口，传到后台进行记账，完成对公的交易。其简要流程如下：用户通过浏览器访问银行的 Web 主页，选择交易类别；银行应用服务器验证并接收用户的交易申请，并转换通信格式到后台记账；银行后台账务系统将交易结果返送到应用服务器；银行应用服务器将该笔交易的结果回送到用户端加以显示，表示该笔交易已经完成。其特点与上述 B2B 网上购物相同。

(三) CFCA 的企业级（高级）证书及其代理软件平台的优点

之所以称 CFCA 的企业级（高级）证书是目前世界领先的工具，是因为它在安全技术上具有很多特点。

（1）Direct 企业级（高级）证书具有双密钥机制，具有数字签名和加解密两对密钥。

（2）在浏览器与服务器间实现双方认证，提高了身份认证的安全性，为访问控制提供了可能。

（3）增强了浏览器与服务器之间数据传输的加密强度，由原来 40 位对称算法加密提高到了 128 位，并且提供了改变算法的函数库。

（4）具有数字签名功能，实现了传送者对信息的签名，提供了抗否认性。

（5）浏览器与客户代理之间，服务器与服务器代理之间采用 HTTP 连接，而两个代理之间的通信采用了 SPKM（简单公钥机制），实现了浏览器/服务器与代理之间的无缝连接，提高了数据传输的安全性。SPMK 协议现已成为国际标准。

（6）客户端、服务器端实现自动在线 CRL 查询。CRL 是证书撤销列表，为了减少交易或传输的风险，在交易之前，能自动查询各自的证书是否在撤销的黑名单中，如果证书已无效，系统拒绝交易，保证交易的安全性。

（7）签名公钥可自动置于目录服务器中，实现用户自动检索。

（8）完整的证书管理功能，提供证书的有效期管理、密钥更新管理等。

（9）存储历史文档，支持全程的审计功能。对每次交易、传输都留有记录，特别是历次数据签名都存有历史文档，以备审计查询。

（10）提供时间戳功能。在数据签名或加信息等操作时，使用时间服务，以保证所有用户的时间一致。

（11）证书除了存放在机器硬盘、随身软盘以外，也可存放于 IC 卡（CPU 卡）中，以保证证书本身的安全性。

以上列出的这些 CFCA 的 Entrust/Direct 证书及其代理软件（Direct Proxy）的特点，是与国内其他同类产品相对比较得出的。国内有些公司开发的代理软件其功能各异，一般浏览器/服务器的代理软件只是解决了 128 位对称加密强度问题，而没有数字签名功能，没有证书管理以及在线 CRL 查询功能等。

因此，网上银行和电子商务应用中的 B2B 模式，采用中国金融认证中心的企业级（高级）证书是最好的选择，在技术上不但具有可能性而且具有可行性。

(四) 政策保证方面的优势

（1）中国金融认证中心（CFCA）是由中国人民银行牵头，12 家商业银行参加，联合共建的中国金融认证中心。它遵循统一规划、联合共建、先做试点、逐步发展、技术先进、功能全面、落实应用、快字当先的原则。建设金融认证中心是中国电子商务的基础建设，其宗旨是：为中国的电子商务服务，兼顾网上银行和信息安全管理提供服务，因而 CFCA 具有很高的权威性。

（2）证书是一种权威性的电子文档。它应由公认的、被授权的权威机构颁发，是网上交易、传输业务的身份证明，用于证明某个应用环境中某一主体（人或机器）的身份及其公开密钥的合法性。要想使证书获得这种可信赖和权威性，就必须拥有一个可信赖的权威机构来颁发证书，作为认证的第三方。

（3）建立 CFCA 也包括制定《证书运作管理规范》(CPS)，它应由中国人民银行支付与科技司批准，在中国目前电子商务法律环境尚不健全的情况下，CPS 的制定就显得异常重要，CPS 实际上是认证中心的法规。

（4）CFCA 在安全方面也具有突出优势。为保证认证中心的安全，为其建造专用机房，机房是按照国际标准实施的。机房面墙体是用钢板构成的、高屏蔽、防攻击；同时安装严格的门禁设备，严密地分区保护，具有很高的物理安全保障。

（5）具有先进的网络安全策略。将整个 CFCA 系统，按网段划分为不同的安全等级区域，有公共域、操作区及"军事区"。除异构的防火墙系统之外，还安装了世界先进水平的防黑客入侵检测预警监控系统，以抵御黑客的攻击。

基于以上理由，中国金融认证中心正是具有这种权威性、可信赖性及公正性的第三方机构。因此，采用 CFCA 的企业级（高级）证书及其代理软件是 B2B 应用模式的先进工具。

第六节　网络安全管理

网络安全是指网络系统的硬件、软件及其系统中的数据受到保护，不受偶然的原因或恶意的攻击而遭到破坏、更改、泄露，以确保系统连续、可靠、正常地运行。网络安全包括系统安全和信息安全两个部分。根据对发达国家不同行业的调查，信息系统停机、磁盘列阵损坏等因素对不同行业造成的损失各不相同，其中，对零售业和保险业、信用卡服务授权机构、银行业等金融机构的影响最大（见表 8-2）。

表 8-2　企业信息系统及硬件故障的机会成本

信息系统停机 1 小时的平均损失		磁盘列阵损坏 1 小时的平均损失	
行业/服务项目	机会损失（万美元）	行业	机会损失（美元）
零售业	546	保险业	29 301
信用卡服务授权机构	260	制造业	24 761
800 业务	199	银行业	12 093
目录销售中心	9	运输业	9 435
飞机订票系统	8.55		
自动柜员机服务	1.45		

一、金融网络安全管理的基本原则

金融网络安全管理体系包括技术管理体系、业务管理体系和内控管理体系。

金融网络安全管理的基本原则如下。

（1）金融网络安全管理体系必须从以账户为中心转向以客户为中心。金融网络应利用信息技术最大限度地挖掘客户信息的潜在价值，有效地利用客户信息来改善和发展金融服务，提高金融企业竞争能力和防范金融风险。

（2）加强业务风险管理的关键是建立合理的授信制度和开发经营业务管理系统，用以降低业务风险，提高银行的经济效益，提高客户的满意度。业务管理系统必须同电子支付系统、客户信息系统与服务系统、各类管理系统有接口，并能同它们实现互动操作，同时又必须能实时、完整地反映整体的经济和金融活动。

（3）金融网络是大型网络，采用多种通信媒体，由多种协议网互联而成的复杂网络系统。为确保系统的安全，必须采用综合性的智能网络管理系统，提供一体化的网络管理服务，通过协调和调度网络资源，对网络进行配置管理、故障管理、性能管理、安全管理、灾难恢复管理等，以便网络能可靠、安全和高效地运行。

（4）金融网络安全管理除了采取必要的技术防范措施外，还应制定合理、科学的安全管理策略；建立完善的内控管理制度，使系统的安全管理能得到有效的实施；此外还必须有严格的规章、法律、法规来约束。

（5）金融网络安全管理是一个综合的管理体系，也是一个循环管理过程。该管理过程起始于风险识别；进而进行风险评估；然后制定相应的风险控制方法并实施风险管理；最后要监控安全策略的实施，评估风险管理结果，并对监控中发现的安全隐患和问题及时予以纠正，为下一轮的安全管理循环提供新的需求。

（6）在面临信息犯罪、信息战威胁的严重形式下，为防范和化解可能出现的金融风险，金融网络应该建立起一套集保护、监测、反应于一体的动态自适应的金融监控和预警体系，以提高对金融网络自身安全漏洞和内外部攻击行为的监测、控制、管理和实时处理能力。

（7）进行金融网络安全管理设计时，必须坚持综合性整体原则、效能投资相容原则、易用性原则、有限授权原则、全面确认制度、安全跟踪稽核原则、应急原则等。对于可能引起系统中断或故障的各种原因要进行评估，要事先制订出相应的灾难恢复计划。

二、金融网络信息安全管理的主要内容

（一）物理安全

按照国家标准 GB 50173—2014、GB/T 2887—2011、GB 9316—2007 等加强场地设备的安全防范。计算机设备实体安全类中，首先要求场地环境条件的控制，对计

算机网络的中心机房及其延伸点，要坚决搞好基本环境建设，要有完整的防雷电设施，且有严格的防电磁干扰设施，机房内要搞好防水防火的预防工作，对主机房电源要有完整的双回路备份机制，尤其是主机房的物理安全保障措施一定要到位。同城异地备份甚至不同城市之间的灾备份中心都是需要考虑的。另外，信息处理设备安全、媒体介质存放安全也是需要重点考虑的内容。

(二) 网络互连的隔离和网关病毒过滤

随着网络金融业务的发展，业务主机不可避免地需要和外部系统互联。例如，跨系统银行间资金汇划的电子联行系统采用的天地对接是建立在电信局的公共通信网上的，开放的网络环境和网络协议为系统互联提供了方便，但同时也降低了系统的安全性。正在蓬勃兴起的银行中间业务的发展更是促进了不同行业之间的网络连通。网络的连接是造成安全风险的重要源头，一定要对不同安全级别的网络之间进行安全隔离。除了物理隔离外，逻辑隔离按照通信方式有几种级别：双方网络互有通信、单向通信、按需通信等；按照安全级别的要求可分为简单包过滤、状态包过滤、应用层代理、专有协议隔离等。例如，轩辕防火墙（冠群金辰提供）是集防火墙、VPN、流量管理等功能于一体的网络安全设备。它能通过 Web 浏览器或 CLI 及中央管理台集中管理，并且支持透明模式。轩辕防火墙产品能够满足金融系统中大部分的网络逻辑隔离要求。又如，赤霄 KILL 过滤网关（冠群金辰提供）是一个专用硬件设备，用于在金融网络之间过滤病毒。它能够高效率地过滤包含在 HTTP、FTP 以及 SMTP 协议中的计算机病毒，实现病毒的网络隔离，避免病毒在网络之间的扩散。通过在银行内部、银行和第三方网络等网关处部署该产品，可以杜绝病毒主要的传播途径，给被保护网络营造一个安全的计算环境。

(三) 数据传输加密

当需要在非金融控制的公网上传输机密信息时，必须采用有效的措施对网络上传输的数据进行加密处理。例如，轩辕防火墙内置了基于 IPSEC 协议的 VPN 功能，能够方便地在网络边界处实现数据的加密传输，方便了金融业不同分支部门之间的安全通信和远程办公。对于已经设置有 VPN 功能的防火墙的网络，VPN 软件产品能够方便地部署在网络中的任意一台计算机上，实现网络内部的加密通信和远程安全访问。

(四) 网络入侵行为和蠕虫病毒的传播监控

网络攻击的表现形式主要有两种：第一，人为入侵（包括内部和外部）；第二，蠕虫和病毒的网络渗透和传播。而且，目前这两种形式有逐渐趋于统一的趋势。对于这两种行为我们都要进行严格监控，并且需要统一在一个平台下进行关联监控，以更好地起到安全检测的目的。

干将/镆铘系列入侵检测系统（冠群金辰提供）能够在从百兆到千兆的网络中提

供实时的入侵检测和病毒传播统一监控,也是唯一能够实现在同一个平台下进行入侵行为和蠕虫病毒传播监控的安全系统。这样在金融网络中发生入侵行为或蠕虫传播时,管理员能够很快定位网络和系统的问题所在,减少故障时间,降低损失。尤其是在结构复杂的网络中,利用干将／镆铘系列入侵检测系统提供的监控功能,管理员可以迅速定位被感染的服务器,控制传染源。

(五) 操作系统的安全管理

操作系统的安全是金融信息系统安全的重要方面。为了更加有效地避免金融犯罪,杜绝金融部门内部人员作案,金融业要求采用的操作系统具有相当高的抗攻击能力,需要采用 B1 级别的安全操作系统。例如,龙渊服务器核心防护产品(冠群金辰公司提供)既能克服通用操作系统(包括 Windows,Unix,Linux)的安全弊病,又能够和所有应用程序兼容,并且容易管理。它能够将大部分商用操作系统的安全等级提升到 TCSEC B1 级,支持强制访问控制,在大幅度提升安全性的同时保护了用户原有投资。

通过在关键的金融业务服务器上部署龙渊服务器核心防护,安全管理员能够严格限定所有用户在该服务器上的任何操作,从时间、地点、访问方式等多个方面进行极细粒度的访问控制;并且其动态安全扩展(DSX)技术使得服务器能够高强度抵御未知的攻击类型,尤其是缓冲区溢出类型的攻击,从而避免了损失,为安全管理员赢得了宝贵的时间。这种防范措施对于 Windows 平台和 Unix、Linux 平台都适用,并且不依赖特征库的升级即可完成防范功能。另外,通过该系统在本机上限定该计算机允许的网络通信类型,即使该计算机感染了蠕虫或被放置了木马程序,也无法对外发出违反预定安全策略的数据包,避免了可能导致的蠕虫传播和网络拥塞现象,降低了攻击后的影响。在最坏的情况下,即使入侵者已经获得了被攻击服务器的管理员账户和密码,龙渊服务器核心防护仍然能够保证该入侵者仅仅具有一个该系统上普通用户的权限,不能为所欲为,造成更大的损失和影响。这是传统的由防病毒、防火墙和入侵检测系统构成的安全防御体系所不能实现的重要特点。

(六) 其他安全设施

通过建立 PKI/CA 认证系统,可以确保各种人员、资源的身份,防止网络欺诈行为和交易抵赖行为。

一个统一的网络防病毒体系是金融信息安全中的重要组成部分。例如,KILL 防病毒系统在一个软件中集成了两个完全不同的防病毒引擎,能够对 Windows 95/98/NT/2000/XP、Linux、Unix、Netware 等多种平台进行病毒防护,并且可以通过集中的中央控制台完成软件安装、完全免费的特征码自动升级、病毒报警集中管理等工作。又如,承影漏洞扫描系统(冠群金辰提供)可以扫描各个计算机、网络设备,及时发现存在的安全漏洞,并且事先做出预防措施,是主动防御体系中不可或缺的一部分。

利用安全信息管理（SIM）平台可以对银行网络内采用的所有安全相关设备的报警信息和日志，甚至包括对业务系统、应用系统的信息进行统一的汇总和关联性分析，降低管理成本，提高管理效率。

三、金融网络分层安全管理模型

（一）网上银行系统架构拓扑图

总行局域网和中心城市局域网拓扑图如图 8-22 和图 8-23 所示。

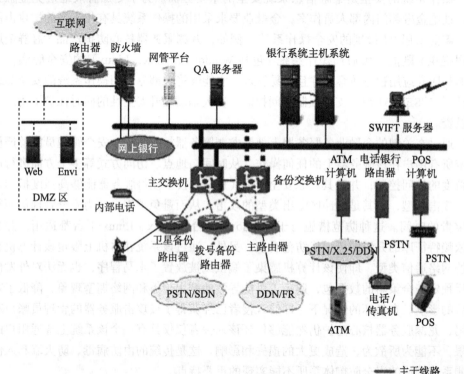

图 8-22　总行局域网

（二）金融网络技术风险的特点

金融网络技术风险具有非行业性和外生性两大特点。非行业性是指风险超出了传统意义上的金融风险的概念，其产生不仅依赖于市场价格的波动、经济增长的质量，而且依赖于软硬件配置和技术设备的可靠程度。外生性是指金融部门对技术性风险的控制和管理能力，在很大程度上取决于其计算机安全技术的先进程度以及所选择的开发商、供应商、咨询或评估公司的水平，而不像传统金融业务风险那样，仅取决于金融部门自身的管理水平和内控能力。

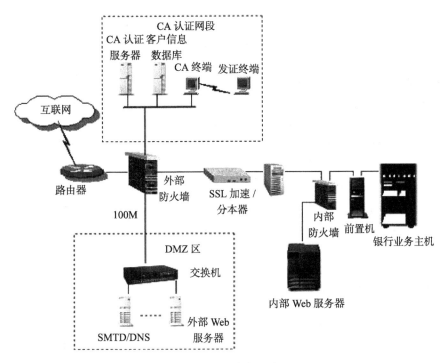

图 8-23 中心城市局域网

(三) 金融网络技术风险的来源

金融网络业务技术风险一般来源于三个渠道。

(1) 数据传输,一旦数据传输系统被攻破,就有可能造成用户的银行资料泄密,并由此威胁到用户的资金安全。

(2) 金融网络应用系统的设计,一旦其在安全设计上存在缺陷并被黑客利用,将直接危害到系统的安全,造成严重损失。

(3) 来自计算机病毒的攻击,即由于网络防范不严,导致计算机病毒通过网络金融系统入侵到金融部门主机系统,从而造成数据丢失等严重后果。

(四) 金融网络分层安全管理模型

开展网络金融业务,需要设计一套完整的安全机制。技术风险管理是由风险管理要素和技术环境构成的,其中风险管理要素包括安全政策、安全配置管理、事态安全监测和技术方案与结构;技术环境包括:应用程序、数据管理、系统平台、网络通信和物理设施。根据以上要素可以概括构成网络金融分层安全管理模型,如图 8-24 所示。

该技术风险管理模型是由风险管理要素(安全政策、安全配置管理、事态安全监测和技术方案与结构)和技术环境(应用程序、数据管理、系统平台、网络通信和物理设施)构成的 4×5 矩阵。该模型的具体内涵如下:第一层是物理设施层,主要指支撑金融网络技术的建筑、能源设施、环境控制设施以及其他辅助设施；第二层是网络通信层，主要是指网络通信硬件及软件设施；第三层是系统平台层，主要指由大型机、小型机、服务器、台式计算机、便携式计算机、打印机等硬件和操作系统等通用软件构成的操作系统平台；第四层是数据管理层，主要指数据输入、处理、存储、输出流程和数据库管理软件等；第五层是应用程序层，主要指金融网络各种应用软件程序。该模型自上而下展示金融网络系统的形成和实现过程，自下而上描述系统的支撑和服务过程。该模型的每一层都隐藏着风险因素，技术风险管理的职能就是识别并持续监控这些风险因素。

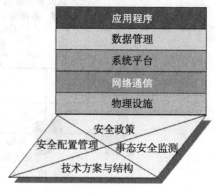

图 8-24 网络金融分层安全管理模型

该技术安全管理模型展开如表 8-3 所示。

表 8-3

	安全政策	安全配置管理	事态安全监测	技术方案与结构
应用程序	1. 相关安全政策 2. 系统更新生命周期的标准 3. 设计和购买软件的决策	1. 新系统应用中的用户定位程序 2. 批准并实施应用系统转变的限定	监测应用系统出错概率、数据质量特殊情况等的程序	1. 系统更新生命周期的方法和工具 2. 原始密码和程序变化控制管理软件 3. 应用或存取控制软件 4. 为应用程序处理而设置的软件
数据管理	1. 相关安全政策 2. 数据所有权 3. 数据库设计和管理 4. 专有数据的使用和保护 5. 员工、客户和其他人员所有的数据的使用和保护	1. 数据库改革的程序和责任 2. 显示、训练和维持数据存储与数据开发系统	有关数据存储能力、成本质量和安全性的趋势和事态的监测程序	1. DBMS 管理工具 2. 数据开发工具
系统平台	1. 相关安全政策 2. 支持硬件和软件平台的各项准则 3. 确定平台规则、设计、支持和保险的责任	1. 促使用户转标准平台的程序 2. 文本控制管理程序和软件更新、分配程序 3. 制定保持和检测复苏计划的程序 4. 进入控制管理程序和任务	对系统运行能力、费用、质量及安全性的有关趋势和事态进行评估的程序	1. 资源管理系统 2. 综合系统
网络通信	1. 相关安全政策 2. 经授权的卖方与服务、产品规格 3. 网络规划、设计支持与保险的责任	网络结构、运行及安全管理的程序	对网络容量费用、质量及安全性的相关趋势与事态进行评估的程序	网络管理系统

(续)

	安全政策	安全配置管理	事态安全监测	技术方案与结构
物理设施	1. 相关安全政策 2. 确定信息地点和相关设备的所有者责任	1. 信息技术设备工作地点的安全结构 2. 必要的能源设施和环境监控设施的安置	对工作地点重置的效果及信息技术设备与设施的物理结构的改变进行评估的责任	1. 动力支持和保护设备 2. 火警与信息技术环境的压力系统 3. 物理形式的存取控制与设备

安全策略就是要求金融高级管理层对金融网络业务的技术性风险管理给予高度重视，并针对金融网络业务的特点，制定全面、综合、重点突出的系统及信息安全规章制度和操作程序，再根据重要性、复杂性和敏感性等方面对整个系统进行分类、分层次的保护，以保证能集中精力管理关键部分。

物理设施安全是指有形的安全措施。这主要指对计算机系统、网络设备、密钥等关键设备及信息的安全防卫措施。例如，计算机房要安装电子门户控制系统，关键场所要安装监视器，关键设备之间要保证相互隔离，进入密钥保管房间要由双人控制等。

数据管理和网络通信安全是金融网络业务技术风险管理的核心部分。金融部门应适当地设计和配置不同的服务器和防火墙，采用合适的加密技术，在保证金融网络业务平稳运行的基础上，确保数据传输的真实性和保密性。服务器包括网络服务器、应用服务器和数据库服务器。防火墙则包括外部防火墙和内部防火墙。为保证系统不受黑客侵入，金融部门应在网络服务器和互联网之间设置外部防火墙，在网络服务器和数据库服务器或银行内部计算机系统之间设置内部防火墙。加密技术主要包括密码算法和密钥长度两个方面的内容，通过采用合适长度的密钥和密码算法，可以有效地防止系统传输的信息和系统存储的信息被破译，从而保证网上银行业务信息的安全。

应用程序安全则主要涉及对交易客户的身份认证和对交易的确认，这是金融网络业务运作的关键环节。网络金融业务突破了传统金融业务经营的概念，客户不用到柜台就可以操作，业务人员和客户之间也没有面对面的接触，这就要求金融部门必须有一套有效的系统确认客户的资格，保证客户和金融部门双方无法否认已发生的交易。

系统平台安全则主要指构成系统的软硬件本身的安全系数。如软硬件的配置是否达到先进水平，是否符合安全标准，业务人员和管理人员的专业能力和管理能力是否达到风险控制和业务发展的要求等。例如，金融网络的主机系统应采用可持续运行技术，一旦出现故障，能启动备份系统或不停机更换设备，以保证系统的不间断运行，从而维护整个金融网络的正常运行。

事态安全检查是金融网络业务风险控制的重要组成部分。这包括三个方面的内容：一是公认的社会评估机构对计算机系统的安全评估；二是金融管理层对计算机系统的安全测试；三是金融系统内部审计部门对金融网络业务及系统运作情况的检查。

四、PDR 安全管理模型

(一) PDR 模型

PDR 模型，即引入时间参数，构成动态的具有时间特性的安全系统。用 Pt 表示攻击所需时间，即从人为攻击开始到攻击成功的时间，也可以是故障或非人为因素破坏从发生到造成生产影响的时间；用 Dt 表示检测系统安全的时间；用 Rt 表示对安全事件的反应时间，即从检测到漏洞或攻击触发反应程序到具体抗击措施实施的时间。

显然，由于从主观上不可能完全取消攻击或遭受破坏的动因，从理论与实践上不可能杜绝事故或完全阻止入侵，因此只能尽量延长 Pt 值，为检测和反应留有足够时间，或者尽量减少 Dt 和 Rt 值，以应对可能的攻击时间缩短。对各层次甚至某层次内各漏洞或攻击的时间综合叠加后，整个信贷系统的安全应当满足如下表达式要求。

根据木桶原理，攻击会在最薄弱的环节突破，因此进一步要求系统内任一具体的安全需求应满足：

$$Pt_i > Dt + Rt_i$$

这一要求非常高，实现的代价也非常高昂。因此对某些漏洞或攻击，可以放宽尺度，设 $Pt_i < Dt + Rt_i$，则：

$$Et_i = Dt_i + Rt_i - Pt_i$$

$Et > 0$ 称为暴露时间，应使其尽量小。

(二) PDR 模型网络金融五层次设计

1. 物理层安全需求

机房、UPS 电源、监控等场地设施和周遭环境，必须符合一般的国家标准，并满足信贷系统 24 小时不间断运行的特殊要求。由于上述设施和环境通常还支撑其他重要的业务和网络系统，处于核心地位，因此建议 $Et < 0$。

硬件环境包括计算机、网络通信设备、外设等，其中核心设备包含中央银行总行、省会中心支行、城市中心支行三级服务器。以设备冗余为例，应具备信贷系统关键设备的备份手段，保证整个联网系统在工作日不间断运行，应考虑以下几个方面。

(1) 中央银行总行分系统应做到 $Et < 0$：由于全国所有城市的信贷数据都在总行数据库服务器中汇集，因此总行服务器的冗余级别设置为最高，相应要求有一套完整的冗余设备和实现手段，如采用高可用性的联机热备份机制，而且数据的备份应定期有一份介质存放异地。同时，总行是 OSPF 核心域的枢纽，在内联网中处于关键地位，必须有冗余设备。

(2) 省域分系统应逐步向 $Et < 0$ 过渡：省会中心支行的应用服务器既承担了全省数据中心的角色，又是异地数据转发与查询备份的中心，要求服务器具有关键部件的冗余；对应用系统、数据、配置具有隔天的异地备份；大区中央银行和省会中心支行要求有备份线路和可替换的路由和交换设备。

（3）城市分系统应通过各种途径尽量缩减 Et 值：如达到后备式备份，要求数据库服务器、Web 服务器中的配置相容，能够在其中某一台服务器发生故障时，将其系统功能切换到另一台服务器上。

2. 网络层安全需求

根据网络的目前状况和信贷系统的实际需求，应从中央银行内联网和外联网两个方面来考虑。从内联网看，由于数据传输采用公用信道（中元主干和电信的最终用户接入），且 TCP/IP 协议具有开放性，信息容易被窃取、分析、篡改和假冒；从外联网看，信贷系统数据的源头来自商业银行各信贷网点，内联网与外部的连接是通过 FR（帧中继）、DDN、X.25 和 PSTN 实现的，且各行各地情况不尽相同。所以必须在链路层和网络层采用一定的安全措施。

在链路层，总行、分行/营管部、省会中心支行、地市中心支行 4 级可以考虑采用：第一，符合国家安全认证，支持 FR 和 X.25 协议的加密设备进行链路加密，使包含信贷在内的通信具有加密保护，提高 Pt 值；第二，在经费及资源允许的情况下，配备规程分析仪和为信贷系统单独设立 PVC 通道，隔离其他业务，降低 Dt 和 Rt 值。

在网络层，第一，要求中央银行内联网与外联网间使用防火墙、路由器包过滤、地址转换（NAT）等技术手段，对来自接入网的非法访问进行控制；第二，要求在局域网内设置虚拟专用网络，实现信贷系统的机器与其他业务和办公用机相隔离。通过上述方式提高 Pt 值。同时，建设统一的网络管理平台和监控平台，降低 Dt 和 Pt 值。

3. 系统层安全需求

充分利用所选定的系统软件中固有的安全机制，保障系统级的安全。这一层次上的安全可分为：操作系统的安全措施、数据库管理系统 Sybase、Web 服务器软件 Domino 等。

在操作系统方面，各服务器端应利用操作系统本身自带的安全机制，合理地进行配置，以达到系统级的安全。提高 Pt 的措施有：按照 C2 级安全级别设置；不同的用户配备相应的使用权限；系统的目录与文件不能被远程用户写/执行共享；限制服务器对外的资源，信贷系统不要求使用的远程端口应屏蔽/禁用。降低 Dt 和 Rt 值的措施有：运行时必须开启系统级日志（LOG）与审记（AUDIT）功能；不同的用户的使用空间分区/卷专用，且有空间限制等。

在数据库方面，信贷系统在中央银行端使用的数据库都为 Sybase ASE11，应利用数据库管理系统提供的安全手段，如日志功能、连接数限制、数据库用户的权限管理、关键字段的加密措施、增量备份和整库备份等手段提高 Pt 值，降低 Rt 值。Domino 作为 http 服务软件，应有为所有要验证的 Web 用户创建个人档案、拒绝匿名用户的方式、在服务器上激活 SSL 及设置数据库的安全特性。

4. 应用层安全需求

应用层的安全需求十分丰富，所能采取的手段也相当广泛，其中主要的手段有以下几种。

（1）加密与鉴别机制。为防止数据在采用中间件流转和备份中被篡改和变造，同时对消息来源正确性进行鉴别，需要对所传信息进行 MAC 运算或散列运算，得出 MAC/HASH 值，随报文传送，达到信息的真实完整性，使 Dt 和 Rt 值几乎下降为零。采用加密算法，对敏感信息如发生额、余额、企业代码等关键字段进行加密，达到保密性，使窃取关键数据的攻击行为的 Pt 值极大。

（2）浏览控制机制。为防止信息咨询中的安全问题，建议采用 SSL 加密，建立可信任信道，通过公用/私用密钥交换提供服务器一级的验证。或可采用 CA 认证，建立第三方的信任关系；此外还可采用用户数限制、浏览内容限制、中央银行授权异地查询、浏览服务器代理进行访问等，实现 $Pt > Dt + Rt$ 或大幅度降低 Et 值。

（3）建立用户日志。在中央银行端，有各商业银行用户的查询登录日志、数据备份日志、异地业务日志及异地授权日志。日志系统的建立，可以显著降低 Rt 值。为使 Dt 值同时降低，可以增加一套预警子系统，一旦达到设定的阈值（在自动控制系统中能产生一个校正动作的最小输入值）或日志交叉参考出错，及时给出屏幕提示或声光报警。

5. 管理层安全需求

信贷系统安全的关键因素还在于内部制定一套严密、可行的安全管理制度，有机融入《信贷系统业务管理办法》和《信贷系统技术管理办法》中，并对应用系统的使用人员和技术支持人员进行安全教育，要求切实遵照执行。

从技术上考察，主要可采取用户身份识别控制，如为用户配发 IC 卡或指纹锁进行身份识别；口令与密钥分开放置；设备管理，如生产用机、开发用机和模拟备机分别管理；计算机病毒防范；全面定期进行安全检测、全面审计；对系统的安全等级进行客观的评估，并针对结果制定相应的对策，适时地进行系统调整，以动态地增强系统的安全性，使系统稳健运行。本层面主要针对安全事件的后处理，如分析查找原因，堵塞漏洞，策略制度的修订完善等。

以上物理层、网络层、系统层、应用层、管理层的五层次需求，要求系统内任一个具体的安全需求应满足 $Pt > Dt + Rt$，采取的安全措施应增大 Pt，减小 Dt 和 Rt。但这一要求非常高，工程实现的代价也非常高昂。因此对某些漏洞或攻击，可以放宽尺度，使暴露时间 Et 尽量小。同时信贷系统安全的原则建议，对其他金融信息系统的安全实施，也具有现实意义。

本章关键词

防火墙　数字签名　公钥　私钥　身份认证　PDR 模型

本章小结

本章通过分析防火墙、数字签名、公钥、私钥、身份认证和 PDR 模型等信息安全技术，明确信息安全机制形成的全貌，并通过案例分析描述网络金融安全管理的架构和过程。

本章思考题

1. 谈谈你对网络信息安全的基本认识。
2. 谈谈你对防火墙技术的特点与类型的基本认识。
3. 联系实际谈谈你对身份认证技术分析的方法与应用的理解。
4. 联系实际谈谈你对金融认证中心的设计特征与实现条件的理解。
5. 谈谈你对数字加密技术的特点与方法的基本认识。
6. 联系实际谈谈你对金融业务网络安全管理的内容与模型的理解。

参考文献

[1] 谢平,等.网上银行业务实用手册[M].北京:清华大学出版社,2001.
[2] 邓宾劲.网络金融风险及其监管探析[D].成都:电子科技大学,2005.
[3] 鲁洪生.读懂《周易》[M].北京:中华书局,2008.
[4] 郑果.电子货币对货币政策的影响[D].开封:河南大学,2008.
[5] 唐淑莉.电子货币发行对货币供给的影响研究[D].南昌:江西财经大学,2008.
[6] (清)李光地.周易折中[M].成都:巴蜀书社,2010.
[7] 张劲松.网络金融[M].3版.北京:机械工业出版社,2014.
[8] 黄朴民.黄朴民解读道德经[M].长沙:岳麓书社,2011.
[9] 孔子.论语[M].杨伯峻,杨逢彬,译注.长沙:岳麓书社,2011.
[10] 张劲松.中国第三方电子支付盈利模式创新问题研究[M].北京:学苑出版社,2012.
[11] 张劲松.网上电子支付与结算[M].2版.北京:人民邮电出版社,2014.
[12] 张劲松.金融产品营销[M].北京:清华大学出版社,2014.
[13] 张劲松.互联网金融经营管理之道[M].北京:机械工业出版社,2014.
[14] 张劲松.竞合论[M].北京:现代教育出版社,2015.